La Femme de Foyer

par

A. Piffault

La Femme de Foyer

A. PIFFAULT

La Femme de Foyer

ÉDUCATION MÉNAGÈRE DES JEUNES FILLES

« Ce n'est certes pas rabaisser la femme, tout au contraire c'est l'honorer et servir sa cause de la meilleure manière que de demander que son éducation, pour s'élever très haut, repose avant tout sur la base solide des réalités morales et la mette dans la vérité de sa destinée. »

H. MARION, *L'Éducation des jeunes filles*, p. 210.

PARIS
LIBRAIRIE CH. DELAGRAVE
15, RUE SOUFFLOT, 15

A

MONSIEUR CHARLES CHABOT

PROFESSEUR DE SCIENCE DE L'ÉDUCATION
A L'UNIVERSITÉ DE LYON

Bien que vous ayez opposé à plusieurs des idées qu'il renferme de sérieuses objections, vous me permettrez, cher Maître d'écrire votre nom en tête de ce livre, en témoignage de reconnaissance. Car il n'est autre que le travail pour lequel vous m'avez donné tant d'excellents conseils, et que vous avez accueilli avec tant d'indulgence.

A. P.

PRÉFACE

Ce livre fut d'abord un mémoire présenté à la Faculté des lettres de Lyon pour le diplôme d'études pédagogiques supérieures[1]. J'avais suivi de près, pendant plus de deux années, le travail de M. Piffault, et son mémoire me parut dire — et bien dire — sur une question importante tant de choses utiles, que je l'encourageai à le publier. Le succès du livre montrera, j'en ai l'assurance, que mon sentiment était juste. Et puisque l'auteur, par une délicate attention, me prie de le présenter ici au public, je ne puis mieux faire que de résumer mes raisons en quelques lignes.

C'est un fait, et très alarmant, que la famille, surtout en France, ne suffit plus à sa fonction. Débordée par les nécessités économiques, dissociée par le relâchement des mœurs, elle ne s'est pas haussée jusqu'au plan de ses devoirs nouveaux. Notre vie sociale a été trop rapidement transformée par la science Pour en maintenir les cadres, il fallait que la famille devînt elle-même plus savante et plus robuste, je veux dire capable d'adapter à des conditions nouvelles la vie et les traditions du foyer. Mais travail

1. Institué depuis 1901 à l'Université de Lyon.

*

et plaisir ont appelé de plus en plus hors de la maison non seulement le mari, mais la femme, les enfants mêmes. Et le mouvement de nos mœurs, qui fait fléchir à leur tour nos institutions, tend à faire du mariage une union toujours plus libre, temporaire, accidentelle; du foyer un refuge obligé pour certaines heures, mais volontiers délaissé, le lieu des heures ennuyeuses ou banales. On y passe le moins de temps possible; on le quitte pour chercher au dehors le plaisir aussi bien que le travail. Et ni l'un ni l'autre ne rapprochent mari, femmes, enfants. Chacun sa vie, — et son bien-être.

Voilà, ce semble, où nous allons. Et c'est de quoi beaucoup de gens prennent leur parti. La famille faiblit : on la remplacera. Elle n'a plus le temps ou le désir de s'occuper des enfants : l'État se chargera des enfants « au partir de la nourrice », ou même plus tôt, jusqu'à la majorité. Des pouponnières et des écoles remplaceront les foyers déserts. Des spécialistes de l'éducation remplaceront la mère et le père, libres désormais, comme deux célibataires, de leurs loisirs. Le fait capital, et qui domine les autres, c'est que la femme mariée quitte la maison pour gagner sa vie ou pour jouir de la vie. Il n'y a plus de famille quand la femme n'est plus là.

Nous n'avons pas le droit d'en prendre notre parti. Ce n'est ni la vérité sociale, ni la vérité morale. L'État fera faillite à vouloir se charger de tout. On ne remplacera pas la famille. Il faut lui rendre sa vie en rendant son rôle à la femme, au lieu de la « viriliser »; il faut apprendre à la femme à remplir ce rôle dans une existence plus compliquée et plus savante, en préparant par l'éducation « la femme de foyer » moderne. C'est l'idée maîtresse de cet ouvrage, celle en tout cas qui me paraît la plus importante, et que je félicite M. Piffault d'avoir défendue.

Il l'a fait de la meilleure façon, et mieux que par un plaidoyer, en montrant ce qu'il y a à faire et comment on le peut faire. Il faut définir d'abord les principes et l'organisation pratique de l'éducation ménagère moderne. Les principes, il les demande aux sciences physiques et naturelles et à l'éducation morale. L'organisation, il la confie à l'école jusqu'au jour où les mères d'une génération nouvelle, formées par l'école, seront capables de s'en charger. On verra comment il a mis ces idées en œuvre, et quel intérêt il a su donner aux moindres détails pratiques, en les retenant toujours sous la lumière des principes. A la chaleur de ses convictions, il joint un savoir étendu, varié, précis, puisé aux travaux les plus récents, une rare compétence d'éducateur qui connaît bien les choses de l'école, mais aussi bien celles de la famille. Il les exprime en des analyses aussi agréables qu'instructives, pleines de finesse et de sens pratique, de tact et de pénétration pédagogiques. Qu'il parle du vêtement ou de la cuisine, du potager ou du budget, il excelle, non seulement à dire tout ce que la ménagère doit savoir, mais à dégager le sentiment qui rehausse toutes ces tâches de poésie et de beauté. Car, n'en déplaise aux dilettanti et à l'auteur du *Jardin d'Épicure*, les soins du ménage et le pot-au-feu lui-même ne flétrissent chez les femmes intelligentes ni la jeunesse, ni la beauté, ni la joie. Celles-là seules pensent le contraire qui oublient que la ménagère est aussi l'épouse, la mère, l'éducatrice. M. Piffault le leur rappelle avec une sagesse persuasive qui a le courage, quand il le faut, de prendre parti contre les idées courantes. Avec des chiffres il montre que la femme exclusivement ménagère, mais bonne ménagère, apporte plus au budget familial que la femme ouvrière; il répond aux nietzschéennes que la femme est par nature conservatrice, et que ses qualités sont la patience, le courage, la douceur. Il démontre que la mère est la première, la plus nécessaire éducatrice, que son action peut et doit, parallèlement à celle de l'école, s'exercer au delà de la première enfance, surtout pour les filles. « Les mères françaises attendent trop de l'école; la mère peut faire de la maison familiale une seconde école, et doit sauvegarder l'individualité de l'enfant contre la tendance de l'école à uniformiser les esprits. » De tout cela M. Piffault parle en pédagogue de métier, qui sait bien son métier, mais le domine (voyez, par exemple, les leçons de sciences naturelles, p. 198 et suiv.), en homme de goût (voyez le chapitre sur l'éducation esthétique), en moraliste convaincu et avisé, en père de famille enfin, très entendu en économie domestique, et qui a acquis un sens très fin, j'allais dire féminin, des choses du ménage.

Je voudrais suivre son programme d'enseignement depuis l'école maternelle jusqu'à l'école supérieure et normale. Mais il faut se borner, surtout en une préface. Et il faut que je dise encore, en remerciant M. Piffault de m'y avoir invité lui-même, les points sur lesquels nous avons discuté sans nous mettre d'accord.

Je ne me résigne pas à écarter comme incapables les femmes d'aujourd'hui, et à tout demander à l'école, même pour une génération. Je ne puis penser que les mères françaises (même les mères limousines) soient en majorité hors d'état de collaborer à l'éducation ménagère de leurs filles. Mais la question délicate est celle de l'éducation sexuelle.

Qu'il soit nécessaire, urgent, difficile de garantir mieux qu'on ne le fait aujourd'hui la pureté des enfants, la santé des adultes, tout le monde en convient. Mais comment s'y prendre ? M. Piffault adopte la thèse naturaliste et scientiste, du moins dans ses principes, et sans en accepter pour la pratique toutes les conséquences et la rigueur. Ce n'est pas le mystère et le silence, c'est le grand jour et la science qui seront l'école de la pureté. On trouvera l'argumentation dans le livre, avec une discussion des objections. Je ne puis dire qu'elle m'ait convaincu. Je laisse aux théologiens le soin de défendre et définir la doctrine et la pratique catholiques ; je sais seulement qu'il faut, pour les bien connaître et juger, beaucoup d'information et de précautions critiques. Mais — ceci est plus proprement philosophique — s'il n'y a point d'antagonisme entre l'âme et le corps, s'il ne faut pas redouter la nature et les appétits de la chair, pourquoi la question est-elle, même pour les esprits tout positifs, si embarrassante ? Les Grecs, dont on invoque l'autorité et l'exemple, ne voyaient point (les textes abondent) dans la reproduction une fonction « comme les autres » ou « plus noble ». Et, si nous prenons ici les Grecs pour guides, il faut pourtant se souvenir qu'ils ne furent pas spécialement chastes, et que ce sont eux qui nous enseignent les charmes des amours homœosexuels. A chacun ce qui lui appartient, tout ce qui lui appartient.

Mais je viens à cette thèse que la science seule prévient ou apaise les curiosités malsaines et le vice. Il n'est pas exact que le cerveau de la fillotte saine et sainement élevée soit obsédé de la question sexuelle, ni que les filles élevées dans l'ignorance soient le plus souvent perverses ou les plus perverses. Rousseau a raison : c'est nous qui devançons et faussons la nature. Et ce qui excite le plus sûrement curiosité et vice précoces, c'est la licence des spectacles et des paroles, c'est l'impudeur des conversations, des lectures et des images, à la maison, dans la rue, au théâtre, où l'on a cent fois raison de ne conduire ses filles « qu'à certains jours ». C'est là, dans cet étalage de ce qui touche à la génération, qu'est le premier mal à dénoncer. Et, d'autre part, on ne constate pas qu'en fait la science amortisse, anesthésie cet instinct, ni que les étudiants, les savants même, mieux renseignés au laboratoire ou à la clinique que ne le seront les élèves à l'école, soient dans leur vie les plus chastes, les plus continents, les plus respectueux de l'acte « auguste » de la génération, et jusqu'à la réserver à la procréation des enfants.

Cela dit, M. Piffault a bien raison d'écarter la pu

dibonderie puérile, les sottes hypocrisies, le silence indéfini et imprudent. Les parents d'abord (et d'autres à leur défaut, ou après eux) doivent parler, ni trop tôt ni trop tard, en choisissant l'heure, qui variera avec les enfants. Mais il faut distinguer. De ce qui se passe chez la mère après la conception, il n'y a pas lieu de faire mystère, non plus qu'étalage. Avec de grandes filles, sans pruderie ni affectation, on parlera de grossesse et d'accouchement : les douleurs de la maternité comme ses joies élèvent l'âme. Pour ce qui précède, c'est autre chose. Les parents auront à dire, surtout le père à son fils, en d'intimes confidences, le sens moral de ces choses, que la nature ne dit pas, ni la science toute seule, et qu'il est difficile de leur garder si on en viole l'intimité, si on les « met sur la montre ». La thèse scientiste en sa rigueur (et M. Piffault, j'y insiste, ne va pas jusque-là) est autrement simple. Il faut, avec la froideur impassible de la science, tout dire, tout enseigner. Faudra-t-il donc décrire à l'école, devant des classes d'adolescents, en des leçons aussi scientifiques qu'on voudra, l'acte génésique du couple humain et le mode ordinaire de propagation de la syphilis? Non : la pureté peut et veut être gardée par d'autres moyens ; et cette méthode, sans parler d'autres risques, fait trop bon marché de la pudeur intime des enfants et des droits des parents.

Ce n'est pas tout. On reproche aux incroyants de manquer de logique en n'allant pas franchement au bout de leurs prémisses. Avec raison; mais où cela va-t-il? On ne veut ni de l'ignorance ni de la demi-science; nous livrerons donc la science tout entière, sans réticences. Il faudra loyalement dire que chez l'homme l'instinct devance l'âge du mariage et détourne du foyer, que l'acte n'est pas lié au caractère sacré de la fonction, et qu'il y a une hygiène scientifique de la sensualité. Je m'en voudrais d'insister; mais il faut pourtant faire entendre pourquoi ce n'est pas la science qui seule, ou le mieux, préserve l'innocence.

Aussi M. Piffault ne manque-t-il pas de faire pour la pratique les plus sages, les plus nécessaires réserves. Il met, comme on devait s'y attendre, beaucoup de délicatesse à dire les précautions et la retenue que réclame cet enseignement, le tact et la discrétion qui s'imposent à la mère, plus encore à l'institutrice. Il invoque enfin l'autorité de Mme de Maintenon, qui n'était sans doute ni « naturiste », ni scientiste. La pédagogie pratique nous met d'accord.

J'ai plaisir à le dire, après avoir discuté, et à redire en terminant tout l'intérêt et le mérite de ce livre. C'est, au meilleur sens du mot, un manuel, un volume que voudront avoir toujours sous la main les institutrices, les professeurs, les mères qui auront à donner l'éducation ménagère. Mais c'est autre chose encore, et mieux qu'un manuel : ces pages se font lire pour elles-mêmes et pour le plaisir. Excellent ouvrage d'enseignement, c'est aussi un livre de foyer, et qui a sa place dans la famille comme à l'école.

CHARLES CHABOT.

LA FEMME DE FOYER

PREMIÈRE PARTIE

CHAPITRE PREMIER

INTRODUCTION

Rôle de la femme dans la société moderne. — Les revendications féminines. — L'évolution du travail féminin. — La femme et les occupations ménagères. — L'évolution du foyer domestique.

La condition de la femme a profondément évolué au cours des siècles, dans les diverses sociétés civilisées. Ce qui frappe dans cette évolution, c'est, à la fois, une différenciation croissante des sexes, se manifestant dans les mœurs, les caractères et l'aspect physique, et une tendance de plus en plus marquée à l'égalité des droits. On ne peut assurer que la différenciation dans le travail et l'égalité morale ont marché de pair. A notre époque même, il n'y a pas égalité dans la diversité. Et les lois n'accordent encore à la femme ni toute l'indépendance ni toutes les garanties de dignité qu'elle revendique.

Bien que les femmes souffrent d'inégalités choquantes, il s'en faut que leur rôle soit de peu d'importance. Même dans la plus grande dépendance, les femmes ont, sur la société, une influence marquée. Sans doute, ce serait une exagération d'admettre avec Aimé Martin que la cité est soumise à leur seule action. Ce serait encore exagérer que d'affirmer avec l'abbé de Saint-Pierre « qu'elles font et défont les nations ». Mais il est exact de dire avec Sheridan « qu'elles nous gouvernent ».

En tant que mère, l'action de la femme est prépondérante. Si l'enfant doit à son père certains penchants héréditaires, il tient davantage de sa mère. Car l'action de la mère sur la constitution physique de l'enfant s'exerce directement; elle est à peu près exclusive pendant la vie intra-utérine et durant l'allaitement. D'autre part, la mère joue un rôle capital dans l'éducation initiale qui fait éclore et développe dans le jeune être les premières dispositions intellectuelles et morales. Et ces dispositions sont l'origine des défauts ou des qualités dont il récolte les fruits, amers ou doux, dans l'âge mûr. Cette double action de la mère n'est pas limitée aux premières années. Elle se continue avec une puissance appréciable jusqu'au delà de l'adolescence. Il apparaît ainsi que l'action des femmes sur les générations montantes est de la plus haute importance et parfois décisive[1].

La vie privée tout entière est également soumise à l'influence des femmes. Dans la famille française, où l'homme vit peu chez lui, c'est la femme qui exerce la plus grande part d'autorité. L'homme se repose sur elle du soin de conduire la maison. Il abdique entre ses mains. Elle a acquis ainsi, par une longue hérédité, le sens de l'ordre, et elle se montre assez souvent propre à l'administration domestique. Or cette administration est une tâche délicate. Il faut chaque jour lutter contre les difficultés crois-

1. Fehling affirme que, corporellement et intellectuellement, l'avenir de l'enfant dépend de la mère presque complètement. (*Deutsche Revue*, Stuttgart, mars 1906.)

Cf. *le Prêtre, la Femme et la Famille*, Michelet : « Philosophes, physiologistes, économistes, hommes d'Etat, nous savons tous que l'excellence de la race, la force du peuple, tient surtout au sort de la femme. Celle qui porte l'enfant neuf mois le fait bien plus que le père. Les mères fortes font les forts. » (Préface de la troisième édition, p. XXI.)

santes de la vie, assurer à tous les membres de la famille la nourriture et le vêtement, s'occuper aux soins du ménage, penser à l'avenir et prélever sur des ressources parfois insuffisantes les moyens de faire face à l'imprévu redoutable. De la femme dépend en grande partie la prospérité de la famille.

D'elle dépend souvent aussi la dignité morale du mari. Car il est difficile à un homme de faire preuve de caractère, si sa femme en est elle-même dépourvue; de désintéressement et d'attachement au devoir, si sa femme ne le soutient de ses encouragements et de son exemple. Qui ne connaît des maris que des femmes sans mœurs ou pleines de vanité ont conduits à la ruine, au déshonneur! Mais aussi combien, dans les heures de crise, se sont sentis soutenus par leurs femmes et ont puisé dans ce sentiment la force morale nécessaire pour affronter et vaincre les plus graves difficultés! Et parmi les grands esprits et les hommes d'action dont s'honore l'humanité, n'en pourrait-on citer qui ont dû à leurs inspiratrices le meilleur de leur génie?

Cette influence est aussi sensible dans la vie publique. L'amour et le respect des femmes, le désir de leur plaire, le souci de leur jugement, la crainte de leur mépris, constituent pour l'homme un mobile puissant de la conduite. « S'il était avéré un seul jour, disait Edgar Quinet, que les Françaises préfèrent la force de l'âme aux capitulations quotidiennes, l'être au paraître, le caractère au petit savoir-faire, le courage à la défaillance, la vie de l'esprit à la routine, la noblesse du cœur à l'art de parvenir, la sincérité à la rouerie..., les hommes se rangeraient bien vite de ce côté... Les femmes concourent avec les hommes à enfanter les sociétés. Elles portent dans leur giron, non pas seulement les enfants, mais les peuples[1]. »

1. *La République*, p. 220. — Cf. Kant, *les Caractères nationaux*, p. 305 et suiv. : « En France, plus que partout ailleurs, les femmes pourraient avoir une influence puissante sur la conduite des hommes,

Dans notre société démocratique, les femmes ne sont pas encore citoyennes. Mais, selon le mot de Mme de Rémusat, elles sont épouses et mères de citoyens. Elles sont comme ces religieux qui, ayant renoncé à toute influence immédiate sur les affaires, n'y peuvent prendre part qu'en obtenant de l'empire sur ceux qui les conduisent. Pour s'exercer discrètement et dans l'ombre, cet empire n'en est pas moins réel. On pourrait même assurer qu'il est d'autant plus fort qu'il se fait moins apparent. Si les femmes ne tiennent pas les cartes, elles inspirent les joueurs, souvent à leur insu. Et Mme de Rémusat ne faisait aucune difficulté à reconnaître qu'à certaines époques, par l'influence des femmes, les affaires politiques ont été traitées comme des affaires de ménage.

L'action des femmes, importante dans la vie normale d'une nation, ne l'est pas moins lorsque la paix est troublée par de graves bouleversements. Les grèves, dont la répercussion sur le foyer domestique est souvent si douloureuse; les profonds changements politiques, dont les femmes sont des témoins parfois actifs et passionnés; les troubles civils, qui peuvent mettre aux prises les membres d'une même famille; la guerre, qui enlève à l'épouse son mari, à la mère ses fils; l'invasion, dont aucun pays n'est préservé, sont encore des événements de notre temps et où le rôle des femmes peut être grand jusqu'au sublime.

Ainsi, mères, éducatrices, ménagères, inspiratrices, conseillères, juges de la conduite, par leur mission au foyer, les femmes exercent une action sociale considérable.

***

Se rendant compte de cette action, au besoin l'exagérant, toujours la redoutant, certains esprits estiment qu'on doit limiter l'influence des femmes. La femme, affir-

en les poussant aux nobles actions, si l'on songeait à encourager un peu cet esprit national. »

ment-ils avec rudesse, a les cheveux longs et les idées courtes. Ou encore : elle a des sentiments, mais qui ne sont point éclairés par des idées. D'autres concèdent qu'elle est aussi intelligente que l'homme; mais, disent-ils, son intelligence ne s'applique pas aux mêmes objets. Par suite, on ne saurait lui laisser libre l'accès des fonctions viriles. D'ailleurs, il est impossible à une femme d'exercer à la fois une profession virile et le métier d'épouse, de ménagère et de mère. Dans la vie sociale, il ne saurait donc y avoir égalité. De même dans la vie publique. Car une femme ne peut se mêler de politique active, militante, sans manquer à la réserve, à la modération convenables à son sexe. Et, avec Proudhon, ils affirment que l'action de la femme doit s'exercer exclusivement dans le domaine conjugal, et qu'en dehors du foyer cette action se trouve déplacée et singulièrement diminuée.

D'autres, chaque jour plus nombreux, condamnent les inégalités économiques, civiles, politiques, conjugales, que consacrent les lois ou les usages. Certains publient des manifestes retentissants, d'un lyrisme échauffé. Ils voient dans la femme la *serve*. « Elle a sa Bastille à prendre, ses droits à conquérir, sa révolution à tenter. » Ils rêvent l'*Eve future* émancipée, affranchie du joug des routines et des préjugés du passé, indépendante moralement et économiquement. « Liberté et justice, voilà en deux mots l'ensemble des revendications féministes. » Liberté, c'est-à-dire, pour la femme, être libre de sa pensée et de son corps, portant en soi une mission particulière. Justice, c'est-à-dire égalité de l'homme et de la femme aux points de vue juridique, civil, politique, ou, selon la formule de Stuart Mill, « égalité complète des aptitudes, des fonctions et des droits ». En d'autres termes, ils réclament pour la femme l'égalité à l'école, dans la famille, dans la vie civile, dans la vie sociale.

Dégagées de la déclamation, les revendications féministes n'ont rien que de raisonnable. En droit, il doit y avoir « égalité complète... des fonctions et des droits ».

Mais, en fait, cette égalité n'est pas réalisable, au moins dans certains domaines d'action. L'amour et la maternité sont de vieux jougs dont le destin a chargé les épaules de la femme. Elle peut les secouer. Elle retombera toujours dans le vieux sillon de la vieille humanité[1].

* * *

En même temps que s'accomplit cette évolution dans les idées, se continue une évolution économique profonde. Les conditions dans lesquelles la femme travaille ont varié lentement jusqu'au dix-neuvième siècle. Elles ont été considérablement modifiées depuis, et elles se modifient chaque jour.

Les économistes constatent que la première division du travail fut opérée entre les deux sexes. A l'origine, tandis que l'homme répandait son activité hors du cercle domestique, la femme restait confinée dans l'intérieur de la maison. Ainsi se créait le « ménage », et aussi « l'économique ». Chez les anciens, on retrouve dans Xénophon des précisions sur « l'art de bien gouverner la maison[2] ». Au quatorzième siècle, le *Menagier de Paris* traite des choses du ménage. Et l'on rencontre fréquemment dans nos vieux écrivains du seizième siècle, en particulier dans Montaigne, des allusions à la « science du mesnage » et à la « vertu œconomique des mesnagieres[3] ».

Longtemps la femme garda le foyer et fila la laine. Elle resta la ménagère. La grande dame administrait ses biens, gouvernait ses gens, « recevait ». La bourgeoise l'imitait. Et la femme du peuple vivait chez elle, occupée

1. Cf. Théodore Joran, *le Féminisme à l'heure actuelle* (*Revue internationale de sociologie*, mai 1907). Sans adopter toutes les conclusions de l'auteur, on peut, avec lui, regretter les tendances de certains féministes espérant un état social où la femme pourrait se dispenser des soins de la famille et du ménage et des sollicitudes du mariage.

2. *L'Economique*.

3. Cf. notamment *Essais*, livre III, chap. IX, *De la Vanité*.

aux travaux de la maison. Elle se bornait à exécuter, outre les tâches quotidiennes et quelques travaux de culture, un travail à l'aiguille ou une dentelle. Fille ou veuve, elle pouvait même, il y a quelques dizaines d'années encore, s'adonner à l'un des multiples petits métiers s'exerçant alors à domicile : bimbeloterie, cartonnage, broderie d'art, décoration, enluminure... et se procurer ainsi des ressources modestes, pourtant suffisantes.

Depuis, les petits métiers ont disparu. Les travaux de couture ont été peu à peu industrialisés ou accaparés par les ouvroirs et les orphelinats laïques et religieux. Les femmes qui leur demandaient les ressources nécessaires à leur existence se sont précipitées dans les administrations publiques et dans les professions non encore encombrées. Elles sont allées concurrencer l'homme. L'homme, ayant de plus en plus peine à vivre, a hésité davantage à se créer une famille. Isolée, sans mari, la femme pauvre a voulu gagner sa vie par un travail honorable. Elle a cherché à arracher à l'homme et à ses sœurs un travail mal rétribué. Elle a quitté son foyer pour l'usine. Même mariée et mère de famille, elle a dû souvent renoncer au travail à domicile pour le travail à l'atelier.

Et la femme se trouve arrachée au foyer domestique. Elle n'est plus mère que de nom. Elle est la servante de la machine. Comment ferait-elle autrement? dit-on. Ne faut-il pas accroître les ressources de la maisonnée? — Nous verrons ailleurs que ce raisonnement est discutable. Il importe néanmoins de constater que plus du quart des femmes *mariées* travaillent hors de leur maison. Et combien qui exécutent dans la maison même un travail industriel pénible! Que peut-il résulter d'un tel mode d'existence, visiblement incompatible avec la tenue du ménage et la maternité, sinon le surmenage, l'affaiblissement de la race, la négligence dans le foyer, l'abandon des enfants? « La femme ouvrière, disait véhémentement Michelet, mot impie, sordide, qui à lui seul balancerait tout notre prétendu progrès! » Et l'on sait comment J. Simon a déploré « l'accaparement de la femme par la vapeur ». Rendant plus pénible la vie de la femme et plus difficile le travail ménager, le travail au dehors, loin de le simplifier, a fait plus complexe le problème domestique.

*
* *

Ainsi, l'évolution qui s'est précipitée depuis une cinquantaine d'années ne paraît pas avoir servi le bonheur général. Elle a désorganisé la famille et amené une diminution sensible dans le nombre des mariages. Car la famille est le fondement de la société, et la destinée normale de la femme est d'être épouse et mère. Ce sont là, sans doute, des lieux communs. Mais ce sont aussi des vérités éternelles que ne peuvent entamer ni certaines fantaisies paradoxales, ni certains raisonnements outranciers. De ce que la femme est vouée au mariage par destination, il ne s'ensuit pas cependant qu'elle n'ait pas le droit de se créer une vie autre que cette vie normale, et de se refuser au mariage et à la maternité. Ce droit dont, par égoïsme, l'homme use parfois, pourquoi la femme n'en userait-elle pas?...

Qu'elle soit célibataire ou mariée, il est difficile à la femme, dans l'état actuel de la société, de se soustraire aux soucis d'un intérieur. Sauf exceptions rares, les salaires féminins sont insuffisants pour permettre à la femme célibataire d'adopter les conditions de la vie des hommes non mariés. Elle doit elle-même se livrer aux travaux du ménage, à la cuisine, au nettoyage, au raccommodage. Si la femme est mariée, c'est sur elle que repose la direction du ménage, et même, le plus souvent, l'exécution des tâches domestiques. Pour juger de l'importance du travail ménager, il n'est besoin que de jeter les yeux autour de soi. Mais la statistique apporte des précisions convaincantes. La France compte environ 28 millions d'adultes, dont plus de 14 millions de femmes. Des 14 millions de femmes, près de 8 sont mariées, et plus de 5 s'occupent exclusivement au travail ménager. Il faut ajouter à ce nombre les femmes employées au service domestique, près de 700,000. Ainsi 6 millions de femmes, soit près de la moitié, n'ont d'autres occupations que les occupations ménagères[1]. Mais des autres femmes considérées comme exerçant une profession déterminée, autre que le travail domestique, — agriculture, industrie, commerce, fonctions publiques, — le plus grand nombre doivent ajouter à leurs occupations professionnelles celles qui résultent du ménage et de la maternité. Enfin, si certaines ont des ressources ou une situation de fortune leur permettant de se soustraire aux occupations ménagères, elles ne peuvent s'abstraire des conditions économiques et elles doivent prendre part, ne serait-ce que par leurs ordres et leur surveillance, à l'organisation générale de l'intérieur et à la gestion des finances domestiques. Et ainsi s'impose pour toute femme, riche ou pauvre, ouvrière ou seulement gardienne du foyer, la nécessité d'acquérir une connaissance suffisante des règles de l' « économique ».

*
* *

Ces règles, nous le verrons, se précisent chaque jour, à mesure que la science s'assure de nouvelles conquêtes. Et, d'autre part, les simplifications croissantes du travail de la maison tendent à diminuer considérablement les efforts de la ménagère.

Autrefois, la famille pouvait vivre à peu près isolée. Ses membres étaient, pour ainsi dire, les seuls consommateurs des produits de leur travail. Tout était préparé dans la famille et pour la famille. Le recours aux groupes voisins était rare et n'avait lieu que dans des cas très limités. On fabriquait dans la maison même le pain, le vin, la bière, l'hydromel. On y tuait le bétail. On y pré-

1. D'après le docteur Kaethe Schirmacher, *le Travail des femmes en France*.

parait les conserves, l'huile, les chandelles, et même on y fabriquait les étoffes de laine ou de fil, les vêtements et les souliers. La ménagère, reine dans sa maison, devait avoir une science pratique étendue. Et les tâches qu'elle accomplissait en vue du ménage étaient souvent pénibles, écrasantes.

Les temps sont bien changés. Le développement du machinisme, la facilité des communications, une spécialisation croissante du travail dans toutes les branches de l'activité humaine, ont modifié peu à peu l'existence patriarcale de la famille. La femme ne se résigne pas toujours à cette évolution du foyer. Conservatrice, elle s'attarde à certaines occupations qu'elle pourrait délaisser. Pourtant, son travail se réduit de plus en plus. Le paysannes mêmes renoncent à pétrir la pâte et à filer. Le boulanger fournit le pain, le pâtissier les gâteaux. Les grandes épiceries offrent des potages, des conserves de viandes, des légumes et des fruits de toutes sortes, des mets tout préparés, des confitures, des sirops, des liqueurs... Et même bien des personnes commandent au dehors les dîners qu'elles donnent, ou se font apporter des plats du restaurant voisin. Cette évolution n'est pas limitée à l'alimentation. Les étoffes, les costumes, la lingerie, l'entretien des tapis, le blanchissage, le repassage, se font au dehors. La lumière et la chaleur sont canalisées : dans beaucoup de maisons déjà, on n'a plus à surveiller l'âtre ni à garnir les lampes. Des frotteurs viennent à jour fixe pour les parquets. Le nettoyage des devantures des magasins par des entreprises organisées fait prévoir le nettoyage à forfait des vitres d'appartements... Ainsi, dans toutes les parties du travail ménager, l'évolution du foyer se poursuit dans le sens d'une spécialisation de plus en plus grande.

Aux Etats-Unis, la vie de pension prend un développement tel qu'elle apparaît comme le terme définitif et par certains désiré de ces tendances économiques. On voit fréquemment les jeunes ménages s'installer dans les hôtels pour y trouver, dans une hospitalité confortable, mais sans personnalité, l'oubli des nécessités domestiques. Et les vêtements usés ou déchirés sont jetés à la rue, sans que la femme ait la pensée de les rapiécer[1]. Or, les Américaines mariées se montrent rebelles à tout travail, même ménager. Célibataires, alors que leurs parents les entretiennent, elles vont volontiers à l'usine pour s'assurer un gain qui leur permette l'achat de parures enviées[2]. Mais « elles n'envisagent leurs occupations qu'ainsi qu'une corvée terrible dont un *mari* les débarrassera[3] ». Et pourtant les salaires masculins sont plus élevés en Amérique qu'en Europe, et une ménagère connaissant bien son métier pourrait faire vivre sa famille à peu près dans les mêmes prix que chez nous[4].

Heureusement, la femme française a d'autres aspirations; et elle se résout difficilement à déserter le foyer. Même ouvrière, elle persiste à orienter elle-même, dans la mesure où elle le peut, la vie domestique. Trop souvent, alors, elle ignore la pratique du ménage. Sauf quand elle vit de son aiguille, elle sait à peine coudre et ne sait pas raccommoder. Elle ne sait plus faire la cuisine. Elle ne sait pas adapter ses conditions de vie aux commodités économiques. Quant à la ménagère rurale, elle ignore forcément certaines des modifications qui peuvent être apportées dans le travail domestique. Elle a d'ordinaire conservé les traditions d'existence qu'ont connues celles qui l'ont précédée. Et elle les suit sans les discuter. Ces remarques, qui trouveront ailleurs un développement plus étendu, ne peuvent que donner plus de force à notre précédente conclusion. Et elles font ressortir l'urgence qu'il y a de ramener au foyer l'épouse et la mère. C'est l'y

1. Cf. Th. Bentzon, *la Condition de la femme aux Etats-Unis* (*Revue des Deux Mondes*, juill.-déc. 1894).
2. Cf. Mme Van Vorst, *l'Ouvrière aux Etats-Unis*.
3. Mme Chabrier-Rieder, *Mercure de France*, févr. 1904.
4. Cf. Ch. Wagner, *la Démocratie américaine* (*Pour les instituteurs*; Delagr.)

ramener avec honneur que de faire sentir à tous la difficulté, l'importance et la grandeur des tâches domestiques. C'est sauvegarder sa dignité de ménagère que d'attribuer à son œuvre, dans la communauté, une valeur pécuniaire raisonnable, de même que dans une maison de commerce on évalue justement le travail de chaque associé.

CHAPITRE II

L'ÉDUCATION MÉNAGÈRE

I. — L'éducation ménagère n'est pas toute l'éducation de la femme. — L'éducation générale prépare l'éducation ménagère.
II. — Définition de l'éducation ménagère.

I

« Élever un enfant, dit justement Mme Necker de Saussure, c'est le mettre à même de remplir le mieux possible la destination de sa vie[1]. » Or, les fillettes de nos écoles sont destinées à être des femmes, c'est-à-dire des « personnalités humaines » exerçant dans la vie sociale une action considérable. Elles seront aussi, dans l'immense majorité des cas, des maîtresses de maison. Et, le plus souvent, elles seront en outre des épouses et des mères. L'éducation, pour atteindre pleinement son but, doit donc viser à former à la fois des *femmes*, des *maîtresses de maison*, des *épouses* et des *mères*.

Il apparaît déjà que l'*éducation ménagère* — dont l'objet propre est de préparer nos filles à leur rôle futur dans la maison et dans la famille — ne constitue pas toute l'éducation des femmes. Une éducation de la femme qui n'aurait en vue que le mariage et le ménage serait une éducation manifestement incomplète. Car la femme « ne commence pas par être épouse et mère ; elle ne le devient pas toujours ; elle ne le reste pas toujours jusqu'à la mort, quand elle l'a été[2]... » Et ce serait une injustice que de

1. *L'Éducation progressive*, livre Ier, chap. Ier, p. 14 (éd. Garnier).
2. H. Marion, *Psychologie de la femme*, 11e leçon, p. 244.

la condamner au mariage par l'éducation, de lui interdire d'organiser sa vie à sa guise, et, s'il lui plaît, de refuser l'homme et l'enfant. Ce serait aussi une imprudence de ne pas l'armer pour les jours de solitude, de la laisser désemparée et incapable quand, par un revers de la fortune ou un deuil cruel, elle se trouve abandonnée à elle-même, sans ressources et sans appui.

Et surtout, les âmes des femmes ne sont pas d'une autre espèce que celles des hommes. Les femmes ont, comme les hommes, une raison à conduire, une volonté à régler, des passions à combattre. Il leur est aussi difficile qu'à eux de satisfaire à tous les devoirs si on ne leur a rien appris. Comme eux, elles ne sont faites ni pour l'ignorance ni pour les préjugés. Elles doivent pouvoir jouir de la part de liberté qui leur revient et faire preuve d'initiative individuelle. L'éducation de la femme doit avant tout développer en elle toutes les forces vives de l'esprit et du cœur, inspirer le respect de la vérité et le goût de la sincérité, former le jugement, fortifier la raison et tremper le caractère. Pour tout dire, l'éducation doit développer chez la femme toutes les qualités qu'on s'accorde à estimer nécessaires chez l'homme.

Et d'ailleurs, n'est-il pas de l'intérêt même de la cité de donner aux femmes une éducation largement humaine? Inspiratrice ou conseillère d'un mari qui doit accomplir des actes publics; mère, ayant à prendre sa part dans l'éducation de futurs citoyens; vraiment citoyenne, appelée à partager les décisions suprêmes et peut-être les dangers de son époux et de ses fils dans les moments de crise grave; ainsi destinée à s'associer étroitement à la vie publique des siens, il apparaît que la femme doit recevoir une éducation la rendant capable de remplir le rôle civique qui lui revient.

Ce serait donc à la fois une injustice, une erreur et une imprudence que de vouloir faire à la femme une âme exclusivement ménagère. Et nul ne peut y penser.

A priori, l'éducation générale des femmes déborde l'éducation ménagère. Pourtant, qu'on ne s'y trompe pas. Elever les femmes à la pleine dignité de personnes morales et les instruire à l'égal des hommes, c'est les préparer à remplir leur rôle *humain*. Mais c'est aussi, indirectement, les préparer à leur rôle d'épouses et de mères. Car c'est pour l'homme une joie continue que d'avoir pour compagne de sa vie une femme à l'intelligence hautement cultivée. « Ce qui comble les moments de vide et d'ennui (dans la vie conjugale), ce qui dissimule le mieux les défauts réciproques, ce qui adoucit et rapproche les humeurs, apaise ou prévient une querelle, épargne à l'un la honte de revenir, à l'autre l'embarras de pardonner, c'est un certain goût commun des choses de l'art et de l'esprit[1]. » Et un homme sensé aimera toujours mieux s'appuyer sur une femme instruite et forte, que de ne trouver en elle qu'un être ignorant et faible à protéger.

Et aussi, la femme peut être mère, puisque son organisme l'y convie. Elle peut avoir à former des hommes. Comment le pourrait-elle, si elle n'était vraiment femme? Comment pourrait-elle, être de faiblesse, former des êtres de volonté? Comment pourrait-elle, ignorante, enseigner l'indispensable aux enfants qui naîtront d'elle? C'est par l'éducation des femmes qu'il faut commencer celle des hommes.

II

Efforçons-nous cependant de préciser les frontières de l'éducation ménagère, puisque aussi bien c'est d'elle seule que nous avons à nous occuper ici. Sans doute, suivant l'angle sous lequel on l'envisage, on peut accorder à une partie artificiellement isolée de l'éducation une extension plus ou moins grande. Il nous est cependant indispensable de limiter les points que comprend l'édu-

1. P. Janet, *la Famille*, 3e leçon, p. 90.

cation ménagère et d'en donner une énumération complète. Car notre définition même déterminera l'étendue des développements qui vont suivre.

On a longtemps borné à l'enseignement de l'économie domestique l'initiation à la science du ménage. L'expression *économie domestique* forme pléonasme. Car le mot *économie* signifie à lui seul *administration de la maison*. Et Xénophon entend par *Economique* l'art de bien ordonner une maison. Or l'ouvrage de Xénophon n'est pas seulement un traité d'administration. Il ne comprend pas que les règles dont l'observation assure la prospérité d'une famille. Il nous offre aussi de précieuses considérations morales sur les vertus ménagères. Et c'est justement. Car il est évident qu'une personne ne possédant que la connaissance des règles pratiques de l'*économie* réussirait moins bien qu'une autre douée en outre des vertus indispensables à la bonne ménagère. Pour les anciens, l'économie domestique comprenait l'économie rurale et même, comme pour Xénophon, l'agriculture tout entière. Avec les progrès de l'industrie, de nombreuses familles ont été amenées à vivre d'une vie urbaine, sans contact avec la terre. Toutefois, la plupart des traités contemporains ajoutent d'ordinaire aux considérations sur la tenue et l'administration de la maison d'autres considérations relatives au jardin e à la basse-cour.

Le *Dictionnaire de pédagogie* définit l'économie domestique de la manière suivante : « Science qui apprend aux futurs pères et mères de famille à tenir convenablement une maison, un ménage, à y faire régner l'ordre, la propreté, l'hygiène, le bon goût ; à ne faire aucune dépense inutile, à se contenter de ce que l'on a et à tirer le meilleur parti possible des ressources dont on dispose. » Cette définition séduit tout d'abord par sa clarté et sa concision. Mais, si on l'examine de près, on voit qu'elle met sur le même rang et qu'elle enchevêtre des qualités morales, telles que l'ordre, la propreté, le bon goût, l'économie, et des connaissances théoriques ou pratiques précises, telles que l'hygiène et l'art de tirer le meilleur parti possible des ressources dont on dispose. En outre, bien qu'elle vise les « pères et mères de famille », elle nous paraît avoir une extension trop limitée. Elle ne fait pas mention, dans la division qu'elle donne, de l'éducation des enfants.

On semble vouloir de plus en plus abandonner le terme *économie domestique* et lui préférer celui d'*enseignement ménager*. « L'enseignement ménager, a-t-on dit, a pour objet de préparer la jeune fille aux devoirs qui l'attendent dans la vie, c'est-à-dire à l'administration et à la direction de la famille[1]. » Une telle définition admet implicitement que les seuls devoirs qui attendent la jeune fille dans la vie sont « l'administration et la direction de la famille ». Elle suppose ainsi que l'éducation des femmes ne doit avoir en vue que le mariage. Elle ne saurait donc nous convenir.

La définition adoptée par le Congrès international de l'Enseignement primaire de 1900 présente une division minutieuse. Elle est ainsi conçue : « L'enseignement ménager consiste dans l'ensemble des connaissances théoriques et pratiques indispensables à toute maîtresse de maison pour diriger son ménage. Il comprend l'achat et la conservation des aliments; la préparation des mets; l'art de dresser une table; la couture, la coupe, le blanchissage, le repassage; l'entretien des vêtements et des meubles d'un appartement; l'hygiène de la maison et l'art de l'embellir; l'hygiène des enfants; les soins aux malades; l'éducation de la première enfance[2]. » Cette définition ne concerne que l'acquisition des connaissances (enseignement ménager). Elle laisse totalement dans l'ombre les vertus domestiques, ou tout au moins ces

1. Définition proposée par les instituteurs et les institutrices de la circonscription de Beauvais (*Congrès international de l'Enseignement primaire du 2 au 5 août 1900*). Cf. le rapport présenté par M. Strauss, p. 8.

2. Cf. *Revue pédagogique* du 15 oct. 1900, p. 360 et 366.

qualités de cœur et d'esprit dont nous montrerons par la suite l'importance. En outre, elle semble limiter à la première enfance l'action éducatrice du foyer, alors que cette action s'étend à l'adolescence et même au delà. Enfin, elle omet un ordre de connaissances dont l'importance est *à priori* évidente : c'est la comptabilité ménagère, ou, si l'on veut, l'administration des finances domestiques.

*
* *

Certains ont proposé de faire entrer dans l'enseignement ménager le dessin et le droit usuel[1]. Sans doute, le dessin peut permettre d'embellir la maison; il est nécessaire pour l'exécution des travaux de coupe. Et le droit usuel permet l'administration intelligente des biens et la défense des intérêts de la famille. Mais alors, la lecture et l'écriture sont nécessaires pour la connaissance des documents intéressant la maison et pour les écritures domestiques; et aussi le calcul pour les comptes ménagers. Ainsi, en suivant cette voie, on arrive, d'empiétement en empiétement, à faire entrer dans l'enseignement ménager tout l'enseignement, et dans l'éducation ménagère toute l'éducation.

Pour nous, les connaissances nécessaires à la ménagère sont celles qui ont trait à la tenue de la maison et à l'art de l'embellir, aux vêtements et au linge, à l'alimentation, aux annexes de la maison, aux finances domestiques, à la puériculture, à l'hygiène, à la médecine élémentaire, à la pédagogie maternelle. Sans doute, cette énumération comprend des connaissances que certaines femmes n'auront pas à mettre à profit. Toutes ne seront pas mères. Mais nous ne saurions faire état d'exceptions qui constituent une assez faible minorité. D'ailleurs, comment pourrait-on, sur les bancs de l'école, à l'âge où l'on jette les bases de l'éducation pratique, et dans l'adoles-

1. Cf. le rapport de M. Strauss, déjà cité, p. 8.

cence même, où se complète cette éducation, comment pourrait-on distinguer parmi les jeunes filles celles qui ne seront ni épouses ni mères?

Il ne faut pas non plus, poussé par le désir du mieux, dépasser le but et, par-delà l'éducation ménagère, atteindre l'éducation professionnelle. De ce que la femme sera appelée à s'occuper de ses vêtements et de son linge, il ne s'ensuit pas qu'elle doive connaître à fond les métiers de couturière, de lingère, de blanchisseuse, de repasseuse. L'éducation ménagère n'a pas à spécialiser la jeune fille, à lui donner un métier nettement défini. Elle doit seulement avoir pour but de lui donner les connaissances *indispensables* à l'exécution de ses tâches domestiques futures.

Ces connaissances doivent être pratiques. Elles doivent aussi être théoriques. Car, pour l'exécution intelligente d'un ordre quelconque de travaux, la connaissance du *pourquoi* de ces travaux et du *pourquoi des procédés* choisis est évidemment nécessaire.

A l'acquisition de ces connaissances on doit joindre le développement de certaines qualités, telles que l'économie, l'ordre, la propreté, le désir du beau, qui, avec l'intelligence des travaux ménagers, contribuent à former une certaine tournure d'esprit qu'on peut appeler l'*esprit ménager*.

A nos yeux donc, l'éducation ménagère a pour but l'acquisition des connaissances théoriques et pratiques indispensables aux occupations domestiques, à l'administration de la maison, à l'éducation familiale des enfants, et aussi la formation et le développement d'un état particulier de l'esprit comportant, avec l'intelligence des choses domestiques, l'amour du foyer et des travaux que le foyer crée.

Les développements qui vont suivre immédiatement ont pour principal objet de préciser la nature et l'importance relative des connaissances nécessaires dans chacun des domaines que nous avons énumérés, et de rechercher les éléments divers dont se compose l'esprit ménager.

CHAPITRE III

LA MAISON

I. — Maison et santé. — Les habitations populaires. — La maison et les meubles. — Le travail de la ménagère. — Les errements suivis.
II. — L'Art dans la maison. — Les gravures et les fleurs. — Conclusion.

I

La maison n'est pas seulement le lieu où l'on mange et où l'on dort, le toit qui abrite. Elle est le *home,* où se groupent les membres de la famille, où ils vivent d'une vie commune, éprouvant les mêmes peines, ressentant les mêmes joies, où ils s'appuient avec confiance les uns sur les autres. De la maison dépendent le plus souvent la santé et le bonheur.

Il est, en effet, des demeures qui semblent le refuge de certaines maladies et réservent la douleur à ceux qu'elles abritent. Tel logement malsain et mal exposé fait naître chez les habitants des fièvres qui laissent après elles des troubles circulatoires incurables. Tel autre, obscur et humide, provoque des affections rhumatismales dangereuses. On a cité l'exemple d'une maison parisienne, signalée en 1883 par le président de la Commission des logements insalubres comme la plus malsaine de Paris, et dans laquelle, un an plus tard, éclatait, lors du choléra de 1884, le second cas de l'épidémie[1].

De nombreuses statistiques dénoncent cette influence souvent funeste de la maison sur la santé de ceux qui l'occupent. Malgré de mauvaises conditions climatéri-

1. Pierre Guyot, *la Question des logements insalubres.*

ques, Londres n'a qu'une mortalité de 24 décès par an pour 1,000 habitants, grâce à ses nombreuses maisons individuelles, dans lesquelles le nombre moyen d'habitants n'est que de 8. Berlin a une mortalité de 25 p. 1,000, avec une moyenne de 32 habitants par maison. Paris, Saint-Pétersbourg, Vienne, ont respectivement une mortalité de 28, 41, 47 p. 1,000, avec une moyenne de 35, 52, 55 habitants par maison. Il apparaît ainsi que les maisons surpeuplées offrent une mortalité beaucoup plus élevée que les maisons individuelles.

On observe des résultats de même ordre lorsqu'on compare, au point de vue sanitaire, les appartements divers de maisons semblables. A Paris, sur 93,666 habitants logés dans 1,500 maisons de six étages, la proportion des tuberculeux est de 1,7 p. 100. Or elle est de 1,83 p. 100 aux étages inférieurs, où le soleil et l'air pénètrent difficilement, et seulement de 1,56 p. 100 aux étages supérieurs, cependant habités par des ménages moins fortunés[1].

On a maintes fois signalé ces « îlots de logis infectieux, survivance des cités lépreuses du moyen âge, qui déshonorent les grandes villes et compromettent leur hygiène;... c'est là que s'élaborent périodiquement les épidémies, et qu'en tout temps se cultive l'infection tuberculeuse qui, quotidiennement, avec les objets et les malades, se répand dans les rues, puis pénètre au sein des hôtels les mieux tenus et les mieux gardés[2] ». Ainsi le « Casier sanitaire » qui groupe les dossiers concernant les maisons parisiennes peut-il nous montrer 10 maisons comportant une population totale de 967 habitants et donnant, en dix ans, 212 décès tuberculeux. Mettons, d'un mot, en regard, les résultats obtenus en Angleterre. A Londres, grâce à une loi quasi draconienne conduisant à la disparition des logis meurtriers, on a réalisé, de la période 1851-56 à la

1. Cf. sur ce point l'article très documenté du docteur Romme, *Presse médicale de Paris*, 21 février 1906.

2. Cf. docteur J. Héricourt, *l'Hygiène moderne*, II, 3.

période 1895-97, une réduction de 45 p. 100 sur toutes les manifestations de la tuberculose. Il est, par suite, actuellement démontré que la prophylaxie de la tuberculose — maladie qui cause à elle seule près du quart des décès — est dominée par la question de l'hygiène de l'habitation.

Il est donc important, pour chacun, de se créer ou de choisir un logement sain.

* * *

Si les ménages aisés peuvent fixer leur choix avec assez d'indépendance, il n'en est pas de même de la plupart des ménages ouvriers. Ceux-ci doivent tenir compte de leurs ressources et de leurs occupations. Dans les petites villes, il leur est généralement possible de se loger à peu de frais et à proximité de l'atelier ou du chantier. Dans les campagnes, ces facilités sont plus grandes encore. Mais dans l'un et l'autre cas, il est rare de trouver des maisons parfaitement salubres. Le soleil brille, l'air pur circule au dehors. Et la maison reste obscure et mal aérée. Les pièces sont parfois vastes, mais en nombre insuffisant. Souvent, la même chambre sert à la fois de cuisine, de salle à manger et de chambre à coucher pour une famille entière. Les eaux ménagères n'ont pas d'écoulement. Le fumier couvre l'aire voisine. L'étable est proche, et des odeurs mauvaises, des émanations nuisibles, pénètrent la maison.

Dans les grands centres, la cherté s'ajoute à l'insalubrité. La plupart des loyers sont d'un prix très élevé. A Paris, un logement sain coûte en moyenne 150 fr. par pièce. Comment un ménage ouvrier, ayant deux enfants, pourrait-il prélever sur ses ressources le loyer d'un appartement comprenant — ce qui semblerait pourtant nécessaire — une cuisine, une salle à manger (la vraie pièce familiale) et deux chambres à coucher?... D'autre part, il faut rester à proximité de l'atelier, afin de pouvoir prendre le repas de midi en famille, faire ainsi une économie appréciable, s'assurer une meilleure nourriture et éviter des frais de chemin de fer ou d'omnibus, ou des courses à pied souvent fatigantes. Aussi les ménages pauvres sont-ils généralement réduits à se contenter de logements exigus et insalubres où il leur est impossible de suivre les prescriptions de l'hygiène. Souvent même ils perdent le souci des convenances et la dignité personnelle. D'après une statistique de 1902, il y avait alors, à Paris, *n'occupant qu'une seule pièce :* 414 ménages de dix personnes *et au-dessus*, 470 de sept à huit personnes, 1,161 de six personnes, 3,462 de cinq personnes, 10,420 de quatre personnes, 28,475 de trois personnes. Sait-on que plus du tiers de la population parisienne (37 p. 100) vit dans des locaux surpeuplés, manquant du cube d'air nécessaire? Sait-on que dans certains hôtels de financiers, maisons déchues de leur splendeur, s'abritent plus de vingt ménages?...

La situation est plus pénible encore lorsque le logement familial sert en même temps d'atelier. « C'est toujours le décor rencontré en 1856 par le monographiste Faucillon : la pièce, abaissée par le lambris qui dérobe le toit, aérée par une lucarne et contenant à peine 28 mètres cubes d'air. A quelques pas du lit et des ustensiles de cuisine, tout auprès du fourneau où chauffent les carreaux (les fers de l'ouvrier tailleur), la planche soutient le façonnier et ses aides, le personnel du microscopique atelier de confection... M. Fontaine, directeur de l'*Office du travail*, a insisté sur ce fait que, dans les villes grandes ou petites, l'atelier familial, dont les gains sont si médiocres, est obligé de se loger à bon marché. A Paris, par exemple, ces ateliers de famille se rencontrent principalement dans les immeubles les plus défectueux, où, par les escaliers, montent les émanations des cours, des plombs[1] et des cabinets d'aisances affectés à la foule des

1. Les *plombs* sont, dans les maisons ouvrières, des éviers de petites dimensions placés sur les paliers d'escalier. Ils communiquent

locataires. Dans l'atelier même, dont les fenêtres sont rarement ouvertes, l'atmosphère est confinée au delà de toute expression, car à l'odeur *sui generis* des locaux encombrés se mêle encore celle de la cuisine et des autres travaux du ménage[1]. »

Ces situations lamentables ont ému les médecins et les hygiénistes. Des hommes politiques, des écrivains, des sociologues, ont rêvé d'un avenir où la maison de l'ouvrier serait un cottage indépendant, fleuri, clair, gai et parfaitement sain. Des philanthropes tentent de réaliser ce rêve et s'efforcent de créer des villes nouvelles. Celles-ci réuniraient les avantages de la vie urbaine et de la vie rurale. Elles s'adapteraient aux conditions sociales modernes. Elles seraient le remède à la pléthore des demeures ouvrières dans les villes et à l'abandon des campagnes. Ce seraient des *Garden-City,* des « cités-jardins ». Les ouvriers y respireraient l'air pur et frais, tout en étant rapprochés des grands centres industriels qui les emploient.

Quelques-unes de ces cités ont été édifiées à l'étranger. En France, l'effort s'est porté sur la réalisation d'*habitations à bon marché*. On s'efforce, de divers côtés, de créer des maisons de famille saines, bien construites et entourées d'un jardinet[2]. Mais les maisons « de rapport », à cinq étages, hideuses et malsaines, ne sont pas près de disparaître. On les voit hérisser les banlieues de nos villes. Et les œuvres nées de la solidarité ou de la bienfaisance ne peuvent encore fournir aux familles ne dis-

par des tuyaux qui descendent dans la cour de la maison. Aucune chasse d'eau ne nettoie les plombs et les tuyaux.

1. Docteur Romme, *le* Sweating system *en France* (*la Revue,* 15 sept. 1905).

2. On connaît les bienfaits de la Ligue contre les habitations insalubres, instituée par l'Œuvre de la tuberculose humaine; de l'Œuvre des jardins ouvriers; de la Société des habitations économiques; des œuvres locales d'habitations à bon marché. On connaît aussi l'Œuvre familiale des ouvrières, le Home français... et d'autres œuvres spécialement destinées aux ouvrières isolées.

posant que de modestes ressources les logements nécessaires.

*
* *

Il n'est donc pas toujours possible à une famille ouvrière de porter son choix sur une maison répondant à toutes les conditions de l'hygiène et à tous les besoins. Mais il est nécessaire que chacun connaisse les conditions que doit remplir une maison idéale, afin d'en pouvoir hâter la réalisation, ou, tout au moins, afin de pouvoir fixer son choix avec avantage.

La première qualité à rechercher dans une maison est la bonne aération[1]. Aussi la maison doit être située à la campagne ou sur les confins d'un « réservoir d'air », sur une hauteur plutôt que dans une vallée. Toujours on doit pouvoir assurer un renouvellement très large de l'air (de préférence à l'aide de vitres perforées ou de vitres doubles à chevauchement du système Castaing). On supprime ainsi les dangers résultant d'une capacité insuffisante. Si les nécessités de la vie obligent un ménage à habiter le centre d'une agglomération, il lui convient d'éviter les rues étroites et tortueuses, le voisinage immédiat des cours d'eau, les maisons récemment achevées ou sans caves et sans sous-sols, ou encore les étages inférieurs ; car l'humidité est un des défauts les plus redoutables des habitations. Enfin, l'exposition au nord doit être écartée; car une habitation est malsaine si elle ne reçoit pas le soleil, la lumière solaire étant un excitant physiologique de premier ordre, un agent puissant d'assainissement et le mode d'éclairage le plus favorable.

Le nombre des pièces varie évidemment selon les besoins familiaux, le lieu et les ressources. Il doit être de quatre au minimum : une cuisine, une salle à manger servant de chambre de réception et de réunion, une chambre

1. Pour cette raison, on doit regretter que l'impôt des portes et fenêtres taxe l'air et la lumière dans l'habitation.

de parents et une chambre d'enfants. Il faut y ajouter des cabinets d'aisances et, selon les cas, l'atelier familial. Ce minimum peut être difficilement réduit pour un ménage. Toutefois, certains ont invoqué des raisons d'économie en faveur de la cuisine-salle à manger. En hiver, le poêle-cuisinière chauffe la pièce commune, en même temps qu'il permet la préparation des aliments. Et, d'autre part, la ménagère peut veiller sur ses enfants en même temps qu'elle s'occupe du repas commun. Enfin, il y a économie d'éclairage. On ne saurait nier la force de ces raisons. Mais il faut considérer les odeurs désagréables que les casseroles et les poêles à frire répandent dans la pièce; l'exiguïté fréquente des cuisines, où la famille se trouve rarement à l'aise; la quasi-impossibilité de faire un séjour agréable et sain d'une pièce destinée ainsi à deux usages. L'installation d'une salle à manger ne devrait pas être un luxe, mais simplement le modeste confortable que les plus pauvres devraient pouvoir se procurer.

Une maison bien orientée, percée de larges fenêtres, pourvue d'eau à discrétion, avec murs et planchers lavables, donnerait le maximum de garanties au point de vue hygiénique. Les diverses pièces la composant et ses dépendances devraient répondre à des conditions que les travaux de la science moderne ont nettement déterminées. C'est ainsi, par exemple, que la cuisine devrait permettre de fréquents lavages; le sol devrait en être dallé, les murs peints à l'huile; une hotte ou une large fenêtre devrait conduire au dehors les produits de la combustion et les odeurs mauvaises. C'est ainsi que la chambre à coucher devrait être vaste, avoir de grandes fenêtres, avec vitres doubles, et recevoir l'insolation directe. C'est ainsi que les privés devraient toujours s'aérer extérieurement.

Les progrès de la science ont de la sorte transformé la technique des architectes et fixé des règles assez précises pour l'édification de nos demeures. De même, ils ont amené la transformation graduelle de la technique des divers artisans auxquels nous devons faire appel. Les rideaux, les tentures, les meubles rembourrés. qui fixent les malpropretés, sont désormais condamnés. Les peintures laquées, claires et lavables dont on recouvre les meubles dénoncent la poussière et permettent de l'enlever aisément. Au lieu du petit salon bourgeois, meublé d'acajou et de velours, coûteux et inutile, on aménage la salle commune, modeste, mais confortable, avec des rayons pour les livres, de petites tables pour le travail, des sièges commodes et à toute épreuve pour le repos. Au lit de plume, épais et lourd, on substitue le matelas de crin et de varech. Au lit d'acajou plaqué et fragile, le lit de fer solide et facile à nettoyer.

***

Ainsi peu à peu, mais bien lentement, se transforment nos demeures, pour le plus grand bien de notre santé. Un romancier scientifique a imaginé et décrit avec précision l'aménagement des demeures de l'avenir. Leur entretien sera simplifié. Le travail des ménagères sera réduit. Le calorifère dispensera de garnir les cheminées et les poêles. Il n'y aura presque plus à balayer, car la poussière qu'entraîne le chauffage n'existera plus ; plus de lampes à garnir, l'électricité donnera la lumière à profusion. Une canalisation amènera l'eau chaude et l'eau froide où il sera nécessaire. Une autre entraînera les eaux polluées. Il n'y aura donc plus de seaux à porter et à vider. Les vitres se laveront automatiquement. Plus de cuisine à tenir : de vastes entreprises alimentaires enverront à domicile les plats désirés[1].

Mais nous n'en sommes pas encore là. Le travail des ménagères dans la maison reste important et complexe. Elles doivent lutter sans cesse contre les ennemis redoutables que sont l'humidité, l'obscurité et la poussière. Et

1. Cf. William Wells, *Anticipations*.

elles doivent, le plus souvent, assurer l'éclairage et le chauffage.

La lutte contre l'humidité et contre l'obscurité, deux compagnes étroitement unies, est difficile dans un grand nombre de cas. Mais toutes les ménagères peuvent lutter avec avantage contre la malpropreté et contre la poussière. La maison la plus confortable, la plus luxueuse même, devient, sans la propreté, un foyer dangereux d'épidémies. Et la maison la plus pauvre peut reluire de propreté. La propreté n'est pas un luxe. Elle est une nécessité. Elle est une nécessité pour tous, mais surtout pour les ménages pauvres. Par elle, une ménagère avisée atténue les graves défauts du logement que les circonstances ou ses ressources lui ont imposé. Par elle, la santé de la famille entière se trouve en grande partie préservée.

Le double problème du chauffage et de l'éclairage est également important. Par le chauffage, une maison mal exposée et humide peut être partiellement assainie. Propre, bien chauffé et éclairé, le logement le plus disgracieux devient gai. Il devient confortable. Il retient le père et les fils, qui déserteraient le foyer obscur et froid pour l'auberge surchauffée et pleine de lumière.

Heureusement, dans les ménages ouvriers, la cheminée est restée en honneur. Le calorifère n'a pénétré que dans les appartements somptueux, et les appareils à feu continu sont relativement peu répandus. C'est que la cheminée, au feu de bois si gai, est le meilleur des procédés d'aération, car elle provoque un appel considérable de l'air extérieur. On lui reproche d'être un mode de chauffage coûteux. Mais qu'on mette en regard de la dépense le plaisir éprouvé, l'assainissement de la maison, les malaises évités, l'activité conservée, et l'on jugera que ce n'est pas payer trop cher d'aussi sensibles avantages.

Même dans les très petits centres, on adopte volontiers le système d'éclairage à l'électricité. On fait valoir qu'il ne produit pas de gaz irrespirables, qu'il n'échauffe pas les appartements, qu'il est confortable et économique. Et, sans doute, ces raisons doivent être admises sans réserve pour les pièces où l'on vit sans s'appliquer à des travaux de couture, de lecture ou d'écriture. Mais la lumière électrique, trop riche en rayons chimiques, a une action très énergique sur la rétine, et elle amène un affaiblissement graduel de la vue. Parfaite pour la chambre à coucher, elle doit être rejetée pour la pièce commune où coud la mère, où lisent et écrivent les enfants. C'est la lampe à lumière douce qui convient alors. Quant au gaz, il peut donner, à l'aide de manchons minéraux portés à l'incandescence, une lumière fixe, de belle qualité et de prix modique; mais jamais il ne doit pénétrer dans la chambre à coucher, à cause des graves dangers d'intoxication qu'il comporte.

C'est ainsi que, s'aidant des données de la science, la ménagère peut, par des efforts incessants et raisonnés, transformer la maison, en faire véritablement le foyer où, la journée finie, chacun aime à retourner et à vivre d'une vie de famille régulière et calme.

*
* *

Elle ne le peut que si ses connaissances sont suffisantes. Or, son ignorance des lois de la vie et de l'hygiène domestique et sociale, sa soumission aveugle à certaines règles séculaires dont l'absurdité est aujourd'hui clairement démontrée, ne lui permettent pas toujours de choisir avec sûreté un logement satisfaisant, de se pourvoir de meubles vraiment hygiéniques, d'introduire la propreté et l'ordre dans la maison et d'assurer convenablement le chauffage et l'éclairage.

Nous avons indiqué combien il est difficile aux ménages modestes ou pauvres de faire choix d'un logis parfaitement sain. On peut toutefois constater que, dans leurs décisions relatives à la maison, les ménagères font preuve d'une ignorance manifeste, ou que, sacrifiant l'hygiène à l'amour-propre, elles laissent un logis d'aspect moins brillant pour un autre ayant plus d'apparence, mais aussi plus de défauts. En outre, insuffisamment éclairées et préoccupées de soucis d'une autre nature, les masses laissent à une élite de penseurs le soin de créer des habitations hygiéniques à bon marché, au lieu de seconder ces efforts désintéressés, de grouper leurs forces, de créer des associations coopératives de construction capables de réaliser les maisons de l'avenir.

Bien plus, les ménagères savent rarement tirer le parti qu'elles pourraient des habitations dont elles disposent. La petite bourgeoise réserve pour « son salon » la plus jolie et la plus vaste chambre de son logis. Et d'une pièce d'apparat peu habitée elle fait une sorte de sanctuaire, interdit aux siens, ouvert aux seuls étrangers, tandis que les lits de la famille sont parfois dressés dans des cabinets obscurs et mal aérés. Par habitude et par vanité, elle met aux croisées et aux lits d'immenses rideaux qui les enveloppent de toutes parts, fixent la poussière, font l'obscurité et empêchent l'accès de l'air. De son côté, en son logis trop réduit, l'ouvrière, loin de chercher à accroître le cube d'air respirable, semble le réduire par des précautions déraisonnables. L'hiver, elle calfeutre les fenêtres; l'été, elle abaisse les rideaux des cheminées. Et les produits des respirations et des combustions, les émanations de la peau, les puanteurs chaudes, créent un milieu méphitique et funeste. Et si vous lui parlez d'ouvrir les fenêtres, la nuit, l'hiver comme l'été, elle vous oppose victorieusement les traditions, les habitudes, la routine et les préjugés.

Dans le choix et la disposition des meubles, on retrouve les mêmes errements. Rien ne peut amener la petite bourgeoise à abandonner les meubles capitonnés et coûteux, qui sont à ses yeux l'emblème d'une situation sociale plus élevée. Et pour conserver fraîches les couleurs crème ou vert d'eau de *ses* tentures et de *ses* sièges, elle clôt soigneusement les volets, empêchant l'accès du soleil, l'agent purificateur par excellence. Les ressources de l'ouvrière et de la paysanne lui permettent rarement des dépenses de luxe. Néanmoins, on trouve de plus en plus, dans les petits ménages, de grands rideaux antihygiéniques que les bazars modernes livrent à bon marché.

La malpropreté n'est pas, heureusement, un défaut général. On trouve, particulièrement dans certaines régions privilégiées, nombre de ménagères pour lesquelles la malpropreté est une ennemie qu'il faut sans cesse combattre. Mais il en est d'autres qui semblent convaincues que le désordre et la malpropreté sont des conséquences fatales de la modicité ou de l'insuffisance des ressources. Et pour beaucoup, la propreté consiste à balayer et à épousseter le centre des pièces, sauf à laisser s'accumuler la poussière et des débris divers dans les coins que la vue n'atteint pas. Elles agissent à la manière de l'enfant qui se borne à se mouiller le bout du nez et affirme avoir fait une ablution complète. Alors même, elles suivent des habitudes homicides. Elles promènent activement sur les meubles, sur les murailles, un plumeau qui soulève la poussière, la répand dans l'air, et amène à la portée des poumons, sur les plats, sur le pain, des germes microscopiques meurtriers.

Avec les premiers froids, les journaux ouvrent dans leurs colonnes la rubrique des accidents causés par le chauffage. Telle ménagère, pour modérer un feu trop vif, tourne la clef de son poêle. Telle autre utilise un réchaud à charbon qu'elle place au milieu de la chambre. Telle autre encore néglige de fermer le robinet qui commande l'appareil à gaz; et, sous la pression qui croît soudainement, le caoutchouc cède. Des produits toxiques se répandent dans la pièce. Les têtes s'alourdissent. Les bouches s'emplissent de nausées. Des asphyxies s'ébauchent et parfois s'achèvent. Il n'est pas de jour enfin où l'emploi déraisonnable du pétrole ou de l'essence n'entraîne pour une famille un désastre irréparable.

C'est ainsi que, dans tout ce qui concerne la maison et le ménage, la ménagère paraît le plus souvent ignorante des règles les plus élémentaires auxquelles elle devrait conformer sa conduite dans le travail.

II

Rendre l'habitation saine, y faire régner la propreté, doit être le premier mais non l'unique souci d'une bonne ménagère. Elle doit s'efforcer aussi de disposer toutes choses dans la maison avec habileté et élégance, et de faire du logis le plus modeste un lieu plaisant à voir et plaisant à habiter. En d'autres termes, elle doit s'efforcer de faire pénétrer l'art dans la maison.

Car organiser sa vie en s'inspirant de la beauté, c'est l'embellir, c'est la rendre agréable à soi et aux autres, c'est se créer des jouissances nouvelles, c'est relever autour de soi la moralité, puisque tout se tient en éducation. Chacun peut y parvenir, et la femme plus que l'homme[1]. « La paysanne japonaise entretient presque toujours un gentil jardinet autour de sa vieille maisonnette en bois, dont l'intérieur, garni de nattes blanches, est de la plus minutieuse propreté. Les ustensiles de son ménage, ses petites tasses, ses petits pots, ses petits plats, au lieu d'être en grosse faïence à fleurs criardes, comme chez nous, sont en transparente porcelaine, ornée de ces peintures fines et légères qui témoignent à elles seules d'une longue hérédité d'art. Elle arrange avec un goût original l'autel de ses modestes ancêtres; enfin, elle sait composer, dans des vases, avec les moindres branches de verdure ou les moindres brins d'herbe, de sveltes bouquets[2]... » Ce que la ménagère japonaise obtient sans

1. C'est une question de savoir si le peuple peut s'occuper d'art, et s'il convient de développer en *toute* femme les sentiments esthétiques. Nous l'examinerons brièvement dans la deuxième partie.

2. Pierre Loti, *l'Exilée*, p. 266.

effort, pourquoi la nôtre ne le tenterait et ne l'obtiendrait-elle pas, après l'avoir appris, s'il est nécessaire?

Lorsqu'elle a assuré la propreté du logis familial, elle a franchi le premier degré du beau. Si, par surcroît, elle dispose les objets de la maison à la place qui convient, soit au point de vue de leur destination utile, soit au point de vue de l'aspect qu'ils peuvent présenter, elle fait un second pas vers l'embellissement de sa demeure. Cet ordre nécessaire ne doit pas être la symétrie, la régularité froide et ennuyeuse. Il est une irrégularité ordonnée et voulue qui s'accorde avec la beauté. L'art japonais, si séduisant, n'est pas, bien que dissymétrique, un art de désordre. Il serait d'ailleurs difficile à la ménagère d'obtenir dans sa maison une symétrie parfaite. Le plus souvent, les pièces de son mobilier proviennent d'acquisitions dans les bazars ou d'héritages de parentés variées. Il en résulte une diversité qui rend parfois difficile la tâche de la ménagère, mais aussi lui permet un arrangement agréable et sans monotonie des diverses pièces de sa demeure.

La ménagère n'est pas toujours maîtresse de modifier l'aspect des parois murales de son logis. Elle doit souvent habiter une maison aux murs délabrés ou tapissés d'un papier de couleur obscure, laide ou criarde. Si elle a le bonheur d'être vraiment « chez elle », elle peut obtenir à peu de frais un revêtement mural agréable et sain : peinture lavable, ornée dans le haut d'une frise décorative, ou papier glacé à jolis dessins, comme l'industrie en livre aujourd'hui à bon compte.

Dans tous les cas, elle peut toujours disposer avec goût, sur les murs de sa demeure, des photographies, des cartes postales ou des gravures reproduites à la machine. Quelques cadres de formes variées, en simple bois de chêne, font resplendir une pièce et la rendent vivante et gaie. Le choix de ces gravures n'est pas sans importance, car la suggestion par l'image est puissante. Les images banales, laides, viles, rudes, frivoles ou lascives, les caricatures lourdes, les chromos criards, doivent être rejetés. De même les reproductions d'artistes trop subtils qui ne disent rien à la masse. Les lithographies, les eaux-fortes, les gravures sur bois, les photolithographies, les héliogravures publiées de divers côtés à des prix inférieurs, témoignent du désir de rendre accessibles à tous les œuvres des grands maîtres. On trouve aussi, et aisément, en de nombreux ateliers, des exemplaires en plâtre ivoiré de Tanagras, de statuettes, de bustes, de bas-reliefs qui reproduisent fidèlement les formes les plus charmantes de l'art antique et de l'art moderne. Il suffit que la ménagère connaisse et apprécie ces œuvres pour pouvoir introduire une parcelle d'art dans sa maison.

Il est un autre élément d'art plus accessible encore : la verdure et les fleurs. Le peuple a un goût instinctif pour les fleurs. La plus modeste ouvrière a une fleur sur sa fenêtre. A la campagne, ce goût peut être aisément satisfait. Les choux et les carottes du jardin laissent toujours une petite place où peuvent croître les tulipes et les roses. A défaut, on peut demander au pré voisin ses orchidées, à la haie ses violettes et son aubépine, au champ ses marguerites, ses bleuets, ses nielles et ses coquelicots. En hiver, le pommier offre ses touffes de gui; le taillis, ses houx verts à boules rouges; le vieux mur, ses guirlandes de lierre. Une glycine qui s'attache au pignon, un rosier sauvage qui tapisse la façade, une vigne vierge qui encadre la fenêtre, donnent à la maison la plus modeste l'aspect le plus riant. La paysanne peut donc sans difficulté, sans efforts et sans frais, faire entrer dans son logis, avec les plantes, l'art et la vie.

Le problème est plus difficile à résoudre pour la ménagère des villes. Le jardin fait souvent défaut, et la vraie campagne est parfois éloignée. Pourtant beaucoup d'ouvriers savent se procurer dans la banlieue un jardinet qu'ils cultivent chaque dimanche avec amour. La ménagère peut y trouver des éléments pour orner sa maison.

Elle peut aussi « fleurir » ses fenêtres. Si elle ne peut se procurer de coûteuses orchidées, dont certaines n'ont d'autre mérite que leur rareté, elle peut faire croître des géraniums, des capucines et des verveines. La science et l'artifice peuvent aider à la création de fleurs magnifiques. Cependant aucune n'est plus belle que la fleur qu'on a fait soi-même venir. Quelques pots, une caisse, des coquilles d'œufs, quelques litres de terre de bruyère, suffisent pour la création d'un modeste jardin suspendu. Et la sortie hebdomadaire peut conduire à la campagne la famille tout entière et lui permettre de recueillir dans les bois et dans les prés la verdure et les fleurs qui orneront pendant la semaine la pièce commune.

*
* *

Ce désir d'établir l'art au foyer familial n'est pas partagé par toutes les ménagères, ou, plus souvent encore, il est mal satisfait. A la malpropreté et au désordre s'unissent souvent l'indifférence et le mauvais goût. Les murs restent nus ou se couvrent, au petit bonheur, de primes criardes de journaux ou de ces chromolithographies dont les bazars, remplaçant en cela les colporteurs du temps passé, inondent les petites villes et les campagnes. Les cheminées s'encombrent d'objets disparates, plâtres grossiers et grossièrement dorés, récipients de formes inélégantes, d'un bleu cruel. Le goût des fleurs est parfois satisfait par la préparation ou l'acquisition de fleurs de papier ou d'étoffe, raides et grises de poussière, ou de panicules d'avoine aux grains entourés d'un papier d'étain froissé. Rarement on trouve des reproductions artistiques d'œuvres de maîtres, de scènes aimables et ensoleillées de la vie du peuple et de la nature. Et on laisse les fleurs et la verdure qu'offrent les jardins, les champs et les bois.

La petite bourgeoise croit embellir son logis en garnissant les murs de mauvais tableaux qui, le plus souvent, enlaidissent la nature. Entre ces *peintures*, elle dispose des écrans chinois, des pochettes japonaises, des motifs décoratifs sans aucune valeur artistique. Elle surcharge ses meubles de petits riens bon marché, figurines, petits verres, petits cadres qui transforment les appartements en cabinets de curiosités sans valeur. Et c'est une plante verte, coûteuse et étiolée, qui garnit sa fenêtre, au lieu d'un clair et gai bouquet de fleurs des champs, d'une touffe de gui ou de rameaux de houx.

Ainsi, quand on trouve chez la ménagère l'obscur désir d'embellir sa maison, on y constate aussi, le plus souvent, la méconnaissance des moyens pratiques nécessaires pour y parvenir et l'absence plus ou moins apparente de bon goût. Il faut donc que la femme soit habituée dès l'enfance à jouir de la beauté. Il faut qu'elle sache puiser autour d'elle, dans la nature et dans les œuvres humaines que ses ressources lui permettent d'acquérir, les moyens d'embellir sa maison. En un mot, il faut faire avec soin son éducation esthétique.

*
* *

Préparée dès l'école à sa tâche principale, qui est l'organisation de la maison; ayant acquis, dès ses premières années, des habitudes de propreté et d'ordre; initiée à la beauté des êtres et des choses; apte, sinon à la créer, au moins à la procurer aux siens, la ménagère saura édifier le foyer aussi sain et aussi agréable que le lui permettront ses ressources. Capable de limiter ses désirs à l'utile, mais capable aussi de choisir le simple, le charmant, elle pourra faire luire dans l'appartement le plus déshérité un rayon d'art et de joie. Assurés d'un confort gai et serein, l'ouvrier et le paysan rentreront avec allégresse, le soir, à la maison. Et ils abandonneront l'assommoir des faubourgs et le cabaret villageois. Accoutumés à voir régner autour d'eux l'ordre et l'harmonie, ils se façonneront à l'image de leur demeure. Leur contenance, leur langage, leurs actes mêmes, gagneront en politesse et en douceur. Ainsi se consolidera la santé de la race, se resserreront les liens familiaux, s'épanouiront les vertus domestiques, se développeront normalement d'obscures et légitimes aspirations à une vie plus haute.

CHAPITRE IV

LES VÊTEMENTS ET LE LINGE

I. — Vêtement et santé. — Le choix des vêtements. — Vêtement et budget. — Les connaissances pratiques des femmes.

II. — Art et vêtement. — La mode. La coquetterie. Ses limites raisonnables Conclusion.

I

Arnould a justement défini le vêtement une habitation intime et portative[1]. Et, en effet, comme la maison, le vêtement a pour rôle principal de préserver le corps contre certains dangers extérieurs : chutes atmosphériques et variations de température. Comme la maison, il a sur la santé de l'individu une influence considérable. Bienfaisante lorsque le vêtement remplit les conditions que l'hygiène a déterminées, cette influence peut être funeste lorsque, au contraire, il s'en écarte.

Dans les pays froids, le vêtement préserve des refroidissements dangereux; dans les pays chauds, du rayonnement intensif de la chaleur. Il contribue ainsi à éloigner les affections de poitrine et les congestions que peuvent provoquer une chaleur ou un froid excessifs. Les vêtements appliqués directement sur la peau — qui constituent le linge — absorbent les produits de la sécrétion cutanée et garantissent le corps des poussières. Ils contribuent à assurer la propreté et à préserver la peau de souillures et de germes dangereux. En particulier, les gilets de flanelle, qui absorbent la sueur, empêchent

1. *Nouveaux Éléments d'hygiène*, Paris, 1881.

l'évaporation rapide de l'eau de transpiration et, par suite, un refroidissement brusque du corps. Aux lymphatiques, aux rhumatisants, aux catarrheux, ils permettent d'éviter des affections aiguës et des crises douloureuses. Le caleçon de l'homme, le pantalon de la femme, se superposant à la chemise, préservent le bas-ventre du froid et écartent les coliques et les diarrhées. Les chaussures sont l'unique moyen de préserver les pieds des violences extérieures, et souvent de l'humidité et du froid.

Mais l'action du vêtement n'est pas toujours aussi heureuse. Si un vêtement imperméable préserve le corps de l'humidité extérieure, il s'oppose aussi à la vaporisation de l'eau de transpiration et conserve l'organisme dans un milieu saturé d'humidité. Or, l'humidité est un des plus redoutables ennemis de notre santé. Les hauts cols, les foulards, les cache-nez, peuvent comprimer les artères du cou et provoquer des congestions. Presque toujours ils prédisposent aux angines et autres affections de la gorge. Les chemises de toile, en tissu bon conducteur de la chaleur, exposent, une fois mouillées, à de dangereux refroidissements. Les jarretières, appliquées au-dessous du genou, exercent sur la jambe une pression qui gêne la circulation et peut amener la formation de varices. Chez l'homme, le pantalon sans bretelles comprime la ceinture, gêne la respiration, entrave les fonctions de l'estomac et des autres viscères de l'abdomen. Chez la femme, l'action analogue du corset est plus funeste encore. Des médecins réputés l'ont maintes fois signalée. Ils attribuent 80 p. 100 des maladies, chez les femmes, à l'usage de ce vêtement irrationnel. En dehors des maladies spéciales au sexe féminin, l'usage du corset trop raide et trop serré fait encore naître très fréquemment, chez la jeune fille et chez la femme, d'autres maladies communes aux deux sexes. Les calculs biliaires, les reins flottants, les maladies de l'estomac, la constipation, les varices, les palpitations, les affections du cœur, les hernies, l'anémie avec toutes ses complications, résultent souvent de la compression et du déplacement des organes, produits par le corset. Il en est de même de certains troubles profonds de la respiration, de la circulation, de la digestion, et par suite de la cérébration. Faut-il citer les durillons, les oignons, les cors, les ongles incarnés, les déformations des pieds, et même les simples écorchures et les ampoules douloureuses nées de chaussures trop étroites où mal conditionnées? Et enfin, comment ne pas signaler les dangers de la robe traînante, dictée peut-être par l'esthétique, mais condamnée par l'hygiène, parce qu'elle est pour une grande part cause du remous continuel des poussières de la rue et qu'elle apporte dans la maison, sur les tapis, les parquets et les meubles, toutes les saletés nocives qui, au dehors, se sont attachées à elle?

Des dangers peuvent donc naître de la forme des vêtements et de la nature des tissus dont ils sont faits. Il en peut naître aussi de la malpropreté. Le linge sali ne pouvant plus absorber les produits de sécrétion, ceux-ci s'accumulent sur le corps, nuisent au bon fonctionnement du tégument externe et ont ainsi une répercussion profonde sur la santé générale de l'individu. Et que d'affections de la peau n'ont pour cause première que la malpropreté des vêtements de dessous, chemises, caleçons et bas trop longtemps portés et imprégnés de sueur et de poussières toxiques! N'oublions pas non plus qu'il se produit assez fréquemment des cas d'empoisonnement par les couleurs à base d'aniline avec lesquelles ont été teints nos vêtements en contact plus ou moins direct avec la peau (chaussures, bas, gants). Et enfin, combien de maladies transmises et propagées par du linge ou des vêtements ayant appartenu à des personnes atteintes d'affections contagieuses (tuberculose, scarlatine, coqueluche...) ou provenant de personnes ayant été en contact avec elles!

L'action du vêtement sur la santé impose donc à chacun

de nous de porter son choix sur un vêtement rationnel remplissant des conditions nettement déterminées. Or, c'est à la ménagère que revient entièrement la charge de choisir ses propres vêtements, ceux de ses enfants, et parfois aussi ceux de son mari. Elle doit donc connaître avec précision les conditions que doit remplir un vêtement hygiénique et rationnel. Examinons brièvement de que lordre doivent être ces connaissances.

* * *

Le but principal du vêtement est de préserver notre corps de l'accumulation excessive de la chaleur animale ou de la déperdition de cette chaleur, soit par rayonnement, soit par contact. Il en résulte que, dans les pays où la température extérieure est élevée, les vêtements doivent être amples, afin de permettre le renouvellement de l'air échauffé au contact du corps, et qu'au contraire, dans les pays froids, ils doivent être assez étroitement ajustés, afin d'empêcher un renouvellement trop rapide de l'air. Dans nos pays tempérés, on doit donc adopter les formes larges pour l'été, moins amples pour l'hiver. Mais les vêtements ne doivent pas déterminer de constrictions pouvant gêner les diverses fonctions des organes et entraver la liberté des mouvements.

La forme des vêtements n'est pas seule à considérer. Si l'on veut, dans les climats rigoureux, éviter, l'hiver, le refroidissement du corps, il convient d'adopter des tissus mauvais conducteurs de la chaleur (laines et fourrures); dans les pays chauds et en été, au contraire, des tissus bons conducteurs (toile, coton, soie). Et comme les vêtements destinés à isoler le corps du milieu extérieur agissent surtout par l'air qu'ils emprisonnent, plusieurs vêtements légers, superposés, donnent de meilleurs résultats, dans la lutte contre le froid, qu'un nombre moindre de vêtements plus épais et plus lourds[1].

1. Ces considérations ont été confirmées par les élégants travaux

Il convient également de tenir compte de la couleur des vêtements. Les étoffes claires — et, par abus, les couleurs voyantes — sont préférées des habitants des régions chaudes. Car les couleurs claires réfléchissent les rayons calorifiques et lumineux et rendent moins chaud un vêtement d'été. Par contre, les couleurs sombres, donnant aux vêtements un pouvoir absorbant considérable, ne conviennent pas pour la belle saison.

Un autre rôle du vêtement est de préserver le corps de l'humidité, soit que celle-ci résulte de la transpiration, soit qu'elle provienne de l'atmosphère. Si les vêtements de dessous sont perméables, ils peuvent absorber les produits de la sécrétion cutanée au fur et à mesure de leur formation et favoriser les fonctions de la peau. Une personne exposée à émettre des quantités relativement élevées de sueur, par suite d'un effort corporel intense, doit adopter un vêtement de laine appliqué sur la peau, capable d'absorber la sueur et d'en empêcher l'évaporation trop rapide.

Ainsi donc, il importe de tenir compte, dans le choix des vêtements, de divers facteurs, dont les principaux sont la température et l'humidité. Il convient également d'envisager les occupations, l'âge et l'état de santé des personnes. Il est évident qu'une personne de profession sédentaire n'aura pas à prendre les mêmes précautions dans la composition et la forme de ses vêtements qu'une personne de vie active, appelée fréquemment au dehors. De même, l'enfant et le vieillard, les malades et les convalescents doivent se préserver soigneusement de la déperdition de chaleur. Et, dans ou après certaines maladies, des précautions sont impérativement indiquées. Aux lymphatiques, aux débiles, à ceux qui relèvent de maladies de poitrine, le gilet de flanelle est nécessaire, de

de laboratoire d'un physiologiste, M. Bergonié. Ce savant a pu classer les vêtements d'après leur coefficient de protection. Il a montré, par exemple, que la laine des Pyrénées offre un tissu aussi chaud que le gros drap d'hiver doublé de soie, beaucoup plus coûteux.

même qu'en hiver, ou dans les climats rudes, le caleçon de laine s'impose aux rhumatisants.

Enfin, du fait que le linge absorbe les liquides provenant des sécrétions de la peau, il résulte qu'il doit subir de fréquents lavages. La propreté nécessaire dans la maison tout entière s'impose surtout pour les vêtements et pour le linge en contact direct et permanent avec notre corps. Un vêtement malpropre n'a pas seulement une odeur nauséabonde. Nous avons vu qu'il peut être l'origine de troubles sérieux de la santé.

Telles sont les principales règles qu'il convient de suivre dans le choix des vêtements.

* * *

Mais il est un autre élément qu'il importe de considérer : c'est l'élément économique. La ménagère ne dispose pas toujours de ressources assez larges pour procurer aux siens les vêtements qu'exige l'hygiène. Certains budgets sont si peu élastiques que l'acquisition d'un vêtement pour l'un des membres de la famille est un véritable désastre financier. Savoir concilier les nécessités de l'habillement et les ressources du ménage demande de l'ingéniosité et aussi des connaissances théoriques et pratiques assez étendues.

La ménagère doit pouvoir reconnaître la nature des tissus et leur qualité, afin de ne porter son choix que sur des étoffes solides. Car les tissus bon marché durent peu. Ils demandent la même main-d'œuvre que les autres. Ils entraînent plus d'entretien. Ils ne permettent donc ni une économie de temps ni une économie d'argent. Capable de reconnaître les falsifications des tissus, d'apprécier leur résistance à l'humidité et à l'usure, la ménagère peut éviter bien des achats malheureux.

En outre, celle qui sait confectionner elle-même certains vêtements et tout ou partie du trousseau des siens diminue par cela même les dépenses que nécessite le renouvellement des habits et du linge. Mais la bonne ménagère peut surtout retarder cette échéance du renouvellement par des soins appropriés. Elle peut faire durer les vêtements des siens, les préserver de l'usure trop rapide et des souillures, et éviter qu'ils prennent l'aspect misérable des étoffes fripées. Elle sait quels soins journaliers il convient de leur donner, la manière de les suspendre, de les disposer sur le dossier d'une chaise, de leur faire perdre les faux plis qu'ils ont pu prendre. Elle n'ignore point la fragilité des étoffes non décaties, que l'eau seule macule. Mais elle sait aussi comment elle doit procéder pour reconnaître la nature des taches et pour les faire disparaître; comment elle peut, par un nettoyage humide, faire retrouver la fraîcheur aux vêtements qui l'ont perdue. Au retour des saisons, elle serre avec soin les costumes devenus inutiles, afin de les retrouver en bon état à la saison suivante. Et elle les préserve de la poussière, et surtout des rongeurs, des mites et des teignes. Fréquemment, elle examine les vêtements portés par les siens, afin de découvrir les points faibles et de consolider par une reprise ou une pièce ceux que l'usure attaque peu à peu.

Les mêmes remarques conviennent au linge. Bien que le blanchissage à la maison exige beaucoup de peine, la ménagère sait qu'elle obtient par son travail du linge plus propre et qui dure plus longtemps. En outre, elle réalise une économie sensible sur le prix de revient du blanchissage et évite la perte ou l'échange, le plus souvent désavantageux, des pièces de lingerie. Enfin, elle prend des précautions qu'ignorent ou méconnaissent les laveuses de profession. Elle évite l'emploi de la brosse et du chlore, que les blanchisseuses utilisent volontiers pour obtenir du linge blanc en moins de temps et avec moins de peine, et qui détériorent si rapidement les tissus les plus solides.

Ainsi, avec quelques connaissances théoriques et pratiques, de la patience et du soin, une bonne ménagère sait assurer aux siens, avec le minimum de dépenses, des vêtements et du linge convenables et de la plus grande propreté. Examinons si les ménagères possèdent les connaissances dont il s'agit.

*
* *

Toute ménagère se croit plus ou moins tenue de se soumettre aux exigences de la mode. Cette nécessité, qu'elle se crée, n'est pas sans nuire au bon état des finances domestiques. Elle constitue pour la petite bourgeoise et pour l'ouvrière trop coquette une cause d'incessantes dépenses. Sans doute, le luxe a baissé de prix pour la Parisienne, et aussi pour la provinciale, grâce aux grands magasins et à la facilité des expéditions par chemin de fer. Mais la bourgeoise a dû abandonner les soieries admirables de Lyon et les belles dentelles pour acheter des étoffes moins somptueuses, et laisser perdre la tradition de l'élégance luxueuse pour suivre la mode par le chemin de la camelote. De même, l'ouvrière et la paysanne ont délaissé les solides droguets et les toiles de ménage grosses, rudes, mais résistantes, pour les « nouveautés » et les percales plus brillantes, mais d'une solidité moindre. Il en résulte que les vêtements et le linge de la maison durent moins et que les dépenses d'acquisition et d'entretien vont croissant.

Aux exigences de la mode s'ajoute souvent l'attrait de « l'occasion ». Dans les villes importantes, les grands magasins organisent des expositions toujours courues. Les ménagères s'y empressent et s'y bousculent. Elles désirent leur part des « occasions exceptionnelles », de « l'article réclame ». A la campagne, les tentations sont moindres. Elles existent néanmoins. On sait avec quelle habileté les marchands forains savent liquider à gros bénéfices des coupons « avantageux ». Que de choses futiles ainsi acquises et qui laissent la maison privée d'objets indispensables !

Il convient aussi de remarquer la facilité avec laquelle

les femmes se laissent aller à ne juger des choses que d'après autrui et à attribuer aux apparences une valeur qu'elles n'ont point. Le plus grand nombre ont le désir très vif de paraître plus qu'elles ne sont. Ainsi s'engage entre elles une lutte de vanité dans laquelle elles ne peuvent triompher qu'en laissant l'armoire vide de linge et le buffet sans provisions.

En résumé, il manque à la plupart des femmes le mépris salutaire des préjugés, de la routine et de la mode. Il leur manque également des connaissances pratiques. La petite bourgeoise fait de charmants ouvrages au crochet, de la tapisserie au petit point, des broderies délicates; mais les éléments de la couture lui sont souvent étrangers. Elle est, chez elle, parée d'un peignoir élégant, mais les rubans en sont défraîchis ou effilochés, des taches apparaissent, et des épingles rajustent les parties décousues.

La même insouciance et aussi la même ignorance se remarquent dans les milieux ouvriers. La mère achète pour son enfant une « confection » au magasin voisin. Le vêtement s'ajuste à peu près à la personne à laquelle il est destiné. On s'en contente. On s'inquiète peu d'un accroc quand il survient, ou on le ferme à la diable. On laisse le plus souvent les taches. Or un peu de savoir et de goût, quelques centimes d'essence de pétrole ou de benzine, quelques minutes de travail, conserveraient le vêtement propre et le feraient durer.

Il est aussi de pauvres femmes qui se trouvent dans la pénible nécessité d'accepter de bienfaiteurs des vêtements déjà portés. Rarement ces vêtements vont de façon satisfaisante. Ils peuvent montrer en certains points des tendances à l'usure. Des accrocs peuvent exister. Des coutures peuvent avoir cédé. Quelques coups de ciseaux, quelques points, une pièce ici, une reprise là, et l'on aurait le vêtement propre d'une saison, d'une année même. A-t-on l'idée de le faire? Et, l'ayant, saurait-on la réaliser?

Lorsqu'il s'agit d'assurer la propreté du linge et des

vêtements, on peut observer, dans plusieurs cas, une insuffisance aussi marquée. Telle ménagère affirme que laver trop souvent le linge, c'est l'user. En conséquence, elle laisse porter aux siens un linge malpropre et d'odeur nauséabonde. Comme si, en dehors de toute considération d'hygiène, il n'est pas évident que le linge plus sale demande beaucoup plus de temps et d'efforts pour être blanchi, et comme si l'usage de la brosse dure, devenu nécessaire, n'est pas la cause d'usure la plus importante! Telle autre, dans un excès de zèle excusable, repasse soigneusement gilets et ceintures de flanelle et, de ce fait même, leur enlève en partie leurs propriétés.

En résumé, l'asservissement irraisonné à la mode et l'insuffisance des connaissances pratiques sont le lot commun d'un grand nombre de ménagères. Il est donc de toute nécessité de combattre cet asservissement, d'affranchir la femme de l'esclavage de la mode, et de donner aux ménagères les connaissances qu'exigent la confection et l'entretien des vêtements et du linge.

II

La plupart des femmes, avons-nous dit, suivent aveuglément une mode capricieuse. Car de nombreuses feuilles spéciales font connaître cette mode jusque dans les villages les plus reculés. Véritable Protée, elle se transforme sans cesse. Il suffit d'un caprice d'une femme en vue pour créer une forme nouvelle. De leur côté, les couturiers, sans souci de l'hygiène, et avec un réel mépris de l'art statuaire, créent un idéal d'élégance que chaque femme tente de réaliser. C'est ainsi, par exemple, qu'ils s'efforcent de satisfaire le désir de leurs clientes d'avoir la taille mince. Les dessinateurs en modes traduisent les effets des couturiers, en les exagérant. Leurs modèles, répandus de tous côtés, sont soigneusement copiés. Et, par imitation puérile et irraisonnée, les femmes s'écartent de plus en plus de la nature pour réaliser un type qui n'a plus rien de commun ni avec la réalité ni avec la beauté. Les Chinoises ne procèdent pas différemment lorsqu'elles s'imposent une cruelle mutilation des pieds pour se conformer à la coutume. Cet état d'esprit n'est pas spécial à la bourgeoisie. Il est celui d'un nombre croissant de filles du peuple. Il gagne de proche en proche les campagnes les plus éloignées. Et même le vêtement des enfants et le vêtement masculin sont également soumis à la tyrannie capricieuse de la mode.

Ainsi, au lieu de se créer une toilette où elle mettrait un peu d'elle-même, la femme prête l'oreille aux sollicitations intéressées d'une couturière. Et elle se vêt d'une imitation parfois malheureuse de la grande mode. Alors son attrait principal, qui est sa personnalité, disparaît sous des ornements de convention. Car trop rarement elle sait transformer ces ornements en les adaptant à elle. C'est de cette sujétion à la mode qu'il faut affranchir la femme, afin que, selon la juste expression de Fénelon, « elle ne lui sacrifie que comme à une servitude fâcheuse et ne lui donne que ce qu'elle ne peut lui refuser[1] ». Mais il ne s'ensuit pas qu'il faille inspirer à la femme le dédain de la parure. Toute femme doit être coquette.

La coquetterie est le sentiment qui porte un être à se parer pour plaire. Et il n'y a rien là que de normal. Car, en dernière analyse, la coquetterie a pour fin la continuité de l'espèce[2]. La coquetterie est surtout naturelle à la femme. Selon Rousseau, « la femme est coquette par état[3] ». Et La Rochefoucauld affirme que « la coquetterie est le fond de l'humeur des femmes ». C'est que la nature semble avoir prodigué dans l'être féminin les qualités esthétiques les plus propres à séduire. La grâce et la simplicité des lignes, l'harmonie des mouvements, la finesse des tissus, ont été de tout temps célébrées par les écrivains

1. *De l'Education des filles*, X, p. 101, édit. Defodon.
2. Cf. les intéressantes remarques de M. le docteur J. Héricourt, *l'Hygiène moderne*, X.
3. *L'Emile*, V, p. 419, édit. Garnier.

et traduites par les artistes. D'autre part, d'instinct, la femme préfère l'adulation au respect même. Les stances des poètes, les œuvres des statuaires et des peintres, les flatteries des hommes, l'ont amenée à considérer que, dans le couple humain, c'est elle qui représente la beauté. Et, pour ne rien perdre de cette beauté, pour la développer et pour l'affiner, elle emploie le meilleur de ses efforts. Enfin, selon Sterne, la coquetterie est la vengeance de la faiblesse. « Plaire, fait justement remarquer H. Marion, c'est une nécessité de la condition sociale de la femme, c'est son arme pour ainsi dire unique, en tout cas souveraine, dans la lutte pour la vie[1]. »

La coquetterie a une valeur morale indéniable. Le soin discret que chacun apporte à sa toilette est une forme du respect de soi et du respect des autres. Il est une manifestation du sens esthétique. Il révèle l'harmonie intérieure. Il reflète l'âme tout entière, les habitudes de l'esprit et celles du caractère. Par un naturel retour, il tend à mettre les sentiments, les actes et les paroles en rapport avec la tenue extérieure. Chez une personne qui a soin d'elle-même, les gestes inconvenants, les plaisanteries grossières, les termes vulgaires, disparaissent peu à peu. Et cette action sur la mentalité est considérable chez les faibles, qui subissent aisément toutes les suggestions.

De plus, le désir de plaire aux autres montre qu'on fait cas de leur suffrage et qu'on tente de leur être agréable. Et ils en ressentent confusément de la reconnaissance. La femme plus fine fait l'homme plus aimant, plus attentionné. Inconsciemment, l'homme s'efforce de ressembler à sa compagne. Ses manières gagnent en élégance et en délicatesse. Et les qualités que développe en lui un être de grâce et d'harmonie profitent à la société tout entière.

Par malheur, la coquetterie féminine, si gracieuse et si charmante lorsqu'elle reste naturelle, devient le plus souvent fausse et dangereuse. Et alors elle peut s'inspirer

1. *Psychologie de la femme*, 6e leçon, p. 128.

d'éléments mauvais et étouffer les bons instincts. « Demandez à une coquette expérimentée, dit Tolstoï, si elle préfère, en présence d'un homme dont elle a entrepris la conquête, être convaincue de mensonge, de cruauté, voire de libertinage, ou bien être présentée à lui dans une robe de mauvais goût et mal taillée. Toutes préféreront la première alternative[1]. » L'exagération du désir de plaire entraîne avec elle l'égoïsme, l'envie, la souffrance, la paresse, et parfois aussi l'oubli des devoirs. Engagée dans la course au luxe moderne, la femme devient une charge pour les siens. Elle justifie le mot cruel de Plaute : « Qui voudra se donner beaucoup d'embarras n'aura qu'à se donner deux choses : un vaisseau et une femme. Ce sont les deux choses du monde les plus difficiles à équiper. » Et lorsque, avec les années, fuient les charmes de la jeunesse, et que son désir de plaire s'exaspère, elle doit recourir à des artifices extrêmes qui, trop souvent, la rendent ridicule.

Si donc il est une coquetterie désirable, il importe que cette coquetterie soit raisonnable. Nul n'en a mieux tracé les limites que Fénelon. « Les véritables grâces, dit-il en parlant des jeunes filles, ne dépendent point d'une parure vaine et affectée. Il est vrai qu'on peut chercher la propreté, la proportion et la bienséance dans les habits nécessaires pour couvrir notre corps. » Et encore : « Je voudrais faire voir aux jeunes filles la noble simplicité qui paraît dans les statues et dans les autres figures qui nous restent des femmes grecques et romaines ; elles y verraient combien les cheveux noués négligemment par derrière, des draperies pleines et flottantes à longs plis, sont agréables et majestueuses[2]... »

C'est justement que Fénelon place en première ligne la propreté. Elle est nécessaire à tous. Elle est la « santé visible », ou, tout au moins, « sa colonne fondamentale ».

1. *La Sonate à Kreutzer.*
2. *De l'Éducation des filles*, X, *op. cit.*, p. 100-101.

(Hufeland.) « Elle est au corps ce que l'amabilité est à l'âme » (La Rochefoucauld), « ce que la décence est aux mœurs » (Bacon). Mais elle apparaît encore plus nécessaire à la femme. « Une femme qui est sale est la plus sale des choses de ce monde. » (Cobbet.) Beaucoup le savent. Car elles reprochent avec perfidie à leurs rivales de « n'être point soignées ». Ce premier degré de la coquetterie doit concerner toutes les parties du corps. Il doit s'étendre aussi à tous les vêtements, même à ceux qui « ne se voient pas ». Des dessous sales, des chaussures mal entretenues, un jupon fripé, s'accommodent trop volontiers d'un bas de robe élimé, d'une ceinture mal ajustée, de gants tachés, d'un col crasseux.

La proportion est moins facile à obtenir que la propreté. « Toute mauvaise coquetterie est une erreur de proportions, remarque justement M. Prévost. Erreur de proportion, l'extravagance des formes, l'accouplement hurlant des couleurs; erreur de proportion, le luxe de la toilette en désaccord manifeste avec la fortune de celle qui la porte; erreur de proportion, l'obstination d'une femme mûre à se vêtir en jeunesse[1]. » Et ces erreurs sont communes. Telle suit aveuglément la mode, et au besoin l'exagère, sans se demander si cette mode convient à ses formes et à son teint. Forte, elle préfère à tort l'ampleur des manches; maigre, la ligne tombante des épaules, la longueur de la taille, l'étroitesse des hanches. Brune, elle se coiffe d'un chapeau blanc mat; blonde, d'un chapeau rose avoisinant la peau. De visage rond, elle adopte les bandeaux et le chignon bas; de figure allongée, elle exhausse sa coiffure par un nœud de cheveux ramenés au sommet de la tête. Telle semble ignorer sa situation de fortune, son milieu social et ses occupations. Et elle s'engage dans des dépenses excessives. L'harmonie, la proportion, sont observées quand le costume convient à l'âge et s'accorde aux lignes du corps et aux traits du

1. *Lettres à Françoise*, V, p. 46-47.

visage, et la simplicité, lorsque le nombre des ornements, leur singularité et leur prix ne dépassent point des limites raisonnables.

* * *

C'est ainsi comprise que la coquetterie doit être enseignée. Non point seulement dans des leçons en forme. Un enseignement précis, des règles fixes, ne sauraient suffire. La coquetterie, la bonne, est un des fruits de l'éducation esthétique. Nécessaire à la tenue de la maison, cette éducation ne l'est pas moins au choix des vêtements. Mais répétons que nul être n'a plus que la femme le sens esthétique. Le goût est très souvent inné chez elle. « La nature, dit lyriquement Camille Lemonnier, a mis aux doigts de la femme un art charmant qu'elle sait d'instinct, et qui est son art à elle, comme la soie est à la chenille, ou la dentelle à l'agile et fine araignée... Elle est le poète, l'artiste de sa grâce et de sa candeur; elle est la fileuse du mystère dont s'habille son goût de plaire. Tout le talent qu'elle met à ressembler à l'homme dans les autres arts ne vaudra jamais l'esprit et la trouvaille d'un rien d'étoffe qu'elle chiffonne[1]. »

Pour donner à ses costumes et à ceux des siens — en même temps que la propreté — de la grâce et du charme, la ménagère n'a pas besoin d'être riche. Elle le peut si on a développé en elle « cet art charmant qu'elle sait d'instinct » et si on lui a mis entre les doigts les moyens pratiques d'y parvenir. Alors elle contribue à affermir autour d'elle le sentiment de la dignité humaine et donne à son action personnelle plus de force. Car l'homme décemment vêtu se sent plus homme. Et la femme mise avec goût éveille dans ceux qui l'entourent, par suggestion, des idées d'ordre et des sentiments délicats.

1. Cité par Wagner, *la Vie simple*, XI, p. 216-217.

CHAPITRE V

L'ALIMENTATION

I. — Cuisine et santé. — La doctrine de l'alimentation : ses lois et leurs applications. — Cuisine et budget. — L'ignorance ordinaire des ménagères.
II. — L'Art et la table. — Appétit et digestion. — La présentation des mets. — La table familiale.
Conclusion.

I

On a dit, non sans un peu d'emphase, que la cuisine est sœur de la médecine. Il y a dans cette allégation une large part de vérité. Il n'est pas un médecin, parmi ceux qui aiment mieux prévenir que guérir, qui ne conseille, chaque jour, à quelqu'un de ses clients, la tutelle d'un régime. Adolescents, vieillards, maigres, obèses, oisifs, surmenés, intellectuels, manuels, nerveux, arthritiques, tuberculeux..., il n'est pas une catégorie humaine qui ne doive, d'après la science, recevoir une alimentation nettement déterminée. On peut même affirmer qu'il n'existe pas deux êtres à qui puissent convenir un régime et une ration identiques. En sorte que la cuisine apparaît comme un laboratoire de vie, et la cuisinière comme la dispensatrice de la santé. Il convient donc d'examiner avec quelque détail cette partie importante de l'éducation ménagère.

Ainsi que les autres parties de la science ménagère, la cuisine est restée longtemps soumise à l'empirisme le plus grossier. Si parmi ceux qui, comme Brillat-Savarin, écrivirent sur « l'art de manger », il en est qui donnèrent quelquefois des conseils pleins de sagesse, on peut affirmer que la plupart eurent plus souci du plaisir que de la santé. Les travaux récents des biologistes et des chimistes ont permis de substituer à l'empirisme sensuel de la *Physiologie du goût* un ensemble de connaissances raisonnées. Une théorie de l'alimentation s'élabore. Sans doute, quelques-uns de ses principes manquent de précision. Nous ne sommes qu'à un commencement, et l'incertitude domine encore plus d'une question. Mais si le désaccord entre les théoriciens est grand sur divers points, il est des lois qui sont nettement établies. Et si l'application peut parfois en paraître malaisée, il n'en est pas moins vrai que certaines règles pratiques non contestées peuvent être mises à profit pour le plus grand bien de la santé.

Exposons brièvement les plus importantes de ces lois et leurs applications.

On a comparé assez justement notre corps à une machine à vapeur continuellement sous pression. Car, même au repos, il s'y accomplit toujours des mouvements de muscles (travail du cœur et mouvements respiratoires), en même temps que s'élaborent les produits d'excrétion. Une telle machine s'use et a fréquemment besoin de réparations et de combustible. C'est ainsi qu'on doit lui fournir de l'albumine pour compenser l'usure des tissus; de l'eau et des sels minéraux pour remplacer les produits d'excrétion; des énergétiques (graisses et hydrocarbonés) pour assurer le travail et entretenir la calorification. Enfin, il faut considérer que l'enfant et l'adolescent doivent fabriquer leur propre matière vivante. Le but de l'alimentation est donc de préparer des substances pouvant être incorporées à l'organisme pour former ou reconstituer les tissus : ce sont les albuminoïdes, l'eau et les sels; et d'autres qui, en se comburant, peuvent développer une chaleur transformable en énergie : ce sont les graisses et les hydrocarbonés. Les albuminoïdes sont de médiocres énergétiques. Ils ne peuvent être substitués aux graisses et aux hydrocarbonés. Ceux-ci ne peuvent être substitués aux albuminoïdes. Mais graisses et hydrocarbonés sont interchangeables, et on peut les associer dans des proportions variables[1].

Il ne suffit pas de déterminer la nature et le rôle des aliments nécessaires à l'organisme. Il faut déterminer aussi la quantité nécessaire à chaque organisme.

La soif normale est un guide sûr pour la quantité d'eau à absorber. Pourtant, l'homme ne demande pas qu'à l'eau l'apaisement de sa soif. Et aussi, il veut des liquides qui lui ouvrent l'appétit, des apéritifs; d'autres qui facilitent la digestion, des digestifs; d'autres qui diminuent la fatigue et excitent le cerveau, des toniques. Il veut même des liquides qui, lui apportant des matières albuminoïdes ou des graisses, le nourrissent. On sait que, pour les liquides des trois premières catégories, son choix n'est pas toujours heureux, car il donne souvent la préférence aux liquides à base d'alcool. Alors, fréquemment, l'abus suit l'usage. Et l'on sait quelles en sont les conséquences funestes. Les terribles dangers de l'alcoolisme pour le buveur et sa descendance ont été amplement signalés.

Il n'est pas inutile cependant de rappeler certaines connaissances relatives aux boissons et qui sont désormais acquises à la science. Il est démontré, aujourd'hui, que l'alcool est un aliment. Car, jusqu'à concurrence d'une certaine quantité, il développe dans l'organisme une chaleur transformable en énergie. Mais, concentré, l'alcool présente un caractère corrosif redoutable, surtout pour l'estomac à l'état de viduité. Et alors il se diffuse avec une très grande activité dans l'organisme avide et agit à la manière d'un toxique. Aussi, tout breuvage alcoolisé doit-il être proscrit en dehors des repas. Aux repas mêmes doivent être proscrites certaines boissons

1. Il y a aussi une catégorie d'aliments, les aliments *nervins* (café, thé...) qui semblent agir sur le système nerveux et faciliter l'utilisation des réserves existantes. Mais nous restons très incertains quant à leur rôle précis. MM. A. Gautier et Ch. Féré ont soutenu, sur ce point, au Congrès d'hygiène alimentaire de 1906, des opinions bien différentes.

spiritueuses que condamnent leur arome et leur coloration dus à des poisons violents. Mais, pour des organismes sains, le vin est un aliment fort agréable, et les savants estiment qu'un adulte d'activité moyenne peut boire, par jour, de 50 centilitres à 1 litre d'un vin pesant 10 degrés d'alcool[1]. Par contre, les névropathes, trop excitables, les herpétiques, les arthritiques, les dyspeptiques, ont intérêt à s'abstenir de toute boisson alcoolique, même de vin, ou, tout au moins, à n'en consommer que de très petites quantités.

Il est intéressant de rechercher à quelles boissons autres que le vin il convient de donner la préférence. C'est à la température de 12 ou 13 degrés que l'eau convient le mieux : trop froide, elle paralyse l'estomac; trop chaude, elle donne des nausées. Les boissons trop gazeuses, comme l'eau de Seltz, raniment un moment l'appétit languissant; mais, dilatant l'estomac, elles le rendent rapidement paresseux. Les vins mousseux renferment de l'alcool qui contracte l'organe; ils n'ont donc pas le même inconvénient. Le bouillon ralentit les contractions stomacales, calme l'estomac qu'il dilate; ainsi, il paraît nourrir; mais, sa valeur alimentaire étant faible, la sensation de la faim reparaît vite, d'autant qu'il favorise la sécrétion du suc gastrique. Les boissons proprement nutritives (lait, chocolat) sont rapidement digérées; plus rapidement encore les boissons aromatiques (café, cacao, thé, mathé), qui, par suite, sont d'utiles stomachiques.

L'usage a empiriquement réglé le moment de l'absorption des boissons. Le lait, le chocolat, conviennent évidemment pour le petit déjeuner du matin. Un doigt de vin pur, bu après le potage, contracte l'estomac qu'aurait trop dilaté la soupe. Les vins fins ou le vin pur, le café, et même un petit verre d'une liqueur soigneuse-

1. Cf. l'intéressante enquête de M. P. Gsell : *l'Alcool est-il un véritable aliment?*

ment choisie, — ou, pour les névropathes, une infusion de camomille, — bus à la fin du repas, stimulent les estomacs apathiques.

Si la soif est un guide sûr à l'état normal, il faut compter avec les perversions de l'organisme, avec l'entraînement, avec les sollicitations. Et la quantité de boissons ingérées aux repas est presque toujours trop élevée. Car alors, l'eau même, prise en trop grande quantité, devient nocive : elle dilue le suc gastrique et fatigue l'estomac. Dans un repas moyen, deux grands verres de liquide, soit de 300 à 500 gr., suffisent. Mais il n'est pas interdit de prendre, en dehors des repas, une quantité d'eau plus élevée. Au contraire, un verre d'eau à jeun, deux ou trois autres pris à une demi-heure d'intervalle après le repas du matin, un vers le milieu de l'après-midi, un autre au moment du coucher, provoquent un lavage efficace de l'organisme. On sait, d'ailleurs, que toute eau, pour être débarrassée des germes dangereux qu'elle peut contenir, doit avoir été filtrée ou, mieux encore, bouillie. Dans ce dernier cas, exposée à l'air et battue, elle perd la « lourdeur » qu'on lui reproche[1].

Notre alimentation usuelle nous fournit d'ordinaire les sels minéraux en quantité convenable. Mais il n'est pas indifférent de fournir au corps humain une quantité déterminée des autres aliments. Si l'alimentation est insuffisante en poids et en qualité, la déchéance organique survient, et avec elle tout un cortège de maux, parmi lesquels, souvent, la tuberculose. Si l'alimentation est trop abondante, des troubles profonds se manifestent, tels que l'obésité et l'arthritisme avec toutes leurs conséquences. La santé n'est maintenue florissante que par une alimentation en rapport avec les pertes et les dépenses de l'organisme. On voit l'importance de la détermination précise des pertes par usure et par consommation énergétique[2].

1. Cf. docteur Félix Regnault, *l'Art de boire* (*la Revue*, 15 février 1907).

2. On consultera utilement sur ce point la conférence du profes-

La détermination de la quantité d'albuminoïdes à absorber est particulièrement importante. Car il est d'usage, en Occident, de demander à une alimentation carnée l'albumine nécessaire. Et un régime fortement carné entraîne avec lui la formation de toxines, de fermentations intestinales, la fatigue des reins, l'insomnie..., et une prédisposition marquée à des affections de natures diverses. Sur la détermination de la quantité d'albumine nécessaire, la science de l'alimentation est très incertaine. Certains savants fixent à 120 gr. environ la quantité d'albuminoïdes que doit absorber par jour un sujet adulte, de poids moyen, menant une vie physique active, sans surmenage[1]. D'autres admettent un chiffre variant de 27 à 82 grammes[2]. M. Maurel propose 98 gr. Ce dernier chiffre semble voisin de la vérité. Il s'appuie sur une longue expérience[3]. Mais où les physiologistes se retrouvent d'accord, c'est pour affirmer l'égalité des besoins, en albumine, de tous les adultes de poids égal, quelle que soit l'importance physique de leurs occupations. Car la destruction de l'albumine dans les tissus n'est guère accrue par le travail musculaire.

Les aliments énergétiques doivent être absorbés en quantité variable, selon le travail produit et selon le pays. Car le nombre des calories utilisé dans la production d'énergie d'un travailleur manuel est évidemment supérieur à celui qu'utilise un oisif. Et, d'autre part, il faut tenir compte, dans les pays froids, de la déperdition de chaleur, plus considérable. Mais les savants ne sont pas d'accord sur la quantité d'énergétiques à absorber quotidiennement. Cela se conçoit. Leurs observations ont été faites en des pays différents, sur des

seur Lambling sur la *Ration d'entretien* (*Causeries pédagogiques*, III). Voir dans le même recueil les *Aliments* (II), et le *Pot-au-Feu* (IV).

1. Voit, Ranke, Atwater, Schmidt...

2. Hirschfeld, Chittenden, Kumagawa, Caspari, Klemperer...

3. *Cf.* l'article substantiel de M. de Varigny : *la Pratique de l'alimentation* (*Bibliothèque universelle et Revue suisse*, n°s 117 et 118).

sujets d'habitudes et d'habileté différentes. Or, l'utilisation de la force peut sensiblement varier, selon l'habileté corporelle, dans l'exécution d'un travail déterminé. Il semble bien cependant que la moyenne soit de 85 gr. de graisses et de 700 gr. environ d'hydrocarbonés pour un travailleur ordinaire, adulte et de poids moyen. Le même, oisif, peut se contenter de 50 gr. de graisses et de 370 gr. d'hydrocarbonés[1].

A la vérité, ces chiffres ne sauraient convenir exactement à personne. C'est à chacun à déterminer, par l'expérience, en partant de ces données, la quantité d'aliments qui lui est nécessaire. Une alimentation convient, qui permet d'exécuter un travail moyen sans altération de la santé, et qui conserve au sujet un poids normal.

Il importe de connaître quelle doit être la nature des aliments nécessaires et la quantité qu'il en faut absorber. Mais il faut aussi déterminer quels aliments il est possible et préférable d'utiliser, et sous quelle forme. Ici, les rapports de la physiologie et de la cuisine paraissent encore plus étroits.

Il est des aliments qui renferment à la fois de l'albumine, des graisses et des hydrocarbonés, en proportions variables. Ce sont les aliments *complets* (œufs, lait, céréales, légumineuses, amandes et fruits gras, châtaignes, nouilles). Aux autres, il manque l'un ou l'autre des trois éléments, albumine, graisse ou hydrocarbonés. On conçoit que les premiers puissent, à la rigueur, suffire à eux seuls à entretenir la vie. Aux seconds, il faut ajouter l'élément qui fait défaut. Ainsi, à la viande qui fournit de l'albumine et de la graisse, il convient d'ajouter, dans un menu, des hydrocarbonés, par exemple des pommes de terre. On comprend qu'il soit ainsi possible de créer une ration renfermant en quantité convenable les éléments nécessaires à l'organisme.

Mais des considérations d'un autre ordre doivent en-

1. Cf. A. Gautier, *l'Alimentation et les Régimes*.

trer en ligne. Tous les aliments ne donnent pas le même « rendement ». Le coefficient d'utilisation varie avec la nature de l'aliment. C'est ainsi que l'albumine végétale est moins bien utilisée que l'albumine animale[1]; que les graisses d'origine animale ont un coefficient d'utilisation supérieur à celui des graisses d'origine végétale[2]; que les hydrocarbonés ont à peu près la même valeur au point de vue de l'alimentation pour tous les aliments, sauf pour les fruits[3]. D'autre part, certains aliments offrent une quantité considérable de substance assimilable, et d'autres, au contraire, n'offrent qu'une petite quantité sous un grand volume, tel le chou. Ces derniers peuvent être absorbés par les gros mangeurs, dont ils trompent l'estomac habitué à un gros volume.

Il importe aussi de remarquer que tous les aliments ne se comportent pas identiquement à la cuisson. Ils donnent une somme d'éléments nutritifs variable selon la manière dont on les prépare. Par une cuisson prolongée des légumes, on provoque l'éclatement des travées de cellulose, on rend l'aliment plus digeste et on accroît son coefficient d'assimilation. De même, les viandes apportent à l'organisme des quantités de matières azotées, de graisses et de sels minéraux qui varient avec leur mode de préparation. Cuites à l'eau, elles abandonnent dans le bouillon jusqu'à 12,67 p. 100 de la matière azotée, 37,4 p. 100 de la graisse, et 67,39 p. 100 de la matière minérale. Sautées à la graisse, elles perdent environ 2 p. 100 de substances azotées, 3 p. 100 de sels minéraux et 50 p. 100 d'eau. Rôties, elles abandonnent approximativement 4 p. 100 de matières albuminoïdes, 50 de graisses, 15 de matières minérales, 17 d'eau. Enfin, cuites à la poêle, sans addition de graisse, elles n'éprouvent que des pertes sans importance. D'ailleurs, plus le morceau de viande est gros, plus les pertes sont

1. Viande : 95 p. 100; végétaux : 75 p. 100.
2. 95 p. 100 contre 90 p. 100.
3. 97 ou 98 p. 100 contre 90 p. 100.

faibles. Et, d'autre part, ces pertes croissent avec la durée de la cuisson et l'élévation de la température. Il apparaît ainsi que les viandes cuites à point, à petit feu, avec peu de beurre ou de graisse, restent les plus nutritives[1].

Il faut également considérer que, dans la préparation des aliments, il est des matières qui entrent forcément en compte et introduisent une quantité appréciable de nouveaux éléments. Tels sont le beurre, la graisse, le lait, les œufs, employés pour préparer les sauces, pour « piquer », pour « roussir »...

Mais aussi la manière dont les aliments sont introduits dans l'estomac influe considérablement sur leur valeur nutritive. S'astreindre à mâcher très longuement et complètement les aliments, c'est améliorer la nutrition et éviter la surcharge de l'estomac. Le plaisir de manger croît. Les digestions sont plus faciles. La putridité et les gaz disparaissent. Les aliments absorbés sont mieux utilisés, et la ration alimentaire peut être considérablement réduite[2].

Enfin il est évident que, chez les sujets qui prennent leurs repas à intervalles convenables et fixes, l'estomac, le tube digestif tout entier et ses glandes annexes sont mieux disposés à exécuter le travail de digestion et d'assimilation que s'ils sont insuffisamment reposés ou affaiblis par une diète relative.

Ainsi, les éléments divers que nous avons énumérés permettent de calculer de manière assez précise les quantités d'albumine, de graisses et d'hydrocarbonés qu'absorbe un mangeur dans des conditions déterminées et, par une opération inverse, d'établir un menu en rapport avec les besoins de l'organisme. Ces besoins varient avec l'âge, le poids, les occupations et l'état de santé. Et cela

1. Cf. *Revue de la société d'hygiène alimentaire*, déc. 1905, p. 659 (*les Déperditions alimentaires de la viande par la cuisson*).

2. Cf. Fletcher, *The A.B.C. of our nutrition*, New-York, 1903. Cf. aussi la communication de M. le docteur Lucien Jacquet, au Congrès d'hygiène alimentaire de Paris, 1906.

apparaît à première vue. De brefs exemples suffiront à le préciser. A un enfant en voie de croissance, il faut, visiblement, toutes proportions gardées, plus d'aliments, particulièrement plus d'albumine qu'à l'adulte. Car l'enfant doit régénérer les pertes, accroître sa propre substance et entretenir une énergie considérable. Au vieillard, au contraire, il faut une nourriture moindre, faite surtout de légumes; toutefois, les mets trop volumineux doivent être évités. De même, de deux adultes de poids différent, il est évident que le plus lourd aura besoin, toutes les autres conditions étant égales, de plus d'albumine que l'autre, rien que pour l'entretien du corps. Et nous avons vu que la ration de graisses et d'hydrocarbonés doit être moindre pour un oisif que pour un travailleur, pour un sédentaire que pour un homme qui vit au dehors. Un sédentaire qui adopterait une ration trop élevée et un régime trop carné s'exposerait à la goutte, à la gravelle, à l'arthritisme, aux congestions. S'il adoptait un régime végétal, comme il devrait absorber de grandes quantités d'aliments, il surchargerait son estomac, rendrait ses digestions lentes et nuirait au travail cérébral.

Enfin il est des états de l'organisme (arthritisme, dyspepsie, constipation...) auxquels des régimes sont indiqués. C'est ainsi que les arthritiques — qui forment une catégorie si nombreuse — doivent éviter tout ce qui peut accroître, dans leur organisme, la quantité d'acide urique (viande, particulièrement celle des animaux jeunes, ris de veau, cervelle, viandes fortes), et tout ce qui introduit de l'acide oxalique (oseille, épinards même). Ils doivent manger surtout des légumes verts, par lesquels les acides hippurique et benzoïque sont substitués à l'acide urique. L'oignon, qui est un excitant de la peau et de la respiration, les fruits mûrs, dont les sels rendent alcalin le milieu intérieur et contribuent à dissoudre les dépôts uratiques, conviennent particulièrement. De même la tomate, qui contient une quantité importante d'acide citrique et d'acide malique, que les médecins s'accordent à recommander aux arthritiques.

Une question plus générale s'impose à l'attention. Faut-il conseiller à l'adulte, et même à l'enfant, un régime végétarien (végétaux, lait et œufs), ou un régime végétalien (végétaux seulement), ou un régime fruitarien (fruits secs ou frais), ou enfin un régime mixte (végétaux, fruits et viandes)? La question est vivement controversée. Elle n'a pas reçu de solution nette, car elle est extrêmement complexe, comme tout ce qui se rattache à notre organisation. Les végétariens affirment que, seul, un régime basé sur l'alimentation végétale prévient et guérit les maladies, donne la vigueur et l'endurance, et ils font avec vivacité le procès du régime carné[1]. Les physiologistes conservateurs déclarent que les albuminoïdes végétaux sont moins assimilables que les albuminoïdes animaux; que plus l'espèce d'albumine ingérée est éloignée de l'albumine à former, plus le travail d'élaboration est considérable, et que les poisons de la viande sont peut-être utiles comme excitants habituels[2]. Enfin les partisans du juste milieu demandent une alimentation mixte pour les individus qui n'ont pas achevé leur croissance, plus végétarienne pour les vieillards. Ils conseillent l'alimentation mixte au repas de midi, végétarienne au repas du soir. Le régime végétarien, disent-ils encore, convient mieux aux manuels, et le régime mixte aux intellectuels. Il

1. Cf. le mémoire présenté au Congrès d'hygiène alimentaire de 1906 par Mlle la doctoresse Joteyko. Cf. aussi J. Lefèvre, *Examen scientifique du végétarisme; la Table du végétarien*, d'après Carlotto Schulze; docteur Bonnefoy, *les Principes d'alimentation rationnelle*; docteur A. Montennis, *l'Alimentation et la Cuisine naturelle dans le monde*; docteur Louis Durey, *Faut-il manger de la viande?* (*Pages libres*, 27 juillet 1907); G. Guillaumin, *le Végétarisme et la Psychophysiologie* (même revue, 17 août 1907).

2. Cf. l'étude de M. Lambling sur les travaux du chimiste Fischer et de ses élèves, présentée au Congrès d'hygiène alimentaire (1906) : *Digestion des protéiques dans la nutrition générale* (*Revue scientifique*, 3 novembre 1906, p. 548-550).

semble bien qu'un régime exclusif, nourriture carnée ou végétarisme absolu, est plutôt préjudiciable et qu'il faut recourir à un régime mixte, tout en tenant compte, dans la composition des menus, du tempérament de l'individu et en se rappelant que la santé est surtout une question d'étude, pour chacun, de son propre état physiologique[1].

A ces données, dont certaines ont acquis toute la précision désirée, il convient d'ajouter des éléments ethniques, des éléments individuels et des éléments psychologiques d'ordre général que la science a plus ou moins nettement déterminés et qu'on pourrait grouper en une *philosophie de l'alimentation*.

Il est certain qu'il semble y avoir des différences profondes au point de vue du régime alimentaire entre les hommes de peuples différents, ou même simplement de régions voisines. On peut opposer au régime végétarien des anciens athlètes grecs, au brouet noir des Spartiates, au régime frugivore du soldat turc, au riz des Nippons, l'alimentation fortement carnée des pays occidentaux. C'est que le corps n'est pas tout à fait une cornue inanimée où s'élaborent des produits chimiques. C'est un être vivant qui a des habitudes héréditaires ou acquises. Tel hérite de ses progéniteurs et voit se développer en lui le besoin d'excitants carnés. Tel autre est gros mangeur qui, dès l'enfance, a accoutumé son organisme à une nourriture volumineuse. Il se peut qu'il y ait, sous des actions extérieures, perversion de l'organisme dans un sens ou dans un autre.

Entre les hommes même, il y a des différences assez profondes. Il convient de tenir compte des aptitudes digestives, des goûts individuels, en un mot, des idiosyncrasies. Tel digère mal les corps gras, tel autre les féculents. Tel ne peut supporter le fromage, tel autre certaines viandes.

1. Cf. pour cette conclusion, Lily Hodgkinson, *l'Alimentation carnée et ses effets* (*National Review*, juin 1907).

Ce sont là des éléments dont l'importance pratique est évidente, mais pour lesquels la doctrine reste encore imprécise.

Tels sont, dans leurs grandes lignes, en dehors de toute considération d'ordre psychique, les principes les plus importants qui doivent dominer la pratique de l'alimentation. Il nous apparaît ainsi qu'une « physiologie du goût » qui tiendrait compte des dernières découvertes de la science moderne serait le véritable « livre de la santé ».

A diverses reprises, on a émis le vœu de voir les cuisines familiales disparaître, et se créer des établissements culinaires placés sous la direction d'hygiénistes, de chimistes et de chefs compétents, qui livreraient les repas à domicile avec toutes les garanties nécessaires et à des prix abordables. Cette organisation a été réalisée à Berlin, où, dit-on, le système fonctionne régulièrement et avantageusement. Des tentatives analogues à Londres et en Amérique sembleraient donner des résultats satisfaisants[1].

Sans entrer dans la critique d'un tel système, on peut remarquer que, pour répondre rationnellement à tous les besoins, il devrait être d'une complication excessive. Et l'on ne saurait non plus tirer argument d'une évolution de certaines industries alimentaires, boulangerie, charcuterie, épicerie, pour en inférer la réalisation très proche d'une semblable organisation. En l'état actuel de la société, cette organisation ne paraît pas devoir répondre à tous les besoins. Et, longtemps encore, à la campagne surtout, les repas devront être préparés dans la maison familiale.

On entrevoit la complexité du problème. Dans une collectivité même peu nombreuse, comme la famille, on doit tenir compte de l'âge, des désirs, des occupations, de l'état de santé de chacun. Il est donc très malaisé de

1. Cf. notamment Jeanne E. Schmahl, *l'Economie domestique* (*Nouvelle Revue*, 15 mai et 1er juin 1905).

déterminer un régime alimentaire commun. Le secours d'un médecin peut être nécessaire. Il n'en reste pas moins acquis que les connaissances théoriques et pratiques de la personne qui, dans la famille, a la charge de préparer les aliments, doivent être précises et assez étendues. Elle ne doit pas ignorer la valeur nutritive des divers aliments. Elle doit savoir ordonner les repas en tenant compte de la situation physiologique des membres de la famille, fixer les quantités d'après des règles dont une expérience basée sur les données de la science a suffisamment montré la valeur.

*
* *

Mais il importe que la ménagère se tienne dans les limites du budget domestique. Or, dans des cas, hélas! trop nombreux, la connaissance des lois de l'hygiène ne permet pas de résoudre le problème de l'alimentation familiale. Car la misère est un obstacle insurmontable. Citons le cas d'une vieille ouvrière parisienne. Elle gagne 2 fr. par jour, c'est-à-dire — sans chômage — 600 fr. par an. Elle ne peut disposer quotidiennement, toutes ses autres dépenses payées, que de 0 fr. 90 pour la table. Comment pourrait-elle se préparer une nourriture suffisante, répondant aux règles que fixe la science de l'alimentation? Et comment le pourraient celles qui disposent de sommes moindres encore[1]? Alors, la faim ronge les organismes, « faim de tous les instants, de toute l'année, de toute la vie, faim qui ne tue pas en un jour, mais qui se compose de toutes les privations et de tous les regrets, qui sans cesse mine le corps, délabre l'esprit, démoralise la conscience, abâtardit la race, engendre toutes les maladies et tous les vices[2]... »

Les ressources, heureusement, ne sont pas toujours

1. Cf. Ch. Benoist, *les Ouvrières de l'aiguille à Paris*, p. 155.
2. Proudhon, *la Guerre et la Paix*, p. 160.

d'une insuffisance aussi manifeste. Mais, même dans les cas les plus favorables, le chiffre n'en est jamais élevé. La ménagère doit donc savoir discerner les aliments qui, à valeur nutritive égale, peuvent être acquis à meilleur marché. Car la nourriture d'un travailleur qui veut s'alimenter suffisamment peut varier, comme prix, du simple au quadruple, suivant la manière dont il compose ses repas. M. J. Alquier a recherché le prix réel des aliments au point de vue de leur valeur physiologique. Il a établi des tableaux faisant connaître à première vue les valeurs des divers aliments en argent et en pouvoir nutritif. C'est ce qu'il appelle des *tables de substitution alimentaire*. Il a ainsi révélé combien sont considérables les différences de valeur nutritive des aliments utilisés. Par exemple, pour avoir autant de matière alimentaire qu'en fournit, dans le bœuf, 1 fr. d'aloyau, il ne faut pas dépenser 40 cent. de côtes couvertes, de flanchet, de plat de côtes, de poitrine; il faut 60 cent. de cœur ou de flanc et il faut 1 fr. 50 de rognon. Dans les divers morceaux de veau, les différences ne sont pas moindres. L'énergie nutritive que renferme 1 fr. de longe de veau se paye 30 cent. seulement dans la fraise; mais elle atteint 2 fr. 48 dans le ris. Dans le mouton, 68 cent. de poitrine haute côte valent physiologiquement 2 fr. 33 de gigot. De même dans le porc : ce que donne en énergie 50 cent. de côte, coûte 3 fr. dans le rognon. Et ainsi dans la charcuterie : 1 fr. de jambon fumé ne fournit pas alimentairement plus que 22 cent. de boudin et fournit autant que 2 fr. de galantine. Dans le poisson, ces différences sont plus importantes encore. Il faut payer 5 fr. 50 en turbot et 15 fr. en sole ce qu'on paye 1 fr. en hareng. Dans les mollusques et les crustacés, la somme d'unités nutritives qui se paye 1 fr. en moules atteint 5 fr. 50 en crevettes, 17 fr. en huîtres, 30 fr. en homard, et 110 fr. environ en écrevisses. Mêmes conclusions pour le gibier et la volaille : 1 fr. de poulet vaut autant, au point de vue alimentaire, que 26 cent. d'oie, 52 cent. de dindon, 94 cent. de canard, 1 fr. 55 de pigeon,

66 cent. de lapin, 1 fr. 12 de lièvre, 6 fr. 21 de caille. La valeur en argent des aliments n'est donc nullement proportionnelle à leur valeur nutritive. Et il serait presque exact de dire que leur valeur alimentaire est inversement proportionnelle à leur valeur marchande. Ce que payent les ménagères, c'est la finesse, la délicatesse et souvent le luxe, la rareté. Aussi les ouvriers et les ouvrières des grandes villes qui prennent leurs repas à la crémerie dépensent-ils beaucoup plus que ceux qui mangent dans un restaurant à prix fixe ou dans un bouillon populaire. M. Alquier a calculé qu'à une dépense annuelle de 724 fr. dans le second cas, correspond une dépense de 2,126 fr. dans le premier[1].

S'aidant de ces données ou de données analogues, de nombreux auteurs ont établi des menus économiques pour diverses catégories d'ouvriers manuels ou intellectuels[2]. De même la ménagère doit pouvoir supputer à l'avance le prix d'un menu, d'après la valeur marchande et la valeur nutritive des aliments qui y entrent.

*
* *

Mettre les travaux de la cuisine d'accord avec les vérités établies par la science moderne et les ressources du budget familial, voilà le *desideratum*. Nos ménagères connaissent-elles ces vérités dont nous parlons? Ou, au

1. Cf. *Revue générale des sciences*, 30 mai 1907.

2. Cf. Docteurs Landouzy, Henri et Marcel Labbé, *Enquête sur l'alimentation d'une centaine d'ouvriers et d'employés parisiens. Ce qu'elle est : irraisonnée, insalubre, dispendieuse; ce qu'elle pourrait être : raisonnée, suffisante, salubre, économique*; Docteur Gottschalk, *les Régimes alimentaires*; Mme Augusta Moll-Weiss, *la Cuisine rationnelle des malades et des bien portants*; Mesdames Klobs et Jean Brunhes, *150 Recettes de cuisine* (libr. Vitte, Paris); Jean Lahor et docteur Lucien-Graux, *l'Alimentation à bon marché saine et rationnelle* (notamment appendice, III); Prof. Lonay, *l'Alimentation des cultivateurs et travailleurs agricoles en Belgique*, Congrès d'hygiène alimentaire.

moins, en connaissent-elles empiriquement l'application? Réussissent-elles à tirer le parti le meilleur des ressources dont elles disposent?

Il semble que, dans la généralité des cas, les résultats qu'elles obtiennent ne sont pas en rapport avec leurs efforts. Rares sont celles dont les connaissances sur la théorie de l'alimentation ont assez d'étendue et de précision. Elles suivent le plus souvent la routine. « C'est la ménagère qui, en fait, détermine le régime diététique du ménage, et elle le fait en s'adaptant servilement à son milieu social, dit M. Waxweiler, je veux dire en répétant ce que son *éducation* lui a appris, ce que l'*imitation* des autres lui inspire. L'influence contraignante de ces facteurs sociaux est plus forte que celle des nécessités physiologiques ou des possibilités économiques... On a vu combien peu la nature du travail (modéré, dur, très dur) a des répercussions sur le régime alimentaire[1]. » Et dans les cas délicats où d'un régime dépend la vie d'un des membres de la famille, l'ignorance apparaît flagrante. Sans doute, c'est alors au médecin à déterminer les règles à suivre. Mais ne faut-il pas, pour en surveiller l'application, en comprendre l'esprit et, par suite, avoir des connaissances suffisantes de l'hygiène de la table? Or, on est, sur ce point, effrayé de l'ignorance des ménagères. Combien, par exemple, ignorent que les pommes de terre, trop pauvres en albumine, sont incapables, à elles seules, d'entretenir l'organisme, et que le fromage de Gruyère, les lentilles, les fèves, sont des réserves considérables d'énergie et de calorique et aussi les meilleurs succédanés de la viande! Combien refusent à leurs enfants le sucre, « une gourmandise », au lieu de le considérer comme un hydrocarboné de premier ordre, capable de permettre un effort musculaire puissant et suivi et de

1. Cf. *Enquête des Instituts Solvay sur l'alimentation des ouvriers belges*, p. 29. Cf. aussi *Enquête sur l'alimentation d'une centaine d'ouvriers parisiens*, déjà cité.

combattre les effets des basses températures extérieures[1] ! Quelle est la femme qui ne soutiendra pas qu'on se porte d'autant mieux qu'on mange davantage, ce qui revient à dire qu'il faut manger beaucoup ; comme si l'excès de nourriture, la réplétion continuelle, ne présentaient pas des dangers incontestables ? Et, par contre, n'en est-il pas qui, redoutant pour leurs enfants la fatigue de l'estomac, leur refusent une nourriture que la croissance rend nécessaire ? N'est-ce pas énoncer un lieu commun, pour certaines, que d'affirmer que la viande fait la viande, qu'il faut la donner aux enfants pour former leurs tissus ; comme si une alimentation trop carnée ne conduisait pas au rachitisme par défaut de sels minéraux et ne faisait pas les ventres ballonnés ? Est-il besoin, enfin, de reprendre tous les préjugés concernant les boissons alcooliques ?

Si la doctrine vulgaire de l'alimentation est semée de préjugés, la pratique, c'est-à-dire la préparation des mets, est soumise à une routine parfois dangereuse. Qu'on jette les yeux autour de soi. Les légumes sont cuits trop rapidement et restent de digestion très laborieuse. D'excellents aliments sont délaissés : tels sont les légumes secs, et particulièrement les pois et les lentilles ; tels sont les nouilles, le macaroni, le riz. On abuse des épices pour fouetter l'appétit, qui est alors un assez mauvais guide ; et la muqueuse stomacale irritée devient douloureuse. On use largement du sel, qu'on croit un condiment salutaire ; comme si l'hyperchloruration n'était pas redoutable à tous et en particulier aux arthritiques et aux artérioscléreux[2]. On garde la superstition de certains corps gras cependant peu digestes ; car, s'étalant sur la muqueuse de l'estomac, ils en empêchent la sécrétion et s'opposent

1. De même, les entremets de ménage sont considérés par beaucoup comme des futilités, car leur valeur alimentaire est insoupçonnée.

2. Cf. docteur Dastre, *Revue des Deux Mondes*, 1er janvier 1901 : *le Sel ; le Besoin physiologique du sel*, p. 197. Cf. aussi docteur Fernand Widal, *les Régimes déchlorurés*.

à l'attaque des aliments par le suc gastrique. Et l'on dédaigne le beurre végétal tiré de la noix de coco, qui, cru, est le plus digestible des aliments gras.

Si l'on examine comment les ménagères utilisent leurs ressources souvent si modestes, on est stupéfait d'errements que le bon sens seul devrait réprouver. Le vin est acheté au litre ; le sucre et les autres produits d'épicerie, par petites sommes; la graisse, en quantités suffisantes seulement pour un repas. Or, les prix « de détail » de ces denrées sont majorés par le petit marchand. Il suffit, pour s'en convaincre, de consulter les prix courants des grandes épiceries. De plus, les qualités sont inférieures, les produits étant généralement moins frais, ou de mauvaise provenance, ou aussi plus ou moins fraudés. Enfin, le fractionnement des achats accroît le nombre des pesées, et par suite les inexactitudes. Les ménagères s'adressent également au marchand de légumes cuits. On lui achète des produits tout préparés qui ont ramassé la poussière de la rue et abandonné le meilleur de leur substance dans l'eau de cuisson. Dans les ménages ouvriers, on mange trop ou des mets trop recherchés aux premiers repas qui suivent la « paye », et on ne peut plus préparer que des plats insuffisants pour les autres. Et, d'autre part, que d'aliments jugés grossiers ou négligeables sont jetés aux ordures : têtes de cabillauds et de colins dont on peut faire des soupes délicieuses; feuilles de navets qu'on peut traiter à la manière des épinards; fanes de salsifis pouvant donner une salade appétissante ; déchets de têtes de bœuf permettant de rendre plus savoureuses les soupes aux légumes... Et enfin, que d'erreurs ont cours sur la valeur relative des aliments! Pour n'en citer qu'un exemple, combien savent que neuf à dix morceaux de sucre scié, payés un sou, équivalent, au point de vue énergétique, à un demi-litre de bon vin naturel contenant 35 à 40 gr. d'alcool, acheté cinq sous chez l'épicier?

Ces constatations ne conviennent pas seulement à la famille ouvrière, qui ne peut pas toujours choisir ses aliments. Souvent on se nourrit aussi mal dans les familles aisées, et l'on ne sait pas toujours tirer le parti le meilleur de ressources plus larges. Combien de maîtresses de maison, par exemple, savent que le pain de luxe, fait avec des farines trop blutées, est moins nourrissant que le pain grossier, plus riche en gluten et en sels minéraux?

On voit, par les développements qui précèdent, que la connaissance des principes de l'alimentation rationnelle et saine ne peut être acquise instinctivement. Un enseignement est nécessaire, qui consiste en autre chose qu'en l'étude de banales recettes de cuisine.

II

Si la « philosophie de l'alimentation » reste encore imprécise en ce qui concerne les éléments ethniques et les idiosyncrasies individuelles, elle a plus nettement déterminé l'influence de l'élément psychique. Cette influence est capitale. Ce n'est pas l'excitation de la muqueuse buccale par les aliments qui provoque la sécrétion des sucs digestifs, mais le plaisir qu'on se promet, le désir de l'aliment, l'appétit[1]. Avoir le désir de manger, c'est donc se préparer une digestion prompte et bonne. Au contraire, manger sans plaisir, se forcer à manger, c'est fournir au tube digestif un travail qu'il n'est pas disposé à exécuter. Par suite, rendre les aliments agréables au point qu'ils excitent le désir n'est pas illicite. C'est même un véritable devoir. Et l'art de préparer les

1. Le pancréas, qui assure le plus important du travail digestif, ne peut donner son suc que s'il est sollicité par un liquide spécifique, la *sécrétine*, produit par les glandes intestinales. Et le suc pancréatique n'acquiert toutes ses propriétés digestives que s'il est additionné d'*entérokinase*, dont il provoque lui-même la sécrétion par l'intestin. Or, les glandes intestinales ne peuvent produire la sécrétine que si l'acidité du suc gastrique y a invité la paroi duodénale. Et le suc gastrique n'est donné par la paroi stomacale que si le sujet a le désir de manger. En dernière analyse, l'élément psychique domine donc toute la digestion.

aliments pour exciter un appétit raisonnable, pour faire de l'opération scientifique qu'est l'alimentation une opération agréable, cet art apparaît comme ayant une importance hygiénique considérable.

Or, le désir de manger — l'appétit — est fait de divers éléments. C'est, le plus souvent, la sollicitation normale d'un organisme qui a fourni un effort et a besoin de reconstituants. C'est encore la pensée ou la vue d'un plat préféré. C'est aussi le fumet agréable d'un mets qu'on cuisine. C'est la surprise d'une préparation culinaire qu'on n'avait plus accoutumé de voir. C'est, enfin, l'aspect plaisant d'une table mise avec goût. Chacun de ces éléments agit plus ou moins puissamment, selon les cas. Sans doute, le plus souvent, le premier est le plus actif. Mais nul ne contestera l'action réelle de l'odorat et de la vue.

Celle de la vue surtout, qui fait naître en outre le souvenir d'un plaisir déjà éprouvé. C'est pourquoi on a pu prétendre que, pour réussir dans la cuisine, il faut du sens artistique. La manière de disposer les mets dans les plats afin qu'ils flattent les regards peut, à coup sûr, constituer un des meilleurs apéritifs. Si la viande du bouillon, — notre mets national, — bien égouttée, est disposée sur un plat propre, entourée de persil en branches et de rondelles de cornichons, elle flatte plus la vue que jetée au hasard parmi les carottes et les poireaux et à demi submergée dans le liquide qu'elle laisse échapper. Les hors-d'œuvre répartis avec goût dans le plat nécessaire flattent plus le regard que posés en désordre, sans préparation préalable. De même, les fruits du dessert, dressés en pyramide et entourés de feuilles vertes, procurent un plaisir plus complet que jetés au hasard sur la table ou mis sans goût dans une assiette.

Mais c'est surtout dans la présentation des restes que le goût de la ménagère peut aider à la naissance de l'appétit. Car, quelle différence entre des restes bien préparés, ayant l'aspect agréable d'un plat frais et nouveau, et d'autres rappelant le « déjà vu », amenant la satiété par la répétition, ou peut-être le dégoût par un aspect lamentable et peu appetissant. Entre une viande rôtie dont on a retiré les os et les tendons, qu'on a découpée en tranches minces et de forme régulière, qu'on a disposée symétriquement dans un plat, soit avec des oignons ou des cornichons confits dans du vinaigre, soit avec une sauce mayonnaise ferme et réussie; entre cette viande et la même viande présentée dans le plat de la veille et reposant sur un lit de graisse figée, la vue sait faire une différence, et l'appétit souligne les constatations de la vue.

Introduire la variété dans un repas donné, et aussi dans la suite des repas de la famille, rompre une uniformité qui amoindrit le plaisir jusqu'à le faire disparaître, c'est encore chercher à provoquer l'appétit. C'est en même temps faciliter la tâche artistique de la ménagère. Car, nous l'avons vu, tous les aliments ne renferment pas toutes les substances nécessaires aux dépenses du corps, qu'elles résultent de l'usure ou de la consommation énergétique. Et, d'autre part, nous avons reconnu que l'appétit est commandé en partie par le désir du nouveau. Mais cette diversité des mets doit être encore ordonnée à la ménagère par le besoin qu'elle ressent de créer autour d'elle plus de bien-être, plus d'ordre, plus d'harmonie. Et la régularité froide et ennuyeuse que la ménagère doit s'efforcer d'éviter dans la maison, elle doit également l'écarter de la table. En s'ingéniant à trouver des combinaisons nouvelles, à imaginer des arrangements nouveaux, non seulement elle satisfait à un besoin marqué de l'organisme, mais encore elle donne à la vue des jouissances nouvelles et, par cette voie, aide à la production normale des phénomènes intimes de la vie matérielle.

Les efforts de la vie ménagère ne doivent pas se limiter à la cuisine. Ils doivent également s'étendre à la table et à la salle à manger. Une table mise avec goût, une nappe bien blanche ou une toile cirée brillante, des assiettes revêtues d'une décoration élégante et sobre ou seulement reluisantes de propreté, les jeux de la lumière dans les verres ou dans les cristaux, la limpidité des boissons ou l'étincellement des vins, des fleurs fraîches, des hors-d'œuvre et des desserts groupés avec art, plaisent à la vue et éveillent l'appétit. Si, par surcroît, la salle à manger donne l'impression de propreté et de confort que nous avons demandée pour toute la maison, c'est avec une satisfaction réelle que les membres de la famille y pénètrent, assurés d'y éprouver des impressions agréables et saines.

On pensera qu'un tel résultat ne peut être obtenu que dans les maisons aisées. Et, sans doute, la tâche de la bourgeoise qui jouit de larges revenus est incomparablement plus facile que celle de la femme du peuple qui doit compter avec des ressources trop limitées. Il ne s'ensuit pas cependant que cette dernière doive négliger la partie artistique de la cuisine. De même que dans toute la maison, elle peut assurer, sur la table, la propreté qui est le premier élément de l'art. Une table propre, sans les menus ornements qui l'agrémentent, peut charmer les yeux si les plats sont présentés comme il convient, si les couverts sont disposés symétriquement, si les verres sont transparents, si le vin est clair et l'eau limpide. Et il n'est pas besoin d'être riche pour placer dans un vase modeste la verdure de la haie ou les fleurs du pré voisin. Car les jouissances intimes que procurent la propreté, l'ordre et un certain arrangement des choses, peuvent être éprouvées dans la plus modeste des salles à manger. Peut-être même serait-on en droit de soutenir qu'elles peuvent parfois atteindre une intensité plus grande que dans ces pièces luxueuses où brille trop d'or, et d'où la simplicité est trop souvent bannie.

*
* *

Les ménagères réussissent-elles toujours à faire naître ces impressions agréables qui commandent, au moins en partie, l'appétit? C'est ce dont il est permis de douter.

Certes, même dans les maisons les plus modestes, on fait, les jours de gala, des efforts marqués pour recevoir avec honneur les étrangers. Et c'est justement. Car la présentation des mets est assurément une manière heureuse de montrer aux convives les sentiments qu'on a pour eux. Mais que de négligences et de maladresses dans ces occasions! — Et combien plus encore dans la vie normale de la famille!

Il n'est personne qui ne l'ait constaté. Sous prétexte qu'on est seul chez soi, ou bien qu'avec les amis il n'est guère besoin de faire des cérémonies, la ménagère néglige certains détails dont chacun, en soi, est peut-être sans importance, mais dont l'ensemble crée une heureuse harmonie et stimule l'appétit des mangeurs. C'est la carafe, dont le verre obscurci porte des traces du calcaire que contient l'eau. Ce sont les bouteilles de vin ordinaire, dont les goulots laissent apparaître des dépôts plus ou moins anciens. Ce sont des couteaux sur les lames desquels se voient de légères taches brunes qui appellent le polissoir. C'est un plat ou un dessert mal présenté : les légumes nagent dans une sauce trop claire; la viande repose sur la graisse figée; les raisins sont apportés sur la table sans qu'on ait, d'un coup rapide des ciseaux, fait tomber les graines attaquées.

Qu'on se rappelle les repas surpris par les fenêtres ouvertes ou dans une arrivée inopinée. Le mari vient de rentrer du travail. Vite on dresse le couvert sur un coin de la table encombrée. Les assiettes se touchent. Parfois même chaque bouchée est puisée au plat commun. Près du pain, négligemment posés, des vêtements, des outils de travail. Autour, le désordre et la malpropreté. Le plat servi est un reste de la veille, apporté sans aucun changement. Des fruits sont puisés dans un panier et placés près du pain. Les verres sont ternes. Les cuillères brillent peu. Les assiettes sont à peine propres.

Dans le buffet de la salle à manger, la petite bourgeoise abrite les pièces de son « beau service ». Il faut bien paraître! Il faut faire illusion aux invités. Mais, les jours ordinaires, l'art est banni. Il est sans doute nécessaire de manger pour vivre. Mais il convient de donner normalement à cette fonction le moins de temps qu'on peut et de réserver ses tendances artistiques pour les jours de grand dîner, le salon et la parure.

Ce n'est qu'une éducation esthétique bien comprise qui pourra triompher de cette indifférence et de cette négligence des ménagères. Car le goût doit se retrouver partout dans la maison. Il ne doit pas seulement régler les achats chez la modiste et l'arrangement des chambres. Il doit régner dans la cuisine et régenter la table.

*
* *

Un intérieur propre et gai est le rival heureux du cabaret. Il attire le travailleur fatigué, qui y trouve le repos et la joie. Une table agréable aux yeux, dans une salle à manger bien rangée, des repas servis à heure fixe, achèvent de conquérir le père et les fils. Car on a pu dire malicieusement que « le meilleur moyen de gagner le cœur de ces messieurs, c'est encore de s'adresser à leur estomac ». Il est bien vrai que les satisfactions que procure la table — encore qu'aux yeux de quelques-uns « elles naissent d'une habitude dégoûtante que les nouvelles générations ne prendront pas[1] » — sont parmi celles que goûtent avec plénitude la majorité des hommes. C'est donc peu exagérer que d'affirmer avec certains que la cuisine doit être le centre, le pivot autour duquel doivent tourner tous les rouages du mécanisme domestique[2].

1. « ... Se nourrir est un des besoins grossiers de notre nature. On doit le satisfaire quand on est seul, loin de tous regards. On mange dans son cabinet de toilette, dans la pièce intime où nul ne pénètre, les viandes achetées toutes cuites au marchand le plus proche. » (P. ADAM, dans un article du *Journal*.)

On peut juger, par ce que nous avons dit, de la valeur scientifique d'une telle théorie.

2. Cf. Annie Sanderson, *De l'Économie domestique et le foyer idéal* (*Revue de morale sociale*, décembre 1901).

CHAPITRE VI

LES ANNEXES DE LA MAISON

En dehors des occupations généralement communes à toutes les ménagères et dont nous avons essayé de préciser le caractère et l'importance, il en est d'autres qui ne reviennent qu'à une catégorie limitée de femmes. Leur nature varie avec les régions, les localités même. Dans les centres urbains, le travail industriel s'ajoute aux travaux ménagers, soit que la femme se rende chaque jour à l'usine, soit qu'elle exécute chez elle un travail à la façon. C'est là une question très importante, dont nous n'avons pu dire que quelques mots et qui sort du cadre de cette étude. Dans les milieux ruraux, la ménagère doit souvent prêter son concours aux travaux de la ferme. Elle doit, à la saison, aller râteler aux prés, javeler aux champs, vendanger aux vignes, cueillir les olives ou les prunes, ramasser les pommes de terre, les châtaignes et les topinambours. Il ne s'agit là, cependant, que d'occupations accidentelles. Mais il reste, à la campagne, un domaine réservé à la ménagère : c'est l'intérieur de la ferme, c'est le potager, le jardin fruitier, le jardin d'agrément; c'est la basse-cour, le clapier, le rucher, la porcherie; c'est la laiterie et, souvent aussi, l'entretien des vaches et des veaux.

Le nombre des femmes auxquelles reviennent ces travaux est important. Il atteint, pour la France, le cinquième environ de la population féminine adulte[1]. Et, si l'on remarque qu'il est de nombreuses citadines, non classées comme cultivatrices, auxquelles des loisirs, une situation de fortune satisfaisante, permettent de consacrer quelques-uns de leurs instants à l'une ou l'autre des « annexes » de la maison, on conçoit aisément qu'on puisse sans hésitation faire entrer les travaux de cet ordre dans les travaux ménagers. Cependant, vu leur caractère plus spécial, nous nous bornerons à quelques brèves réflexions sur chacun d'eux.

I

On ne peut constater sans regret que, dans les grandes villes, les jardins diminuent chaque jour et sont remplacés par de hautes constructions, couvrant les moindres espaces. Il est heureux que les philanthropes modernes qui désirent l'édification de maisons populaires salubres ne conçoivent pas ces maisons sans un jardin. Le jardin situé près de la maison est un réservoir d'air; il est un ornement; il est une précieuse ressource; il est une école de joie et de santé morale. Le jardin permet l'aération facile des appartements, à l'abri des regards indiscrets. Il laisse l'air et le soleil baigner de tous côtés la maison. Il encadre l'habitation, il en relève l'impression de confort et la rend plaisante aux regards. De plus, le jardin fournit les moyens de varier agréablement les menus par les légumes et les fruits qu'il produit. Il peut être une source de revenus. Enfin, il crée une des occupations les plus saines, les plus gaies, les plus morales qui soient.

1. Recensement de 1896. Population féminine adulte totale : 14,111,512. Population féminine active employée dans les forêts et en agriculture : 2,754,593 (sur ce nombre, 1,250,738 femmes-chefs).
Dans certaines parties de la France, notamment en Bretagne, l'agriculture se trouve entièrement aux mains des femmes, les hommes se livrant à la grande pêche.
Cf. docteur Kaethe Schirmacher, *le Travail des femmes en France* (*la Revue*, 15 février 1902).

Il est un dérivatif à la monotonie du travail quotidien. Il est un élément de joie. Il enseigne la patience et l'espoir.

Dans les maisons bourgeoises de la ville, le jardin n'est d'ordinaire considéré qu'au point de vue de l'agrément. Ce n'est que dans les petites localités et à la campagne qu'il constitue en outre comme une réserve où l'on trouve les légumes et les fruits nécessaires à la table. Mais alors même il est le plus souvent abandonné aux soins d'un mercenaire, et la maîtresse de la maison ne s'y intéresse guère que pour donner l'ordre de prendre dans les plates-bandes ce que réclame le menu de la journée.

Il n'en est plus de même dans la maison paysanne. Le jardin est, au contraire, considéré presque exclusivement au point de vue de l'utilité. Et c'est à la femme que reviennent généralement la culture des planches et la récolte des légumes et des fruits. Or le profit qu'elle peut en retirer par ses efforts est quelquefois considérable. Légumes secs, légumes verts habilement conservés, racines et tubercules enfouis à la cave dans le sable, fruits de toute espèce consommés à la saison ou mis en réserve pour l'hiver, quelles agréables et précieuses provisions! Elles permettent à la ménagère de varier ses menus, et, sans qu'il soit nécessaire d'avoir recours au marchand, de procurer aux siens de réelles satisfactions, et même d'éveiller en eux des impressions nouvelles. Au besoin, ces provisions présentées au marché peuvent accroître sensiblement les ressources de la famille.

Mais le jardin peut procurer d'autres satisfactions par sa verdure et par ses fleurs. Or « le jardin à la française » des maisons de ville est trop froid. Les recherches bizarres, les combinaisons inattendues dans la taille des arbres et la nature des plantes, y créent quelque chose d'artificiel et de convenu, que l'exiguïté empêche presque toujours d'atteindre à la beauté. Dans les campagnes, le jardin est généralement situé à quelque distance de la demeure; ou, s'il est dans son voisinage immédiat, aucun effort ne semble fait pour qu'il contribue à rendre la maison plus pittoresque, à la transformer en un cottage fleuri, entouré de verdure et de vie. Il forme un tout distinct, et la maison reste nue et garde trop souvent un air de tristesse et de misère. Il serait cependant facile de faire concourir le jardin à l'embellissement de l'habitation. Les faces murales peuvent soutenir des végétaux grimpants (cobéas, capucines, haricots d'Espagne, volubilis, rosiers sarmenteux...) ou même des espèces fruitières, par exemple des vignes et des pêchers. Et l'on peut disposer sur les côtés et les façades de la maison, en bordure, des massifs de fleurs ou de plantes vertes vivaces.

Dans le jardin même, quels gains réalisables par un meilleur emploi des ressources et du terrain! Un mur de clôture reste nu et dégradé. Une haie bordée d'orties projette sur les plantes voisines une ombre nuisible. Elle protège d'innombrables pieds de liserons et de gratterons qui épuisent le sol et servent de refuge aux chenilles, aux pucerons et aux limaces. Dans un coin inculte poussent de mauvaises herbes dont les graines voyageuses s'essaiment de tous côtés. Pas de fleurs, ou seulement quelques maigres pieds de violettes ou quelques touffes de dahlias dégénérés et desséchés. Les laitues sont dures et vertes, les petits pois coriaces, les carottes noueuses. Les prunes sont petites et peu juteuses, et les pommes sont acides. Des plantes nuisibles envahissent les allées et les plates-bandes. Les orobanches croissent sur les racines des arbres; les touffes de gui, les mousses et les lichens, sur les poiriers et sur les pommiers.

Pourquoi ne pas garnir le mur d'un espalier ou d'un rosier grimpant? Une palissade remplacerait avantageusement la haie vive. Dans le coin inculte viendraient aisément des fraisiers des quatre saisons, des framboisiers ou seulement du persil et du cerfeuil. Dans ce carré exposé au nord et de faible rapport, les renoncules, les oreilles d'ours, les primevères et d'autres fleurs robustes, faciles et charmantes, croîtraient avec vigueur. L'acquisition peu coûteuse de graines choisies permettrait d'améliorer les légumes du jardin et d'accroître le nombre de leurs variétés. Le greffage et des soins convenables substitueraient à des fruits médiocres d'autres fruits plus gros, plus sains et de meilleur goût. Une culture raisonnée, l'emploi d'engrais convenables, l'adoption d'un assolement nécessaire, permettraient d'accroître la valeur des récoltes, de pourvoir abondamment la table familiale de légumes et de fruits, de varier les repas et aussi de porter au marché, en plus grand nombre, des produits meilleurs, plus recherchés et, par suite, d'un plus grand rapport.

Ce sont là des améliorations qu'une ménagère de la campagne peut aisément réaliser. Or, bien peu de femmes en sont capables. Combien en est-il dont les notions d'agriculture et d'horticulture sont suffisantes pour leur permettre de cultiver avec intelligence leur jardin fruitier, leur jardin potager et leur jardin d'agrément? C'est qu'il semble aux habitants de la campagne que le jardin n'est qu'un accessoire. C'est qu'il semble aux institutrices que l'enseignement de l'agriculture est un hors-d'œuvre. L'indifférence des populations rurales, le mépris non dissimulé des institutrices pour les travaux du jardin, et aussi l'absence de sanctions pour l'enseignement agricole des filles, telles sont les causes principales d'un mal qui n'est pas niable.

II

Plus encore que le jardin, la basse-cour demande les soins assidus de la ménagère. Dans une exploitation rurale, si modeste qu'elle soit, une basse-cour peut être une source d'importants revenus. Et même, dans les petites villes et dans les faubourgs entourant les grandes agglomérations, l'élevage des volailles et des lapins peut amplement dédommager des travaux qu'il impose. Malheureusement, il en est de la basse-cour comme du jardin. De même que les légumes, les fleurs et les fruits viennent sans soins rationnels et donnent, d'année en année, des produits plus dégénérés; de même les volailles et les animaux à poils s'élèvent seuls, à la diable, et ne fournissent que des produits d'ordre inférieur.

Parfois les volailles sont logées à la belle étoile : une vieille roue fixée horizontalement à l'extrémité d'un pieu sert de perchoir pour la nuit. A défaut, les bêtes se réfugient sur les arbres voisins, ou bien, souvent, elles sont reléguées dans l'endroit le plus sombre, le plus humide, le plus malsain, coin d'étable ou fond presque inabordable du hangar. Les malpropretés et la vermine s'y accumulent. Aucune hygiène, aucune sélection. La santé des bêtes est souvent précaire. Les poulets restent maigres et coriaces. Les bonnes pondeuses se font plus rares. Le nombre des produits décroît. Des épidémies ravagent la basse-cour, en sorte que le produit escompté se trouve considérablement réduit.

Au pigeonnier, les animaux sont abandonnés à eux-mêmes. Ils naissent et croissent dans la saleté. On leur offre rarement le complément de nourriture qui leur est nécessaire, et on ne surveille l'élevage que pour retirer du nid les pigeonneaux bons à manger.

Le clapier est une des parties importantes de la basse-cour, et aussi une des plus productives. Car le lapin est peu coûteux à nourrir, et il se reproduit avec une rapidité remarquable. Il demande la plus grande propreté. Mais les nettoyages fréquents qu'exigent les cages à lapins sont rarement opérés.

Que dire du rucher? La maison s'élève au milieu de prairies où fleurissent la sauge, la menthe, le serpolet et des milliers d'autres plantes sauvages; de champs de sainfoin, de luzerne, de trèfle, de sarrasin; de haies d'aubépines, de prunelliers et de fusains; de landes couvertes de bruyère, d'ajoncs épineux, de genêts odorants; de forêts où croissent des essences variées. Il y a dans les fleurs et dans les sucs de ces végétaux innombrables la nourriture de milliers et de milliers d'abeilles. Aucun rucher près de la maison. Ou bien, rarement, des ruches de petites dimensions, troncs d'arbres pourris, paniers à calotte en mauvais état où les gâteaux de miel sont rares et d'où les abeilles, trop à l'étroit, doivent essaimer au loin. Très rarement, des ruches à cadres, horizontales, vastes, où l'essaim peut s'accroître et travailler en sécurité, sans souci des animaux maraudeurs, gourmands de miel.

On trouve le porc dans les huttes des populations les plus misérables. En France, il n'est pas une paysanne qui n'ait l'ambition d'engraisser un porc, et le jour où l'on tue le cochon est un jour de fête pour la famille. C'est que le porc est, pour l'homme, l'animal le plus utile. Il s'offre tout entier pour notre table. C'est aussi qu'il est le plus avantageux à nourrir. Il est le laboratoire vivant qui transforme en chair nourrissante des substances et des déchets de toutes sortes qui resteraient sans emploi et sans valeur. Malgré sa rusticité et son peu de délicatesse, il ne se développe bien que dans un local propre, sec et suffisamment aéré. Or, les porcheries sont le plus souvent closes, obscures, humides, et les animaux y vivent au milieu de détritus organiques de toute nature. Au lieu d'un porcelet d'une race améliorée, la ménagère élève un animal d'une race dégénérée et épuisée. Et, à dépense égale, le bénéfice reste sensiblement moindre.

Si l'on entre dans l'étable à l'heure du repas des bêtes, on constate que l'alimentation des vaches laitières diffère peu de celle des bêtes à l'engrais. Il semble qu'au lieu de viser à la production du lait, on vise uniquement à la production de la graisse. Et les vaches elles-mêmes appartiennent à une race qui est à la fois peu apte à l'engrais et à l'industrie laitière. Quant au lait, il prend parfois une teinte bleue et devient impropre à la consommation par suite de la malpropreté de l'étable et des animaux.

De plus, la laiterie n'est pas toujours bien tenue. Le lait tourne assez souvent. La crème ne lève pas complètement. Le fromage est sans goût. Le beurre, fait d'une crème défectueuse, reste mou et coule. Une notable partie des produits utilisables est gâtée ou perdue.

*
* *

Ainsi, un coup d'œil rapide jeté sur les annexes de la maison suffit à mettre en évidence l'ignorance ordinaire des ménagères en ce qui concerne les divers travaux que l'usage leur a réservés. La plupart semblent ignorer l'importance de l'hygiène pour les animaux et l'importance de la race pour la valeur des produits. Rares sont celles qui ont l'idée précise des principes les plus élémentaires de la sélection. Et ce qui pourrait être pour elles une source de gros profits reste le plus souvent à leurs yeux une occupation d'importance médiocre, parce qu'elle est d'un rapport trop modeste.

Donnons enfin aux ménagères les connaissances qui leur sont nécessaires. La plus légère amélioration dans la méthode de travail de la plus humble ménagère rurale peut avoir, pour le bien-être de la famille, les plus heureux effets, et sur la fortune publique une répercussion profonde.

CHAPITRE VII

LES FINANCES DOMESTIQUES

L'économie dans la maison.

I. — Les budgets ouvriers. — Valeur relative du travail de la femme dans la maison.

II. — Savoir prévoir, savoir dépenser, savoir tirer parti des moindres ressources.

Conclusion.

On a comparé avec justesse la maison, pour bourgeoise et modeste qu'elle soit, à un petit gouvernement où chaque ministre d'un grand Etat — au moins les ministres de la paix — trouverait une image réduite de ses fonctions[1]. A l'ordinaire, c'est à la femme que revient l'exercice des ministères de l'intérieur et de l'éducation. Le ministère de l'intérieur, c'est l'ordre et la propreté dans l'habitation; c'est le soin des vêtements et du linge; c'est l'entretien de la table; c'est la surveillance des annexes de la maison; c'est aussi, parfois, le gouvernement des domestiques. Le ministère de l'éducation, c'est l'élevage physique, le développement initial des sens et de l'intelligence, la surveillance attentive de la conduite et des travaux des enfants. Tout cela est d'une extrême difficulté. Et cependant, à ces deux lourdes charges la ménagère joint celle de ministre des finances. Car, le plus souvent, elle est encore, dans la maison, l'économe et l'ordonnateur des dépenses. C'est sur elle que le mari se repose du soin de faire durer l'argent. C'est elle qui prévoit les besoins des siens et fait les acquisitions nécessaires.

1. M. Prévost, *Lettres à Françoise*, XVI, p. 173-174.

Nulle tâche ne demande plus de qualités et plus de soins, car elle exige l'*économie*. L'économie est une vertu, ou plutôt un composé de vertus. Elle suppose l'ordre, qui ménage le temps et conserve les choses ; le courage, qui fait regarder d'un œil plus ferme les revers de la fortune ; le travail, bien plus précieux que l'argent, sauvegarde de l'honneur du foyer; la persévérance, qui vient à bout des caprices du sort; la prudence, « raison éclairée, sagesse constante », qui ne laisse rien au hasard; la prévoyance, qui regarde l'avenir; la perspicacité, qui discerne les moyens les meilleurs d'assurer le bien-être de tous; la simplicité, qui diminue les besoins et accroît les jouissances; la sobriété, qui conserve au corps la santé, à l'âme les vertus, à la famille de précieuses ressources; l'amour des siens, qui entraîne la prévenance et pousse à d'incessantes améliorations. L'économie est aussi un art. Car, pour être économe, il ne suffit pas de ne rien laisser perdre dans la maison, de donner aux choses et aux êtres les soins qu'ils exigent. Etre économe, c'est aussi savoir tirer le meilleur parti des ressources dont on dispose; c'est ne rien mépriser des biens les plus modestes. C'est, par exemple, pratiquer l'art d'accommoder les restes, de les présenter sous une forme appétissante, d'accroître au besoin leur valeur nutritive. C'est connaître l'art de tirer de la jupe de la maman une robe pour la fillette, du manteau usagé du père un paletot pour le garçon. L'économie dans la maison exige donc à la fois les qualités les moins communes et des connaissances pratiques bien définies.

I

Ces qualités et, dans une mesure variable, ces connaissances sont nécessaires à toutes les ménagères, aux plus riches comme aux plus pauvres. On a affirmé que plus les biens sont variés et importants, plus l'économie est nécessaire. Et l'on a fait valoir que les difficultés grandissent avec l'étendue des biens. C'est là un paradoxe. Le riche peut toujours diminuer ses dépenses et les mettre en rapport avec ses revenus. Dans les ménages de la petite bourgeoisie, les difficultés à vaincre sont déjà grandes. Que de travail et de calcul pour joindre les deux bouts, pour payer les fournisseurs, le tailleur, la couturière et les leçons des enfants! Combien de ménagères bourgeoises sont plus à plaindre qu'à envier! Dans le peuple, les difficultés sont souvent insurmontables. Les salaires ne suffisent pas toujours aux dépenses ordinaires. C'est avec peine que les ménagères font honneur à leurs affaires. Et il suffit d'une indisposition d'un des membres de la famille, d'un chômage forcé, pour endetter la maison.

A cet égard, on a cité des budgets ouvriers fort instructifs. Telle ouvrière parisienne, « petite-main » dans la confection, gagne 1 fr. 25 par jour, soit 375 fr. par an. La liste des dépenses annuelles n'est pas bien longue : loyer, 100 fr.; une robe, 5 fr.; un fichu, 2 fr.; deux paires de bas à 0 fr. 65, 1 fr. 30; deux paires de chaussures à 4 fr., 8 fr.; deux chemises à 1 fr. 25, 2 fr. 50; une camisole à 1 fr. 25; deux mouchoirs à 0 fr. 40, 0 fr. 80; deux serviettes à 0 fr. 40, 0 fr. 80; éclairage, 4 fr. Le logement et l'entretien lui reviennent donc à 125 fr. 65 par an. Aucune dépense pour le chauffage. Et il ne reste pour la nourriture que 250 fr. environ, c'est-à-dire 0 fr. 65 par jour. Ces 65 centimes sont utilisés comme suit : pain pour toute la journée, 0 fr. 20; le matin, lait, 0 fr. 05; à midi, boudin, 0 fr. 10; pommes de terre frites, 0 fr. 05; fromage, 0 fr. 10; le soir, une saucisse, 0 fr. 10; pommes de terre, 0 fr. 05. Elle arrive à équilibrer son budget. « Oui, certes... Mais vienne l'hiver, c'est le froid; le chômage, c'est la faim; la maladie, c'est la mort[1]. »

1. Ch. Benoist, *les Ouvrières de l'aiguille à Paris*, p. 155.

Cf. sur ce point : comte d'Haussonville, *Misères et Remèdes*; du Maroussem, *le Vêtement à Paris*; R. Gonnard, *la Femme dans l'industrie*.

Qu'on ne croie pas qu'un tel gain soit une exception. On a relevé des salaires inférieurs. Les femmes employées dans la minoterie, dans l'industrie des conserves de poisson, dans la fabrication du papier, dans la mégisserie, ne touchent que des salaires variant de 0 fr. 65 à 0 fr. 90[1]. Comment les ouvrières vivant seules pourraient-elles éviter la misère? Et comment oublier le grand nombre de celles qui ont des charges de famille?...

La situation est maintes fois aussi douloureuse lorsque la femme doit assurer la vie matérielle de toute la maisonnée avec le seul salaire de son mari. Envisageons un « cas moyen ». Le mari gagne 90 fr. par mois. La femme reste à la maison et se livre aux occupations de l'intérieur. Il y a deux enfants à élever. Un logement de deux pièces (minimum irréductible) coûte par an 200 fr. Le chauffage — y compris la cuisson des aliments — revient à 36 fr. environ, et l'éclairage à 20 fr. La femme blanchit elle-même son linge. Néanmoins, blanchissage et réparations ne peuvent coûter moins de 2 fr. 50 par mois, soit 30 fr. par an : car il faut faire entrer en ligne de compte le prix du savon, les fournitures diverses et l'amortissement du matériel nécessaire. La nourriture ne peut être évaluée à moins de 1 fr. 80 par jour pour quatre personnes, ce qui met chaque repas d'une personne à 0 fr. 20 environ, en comptant 0 fr. 05 pour le petit déjeuner du matin. La nourriture représente donc une dépense annuelle de 657 fr. Les vêtements coûtent approximativement 22 fr. par personne; le linge de corps, la literie, le linge de toilette, les bas, etc., 8 fr.; les chaussures et les coiffures, 10 fr. : soit 40 fr. par personne, et, pour la famille, 160 fr. Au total, les dépenses *indispensables* de la maison atteignent donc 1,103 fr. Or, les ressources ne sont que de 1,080 fr. Et nous supposons que les parents n'ont que deux enfants, qu'ils aiment

1. Office du travail, *Salaires et durée du travail dans l'industrie française*.

le travail, qu'ils sont sobres et économes, qu'ils renoncent à toute distraction coûteuse. Et nous supposons encore tous les membres de la famille doués d'une santé parfaite. Et puis, que de dépenses à envisager pour l'instruction des enfants, pour les œuvres de mutualité, pour les impôts, pour les assurances !... Et enfin, combien de chefs de famille ont des gains mensuels inférieurs à 90 fr. ! Dès lors, à quelles privations entraîne le souci, pour une ménagère, de faire honneur aux affaires de la maison !

* * *

On a pensé que le remède à de semblables situations est le travail de la femme au dehors ou le travail à domicile. Le salaire de la femme est alors, dit-on, un appoint sérieux aux recettes de la maison. Il permet, dans beaucoup de cas, d'équilibrer le budget familial. Il ne nous appartient pas de rechercher si ce remède est le seul possible. En tout cas, il n'est pas le seul désirable. Car, quelle erreur économique de supposer le salaire de la femme supérieur au montant des dépenses qu'elle évite par un travail ménager raisonné et soutenu !

Considérons la valeur des salaires féminins. Sauf exceptions, elle est, en province, dans l'usine ou à l'atelier, inférieure à 2 fr. par jour[1]. Dans le travail domestique au dehors, elle est voisine de 1 fr., parfois de 1 fr. 50. Le travail à domicile rapporte quotidiennement 1 fr. ou 1 fr. 25, parfois de 0 fr. 50 à 0 fr. 70, ou moins encore. En sorte que l'on peut estimer le gain mensuel de la mère inférieur à 50 fr., parfois même à 15 fr. Or, ce salaire est le produit d'un travail quotidien de neuf à onze heures, quelquefois de douze à quatorze heures. Dès lors, que peut faire pour la maison une femme qui a fourni un travail étranger, absorbant et pénible, qui, normalement, suffirait seul à ses forces?

1. Mme Kaethe Schirmacher donne comme chiffres 2 fr. 10 à 1 fr. 90 (*le Travail des femmes en France*, déjà cité).

La préparation des repas se fait à la hâte. La ménagère ne peut donner aux siens ces bonnes soupes à longue cuisson, où aucun élément n'est perdu. Elle ne peut toujours utiliser convenablement les restes. Elle doit avoir recours au charcutier, au tripier, à l'épicier, au marchand de légumes cuits. La qualité de l'alimentation reste inférieure. Et l'on peut affirmer, sans exagération, que la dépense croît au point, dans quelques cas, de doubler. D'autre part, le linge, trop rapidement et incomplètement blanchi, est plus vite sali. La ménagère, pressée par le temps, doit employer la brosse dure ou des substances qui hâtent l'usure des tissus. Les vêtements, mal surveillés et peu soignés, se défraîchissent et s'usent plus vite. Le ménage est fait rapidement. La maison est moins agréable. Elle attire moins le père, qui va souvent chercher au cabaret un confort qu'il ne trouve point chez lui. La mère, surmenée, donne le jour à des enfants débiles, difficiles à élever. Sa santé s'altère, parfois celle des siens. Le chômage survient. Et ainsi se trouvent considérablement accrues des dépenses qu'un travail régulier dans la maison aurait réduites ou peut-être évitées. Faut-il enfin rappeler le foyer détruit, les enfants délaissés, parfois livrés à la rue, l'unité de la famille compromise, les peines et les chagrins divers qui échappent à toute évaluation?

En résumé donc, la femme exclusivement ménagère apporte d'ordinaire au budget familial plus que ne lui apporte la femme ouvrière.

II

Toutefois, ces conclusions ne sont exactes que pour la ménagère entendue, pour celle qui sait prévoir, qui sait dépenser, qui sait tirer parti des moindres ressources.

Prévoir les dépenses est la première règle à suivre dans l'administration des finances domestiques. C'est la première opération à effectuer lorsqu'il s'agit d'établir le budget familial. Elle fait ressortir la somme exacte des charges de la maison. Elle impose à la ménagère le souci d'éviter les prodigalités et les écarts. Elle assure l'ordre dans la dépense. Elle est un régulateur de la vie matérielle. Elle donne au chef de la famille le désir d'accroître les ressources du ménage.

De même que les budgets des collectivités administratives, le budget familial ne peut être soumis à des règles fixes. Les prévisions varient suivant les lieux, avec le prix des choses. Elles varient avec les situations. Elles varient avec les besoins. Chaque budget doit tenir compte de ces variations inévitables. Cependant, il est possible de fixer la proportion dans laquelle les diverses dépenses entrent dans le budget général. L'expérience a permis de déterminer approximativement cette proportion pour les petits budgets. Elle a établi que la nourriture absorbe la moitié environ des ressources totales; le loyer, un cinquième; l'entretien, le chauffage, l'éclairage, un autre cinquième. Le reste des ressources doit suffire aux menues dépenses, à l'imprévu, aux économies[1].

La prévision des dépenses ne va pas sans la tenue régulière d'une comptabilité domestique. Car il importe que la ménagère puisse apprécier à tout moment la valeur de ses ressources et l'étendue de ses besoins. Il importe qu'elle puisse vérifier si elle est restée dans la limite de ses prévisions. Il importe aussi qu'elle fixe son expérience et qu'elle puisse faire servir l'état des dépenses d'une année à l'élaboration du budget de l'année suivante. A ce titre, l'enseignement de la comptabilité domestique apparaît indispensable.

S'il est nécessaire à une ménagère de savoir prévoir, il ne lui est pas moins nécessaire de savoir dépenser. Car une des premières conditions pour assurer la prospérité des finances de la maison est de savoir discerner les dé-

1. Cf. *Budget annuel de l'employé à 1,800 francs*, Bruxelles, imprimerie Louis Vogels.

penses inutiles qu'il faut soigneusement éviter, et les dépenses nécessaires qu'il importe de ne pas réduire outre mesure. Au nombre des premières sont les dépenses de « luxe », les fantaisies, les caprices auxquels les tentations et quelquefois les désirs des enfants portent trop souvent les jeunes maîtresses de maison. Au nombre des secondes, sont le loyer, le chauffage, le vêtement et surtout la nourriture. Nous avons indiqué quelle est leur importance dans la vie ménagère. Elles sont des dépenses productrices, productrices de vie, de santé, de bien-être, de joie. C'est en première ligne qu'elles doivent figurer au budget domestique.

En dehors de ces principes généraux, la ménagère doit, dans la réalisation des dépenses quotidiennes ou extraordinaires, suivre des règles pratiques dont l'observation assure une diminution sensible du chiffre des dépenses. Elle ne doit acheter qu'au comptant. Ainsi, elle s'affranchit de certaines exigences des fournisseurs. Elle peut bénéficier de la concurrence. Elle se fait une idée plus précise de la dépense qu'elle engage. Ayant coutume de ne recevoir la marchandise que contre payement, elle se laisse moins tenter par les occasions. Elle se réserve la joie du désir que procure l'épargne suivie en vue de l'acquisition d'une chose enviée, et la jouissance de la possession que donne un objet aimé, qu'on sent à soi sans conteste. C'est pourquoi elle doit rester sourde aux offres des agents de maisons d'abonnement ou d'achats à terme qui font payer à gros intérêts la possession immédiate d'objets dont la jouissance est troublée périodiquement par l'idée de la prime à payer. Elle doit préférer l'acquisition d'une ou plusieurs actions dans une société coopérative de consommation. Car elle se garantit ainsi profit et sécurité : profit par le dividende qu'elle touche dans la répartition des bénéfices; sécurité par la bonne qualité des produits. Enfin, elle doit en outre savoir assurer les provisions du ménage, et ainsi s'affranchir de l'impôt toujours élevé payé au détaillant.

Car c'est une économie sensible pour la maison que l'emploi d'une petite avance pour les achats de vin ou de bière, de charbon, de pommes de terre, de sucre et de quelques autres denrées.

C'est également savoir dépenser que de savoir utiliser l'argent économisé avec tant de soin. Garder dans le « bas de laine » la réserve amassée est une habitude commune à la campagne. Elle se retrouve parfois à la ville. Les avantages évidents des caisses d'épargne ne sont pas toujours connus, et la confiance en une institution solide et qui a fait ses preuves ne résiste pas toujours à des critiques injustifiées. La ménagère doit donc connaître les moyens de faire fructifier heureusement les économies familiales sans compromettre par des mesures imprudentes le résultat d'efforts patients. Les caisses d'épargne, les rentes sur l'Etat, les actions des sociétés coopératives de production et de consommation, les sociétés d'assurances diverses, doivent être connues d'elle, au moins dans leur principe. Et on doit aussi lui avoir enseigné la défiance dans les placements à gros intérêts, pour lesquels des promesses brillantes cachent le plus souvent des intentions malhonnêtes.

Ainsi, la bonne ménagère connaît toujours l'étendue de ses charges et elle fait un sage emploi des ressources qui lui sont confiées. Si, d'autre part, elle sait diminuer ses dépenses par l'utilisation judicieuse des moindres biens, elle peut faire tout le possible pour assurer l'équilibre du budget domestique. De cette utilisation, nous avons déjà donné brièvement des exemples. Il nous suffira d'en rappeler quelques-uns et d'en indiquer quelques autres. Dans les familles nombreuses, les détritus ménagers, les débris de légumes, permettent d'engraisser un porc ou d'élever des lapins. Des vieux draps, la ménagère peut tirer des torchons; du vieux linge, des pièces de pansement nécessaires en cas d'accident ou de maladie. Les vêtements du père ou de la mère peuvent fournir la matière de costumes pour les enfants. Les restes d'un repas peuvent être aisément accommodés pour les repas suivants.

En résumé, dans les petits ménages, la femme est le principal artisan du bonheur matériel. Dans ses mains, la même somme peut avoir une valeur d'emploi variant du simple au double. Il est donc nécessaire de la préparer à ce rôle d'administration domestique. Sinon elle se montrera, à des degrés divers, incapable de gérer les finances domestiques, et, au lieu de répandre dans la maison le bien-être et la joie, elle y fera entrer la gêne et les soucis.

CHAPITRE VIII

LA PUÉRICULTURE. — LA PUÉRICULTURE PHYSIQUE DU PREMIER AGE

Que doit-on entendre par « puériculture » ? — Influence de l'état de santé des procréateurs sur la santé de l'enfant. — Influence de la mère sur la santé du fœtus. — La mortalité dans le premier âge. — Les infirmités évitables. — L'expérience prouve que, par l'éducation des mères, la mortalité infantile peut-être réduite dans des proportions considérables. — Conclusion.

Le mot *puériculture* a reçu, en 1863, une première consécration, lorsque Littré l'a introduit dans son Dictionnaire. Toutefois, l'Académie ne l'a pas encore officiellement adopté[1], et le Congrès international de l'enseignement primaire de 1900 l'a écarté de ses conclusions comme « trop technique[2] ». Néanmoins, ce terme est actuellement d'un usage courant dans le monde universitaire. Comme il a été et est encore assez diversement interprété, il est nécessaire de le définir avec précision.

Puériculture signifie, à proprement parler, *culture de l'enfant*. C'est ainsi que l'entendait Littré. Aux yeux de Littré, la puériculture est un art, « l'art d'élever les enfants au physique et au moral ». Elle renferme à la fois l'éducation physique et l'éducation morale; elle s'étend à l'enfance tout entière.

Jusque vers le milieu du siècle dernier, on considérait

1. La dernière édition de son Dictionnaire n'en fait pas mention.

2. Sur la proposition de son président, M. Gréard. Le texte de Mlle Brès, adopté par la première section du Congrès et soumis à l'approbation des membres à la séance plénière, portait : « L'hygiène de la première enfance *et la puériculture*... »

faussement comme inéluctable le taux élevé de la mortalité infantile. On reconnaissait à tort aux femmes le savoir nécessaire pour élever les enfants. Et l'ensemble des règles empiriques alors suivies pouvait constituer un art. Mais les progrès de la science pastorienne, les travaux des gynécologues, les statistiques des démographes, ont apporté des lumières nouvelles. Une science de l'élevage physique des enfants en bas âge s'est constituée. La doctrine hygiénique n'est plus seulement une ébauche. Les lois du développement intellectuel et moral apparaissent avec assez de netteté. Et, d'art, la puériculture est devenue science.

En même temps, pénétrés du principe de l'hérédité, frappés du déchet considérable de la natalité en un siècle de névroses, d'alcoolisme, de syphilis et de tuberculose, les savants ont montré que « l'avenir de la race est en grande partie sous la dépendance de la puériculture avant la procréation [1] ». Frappés également de l'infériorité physique des nouveau-nés, dont la vie intra-utérine a été troublée par les mauvaises conditions hygiéniques dans lesquelles vivent leurs mères, ils ont justement conclu qu'il est nécessaire de s'occuper du fœtus [2].

C'est ainsi que l'un d'eux, parmi les plus actifs et les plus éminents, le docteur Pinard, a été amené à proposer pour le mot *puériculture* la définition suivante : « Science ayant pour objet de procréer, de conserver et d'élever les enfants au point de vue physique et moral [3]. »

Depuis, M. Strauss a admis la « puériculture avant la naissance », et les docteurs Ollive et Schmitt ont écrit : « La puériculture doit s'exercer avant la procréation,

1. Docteur Pinard, *Bulletin médical*, 11 février 1899 (leçon du 7 novembre 1898).

2. Cf. en particulier Strauss, *la Puériculture avant la naissance* (*la Revue*, 1900, n° 2) ; *Assistance et Assurance maternelles* (*Revue scientifique*, 5 mars 1904).

3. Conférence du 6 décembre 1899, Troyes. Le docteur Pinard demande que l'Académie adopte cette définition dans la nouvelle édition de son Dictionnaire.

pendant la grossesse, après l'accouchement[1]. » On ne saurait être plus précis.

Ces savants n'ont pas été suivis par tous ceux qui, dans l'enseignement primaire, se sont occupés de cette importante question. En particulier, le Congrès de 1900 semble ne voir dans la puériculture que l'hygiène et l'éducation du premier âge[2]. Mais la définition du docteur Pinard est justifiée par les faits. Elle embrasse la question dans toute son étendue. C'est d'elle que nous ferons état dans les développements qui vont suivre.

* * *

Examinons tout d'abord ce qu'on pourrait appeler la *puériculture physique*, et limitons momentanément nos remarques au premier âge.

Il serait injuste de méconnaître les efforts de ceux qui ont, avant l'école scientifique contemporaine, signalé la nécessité de soins particuliers pour les femmes enceintes et les tout jeunes enfants. J.-J. Rousseau et, après lui, les Conventionnels ont vu clairement quelle conduite il importe de suivre pour assurer la vie régulière de la nourrice et de son enfant. Et leurs conclusions, dictées surtout par des raisons morales, n'ont rien perdu de leur valeur. Mais la science moderne a apporté des précisions, des certitudes, dont l'ensemble est terrifiant.

L'état de santé des générateurs au moment de la procréation a sur la valeur du produit une influence qui n'est plus niée. « Je suis absolument convaincu aujourd'hui, dit le docteur Pinard, que tout état pathologique, toute dépression physique et morale, toute déchéance physiologique, en un mot, de l'un des générateurs ou des deux a

1. *Bulletin médical*, 2 octobre 1901.

2. Cf. le rapport de Mlle Brès, les discussions et les conclusions du Congrès.

une influence manifeste sur le produit de la conception et sur son développement futur. Car ce n'est pas seulement l'hérédité dite constitutionnelle qui se transmet, mais l'état dans lequel se trouvent les éléments cellulaires au moment accidentel de la procréation. Je dis : au moment accidentel; car, hélas! l'acte procréateur qui, d'après ce que nous savons aujourd'hui, devrait être précédé d'une préparation, n'est que trop souvent, pour ne pas dire plus, l'effet du hasard[1]. »

L'importance de l'état des générateurs au moment de l'acte procréateur n'avait pas échappé aux anciens. On sait que les Grecs retardaient au lendemain du festin nuptial la première approche des nouveaux époux. De même, ils ne craignaient pas de commencer leurs traités d'éducation par des préceptes sur le mariage, la génération et la gestation[2]. Encore n'avaient-ils pas sous les yeux les navrants exemples qui s'offrent à nous. Qui ne connaît les fruits de maternités souillées par les tares alcooliques, pauvres êtres déformés par les convulsions, destinés aux névroses, à la scrofule, au rachitisme, à la tuberculose, parfois à l'imbécillité ou à l'idiotie, toujours à la dégénérescence[3]? Comment ignorer la sévérité du pronostic dans la syphilis héréditaire, presque toujours fatal pour les enfants au biberon[4]? Comment ne pas relater les décès prématurés dus uniquement à la trop grande jeunesse des parents[5]? Faut-il également rappeler que les enfants de phtisiques ou de convalescents offrent presque

1. *Bulletin médical*, 11 février 1899, déjà cité. — Que d'enfants d'alcooliques sont victimes de l'état d'ivresse de leur père au moment de l'acte procréateur!

2. Cf. Aristote, *Politique*, p. 249 et 250.

3. Cf. docteurs Sérieux et Mathieu, *l'Alcool*, p. 97-105.

4. Nicolle. — Le docteur Porack cite une famille qui a eu onze décès sur onze enfants par suite de syphilis. Et, dans une statistique d'ensemble, il donne un total de 163 décès sur 163 naissances pour 29 familles.

5. « Il est certain que le mariage hâtif est préjudiciable à la santé de l'enfant. » (PROUST, *Hygiène*.)

toujours des prédispositions à toutes les affections de nature tuberculeuse[1] ?

« C'est en faisant de la puériculture avant la procréation, dit le docteur Pinard, c'est-à-dire en faisant de la prophylaxie, qu'on arrivera à diminuer le nombre des déchets sociaux, des infirmes, des idiots, des dégénérés[2]. »

*
* *

Après la conception, la santé du fœtus est intimement liée à celle de la mère. Que la mère reçoive une nourriture substantielle, qu'elle ne soit pas assujettie à un travail écrasant, et le fœtus se développe normalement, et il naît généralement un enfant sain et de constitution robuste. Mais qu'au contraire la mère ne reçoive qu'une alimentation insuffisante, qu'elle soit dans la nécessité de travailler, surtout debout, jusqu'à sa délivrance, c'est l'avortement, l'accouchement prématuré, presque toujours la naissance d'un bébé inférieur en poids et en vigueur. Quelques chiffres suffiront à le prouver. Le

1. Sur 100 enfants de tuberculeux, il en meurt de 0 à 2 ans une moyenne de 35,55 si le père seul est infesté, et une moyenne de 41,83 si les deux parents sont atteints, soit une moyenne totale de 37,71 p. 100. (Mosny.) Ces morts sont causées par la faiblesse congénitale et l'athrepsie.

D'après Landouzy, Charrin, Lehmann, etc., le placenta est perméable au bacille de Koch. Le germe de la tuberculose peut donc être donné *in utero*.

La femme tuberculeuse a une influence bacillaire sur sa descendance dix fois plus active que celle de l'homme; et si les tuberculeux héréditaires d'origine maternelle sont deux fois et demie moins nombreux que ceux d'origine paternelle, cela tient à ce que les enfants de tuberculeuses meurent en bas âge plus fréquemment que ceux de tuberculeux, et que la tuberculose est moins fréquente chez la femme que chez l'homme. (J. Bertillon.)

Cf. docteur Ch. Valentino, *l'Admissibilite des tuberculeux au mariage* (*Revue scientifique*, 17 juin 1905).

Cf. également docteur Brouardel, *la Famille et la Tuberculose* (même revue, 22 avril 1905).

2. *Bull. méd.*, déjà cité.

docteur Pinard et quelques-uns de ses élèves ont comparé, au point de vue du poids, les enfants de femmes qui s'étaient reposées dans un asile et ceux de mères ayant travaillé jusqu'au dernier terme de la grossesse. La moyenne des poids était, pour les premiers, supérieure de 200 grammes[1]. Chez les pauvres gens, la mortalité des jeunes enfants atteint, d'après Mme H.-J. Brunhes, 25 à 30 p. 100[2]. Elle s'élève à 45 p. 100 chez les ouvrières de plomb[3], et à 65 p. 100 chez les ouvrières de mercure.

Il est difficile de séparer avec netteté les effets des deux ordres de causes : état des procréateurs au moment de l'acte générateur, et hygiène de la femme durant la grossesse. Mais leur ensemble est remarquable par son importance. Signalons d'abord ce que le docteur Basset appelle l'hypo-natalité évitable. Le nombre des morts-nés est considérable. Pour la France seule, il dépasse annuellement 40,000. Le nombre des avortements non criminels et des accouchements prématurés atteint 80,000. Ainsi 120,000 enfants meurent avant de naître ou, sauf de rares exceptions, presque aussitôt nés. Considérons ensuite le taux de la mortalité par débilité congénitale. Sur 1,000 enfants qui succombent, il en meurt plus de 170 de faiblesse naturelle[4], ce qui représente plus de 20,000 décès. Au total, près de cent

1. Cité par M. Strauss, *Assurance et Assistance maternelles*, déjà cité.

2. Mme H.-J. Brunhes, *les Conditions du travail de la femme dans l'industrie* (*la Quinzaine*, 1er mars 1904).

Et ce ne sont pas les femmes qui ont demandé à entrer dans l'industrie. C'est l'industrie qui les a appelées, et le besoin qui les a conduites.

3. Le docteur Félix Brémond, dans une conférence faite au Musée social de Paris, disait : « Sur 123 grossesses, le père et la mère étant saturnins, Constantin Paul a compté 65 avortements, 4 accouchements prématurés, 5 morts-nés, 20 décès de la première année. » (Novembre 1899.)

4. D'après les docteurs Balestre et Giletta de Saint-Joseph, 170,76 p. 100 à Paris.

quarante mille existences humaines sont ainsi fauchées, chaque année, avant ou peu après la naissance.

*
* *

Considérons maintenant les enfants nés viables. Leur mortalité est épouvantable. Elle atteint, dès la première année, un sixième des enfants de 0 à 1 an, c'est-à-dire plus de 120,000 pour la France (y compris les décès causés par la débilité congénitale, déjà mentionnés). On peut donc estimer que notre pays perd ainsi chaque année plus de 200,000 enfants[1].

A l'instigation de M. le professeur Budin, les docteurs Balestre et Giletta de Saint-Joseph ont décomposé en tranches la mortalité infantile, après une analyse minutieuse des causes médicales des cas de mort observés à Paris. Leur statistique montre que, sur 1,000 enfants qui succombent, 170 sont enlevés par la débilité congénitale, 24 par la tuberculose, 49 par les maladies contagieuses, 147 par les affections pulmonaires, 223 par des causes généralement inconnues, et 384 par la seule gastro-entérite ou diarrhée[2]. Ainsi, à Paris, sur 1,000 enfants de moins d'un an que la mort ravit à leurs parents, 384, c'est-à-dire plus du tiers, meurent de la diarrhée verte. Et Paris n'est pas une des villes qu'atteint le plus

1. Il n'est pas le seul. L'*Annuaire de statistique de l'empire allemand* (1905) publie quelques chiffres fort intéressants sur la mortalité des nourrissons dans les principaux pays d'Europe. Ces chiffres montrent que sur 100 décès généraux il meurt :

En Saxe, 42 enfants de moins d'un an; en Bavière, 38; dans l'empire allemand, 34,5; en Prusse, 33,9; en Autriche, 31,8; en Hollande, 27,4; en Italie, 25,8; en Luxembourg, 25,3; en Finlande, 22,8; en Danemark, 22,7; en Suisse, 22; aux Etats-Unis, 19,2; en Suède, 17,4; en France, 15. (*Le Temps*, 9 nov. 1905.)

2. Chiffres exacts :

Diarrhée	384,70	Tuberculose	24,70
Affection pulmonaire	147,29	Autres causes	222,22
Débilité congénitale	170,76	Maladies contagieuses	50,3

gravement la diarrhée infantile. De 1892 à 1897, la moyenne des décès causés par la gastro-entérite a été de 510 à Rouen, de 514 à Lille, de 555 à Nantes, de 564 à Reims, de 574 à Rennes, de 584 à Dijon, de 622 à Troyes. Dans cette dernière ville, en 1892, une des années les plus meurtrières qu'on ait vues, 757 enfants de 0 à 1 an, sur 1,000 décédés, ont été emportés par la diarrhée, ce qui représente plus des quatre cinquièmes des décès[1].

De même dans les campagnes. « A Paris, dit le docteur Ducourneau, le tiers des nouveau-nés est envoyé à la campagne; à Lyon, nous en relevons les deux tiers, et le quart dans les villes de plus de 20,000 habitants; et encore ces chiffres sont au-dessous de la réalité, car beaucoup d'enfants sont mis en nourrice sans être déclarés. Chez ces petits malheureux, le taux de la mortalité est vraiment effrayant. Sur les 20,000 nourrissons que Paris envoie tous les ans en province, 15,000 meurent dans leur première année, et, en appliquant ce chiffre à toutes les grandes villes, on peut juger de l'étendue du mal[2]. »

Il n'est donc pas téméraire d'affirmer que la moyenne générale des décès causés en France par la diarrhée est de 384 pour 1,000. Et si l'on songe qu'il meurt chaque année plus de 120,000 enfants de moins d'un an (on a dit 134,000), on peut, sans craindre de s'écarter sensi-

1. Cf. *Revue scientifique*, 15 juin 1901. — Conférence du 23 mars 1901, par le professeur Budin.

2. La mortalité (infantile), dit encore le docteur Ducourneau, « varie de 27 à 35 p. 100 pour les enfants élevés ou *qu'on dit* élevés au sein; elle s'élève à 52 p. 100 pour ceux qui sont nourris au biberon ». Les statistiques montrent ainsi que la mortalité est d'autant plus grande dans un département que l'industrie nourricière y est plus développée. De même, la plus forte mortalité infantile se rencontre dans les départements envoyant le plus de nourrices à Paris. (Cf. la thèse du docteur Ducourneau.)

Cf. également le rapport célèbre du docteur Roussel et le rapport Bertillon au Congrès international d'hygiène à Paris.

blement de la vérité, fixer à 50,000 le nombre des enfants dont la fin prématurée a pour cause la seule gastro-entérite.

Les chiffres recueillis montrent que la mortalité est sensiblement plus élevée chez les enfants élevés au biberon que chez les enfants nourris au sein (environ le double). Ils montrent que l'allaitement maternel est un palliatif tout indiqué. Et c'est justement que M. Brieux a tenté, dans les *Remplaçantes,* à l'exemple de Jean-Jacques Rousseau, de stimuler le zèle des mères pour allaiter leurs enfants. Mais il n'est pas toujours possible aux mères de donner le sein, soit pour cause d'incapacité physique (le plus rarement), soit pour cause d'impossibilité matérielle (nécessité d'assurer leur subsistance et celle de leur enfant). Dans le premier cas, l'allaitement artificiel peut être le salut. Dans le second, le recours à l'industrie nourricière s'impose le plus souvent. Sans doute, depuis 1874, la *loi Roussel,* ou loi de protection des enfants du premier âge, édicte de sages mesures pour la protection des enfants en nourrice. Mais ses effets sont peu importants[1]. C'est que la loi n'atteint que les nourrices mercenaires. C'est aussi que la misère est un grand facteur de la mortalité. D'une part, le travail à l'atelier et, dans une mesure à peu près égale, le travail à la maison, condamnent la mère à n'apporter à son enfant que des seins renfermant du lait inférieur comme qualité et comme quantité. Et, d'autre part, comment des femmes auxquelles le travail à l'usine ou le travail à domicile ne procurent que des salaires insuffisants pour elles-mêmes, pourraient-elles procurer à leurs enfants le lait nécessaire? Aussi, tandis que la mortalité infantile (enfants de moins d'un an) atteint 40 pour 100 chez les ouvrières

1. Dans la Lozère, la mortalité des enfants protégés de 1 jour à 2 ans est descendue, en 26 ans, de 17,84 à 14,63 p. 100, après avoir atteint 23,96 en 1881 et être descendue à 11,87 en 1900. (DOCTEUR ÉLIE MAZOYER, 26 *Ans d'application de la loi Roussel dans le département de la Lozère* [*Revue philanthropique,* 15 nov. 1905].)

d'industrie, elle ne dépasse pas 6 p. 100 dans les familles aisées[1]. Enfin, la qualité du lait donné dans l'allaitement artificiel a aussi une grande importance. Donner du bon lait aux mères, ce serait diminuer dans une proportion sensible la mortalité infantile[2].

Mais le plus grand nombre des décès est certainement dû à l'indifférence des mères, et surtout à leur ignorance. Les médecins des enfants ne cessent de déplorer cette ignorance où sont les mères de la nourriture qui convient aux enfants en bas âge. Qui n'a constaté la nourriture folle souvent donnée aux enfants : les tétées à toute heure, sans mesure; les bouillies compactes, alternant sans régularité; et, dès le premier mois, l'ingestion de soupes insuffisamment cuites, où nagent des oignons, du pain noir et du beurre? A Nancy, où la mortalité pour les enfants de moins d'un an est de 22 p. 100, le docteur Züber attribue surtout les décès à la gastro-entérite. Et, d'après son enquête, voici les causes principales de la maladie : tétées non réglées et trop fréquentes, biberon à tube, erreurs dans le régime de la mère, absence de soins

1. Docteur Dumoulin, Congrès d'hygiène de 1889.

Le docteur Hope a fait une enquête approfondie sur la mortalité des nouveau-nés de Liverpool. D'après lui, les conditions d'hygiène domestique et sociale dominent le problème. Sur 1,000 décès étudiés dans les quartiers à forte mortalité, il a constaté que, 21 fois sur 100, les familles vivaient dans la saleté; 11 fois sur 100, dans des taudis « indignes du nom d'habitations humaines »; 18 fois sur 100, les mères allaient travailler, laissant leurs enfants à la garde d'autrui, souvent à la garde d'un autre enfant; enfin, 25 fois sur 100, les parents étaient alcooliques.

Voir aussi les remarquables travaux de M. Nicoféro, de Lausanne. *Revue blanche*, 15 juillet 1902 : *la Misère et l'Organisme humain*.

2. Le docteur Berliner a comparé la mortalité infantile à Hanovre (Allemagne) et Washington (Amérique). Hanovre passe pour une cité modèle. Washington est une ville propre, mais où l'eau de boisson laisse à désirer et où un tiers des habitants sont nègres. Or, la mortalité est de 60 p. 100 plus forte à Hanovre qu'à Washington. Selon le docteur Berliner, il n'existe à Hanovre ni règlements sur la vente du lait ni inspecteurs de vacheries, tandis qu'à Washington la vente du lait est étroitement réglementée et surveillée.

maternels, alimentation mixte, sevrage prématuré, trop brutal, alimentation grossière. En un mot, le docteur Züber incrimine l'ignorance des mères nancéennes. Que faut-il penser des autres?...

*
* *

Examinons rapidement les autres causes de mortalité infantile, et nous verrons que si, comme pour la gastro-entérite, il faut faire entrer en ligne de compte des causes extérieures à la mère, il n'en est pas moins vrai que, dans le plus grand nombre des cas, l'ignorance est la cause initiale la plus importante.

Une des causes qui échappent le plus souvent au public est l'athrepsie ou privation de nourriture, qui, fréquemment, entraîne la gastro-entérite. L'enfant « pousse » mal, n'augmente pas de poids; sa peau se ride, se plisse; le teint se plombe; les selles sont vertes; l'affaiblissement croît, et la mort survient au bout d'un temps variable : l'enfant meurt de faim, les aliments qui lui sont présentés n'étant pas assimilables par un organisme dont l'évolution n'est pas assez avancée. Et, sans nul doute, c'est le plus souvent la mère ignorante qui, involontairement, cause la mort de son enfant.

« Le nouveau-né, le nourrisson, le jeune enfant, dit le docteur Weill, sont mal protégés contre le milieu extérieur. Ils se laissent facilement pénétrer et envahir par les germes[1]. Il faut donc suppléer à cette protection insuffisante, les entourer de soins particuliers et insti-

1. Les téguments du nouveau-né sont dépourvus de la couche cornée protectrice de l'adulte; cette couche reste mince, fragile, sans enduit sébacé chez le nourrisson; de là la fréquence des affections cutanées : érythèmes, eczéma, impétigo...; l'activité et la résistance des épithéliums des muqueuses de l'enfant sont amoindries (ulcérations, lésions buccales, aphtes, muguet); ses tissus sous-cutanés le défendent mal; de même ses leucocytes; l'enfant est incomparablement moins défendu que l'adulte. (*Maladies des enfants*, *Revue scientifique*, 23 novembre 1901.)

tuer pour eux une prophylaxie spéciale. » Or, combien de mères ont la connaissance, ou même seulement l'intuition de ces faits? Combien prennent les soins particuliers nécessaires pour préserver leurs enfants des affections contagieuses qui cependant prélèvent sur les vies enfantines une dîme variable, mais toujours élevée?

La bronchite et les affections pulmonaires diverses, qui emportent beaucoup d'enfants, en atteindraient beaucoup moins si la mère avertie veillait à ce que l'enfant ait toujours les vêtements et les pieds secs, et si elle n'ignorait point l'influence funeste des premiers froids de l'hiver.

Il n'est pas jusqu'aux décès provenant de la débilité congénitale, de l'alcoolisme ou de la tuberculose, dont le nombre pourrait être diminué par des soins appropriés qu'une mère suffisamment instruite est en état de donner. En ce qui concerne plus particulièrement l'alcoolisme, que de *cas directs* pourraient être évités! « Sur cinquante enfants âgés d'une semaine à sept ans, venus à la consultation gratuite du docteur Brunon, il y en avait deux qui avaient commencé à boire du café (toujours additionné d'alcool) avant l'âge d'un mois, quatre à trois mois, deux à cinq mois, cinq à huit mois, un à dix mois, cinq à dix-huit et vingt mois, quinze à deux ans, dix-neuf à trois ans. » — « Un père dont l'enfant, élevé au biberon, ne prospérait pas, eut l'idée d'ajouter au lait une certaine quantité d'absinthe. Un gendarme calmait les cris de son enfant en lui faisant prendre du vin et du cognac[1]. » Et le docteur Roubinowitch cite des cas d'alcoolisme constatés chez de tout jeunes enfants, dont les mères ou les nourrices s'alcoolisent, ou chez des enfants auxquels des parents ignorants donnent de l'alcool dans leur plus jeune âge[2].

Aussi la mortalité infantile est effroyable, au point que le docteur Bergeron pouvait affirmer que, dans notre

1. *Bulletin médical.*
2. *Contre l'alcoolisme : Conseils aux jeunes filles.*

pays, un enfant qui naît a moins de chance de vivre une semaine qu'un homme de quatre-vingt-dix ans. Mais ce qui est plus effroyable encore, c'est qu'un grand nombre des décès constatés est évitable ; c'est que nous laissons disparaître chaque année 120,000 enfants de moins d'un an, faute de soins maternels rationnels.

*
* *

A côté du nombre élevé de décès d'enfants du premier âge, il convient de signaler le nombre beaucoup plus élevé de ceux qui survivent avec des constitutions affaiblies ou qui restent victimes d'infirmités graves. Nous n'en citerons qu'un exemple.

D'après le recensement de 1901, la France compte 31,966 aveugles, soit 8 aveugles pour 10,000 habitants. Cette proportion, qui paraît peu élevée, l'est cependant relativement aux pays du Nord, la Hollande particulièrement, où la proportion n'est que de 4,46 pour 10,000. Le docteur Trousseau, d'après les nombreuses statistiques qu'il a pu étudier, estime que 43 p. 100 des cécités sont évitables. En particulier, 10 p. 100 sont dues à la seule ophtalmie purulente, contractée dès la naissance. Or, la science est maîtresse de cette affection. Mais les parents ignorants attribuent d'ordinaire le mal à un « coup d'air », tandis qu'il convient de chercher la cause de la maladie dans la contagion au moment de l'accouchement ou dans les premiers jours qui suivent la naissance. Et la maladie négligée — qu'enrayerait un traitement approprié, institué au début par un médecin compétent — évolue, perfore les cornées, détruit les organes.

*
* *

La misère, sans doute, est la cause d'un nombre élevé de décès, de cas de débilité organique et d'infirmités diverses. C'est pourquoi certains ne voient le remède nécessaire que dans une transformation radicale de la société, qui libérerait la femme du travail industriel. D'autres cherchent un palliatif dans les œuvres de bienfaisance (Gouttes de lait, Mutualités maternelles, Aides maternelles, Sauvetage de l'enfance, Charité maternelle, Allaitement maternel) qui ont pris en ces derniers temps une grande extension. Agissant parallèlement, le Parlement édicte des lois qui sont venues réglementer le travail dans les manufactures ou renforcer la loi Roussel; d'autres mesures législatives seront prises qui assureront la puériculture préventive chez les filles-mères et les femmes mariées pauvres, et la guérison complète des accouchées avant la reprise du travail.

Mais nous avons vu que la misère n'est pas l'unique cause de la mortalité, qu'il faut y joindre l'ignorance, souvent stupéfiante, des parents en ce qui concerne les questions relatives à la première enfance. Et l'expérience prouve que la mortalité infantile peut être considérablement réduite par l'éducation des mères, appuyée sur quelques prescriptions administratives.

M. le docteur Morel de Villiers, maire de Villiers-le-Duc, entreprit de restreindre, dans sa commune, la mortinatalité et la mortalité infantile. D'accord avec le conseil municipal, il arrêta une série de mesures. Leur ensemble constitue un véritable code de puériculture avant et après la naissance. Toute femme enceinte, mariée ou non, sans ressources suffisantes, peut demander l'assistance communale. Une sage-femme et, au besoin, un médecin choisis par elle sont désignés pour l'examiner. Accouchée, elle touche une allocation de un franc par jour pendant dix jours, non compris celui de l'accouchement, à condition de rester au lit durant ce temps. Un service de stérilisation est organisé. Les nourrices sont tenues de signaler, dans un délai de vingt-quatre heures, à la municipalité, les troubles fonctionnels, digestifs ou respiratoires, des bébés. Aux nourrices présentant, à un an, un enfant en bonne santé, une allocation de 2 francs par mois est accordée.

Mais surtout, les prescriptions de l'arrêté municipal sont accompagnées d'un résumé clair et substantiel de l'état actuel de l'hygiène des enfants en bas âge. On y lit des recommandations précises sur l'emploi et la stérilisation du lait de vache, sur son coupage, sur la ration alimentaire du nourrisson, sur le meilleur berceau, sur la meilleure manière de laver l'enfant, sur la conduite à tenir quand les bébés crient, sur la manière dont l'alimentation doit être réglée, sur la marche à suivre pour préparer le sevrage. On y insiste justement sur les dangers d'une alimentation insuffisante, cause d'athrepsie, et sur les dangers d'une alimentation excessive, cause de rachitisme. On y montre l'importance des pesées, seul moyen exact de vérifier si la croissance de l'enfant est normale et sa santé bonne.

Avant l'application de ces mesures, la mortalité infantile, calculée par périodes décennales pendant un siècle, avait oscillé, à Villiers-le-Duc, entre 15 et 30,8 p. 100 du nombre des naissances. Après, dans la dernière période décennale, la mortalité est tombée à *zéro*. Aucun accident mortel n'a été constaté à la suite des couches. 54 enfants sont nés; aucun n'est mort. Tous sont vigoureux et sains[1].

Ces résultats prouvent l'heureux effet qu'on est en droit d'attendre d'une éducation rationnelle des mères. Il importe donc de préparer des femmes conscientes de leurs devoirs envers leurs enfants et suffisamment armées pour remplir ces devoirs. Il est nécessaire de leur faire connaître l'importance de l'état de santé des parents au moment de la procréation. Il est nécessaire de leur faire connaître les soins que doit prendre la femme enceinte pour assurer le développement normal de l'être qu'elle porte dans son sein. Il est nécessaire de leur donner

1. Cf. docteur J. Héricourt, *l'Hygiène moderne*, I, x.

une connaissance suffisante des règles de l'hygiène infantile.

L'introduction dans l'enseignement primaire d'un cours de puériculture physique ainsi compris ne peut manquer de soulever de graves objections. Nous les examinerons successivement dans la deuxième partie de cette étude.

CHAPITRE IX

L'HYGIÈNE

I. — Nécessité des connaissances hygiéniques. — Conséquences de l'ignorance ou du mépris des lois de l'hygiène pour l'individu, la famille et la société. — Conséquences pour le pays. — L'hygiène favorise l'éducation intellectuelle et morale.

II. — Les connaissances hygiéniques nécessaires surtout aux femmes. — L'insuffisance de l'enseignement hygiénique actuel.

I

Les connaissances hygiéniques de la mère ne doivent pas seulement avoir trait à la vie intra-utérine et à la première enfance. Elles doivent viser au développement complet de l'organisme humain et à sa conservation dans un état de fonctionnement satisfaisant. Nous allons tâcher de préciser quelle place l'hygiène individuelle et l'hygiène sociale doivent tenir dans l'éducation ménagère.

Pourquoi nous faut-il chercher nos modèles en Chine, lorsqu'il s'agit du salut de l'individu, de la famille, et partant de la société? La famille chinoise s'attache un médecin, auquel elle sert des honoraires quotidiens dont l'importance varie avec ses ressources et le nombre de ses membres. A l'inverse de ce qui se passe chez nous, ces honoraires, payés tant que la famille est en bonne santé, sont suspendus dès qu'un de ses membres tombe malade. Alors le médecin doit des soins gratuits. Son rôle est donc de préserver la famille de la maladie, et par suite de mettre en œuvre toute sa science prophylactique. Si la maladie survient, la responsabilité du médecin familial se trouve engagée, et aussi ses ressources. Il a intérêt à guérir vite le mal, et non à le faire durer. Le médecin chinois est donc l'hygiéniste attitré des familles, qui se reposent sur lui du soin de la conservation de leur santé[1].

On ne peut nier la supériorité du système. Elle est si évidente que nombre d'associations tentent de réaliser pour elles-mêmes la conception chinoise. Peut-être qu'un jour une organisation perfectionnée transformera tous les thérapeutes en hygiénistes. Et, les progrès des sciences biologiques ayant rendu possible l'établissement d'une hygiène rationnelle, l'individu pourra parcourir le cercle complet et normal de l'existence.

Mais, alors même, la ménagère ne pourrait se reposer entièrement sur le médecin. Abandonnée à elle-même dans l'intervalle des visites du praticien, la ménagère ignorante des règles de l'hygiène serait exposée à les violer inconsciemment. Elle détruirait ainsi les efforts patients de la personne qui aurait la charge de la santé de la famille. La nécessité se ferait donc encore sentir de donner aux femmes une connaissance suffisante de l'hygiène. Cette connaissance est plus nécessaire avec le système actuel, où la tradition a fait du médecin un thérapeute et non un hygiéniste; où la ménagère reste livrée à elle-même, et où l'on n'a coutume d'appeler le praticien qu'en cas d'accident ou de maladie déclarée.

*
* *

La nécessité des connaissances hygiéniques n'est plus contestée par personne. Déjà, au XVIIe siècle, Descartes insistait sur la science qui « assure la conservation de la santé[2] ». Quelques années plus tard, l'abbé Fleury

1. Cf. docteur J. Héricourt, *les Frontières de la maladie*, VI, IV.

2. Après avoir montré quelle est l'utilité des sciences en général, Descartes parle de la conservation de la santé, « laquelle est sans doute le premier bien et le fondement de tous les autres biens de cette vie; car même l'esprit dépend si fort du tempérament et de la

recommandait chaleureusement l'étude des soins à donner au corps[1]. Mais nul mieux que Spencer n'a mis en relief la nécessité de connaître les lois de l'hygiène. Sa démonstration, qui vaut surtout pour l'individu en général, est forte et concluante. Aux sensations que nous a accordées la nature et qui sont pour nous de précieux avertissements, Spencer demande qu'on ajoute les conseils impérieux de la science, afin d'écarter « les dangers de maladies et de mort qu'entraîne la violation des lois physiologiques ». Car, dit-il, « supprimez la santé, et aussitôt c'en est fait de l'activité de l'artisan, du père de famille, du citoyen. Tout devient pénible ou impossible[2] ».

Aux raisons qu'invoque Spencer — et qui sont connues de tous — il convient d'ajouter celles qui découlent du fait que toute personne est généralement membre d'une famille, toujours d'un pays et de la société humaine. Car l'auteur de l'*Education* ne fait qu'effleurer ces divers points.

Les conséquences qui peuvent résulter pour la famille de la violation des lois de l'hygiène n'ont pas besoin d'être mises en relief. Le chômage forcé qui entraîne avec lui la gêne et parfois la misère, les angoisses des proches, la fin prématurée des soutiens de la maison, l'éducation des enfants compromise, la descendance vic-

disposition des organes, que, s'il est possible de trouver quelque moyen qui rende communément les hommes plus sages et plus habiles qu'ils n'ont été jusqu'ici, je crois que c'est dans la médecine — entendons l'hygiène — qu'on doit la chercher ». (*Discours de la Méthode*, 6e partie, p. 47, édit. Garnier.)

1. « Est-ce que le latin ou la philosophie de collège, disait-il, sont plus nécessaires que la santé?... On devrait avoir beaucoup plus de crainte d'être faible et malsain que d'être pauvre. » Et il se moquait justement des personnes qui, s'appuyant faussement sur la religion, négligent le corps, dédaignent la santé, ou considèrent la débilité comme un signe de distinction et de noblesse. (*Traité du choix et de la méthode des études*.)

2. *L'Education intellectuelle, morale et physique*, ch. Ier, IV (édit. Bertrand).

time innocente des « péchés physiques » de l'un ou l'autre des parents, en sont les suites les plus ordinaires, toutes terribles.

Au point de vue social, les pertes causées par l'ignorance ou le mépris des lois de l'hygiène sont énormes. Le docteur Rochard a calculé que la valeur matérielle de l'existence humaine représente pour la France seulement une somme dépassant 41 milliards. Et il estime que la seule observation des règles de l'hygiène ferait réaliser chaque année à notre pays une économie qui ne serait pas inférieure à 200 millions, par suite de l'abaissement du nombre des décès évitables.

*
* *

Lorsqu'on envisage la question pour la France seule, d'autres considérations viennent s'ajouter à celles-là et renforcer les conclusions que nous a dictées l'examen rapide des causes de mortalité infantile. De tous côtés, législateurs, démographes, publicistes, romanciers, moralistes, signalent le ralentissement du mouvement des naissances. Ils font justement remarquer que ce phénomène constitue un danger réel pour notre patrie. Car si, dans beaucoup de pays civilisés, il est possible de constater une baisse régulière de la natalité, rares sont ceux où cette baisse est aussi accentuée qu'en France, et nulle part elle n'atteint un taux aussi élevé.

Nous trouverons sans doute, dans les travaux de plusieurs démographes, des affirmations tendant à prouver que cette faiblesse de notre natalité est l'unique cause de la dépopulation et que la mortalité n'y entre pour rien; que même celle-ci diminue assez régulièrement à chaque statistique annuelle[1]. Mais nous trouverons aussi des

1. « La France a peu de décès, si peu qu'il faudrait une espèce de prodige pour qu'elle en eût moins. » (J. Bertillon, *Revue politique et parlementaire*, juin 1897.)

« Si la population de la France ne s'accroît qu'avec peine, ce n'est

affirmations contraires, et quelquefois dans les mêmes auteurs[1]. Il semble bien qu'en vérité il faille attribuer la dépopulation à la fois à une natalité insuffisante et à une mortalité exagérée. Or, il est bien difficile d'empêcher le ralentissement des naissances. En tout cas, ce serait dans une bien faible mesure l'affaire de l'école. Mais ne peut-on, par la vulgarisation des règles de l'hygiène, enrayer la mortalité et la diminuer dans de notables proportions[2]?

Nous avons indiqué plus haut qu'il est possible d'abaisser le taux de la mortalité infantile. Mais nos efforts pour la conservation des vies humaines ne doivent pas se limiter à la première enfance. Ils doivent se continuer pendant la vie tout entière.

Autour de nous tombent prématurément des milliers d'êtres humains à un âge où le pays serait en droit d'espérer d'eux les plus nobles efforts. Laissons les infirmités ou les décès occasionnés par des causes accidentelles et peu fréquentes se rattachant plus ou moins à l'hygiène, et n'examinons que les causes les plus importantes des décès évitables. En premier lieu, vient l'alcoolisme. Les effets en sont bien connus. Et l'on a pu dire que notre pauvre pays « nous offre le désolant spectacle d'une nation

pas la mortalité trop forte qu'on doit incriminer. » (PROF. RICHET, *Revue des Deux Mondes*, avril-juin 1882.)

De même docteur Javal, M. Levasseur, M. Schœne, Roger Debury.

1. « Sur 850,000 décès annuels, près de 500,000 sont évitables. » (D'après BERTILLON père, *Dictionnaire encycl. des sc. médicales*, art. MORTALITÉ.)

« La mortalité française est encore beaucoup trop élevée, eu égard aux avantages de tout ordre dont jouit la France. » (A. DUMONT, *Dépopulation et Civilisation*.)

De même Léon Lefort, prof. Richet, M. Schœne.

2. Le docteur J. Bertillon estime, après Quételet, que diminuer la mortalité, c'est provoquer un nouveau recul de la natalité. Cette théorie est considérée par M. Strauss comme un paradoxe. Cf. *Assistance et Assurances mutuelles : Revue scientifique*, 5 mars 1904.

Au surplus, si l'hygiène ne fait qu'améliorer la qualité des individus, le bien réalisé est immense.

qui se rue littéralement vers la décadence par l'alcool[1] ». C'est à ce fléau qu'est dû en grande partie l'énorme déchet constaté chaque année dans la conscription. Liée en partie à l'alcoolisme, la tuberculose sévit dans notre pays avec une intensité effrayante. Elle tue chaque année 150,000 victimes, en contamine près d'un demi-million, et 1,200,000 tuberculeux vivent, procréent, propagent le fléau. Et la tuberculose est de toutes les maladies celle qu'on peut le plus aisément éviter[2]. La fièvre typhoïde si redoutée, le typhus, la scarlatine, également contagieux, mais non invincibles grâce aux travaux de savants français, tendent à disparaître chez nos voisins; chez nous ils restent à des taux très élevés et même semblent tendre à progresser. Ainsi la violation des règles de l'hygiène enlève à notre pays des énergies dont il aurait le devoir de se montrer avare en présence de l'affaiblissement de la natalité.

Encore si ces causes de mort n'avaient d'autre effet funeste que de priver le pays de précieuses unités! Mais le mal est plus profond. Il atteint la masse tout entière. Parmi ceux qu'une fin prématurée ne fait pas disparaître avant le temps normal, combien restent affaiblis et constituent pour le pays non seulement un poids mort, mais encore un danger! C'est avec raison qu'on demande la vulgarisation de cette idée que beaucoup de maladies qui frapperont l'homme sont en germe dans l'enfant[3]. Les tendances aux névroses, à l'arthritisme, à la tuberculose, s'observent déjà chez les jeunes. Combattre ces tendances, en empêcher le développement, c'est assurer la vie normale d'êtres devenus utiles, c'est préparer des unités pouvant efficacement contribuer à la richesse et à la

1. Mathieu et Sérieux, *l'Alcool*, p. 109.

2. Reconnaissons combien le problème est complexe. La misère favorise si puissamment le développement de la tuberculose, que la lutte contre le fléau restera longtemps très difficile.

3. Proposé par M. Legendre au Congrès d'hygiène scolaire et de pédagogie physiologique, novembre 1903.

sécurité du pays. Le nombre, heureusement, ne fait pas tout. Et les qualités d'énergie et de vigueur physique, jointes à une volonté intelligente et forte, peuvent y suppléer. Ne pouvons-nous, ne devons-nous pas demander à l'hygiène de poursuivre ce résultat?

* * *

Non seulement l'hygiène permet, selon la forte expression de Spencer, la formation de « bons animaux », mais encore elle favorise l'éducation intellectuelle et l'éducation morale.

C'est une vérité trop connue pour que nous y insistions, que le physique a une action profonde sur le moral. Et l'on peut affirmer que la première condition pour avoir des cerveaux sains et bien équilibrés est de préparer des organismes sains. Par suite, l'observation des règles de l'hygiène et, conséquemment, la connaissance de ces règles apparaissent comme devant être la condition primordiale de toute éducation. La pédagogie ne peut se passer de l'hygiène[1].

Quelques exemples précis suffiront à justifier ces conclusions. Les paresseux, les distraits, les inintelligents, sont d'ordinaire des malades marqués d'une tare pathologique, héréditaire ou acquise, ou bien, simplement, ils sont faibles, lymphatiques, anémiés. « Le plus souvent, fait remarquer le docteur M. de Fleury, un cerveau sans entrain s'accompagne d'un estomac tardif et dilaté, d'un cœur aux battements mous, d'une pression artérielle basse, d'un ralentissement notable dans l'activité des échanges qui constituent la nutrition. Ce n'est pas seulement l'esprit, mais bien tout l'organisme qui se relâche. J'en connais qui ne supportent pas la marche, et que lasse même le jeu, pour peu qu'il soit actif. » — « Souvent, dit-il encore, beaucoup plus souvent qu'on ne le croit,

1. Cf. G. Dumesnil, *Pour la Pédagogie.*

un petit paresseux qu'on étudie de près se révèle neurasthénique, et nous voyons son incapacité à l'effort soutenu d'attention dépendre, sinon d'une maladie formelle, du moins d'une nutrition ralentie, d'un fonctionnement languissant du cerveau[1]. »

« Une caractéristique frappante des enfants issus de familles névropathiques, constate M. le Gendre, est le faible pouvoir d'attention; ils sont rarement capables d'un effort longtemps soutenu; mais, d'autre part, ils ne subissent que lentement l'imprégnation des notions que leurs maîtres essayent de faire pénétrer dans leur esprit. Leurs cellules cérébrales ne sont que passagèrement impressionnées par la lumière des idées et n'emmagasinent qu'un petit nombre de clichés durables[2]. »

« Les adénoïdiens présentent très souvent de la dureté d'ouïe, qui explique bien des fois l'air distrait qui les caractérise, dit le docteur Roure... Les fonctions du cerveau sont ralenties : l'application intellectuelle est pénible; l'acquisition de notions nouvelles est difficile. L'enfant est souvent classé parmi les paresseux... Le developpement de l'intelligence, la mémoire, laissent à désirer[3]. »

Les docteurs Philippe et Paul Boncour ont attiré l'attention sur l'extrême irascibilité des enfants instables et sur les troubles psychiques paroxystiques des jeunes épileptiques. Et ils concluent avec raison que la colère relève souvent de la thérapeutique médicale[4].

Il en résulte que l'éducation intellectuelle et l'éducation morale ne sauraient être entières sans une éducation

1. *Le Corps et l'Ame de l'enfant*, p. 195-196 et p. 193-194.

2. *Gazette hebdomadaire de médecine et de chirurgie*, 20 octobre 1901 : *Quelle part revient au médecin dans l'éducation et dans l'instruction?*

3. Docteur Roure (de Valence), *Un Nouveau Devoir du corps enseignant : surveillance des adénoïdiens* (*Revue pédagogique*, 15 octobre 1905).

4. *Les Anomalies mentales chez les écoliers*, p. 45-48 et p. 67.

physique suffisante, c'est-à-dire sans une application scrupuleuse des règles de l'hygiène.

Ainsi donc, l'observation des lois de l'hygiène nous apparaît nécessaire à la conservation de l'individu et à la sécurité du foyer; elle permet de conserver ou de fortifier pour le pays des unités précieuses, capables d'agir; elle favorise l'éducation intellectuelle et morale. Or, comment obéir aux lois de l'hygièrre, si on les ignore? Il importe donc qu'une connaissance exacte et précise des conditions de la vie et des effets possibles de leurs modifications accidentelles soit donnée à tous.

Est-ce à dire qu'une telle connaissance puisse complètement remédier aux maux dont nous souffrons? Spencer, qui s'est fait l'apôtre de l'enseignement de l'hygiène, estime avec raison qu'il n'en est rien. « Il est trop clair, dit-il, que, dans l'état actuel de la civilisation, les hommes sont souvent poussés à violer des lois qu'ils n'ignorent pas. Il est trop clair que nous serions encore portés, indépendamment de ces nécessités imposées par notre genre de vie, par nos inclinations naturelles, et en dépit de nos convictions, à sacrifier le bien à venir à la satisfaction présente[1]. » Il est trop clair, devons-nous ajouter, que science n'est pas conscience, et qu'il ne suffit pas de savoir pour prévoir et pourvoir. Il faut aussi vouloir. Mais si à une connaissance suffisante s'ajoute en chacun de nous la volonté d'en user pour notre propre bien et celui de la société, les réserves qui précèdent perdent beaucoup de leur valeur.

II

L'enseignement de l'hygiène est nécessaire à tout individu. Mais à qui l'est-il plus qu'à la femme? Paraphrasant un mot connu, on pourrait affirmer que « les femmes font

1. Ouvr. cité, p. 20.

et défont les santés ». Soit qu'on envisage leur action dans la tenue de la maison, dans les soins qu'elles accordent aux vêtements des leurs, et surtout dans la manière dont elles résolvent le problème de l'alimentation; soit que l'on considère leur influence parfois décisive sur la santé des enfants qu'elles portent en elles et à qui elles devront donner les premiers soins, on constate que tous leurs actes ont une répercussion plus ou moins grande sur la santé de tous les leurs. C'est de la ménagère que les Grecs auraient pu faire la prêtresse de la déesse Hygie. C'est à elle que doit particulièrement s'adresser l'enseignement de l'hygiène. Pour elle surtout, il doit cesser d'être emprisonné dans des limites étroites. Il doit inspirer tout l'enseignement ménager. Bien plus, il doit le dominer, le commander.

Sans doute, on a compris l'importance de la vulgarisation des connaissances hygiéniques, puisqu'on a introduit l'hygiène dans tous les programmes de l'enseignement primaire. Mais il semble qu'on hésite à lui donner la place qui lui revient. Elle reste pour nos écoles primaires « la Cendrillon de la maison ». Aussi quels médiocres résultats !

Incontestablement, l'hygiène publique a progressé, mais c'est surtout grâce à certaines mesures de coercition. Les villes ayant à se défendre des dangers de contagion résultant de l'agglomération des individus, ont mis à profit les données de la science. Elles pavent leurs rues, captent des sources qu'elles surveillent jalousement, construisent des égouts étanches qui entraînent au loin les produits épuisés, installent des abattoirs où l'eau ruisselle et d'où ne sortent que des viandes saines, édifient de merveilleux hôpitaux, des dispensaires et des sanatoria, construisent des crèches, organisent des bains-douches, créent des bureaux d'hygiène, acquièrent des étuves à désinfection. Grâce à ces mesures, la fièvre typhoïde enrayée tend à disparaître en certains pays[1]. La

1. Par exemple, Munich a vu sa mortalité par typhoïde tomber de 334 à 3 décès annuels par 100,000 habitants.

variole, autrefois si redoutée et si fréquente, ne sera bientôt plus qu'un souvenir. L'Europe occidentale, décimée à maintes reprises par la peste et le choléra, paraît maintenant à l'abri de ces fléaux. L'Angleterre et l'Allemagne voient s'abaisser considérablement leur mortalité tuberculeuse. Et, bien que la tâche soit loin d'être achevée, on peut se montrer fier du chemin parcouru.

Mais l'hygiène privée est loin d'avoir fait les mêmes progrès que l'hygiène publique. Sans doute parmi nous quelques personnes plus réfléchies ou mieux instruites observent les règles énoncées par la science. Mais que fait la masse? Combat-elle l'insalubrité des logements par une propreté et une aération suffisantes? Tente-t-elle d'introduire dans son alimentation les moindres améliorations? Applique-t-elle dans l'élevage infantile les règles précises aujourd'hui établies? Qu'on se reporte, pour en juger, aux remarques que nous avons déjà présentées.

A la campagne, le mal est plus grand encore qu'à la ville. On admire la coquette villa aux murs blancs et aux toits d'ardoise. Mais à côté que de maisons basses, obscures et sales, dont les habitants vivent dans la poussière et dans la boue, quelquefois dans le fumier et le purin! Les eaux pluviales continuent à entraîner à la mare ou au ruisseau les déjections de tous les êtres de la ferme, et elles vont contaminer l'unique puits de la maison. Dans la cuisine, le lard, les jambons, les fromages, pendent à côté d'outils et de vêtements, et les mouches vont d'un objet à l'autre, porteuses de microbes. Les soins élémentaires de propreté corporelle sont à peine connus. N'est lavé que ce qui se voit, et encore à de rares intervalles. Et les peaux incultes se couvrent de lupus, d'anthrax, de cancers. Le grand air creuse l'estomac, dit-on, et permet de digérer des cailloux. Mais les tubes digestifs s'emplissent de parasites, et les germes déposés dans les coins de la cour et du champ vont de l'homme aux chiens et aux porcs, et des animaux à l'homme. Mal soignés et sevrés prématurément, les nourrissons périssent par milliers... Partout, c'est le mépris et la méconnaissance des règles les plus élémentaires de l'hygiène.

Il importe que, loin d'être relégué dans une des cases retirées de l'emploi du temps, l'enseignement hygiénique prenne enfin la place à laquelle il a droit par son importance. Il importe non moins de l'asseoir sur une base scientifique solide. Ces deux points trouveront dans la suite leur développement naturel.

CHAPITRE X

LA MÉDECINE ÉLÉMENTAIRE

Nécessité de la vulgarisation des connaissances médicales élémentaires. — Les connaissances médicales élémentaires surtout nécessaires aux femmes.

Il ne suffit pas toujours de suivre les règles de l'hygiène pour conserver la santé. Nul n'est à l'abri d'un accident ou d'une maladie. On souffre, on meurt autour de nous, et c'est à peine si nous savons faire un pansement, soigner une blessure, donner les premiers soins dans les cas urgents. Il nous paraît indispensable de procurer à chacun les connaissances nécessaires pour aider intelligemment les praticiens à donner leurs soins aux personnes victimes d'accidents ou atteintes de maladies, et pour les suppléer au besoin dans des cas déterminés.

La vulgarisation de la médecine a eu d'éloquents apôtres. « Vulgariser la médecine, la bonne, bien entendu, dit le docteur Louis Peisse, serait le plus grand service qu'on pût rendre au genre humain. » Et Raspail écrivait : « Il entrera un jour dans les vues d'une bonne éducation que les jeunes personnes, à quelque classe qu'elles appartiennent, soient très au courant de l'art, double aujourd'hui, et qui, tôt ou tard, n'en formera qu'un seul, de préparer les aliments et les médicaments, et connaissent les principes qui maintiennent ou rendent la santé. Car, la médecine se simplifiant et se mettant de plus en plus à la portée de tout le monde, les médicaments cesseront d'être nombreux et complexes, et, d'un autre côté, la théorie de leur emploi ne sera plus un arcane[1]. » Cette dernière prophétie ne s'est pas réalisée. Mais, bien que la médecine ne soit pas devenue une science simple et aisément accessible, il est désirable qu'un certain ordre de connaissances, que nous chercherons à préciser, soit donné à tous.

L'homme est menacé dans sa vie par trois ordres de phénomènes : les accidents, les maladies et la sénilité Retarder la sénilité jusqu'à la limite extrême en prévenant l'affaiblissement prématuré de l'organisme, est du domaine de l'hygiène. Les accidents et la maladie se rattachent seuls à la médecine. Or, considérons que la plupart des villages sont assez éloignés du médecin. Il faut parcourir souvent de longues distances pour aller demander ses services, et lui-même peut mettre un temps assez long à répondre à l'appel des familles. S'il s'agit d'un accident, les premiers soins peuvent être intelligemment donnés par les personnes présentes. Un épanchement sanguin peut être enrayé. Une plaie peut être bandée après désinfection. De prompts secours peuvent ramener à la vie un noyé ou un pendu. En cas d'empoisonnement, un vomitif peut être administré, et au besoin un contrepoison. S'il s'agit d'une atteinte bénigne, une personne avertie peut aisément la caractériser et épargner ainsi bien des alarmes à un malade et à son entourage. S'il s'agit d'une maladie contagieuse, on peut décider aussitôt l'isolement de la personne atteinte et, de la sorte, localiser le mal. On peut prendre les mesures nécessaires pour prévenir chez un malade atteint d'une fièvre éruptive les suites redoutables d'un refroidissement, telles que la pneumonie, souvent mortelle, et, dans le cas de la scarlatine, l'albuminurie. Enfin, si la maison est pourvue d'une pharmacie d'emploi familier, de précieuses minutes peuvent être gagnées.

1. Cité par L.-J. Larcher, *Opinion des anciens et des modernes sur l'éducation des filles*, art. MÉDECINE, p. 286.

La vulgarisation des connaissances médicales élémentaires peut avoir, en outre, pour conséquence de provoquer l'abandon des préjugés populaires si répandus et d'enlever tout prestige aux sorciers et aux somnambules. Le crédit dont jouissent ces derniers tient à diverses causes, dont les principales sont l'ignorance de la masse en ce qui concerne le corps humain et les lois de la nature, et le mystère dont persiste à s'entourer la thérapeutique pratique moderne. Un enseignement scientifique méthodique fera disparaître cette ignorance, et un enseignement médical élémentaire dissipera le brouillard de mystère dont la médecine s'enveloppe à tort.

De plus, le public, mieux renseigné sur la marche des maladies et la nécessité de certaines précautions, pourra prêter au médecin un concours raisonné. Quelques notions précises suffisent pour faire d'une personne un précieux auxiliaire du « docteur », pour la mettre en état de donner des soins réguliers à un malade, d'observer les diverses phases de la maladie et de renseigner avec précision le praticien sur les changements survenus entre deux visites. Et, au moment si désiré de la convalescence, bien des imprudences peuvent être évitées.

Enfin, par des leçons familières, il est possible d'éclairer les esprits sur les causes des épidémies, et de mettre en évidence quelques-unes des conséquences de la loi de solidarité. N'est-ce pas le moyen le plus sûr de transformer peu à peu l'esprit public et de triompher, sans qu'il soit besoin de mesures de coercition, de cette incurie criminelle, si souvent constatée, dont tant d'innocents sont victimes?

Mais, à nos yeux, le principal avantage de la vulgarisation de la médecine élémentaire, c'est de renseigner le public sur l'évolution des maladies. On sait que les maladies traversent trois étapes : d'abord « une première phase correspondant à l'attaque de l'organisme par le mal, et... une seconde phase, de durée plus ou moins longue, correspondant à la compensation des fonctions troublées et à la réaction médicatrice de cet organisme ». Dans ces deux phases, la maladie est maniable. Dans la troisième, « l'organisme est déjà vaincu, et la maladie victorieuse ». Or, « que peut (alors)... le médecin contre une maladie organique,... sinon en atténuer quelque peu la répercussion et en ralentir peut-être l'évolution naturelle? Mais combien eût été bienfaisante son action, s'il avait été appelé à modifier les désordres de la nutrition dont ces maladies ne sont que les tardifs aboutissants[1] ! » Une connaissance même superficielle de cette évolution révèle la nécessité de soins immédiats. Elle explique que le pouvoir des médecins se réduit à peu de chose dans les conditions où ils exercent actuellement leur art. Elle montre que ce pouvoir gagnerait en puissance si les conditions étaient autres et permettaient d'atteindre le mal à sa source, à son origine. Ainsi l'enseignement médical élémentaire peut provoquer une évolution nécessaire et désirée, la transformation du médecin thérapeute en médecin hygiéniste. Car le médecin lui-même n'aura intérêt à modifier son action que le jour où les collectivités (administratives, mutualistes, familiales) auront compris la nécessité de rémunérer les hygiénistes comme le sont actuellement les guérisseurs.

En résumé, les avantages de la propagation des premières notions de médecine sont indéniables. Et ils sont tels que les connaissances médicales élémentaires nous apparaissent nécessaires à tous.

***

Mais ces connaissances sont plus particulièrement nécessaires aux femmes.

En raison de sa prédestination au rôle de mère, la femme nous apparaît naturellement apte à soigner et à

1. Docteur J. Héricourt, *les Frontières de la maladie*, VI, IV, p. 256-257.

guérir. « Les femmes sont propres aux soins physiques, dit Mme de Rémusat. La souffrance les touche, et, bien loin d'effrayer leur délicatesse, le triste aspect des malades éveille en elles une sollicitude secourable. A quelque excès que le luxe et la mollesse les aient énervées, jamais on n'a vu s'éteindre entièrement en elles cet instinct charitable, cette vocation de *sœur grise* qui leur est commune à toutes[1] ». On en a vu de nombreux exemples dans les moments tragiques. Que de femmes se sont données tout entières à la tâche pénible de soigner les blessés et les malades, et l'ont fait avec un dévouement poussé parfois jusqu'à l'héroïsme! Aussi les médecins des hôpitaux se montrent-ils en général favorables à la substitution des femmes aux hommes dans leur service. Beaucoup estiment que, dans maintes circonstances, les femmes ont fait preuve de plus d'adresse, de vivacité, d'habileté que les hommes. Ils vantent particulièrement leur douceur et l'exactitude méticuleuse qu'elles apportent dans l'observation des prescriptions médicales.

Mme de Genlis, esprit original et divers s'il en fut, mais surtout pédagogue-née, a réclamé hautement l'enseignement de la médecine pour les femmes. Elle-même avait étudié la médecine et la pratiquait. C'est elle qui saignait les paysans, ses voisins. Elle réclamait surtout l'étude des contrepoisons, la pratique de la pose des appareils sur les plaies et les contusions.

Mais ce n'est pas seulement dans les circonstances critiques exceptionnelles que la femme peut avoir à faire preuve de quelques connaissances médicales. Elle est destinée à être garde-malade dans la maison familiale. A elle reviennent les soins à donner au père, à la mère, au mari, aux frères, aux enfants, et aussi à la maîtresse si elle est domestique, à la domestique si elle est maîtresse. A elle surtout conviennent les connaissances médicales

1. *L'Education des femmes*, XII, p. 128 (édit. Gréard).

qui lui permettront de remplir ce rôle avec intelligence[1].

L'introduction dans les programmes de notions précises de médecine élémentaire peut soulever certaines objections. Nous les examinerons dans la deuxième partie de cette étude.

1. Pour les institutrices, des connaissances médicales élémentaires auraient de grands avantages. Elles leur permettraient de s'assurer l'attachement des populations et le prestige dont les religieuses, cependant ignorantes, jouissaient en raison de leurs notions de médecine pratique.

CHAPITRE XI

LA PÉDAGOGIE MATERNELLE

L'éducation avant la naissance. — L'éducation dans les langes. — L'éducation familiale pendant l'âge d'école. — L'éducation familiale après l'école. — Tant vaut la mère, tant vaut l'enfant. — La connaissance de la théorie et de la pratique de l'éducation nécessaire aux femmes.

Nous avons établi de quelle importance est l'action de la mère dans la vie physique de ses enfants. Nous avons montré comment elle peut, par ses soins, préserver et fortifier en eux l'être physique. Ayant constaté l'ignorance ordinaire des mères, nous avons conclu qu'il importe au plus haut point de donner aux femmes une connaissance suffisante des lois de la vie et des lois de la santé.

Des conclusions analogues s'imposent lorsqu'on examine l'action de la mère dans la vie morale et intellectuelle de ses enfants — soit dans le premier âge, — soit pendant l'âge scolaire, — soit enfin après l'école.

*
* *

Si l'on en croit certains auteurs, l'éducation ne commence pas seulement à la naissance. Elle commence au moment où l'enfant vient d'être conçu, et même avant sa conception.

Aristote estimait que « les enfants ne ressentent pas moins les impressions de la mère qui les porte que les fruits ne tiennent du sol qui les nourrit ». Et il prescrivait pour la mère, pendant la grossesse, la tranquillité de l'âme. Malebranche, plus précis, admettait nettement

« une communication admirable du cerveau de la mère avec celui de son enfant ». Et il la croyait assez puissante pour « engendrer des monstres par suite du dérèglement de l'imagination de la mère[1]. » Depuis, dans un ouvrage qui a fait quelque bruit au moment de son apparition[2], un auteur contemporain a soutenu que les germes intellectuels et moraux sont en partie transmis à l'embryon par une communication mystérieuse du cerveau de la mère et que, par suite, il est possible à la mère de façonner moralement l'être qu'elle porte dans son sein[3].

Cette doctrine a été combattue. On lui a dénié toute valeur. C'est aller un peu loin. Car, si on a pu en tirer des conséquences excessives, elle n'apparaît *à priori* ni absurde ni invraisemblable. En tout cas, à défaut de valeur pratique, on doit lui reconnaître une valeur morale réelle. « Toute femme devrait s'en pénétrer, fait justement remarquer H. Marion, et, du jour où elle a l'espoir d'être mère, redoubler de vigilance morale, comme si le fruit qu'elle porte devait bénéficier des mérites qu'elle se donne ou, au contraire, porter la marque et subir la peine des désordres qu'elle se permet. Cette croyance salutaire, fût-elle fausse, servirait au moins au perfectionnement de la mère en lui faisant sentir plus tôt et plus vivement la gravité de son rôle[4]. »

1. On retrouve des idées analogues dans un ouvrage chinois, le *Tam tu kinh*, de l'instituteur Vuong Ba Hân, paru vers l'an 1000 de notre ère. Cf. *l'Education d'après le « Tam tu kinh »*, *Revue pédagogique*, 15 septembre 1905.

2. De Frarière, *Education antérieure. Influence maternelle pendant la gestation sur les prédispositions morales et intellectuelles des enfants*, 1862.

3. Cf. Michelet, *le Prêtre, la Femme et la Famille* : « Gestation, incubation, éducation, ces mots sont longtemps synonymes. » (P. 289.) Et aussi, *la Femme*, *Nos Fils*.

4. *La Solidarité morale*, p. 91.

*
* *

Si la théorie de l'éducation avant la naissance est loin d'avoir rallié tous les esprits, l'importance de l'éducation dès le berceau semble avoir frappé tous les pédagogues et les moralistes. Et la plupart insistent avec raison sur cette première éducation dont nous dépendons tant.

« Les commencements sont tout dans une nature jeune et tendre, dont toutes les parties gardent l'empreinte qu'on leur donne, » disait Platon[1]. De même Montaigne écrivait : « Je trouve que nos plus grands vices prennent leur pli dès notre plus tendre enfance, et que notre principal gouvernement est entre les mains des nourrices[2]. » Mais l'un et l'autre retirent à la mère la charge des premières années. Le premier, parce qu'il sacrifie délibérément les droits de la personne et ceux de la famille à la poursuite de l'unité idéale de la patrie. Le second, parce que ses souvenirs d'enfance le conduisent à penser que le séjour au village, dans une famille de paysans, enlève l'enfant à la tendresse trop grande des parents et l'habitue, s'il est noble et riche, à ne pas prendre au sérieux les biens qui l'entourent.

Ils se séparent en cela de la plupart des philosophes, qui estiment que la première éducation doit se donner dans la maison paternelle. C'est, en particulier, l'avis

1. *République*, II.

2. Cf., plus près de nous, Fénelon, Pestalozzi et Spencer.

De même, B. Pérez, *les Trois Premières Années de l'enfant* : « L'éducation commence réellement au berceau. » (P. 261.)

Nicolay, *les Enfants mal élevés* : « Il est constant que c'est entre deux et quatre ans que s'affirme de la manière la plus résolue le caractère de l'enfant. » (P. 263.)

Hippolyte Rigaud disait avec humour (1855) : « Même les peuples sauvages écrasent le nez des poupons de six mois pour les rendre plus beaux, et leur serrent la tête entre deux planches pour leur allonger le crâne et les rendre spirituels. »

(Cité par Léo Claretie, *les Jouets et l'Education*.)

d'Aristote, de Plutarque, de Rousseau, de Michelet[1]. C'est aussi celui d'un écrivain sentimental qui vivait au début du siècle dernier. Il exprimait que « l'âme est en sûreté si, chaque soir, au sein de la famille, l'enfant peut entendre la voix de sa mère et s'inspirer de ses exemples... (et qu') ainsi tout se résume par l'éducation des femmes[2] ». Il y a sans doute de l'exagération dans ces conclusions. Mais on ne peut nier que l'influence de la mère dans l'éducation des enfants est prépondérante, au moins dans les premières années.

C'était là, d'ailleurs, une des raisons morales — la plus importante — qui avaient fait recommander l'allaitement maternel. Et Plutarque, sagement, conseillait de choisir avec le plus grand soin, pour remplacer les mères incapables d'allaiter, des nourrices qui n'emplissent pas, dès le début, les jeunes âmes de sottise et de corruption. Non point qu'il faille admettre les conclusions vulgaires qui accordent au lait même des effets intellectuels et moraux, variables selon son origine; mais il est hors de doute que la personne qui s'occupe de l'enfant à la mamelle contribue puissamment à déterminer son caractère, tant par la formation des habitudes qu'elle lui laisse ou qu'elle lui fait prendre que par la formation des associations d'idées qu'elle favorise ou qu'elle contrarie. « La personne qui donne le sein à l'enfant est, par la force des choses, son premier *gouverneur;* elle lui donne l'éducation initiale, la plus efficace de beaucoup, vu la plasticité de l'enfance... La moralité de tout homme fait est... pour une très grande part, l'œuvre des personnes qui l'ont bercé tout petit enfant[3]. »

1. Cf. *le Peuple, Nos Fils.* On sait qu'aux yeux de Michelet l'éducation domestique est l'éducation idéale. Elle est une *création continuée.*

2. Aimé Martin, *Education des mères de famille, ou de la Civilisation du genre humain par les femmes.*

Cité par M. G. Compayré, *Histoire critique des doctrines de l'éducation en France depuis le seizième siècle,* t. II, p. 306.

3. H. Marion, *la Solidarité morale,* p. 95. — Et plus loin : « Nous

Sans doute, ce n'est pas par voie de conseils que la mère peut obtenir de l'enfant dans les langes l'acquisition de vertus morales bien déterminées. Mais, selon qu'elle « l'accoutume à un certain ordre, le plie aussitôt que possible à une discipline », ou bien le dirige selon l'inspiration du moment, sans souci d'une marche préconçue, l'enfant acquiert des habitudes bonnes ou mauvaises; ou, livré au caprice, il devient capricieux à son tour. A coup sûr, les habitudes qu'il contracte à cet âge restent longtemps sans valeur morale, parce qu'elles sont inconscientes. Mais elles constituent pour l'avenir une première acquisition qui s'enrichira d'alluvions successives et pourra devenir un obstacle, parfois insurmontable, à des modifications ultérieures reconnues nécessaires. Ainsi donc, il paraît possible de donner à l'enfant, entre autres qualités et dès les premiers mois de son existence, « cette... qualité fondamentale, garantie nécessaire de toutes les autres, la soumission à une règle. Si on ne la lui donne pas, il contracte de lui-même le défaut contraire. Nul ne peut dire de quelle conséquence il est pour la vie entière d'avoir appris tout d'abord à souffrir un frein[1]. »

Pour illustrer ces affirmations, indiquons à grands traits quelles conséquences heureuses ou regrettables peut avoir la conduite de la mère en présence des manifestations de quelques-unes des premières émotions de l'enfant.

La première en date est la peur. C'est la plus malsaine de toutes. Elle peut contrarier dans son essor le développement de l'être intellectuel et, par suite, celui de l'être moral. Toujours elle nuit à cette spontanéité, à cette franchise, à cette expansion aimables que les mères devraient désirer voir se développer librement chez leurs

tenons énergiquement, littéralement, pour l'éducation dès la mamelle et par la nourrice. »

1. H. Marion, ouvr. cité, p. 95.

enfants. Si la mère combat la peur, elle en atténue les néfastes effets. Si, au contraire, elle trouve avantageux de l'utiliser pour s'assurer l'obéissance de l'enfant, elle détruit chez lui toute initiative, toute franchise, ébranle l'organisme jusqu'à hébéter et déranger l'esprit, au très grand préjudice des facultés morales. Elle peut même, chez certaines natures, hâter l'apparition de la colère, provoquer une sorte d'exaltation dangereuse de toutes les énergies en voie d'évolution.

Après la peur et la colère apparaissent, chez l'enfant, l'égoïsme et la tendresse. L'égoïsme est naturel au jeune enfant. L'enfant, il est vrai, est égoïste sans le savoir, puisqu'il ne connaît que ses propres joies et ses propres souffrances. Mais, rapidement, la tendresse vient prendre rang au nombre de ses émotions. On a fréquemment soutenu que l'affection naît de l'affection. « C'est à force de recevoir que le cœur finit par donner, » dit Guyau[1]. Et c'est l'amour que lui montre son entourage, sa mère surtout, qui fait naître chez l'enfant les sentiments altruistes. Une mère indifférente ou froide fait des enfants égoïstes. Une mère tendre et aimante fait des enfants affectueux et sympathiques. Une mère trop affectueuse peut dépasser le but, favoriser le développement d'un égoïsme outrancier ou d'une sensibilité maladive. En même temps, par crainte de voir souffrir un être frêle qui lui cause des transes continuelles, elle peut préparer un capricieux, un volontaire, à qui seront inconnues ces vertus de l'âge mûr qui sont la patience, la retenue, l'endurance.

De même, elle peut favoriser ou retarder l'évolution du sens esthétique. Car il lui appartient de poser les premiers jalons de la culture du beau. La berceuse qu'elle chante avec amour peut laisser à l'enfant les premières impressions de rythme et de cadence et le préparer insensiblement au beau musical. Les jouets qu'elle lui

1. *Education et Hérédité*, p. 63.

présente, les livres d'images qu'elle lui procure, peuvent l'initier au beau visuel. Au contraire, par ignorance ou par mauvais goût, elle peut laisser sans culture des dispositions heureuses ou orienter vers la grossièreté et l'inharmonie des facultés qui ne demandaient qu'à connaître l'ordre, la vie, la beauté.

Ces exemples suffisent à préciser l'importance de l'éducation morale « dans les langes », à montrer en particulier que, seul, l'enfant soumis dès sa naissance à une autorité avisée et aimante, révélatrice de la loi morale et excitatrice de la bonté, peut être préparé à subir les épreuves de la vie adulte. Et la première éducation, œuvre exclusive de la nourrice, c'est-à-dire normalement de la mère, nous apparaît ainsi dominer la vie tout entière.

Il importe d'ajouter que l'action de la mère continue à dominer la vie morale de l'enfant jusqu'à l'âge d'école. Au sortir des langes, dès les premiers pas, l'enfant se trouve soumis sans doute à d'autres influences. Mais, encore faible et malhabile, il a longtemps besoin de la surveillance étroite et des soins fréquents de la mère. La mère reste pour lui l'être principal qui incarne le bien-être et l'autorité. Il se trouve porté à l'imiter. Il adopte donc ses maximes, ses habitudes. Et, inconsciemment d'ordinaire, par son seul exemple, la mère contribue à l'éducation morale de son enfant. Au sortir de la première enfance, celui-ci se montre déjà, moralement, ce que sa mère l'a fait. Il possède les mauvaises tendances qu'elle n'a pas corrigées ou les qualités qu'elle a su former et développer.

Ainsi, l'action de la mère, que nous avons reconnue si importante dans la vie physique de ses enfants, ne l'est pas moins en ce qui concerne le cœur et la volonté. Et, de même que les dispositions physiques et les tares acquises dans le jeune âge constituent pour nous, dans l'âge adulte, une force ou une faiblesse, de même les excitations des premières années, les inspirations de notre mère, nous accompagnent pendant toute la durée de notre vie et dictent, dans une mesure appréciable, nos jugements moraux et nos décisions.

La vie du cœur ne va pas sans celle de l'esprit. Or, dans la vie intellectuelle, de même que dans la vie morale, les premières influences ont une répercussion profonde sur l'évolution et la puissance des facultés.

L'enfant entre dans la vie intellectuelle dès que ses sens acquièrent un développement suffisant. Il apprend peu à peu à voir, à entendre, à toucher. Cette éducation se fait naturellement, dès le jour de la naissance. Et l'on sait combien la nature a accumulé de degrés, de ménagements, pour permettre le développement complet des organes par lesquels l'enfant acquiert la connaissance du monde extérieur. On peut même assurer que les parents le savent trop, ou, du moins, semblent en avoir une intuition trop nette. Car, trop confiants dans la nature, ils lui abandonnent volontiers toute la tâche. Et cependant quelles richesses intellectuelles peut ménager à son enfant une mère qui favorise l'harmonieux et complet développement de ses sens! De quels ennuis elle le préserve! Et de quelle supériorité elle peut le doter pour l'âge adulte, lorsqu'il sera appelé à faire œuvre de ses mains!

Dès le berceau même, cette éducation peut et doit commencer. A la mère de veiller que les organes restent sains. A elle de faire qu'ils se perfectionnent par un exercice régulier et méthodique. A elle d'agir de telle sorte que les sens s'exercent ensemble et s'associent d'une manière de plus en plus indissoluble, afin que, se prêtant un mutuel secours, leur œuvre gagne en profondeur et en durée. A elle de favoriser par des émotions appropriées l'attention nécessaire à l'acquisition de nouvelles données et à l'interprétation de ces données mêmes. A elle donc de préparer ainsi l'éducation rationnelle du jugement, de favoriser le développement de l'esprit d'observation en mettant à profit la curiosité de l'enfant toujours en éveil.

En même temps que l'enfant apprend à connaître le monde extérieur, il apprend à nommer les objets, à dire ses découvertes, à exprimer les pensées qu'elles lui suggèrent. L'enfance est l'âge des acquisitions verbales. Le premier langage de l'enfant est inventé par lui. Mais, progressivement, il y substitue le langage que lui enseigne sa mère. On sait avec quel amour les mamans guident les premiers essais de parole de leurs bébés. Si la mère surveille attentivement et avec persévérance les termes qu'elle emploie et ceux mêmes qu'emploie son enfant, si elle l'oblige à s'exprimer aussi correctement que possible, par cela même elle aide à l'acquisition d'idées précises, claires, distinctes. Si, au contraire, elle n'emploie qu'un langage incorrect et sans précision, si elle néglige de porter son attention sur les paroles de son enfant, l'incorrection, l'imprécision des idées, l'abus des mots, seront, pour lui, les conséquences naturelles et souvent durables de l'ignorance ou de la négligence maternelles.

Il n'est pas jusqu'aux jeux mêmes qui ne puissent être mis à profit par une mère pour favoriser l'évolution intellectuelle de son enfant. L'enfant aime le jeu. Il se crée lui-même des jouets. Le jeu est toujours pour lui un travail de pensée et un travail de volonté. Dès lors, quel avantage énorme on en peut tirer pour son éducation ! Une mère avisée peut créer dans la maison familiale même, et sans grand effort ni grande dépense, un enseignement selon la conception de Frœbel[1].

C'est ainsi qu'aux points de vue moral et intellectuel la première éducation, exclusivement maternelle, revêt une importance décisive. Une mère qui a su préparer un corps sain et un bon cœur, qui a su favoriser dès le début l'éclosion d'une conscience droite et l'éveil d'un esprit judicieux, a déjà armé solidement son enfant pour la vie.

1. Nous entendons une école où les trois éléments sont l'image, le jeu utile, le chant (*das Bild, das Spiel, das Lied*).

Et, gain plus immédiat, elle donne à l'école un élève qui sera l'exemple de ses condisciples et la joie de ses maîtres. Tandis que la mère ignorante, négligente ou malhabile, qui a abandonné son enfant à lui-même, a préparé un être inférieur en moralité et en intelligence et ne conduit à l'école qu'un élève d'esprit fermé, de goût vulgaire et de caractère indécis.

*
* *

Pendant l'âge d'école, l'enfant n'est plus soumis à la seule influence de sa mère. Il se trouve en contact avec ses maîtres et avec ses condisciples. Mais cette action extérieure manque souvent — au moins dans les premiers temps de la scolarité — de continuité et de durée. Dans une semaine de classe, en effet, l'enfant reste trente heures à l'école et cent soixante-huit au dehors. La différence est sensible. Et que serait-ce si l'on tenait compte des vacances périodiques ou accidentelles et de l'irrégularité désolante de la fréquentation! Les jours de congé, le matin, les longues soirées, appartiennent presque exclusivement à la famille. L'influence de la mère apparaît ainsi l'influence longtemps dominante. Elle se continue, puissante surtout pour les filles, pendant la scolarité entière.

Si l'action de la mère est parallèle à celle de l'école, s'il y a entre l'école et elle accord de vues et de moyens; si, en un mot, la mère sait se montrer la collaboratrice avisée des éducateurs de ses enfants, le profit intellectuel et moral qui peut être réalisé apparaît énorme. Ainsi, une mère avertie peut renseigner le maître sur les tares héréditaires, sur les défauts comme sur les qualités de ses enfants. A son tour, le maître la tient au courant de ses efforts, de ses succès. Alors, deux actions continues et parallèles, basées sur des connaissances communes et vérifiées en commun, inspirées des mêmes principes et poursuivant un même but, ne peuvent que produire les plus heureux effets. Mais une mère ignorante ou indifférente, qui se repose entièrement sur le maître du soin de faire l'éducation de ses enfants, peut compromettre par son inertie même l'œuvre édifiée à grand'peine[1]. Bien plus, par son attitude, par sa conduite, par ses paroles, par son exemple, en un mot, elle p[illegible] aller à l'encontre des enseignements de l'école. Que pensera de l'ordre et de la discrétion un enfant qui voit dans sa mère un exemple de désordre et de bavardage? Et que faut-il penser d'une mère qui fait continuellement la critique du travail de l'instituteur et exprime son mécontentement en présence des enfants[2]? Ainsi l'action de la mère, en ce qui concerne l'éducation morale, se continue et garde toute son importance pendant la durée entière de la scolarité.

Elle se continue également en ce qui concerne l'éducation intellectuelle. Les mêmes qualités d'observation, d'ordre, de méthode que la mère peut faire naître et développer dans les premières années, elle peut, durant le temps de l'école et avec l'aide de l'école, en favoriser l'épanouissement. Et pour l'instruction proprement dite, elle peut se faire la répétitrice de ses enfants, faciliter ainsi leur tâche et celle des maîtres et rendre plus féconds leurs efforts communs.

Dans une certaine mesure, la mère peut même faire de la maison familiale comme une seconde école. Au lieu d'orner sa maison de gravures grossières, sans goût ni intérêt, elle peut utiliser des reproductions d'œuvres d'art qui seront pour les siens des instruments d'éducation et d'intuition directe.

1. Cette collaboration peut être surtout efficace lorsqu'il s'agit de combattre un défaut moral ou une apathie intellectuelle qui sont la conséquence d'un mauvais état de santé.

2. Cf. *la Maternelle*. Léon Frapié y montre que l'exemple, les paroles, la vie des parents, sont très souvent en contradiction avec l'enseignement de l'école.

Cf. Crouzet, *Maîtres et Parents*.

On sait avec quel plaisir les enfants collectionnent toutes sortes d'objets disparates. La mère peut mettre à profit cette disposition naturelle et faire créer par ses enfants une sorte de musée (insectes, plantes), une série de collections familiales (cartes postales, albums de gravures). Elle peut, secondant les efforts des maîtres, contribuer à développer en eux le goût de la lecture, diriger leurs lectures personnelles et les mettre ainsi, peu à peu, en présence des réalités de la vie. La mère, enfin, peut sauvegarder l'individualité de l'enfant. Car, malgré l'excellence de ses méthodes, l'école succombe trop souvent à la tendance d'uniformiser les esprits.

S'il s'agit plus particulièrement des filles, la mère peut commencer leur éducation pratique. Elle peut les initier au ménage, leur donner les moyens d'appliquer dans la maison paternelle — et pour le bien de la maison même — les principes étudiés en classe. En ce qui concerne les ouvrages manuels, elle est un guide naturel et nécessaire. La poupée de la fillette sera pour elle une auxiliaire précieuse.

Ainsi, l'action de la mère, si puissante dans le premier âge, reste importante pendant l'âge d'école, principalement pour les filles.

*
* *

Après l'école, garçons et filles commencent à vivre d'une vie plus indépendante. Le service domestique dans des maisons étrangères, le travail à l'atelier, à l'usine ou aux champs, les enlèvent à la maison familiale. Toutefois la plupart consacrent à la maison leurs jours de repos, les heures des repas, les longues soirées d'hiver. Il dépend d'ailleurs de la mère qu'il en soit ainsi. Fréquemment aussi les jeunes filles restent dans la maison paternelle, occupées aux soins du ménage. En général donc, l'action de la mère continue à s'exercer de longues années encore. Plus discrète sur les garçons, elle reste très apparente sur les filles, au moins jusqu'au mariage.

La mère qui a su conserver la confiance première de son fils, qui a vécu de sa vie, peut, au moment dangereux de la puberté, lui inspirer le respect de la femme[1] et le préparer à l'amour vrai. Or, c'est l'amour vrai qui préserve des souillures. Les habitudes morales que la mère aura fait naître, devenues douces par l'affection et fortifiées par l'âge même, mettront son fils à l'abri des flétrissures et du scepticisme. En même temps, le jeune homme se trouvera préparé à l'association morale que lui créera le mariage, et préservé de quelques-unes des causes graves de dissensions qui, sourdement, rongent les meilleures unions.

Au contraire, la mère qui, oubliant qu'elle est femme, contribue, par son attitude ou son indifférence, au développement de cet égoïsme masculin qui conduit à l'exploitation de la femme pour le plaisir de l'homme, cette mère prépare un fils, plus tard un mari au cœur sec, pour qui la vie de famille n'a pas les purs attraits qui la rendent si aimable et si douce. Mais si, trop tendre, elle veut toujours rester la protectrice, si elle ne sait pas s'effacer progressivement et lâcher peu à peu la bride, elle contrarie l'émancipation de son fils et diminue son initiative.

Enfin, elle peut, par sa vie même, inspirer à son fils une belle vaillance. C'est une erreur de croire que le courage est une vertu masculine. Que de femmes, même dans la plus obscure condition, endurent sans proférer une plainte les pires misères, supportent les plus lourds fardeaux, donnant ainsi l'exemple d'une admirable force d'âme et d'une invincible endurance! « Un garçon de cœur, admis ne fût-ce qu'une fois à jeter un regard sur une semblable existence, se sentirait l'âme labourée d'un sillon profond où germerait la puissance morale. N'importe quelle femme peut nous rendre ce service. Que dire

1. « Jeune homme, veux-tu respecter la femme? Pense à ta mère. » (Mme E. Quinet.)

si celle dont la vaillance rayonne en nous est en même temps notre mère[1]? »

Mais l'action de la mère se fait surtout sentir sur ses filles. Elle se plaît à retrouver dans leurs traits les siens propres. Elle les aime d'autant plus qu'elles reflètent davantage son propre passé et ses propres idées. Ainsi est-elle conduite à façonner des êtres identiques à elle-même. Ce qu'est la mère sera la fille. L'action si importante qu'elle exerce sur l'être plastique du premier âge se continue, avec une force égale peut-être, lorsque la fillette a atteint l'âge de l'adolescence.

La mère peut aider à l'épanouissement moral de sa fille avec autant de puissance qu'à celui de son fils. Nous verrons comment elle peut initier sa fille au mystère et au respect des questions sexuelles, et ainsi faire en elle l'éducation de la pureté, développer le sentiment de l'honneur féminin et la préparer à l'amour et au mariage. En elle, comme en son fils, elle peut faire l'éducation de la vaillance. Elle peut aussi combattre l'imitation inconsciente qui entraîne la femme à suivre aveuglément une mode toujours capricieuse, au lieu d'agir par réflexion et par goût personnel.

Mais ce qu'elle peut surtout, c'est aider à préparer la ménagère active et entendue; c'est faire de la maison familiale comme l'atelier où la jeune fille, d'abord apprentie, devient peu à peu ouvrière, jusqu'au moment où elle sera appelée à créer à son tour un atelier où elle-même ordonnera.

*
* *

En résumé, l'action de la mère dans la vie intellectuelle et morale de ses enfants nous apparaît prédominante et presque exclusive dans les premières années. Et pendant l'enfance tout entière et durant l'adolescence, elle con-

1. Ch. Wagner, *Du Rôle de la femme dans l'éducation des garçons* : travail présenté au Congrès des œuvres féminines, en 1900.

serve une puissance considérable. Aussi a-t-on remarqué qu'un grand nombre des hommes les plus illustres ont dû à leurs mères les qualités qui les ont mis en relief. Saint Augustin, saint Chrysostome, saint Basile, saint Louis, Schiller, André Chénier, Victor Hugo, Lamartine, Michelet, doivent leur cœur, leur abnégation, leur inépuisable dévouement, leur bravoure, leur tendresse ou leur génie à leurs mères[1]. Et l'on retrouve dans leurs actes et dans leurs œuvres des traces profondes de cette action touchante. Nous tous, ne sommes-nous pas et ne serons-nous pas envers nos mères éternellement débiteurs[2] ?

Il est cependant nécessaire d'indiquer que cette action des mères a pu être nuisible à certains égards, même sur les meilleurs esprits. Si par elles les semences du bien sont jetées sur le monde, par elles aussi des sottises sont versées dans le cerveau des jeunes enfants et s'y fixent avec une désespérante précision. L'athée Hobbes

1. Lorsque le colonel Margueritte, qui fut le général Margueritte, le héros de Sedan, perdit sa mère, il en éprouva une douleur profonde : « Cette mère qui disparait, c'est le meilleur de lui-même, le mâle exemple des simples, fortes vertus, l'inspiratrice obscure de ses efforts, celle à qui il rapportait l'orgueil de son nom, la joie de sa vie. » (PAUL MARGUERITTE, *les Pas sur le sable*.)

2. Cf. Jules Simon. « Au jour des cruelles épreuves, quand on croirait que le cœur est desséché à force de souffrir, tout à coup on se rappelle, comme dans une vision enchantée, ces mille riens qu'on ne pourrait pas rencontrer et qui font tressaillir, ces pleurs, ces baisers, ce cher sourire, ce grave et doux enseignement murmuré d'une voix si touchante. La source vive de la morale n'est que là : nous pouvons écrire des livres et faire des théories sur le devoir et le sacrifice ; mais les véritables professeurs de morale, ce sont les mères. Ce sont elles qui conseillent doucement le bien, qui récompensent le dévouement par une caresse, qui donnent, quand il faut, l'exemple plus difficile de la résignation, qui enseignent à leurs enfants le charme des sentiments tendres et les fières et sévères lois de l'honneur. C'est là, près de cet humble foyer, dans cette communauté de misère, de soins et de tendresse, que se créent les amours durables, que s'enfantent les énergiques résolutions, que se trempent les caractères. » (*L'Ouvrière*.)

avait une frayeur mortelle du diable. Byron considérait le vendredi comme un jour néfaste, et croyait aux revenants et aux apparitions surnaturelles. Voltaire redoutait d'entendre des corneilles croasser à sa gauche. De telles sornettes, si vivaces dans des intelligences aussi hautes, n'ont d'autre origine que des impressions du premier âge dues à des nourrices, le plus souvent à des mères superstitieuses ou ignorantes. Ainsi se trouvent justifiées, dans une large mesure, tant d'affirmations précises relatives à l'influence des mères : « Tant vaut la mère, tant vaut l'enfant. » — « Les grands hommes sont fils de leurs mères[1]. » — « Tout se résume par l'éducation des femmes[2]. »

* * *

Ainsi, « les hommes sont ce que les font les femmes. » Or, « l'éducation qu'on peut donner dépend étroitement de celle que l'on a reçue. » Il est donc nécessaire de donner aux femmes une éducation forte, favorable au développement du caractère, de l'initiative personnelle, de la volonté éclairée[3].

Mais si, par le seul exemple d'une vie digne, de sa vaillance, de sa tempérance, de sa prévoyance et de sa volonté, la mère peut, dans une certaine mesure, préparer des enfants vaillants, tempérants, prévoyants et énergiques, il ne s'ensuit pas qu'elle soit armée de toutes pièces pour atteindre un but aussi élevé. La condition est nécessaire. Elle n'est pas suffisante. La mère peut

1. E. Legouvé, *Conférences parisiennes, la Femme au dix-neuvième siècle.*

2. Aimé Martin, déjà cité.

Cf. aussi l'*Emile* : « Du soin des femmes dépend la première éducation des hommes ; des femmes dépendent encore leurs mœurs, leurs passions, leurs goûts, leurs plaisirs, leur bonheur même. » (Edit. Garnier, p. 419.)

3. Ch. Wagner, déjà cité.

Cf. notre chap. II.

avoir à lutter contre des tares héréditaires, des tendances morbides, ou simplement des travers accentués que le seul exemple ne suffit pas à faire disparaître, ou même seulement à atténuer. La tendresse et la bonne volonté, ici comme ailleurs, ne confèrent pas un brevet de capacité. De même que le paysan apprend à connaître le bœuf qu'il veut dresser, de même la mère doit apprendre à connaître l'enfant qu'elle aura à élever. Il est donc nécessaire de donner aux jeunes filles des notions d'éducation reposant sur une base psychologique suffisante.

Cette conclusion s'impose davantage si l'on envisage les causes qui dictent à l'ordinaire la conduite des femmes, et leur insuffisance en pédagogie familiale.

Parmi les aptitudes qui orientent l'action des femmes dans l'éducation des enfants, on remarque la tendance à considérer ce qui est concret et prochain plutôt que ce qui est abstrait et éloigné. Aussi la mère sacrifie-t-elle rarement les avantages immédiats les plus négligeables à de plus précieux que peut procurer une action de plus longue durée. Elle pense surtout à l'effet du moment sur la conduite de l'enfant, et s'occupe peu de l'effet éloigné sur son caractère.

De même, elle résiste rarement aux impulsions de la tendresse. Elle écoute plus volontiers la voix du sentiment que celle de la raison. Et le sentiment peut la conduire à des écueils que la raison lui ferait peut-être éviter.

Enfin, les mères françaises attendent trop de l'école. Elles semblent tout lui demander en ce qui concerne l'éducation. Les attaques que subit chaque jour l'école publique ne sont pas pour modifier cette tendance. De ce que les ennemis de l'éducation laïque rendent à grands cris l'école responsable de l'accroissement de la criminalité juvénile et du développement de doctrines jugées subversives, le vulgaire, déjà porté par inertie ou indifférence à laisser à l'école toute la tâche dans l'éducation, est conduit à accorder à l'école un pouvoir qui dépasse de beaucoup la réalité.

Encore si cette disposition d'esprit était due au sentiment qu'ont les parents de leur ignorance ordinaire en matière d'éducation! Mais il n'en est rien. Les différends entre maîtres et parents le prouvent suffisamment. Et cependant cette ignorance est profonde. Nul ne l'a mieux montré que Spencer. Les pages qu'elle lui a inspirées devraient être entièrement reproduites. « Regardez la mère aux prises avec un caractère qui se développe et qui est soumis à sa garde et à ses soins : quelle ignorance des faits qu'elle doit diriger, et quel aveuglement dans une direction qui demanderait tant de clairvoyance et de lucidité qu'à peine les plus éclairés en sont capables! Elle ne sait rien de la nature des émotions, de leur ordre de développement, de leur rôle, du point précis où finit l'usage, où commence l'abus... Quoi de plus inévitable que les résultats désastreux dont nous sommes journellement témoins?... Ignorant la nature et la marche des phénomènes de l'esprit, son intervention est plus nuisible que ne serait une abstention complète.. Les parents ne soupçonnent pas l'immense valeur de l'éducation spontanée de nos premiers ans; ils ne comprennent pas l'esprit d'observation qui est naturel à l'enfant, et ils l'étouffent au lieu de le favoriser de tout leur pouvoir, de l'éclairer et de l'étendre[1]... »

L'introduction de notions de pédagogie familiale dans les programmes des cours supérieurs des écoles primaires et des écoles primaires supérieures amènerait les mères à penser que l'école ne peut tout en matière d'éducation et d'instruction, et que la famille a un rôle important à remplir. Et une connaissance suffisante de la théorie et de la pratique de l'éducation leur permettrait

1. *L'Education intellectuelle, morale et physique*, traduction A. Bertrand, p. 36 et suiv. — Cf. aussi p. 134.

précisément de remplir ce rôle. « Ce sujet, dit encore justement Spencer, devrait être le couronnement de toutes les études du jeune homme et de la jeune fille... Le sujet qui enveloppe tous les autres sujets, celui par conséquent qui marque le point culminant de l'éducation, c'est... la théorie et la pratique de l'éducation[1]. »

1. Ouvr. cité, p. 135.

CHAPITRE XII

L'ESPRIT MÉNAGER

I. — L'amour de la maison; la poésie du ménage. — Courage, patience, douceur et joie. — Propreté, ordre, économie, prévoyance, désir du beau, simplicité. — La lutte contre la routine. — Le foyer domestique.
II. — Mme Roland ménagère.

I

L'éducation ménagère ne consiste pas seulement dans l'acquisition des connaissances théoriques et pratiques nécessaires à la femme. Elle consiste aussi, et surtout, dans la création et dans le développement d'un état particulier de l'esprit qu'on peut appeler l'*esprit ménager*. Essayons d'en préciser les éléments.

Le premier caractère de l'esprit ménager, c'est l'amour de la maison, qui fait que la femme se plaît dans le milieu familial, qu'elle ne se trouve bien que dans ce milieu même, et qu'elle exécute avec entrain les occupations qu'il lui crée.

On a peu médit de la maison familiale. Captivé par la douceur tyrannique de ses souvenirs d'enfance, chacun de nous se reporte volontiers en pensée vers le lieu où il a fait ses premiers pas, balbutié ses premiers mots, éprouvé ses premières joies, commencé à s'ouvrir à la vie. Mais on a fréquemment marqué du mépris pour les occupations du ménage. Ce mépris se rencontre surtout chez les « intellectuelles » et chez les femmes de la classe moyenne. Il en est pour qui parler cuisine ou ménage est inélégant. Il en est davantage qui, sans fuir ces sujets de conversation, pénètrent à la cuisine le moins possible, et seulement pour y donner des ordres. Les soins de toilette, le piano, parfois la littérature, leur paraissent seuls dignes d'elles.

De leur côté, les écrivains ont à l'envi souligné la monotonie et la vulgarité des tâches domestiques. « La femme, dit M. Emile Tardieu, est condamnée aux travaux du ménage et elle est la gardienne du foyer. Ce rôle est terne assurément; et il faut pour le soutenir sans impatience le goût de l'activité machinale, le sommeil de l'habitude; la chose domestique à organiser chaque jour est une toile de Pénélope, assommante à souhait; c'est l'œuvre éphémère toujours à recommencer. Que de temps donné à l'accomplissement de ces besognes matérielles dont on ne lui sait pas gré! Que d'application ensevelie dans des tâches dépourvues d'éclat! Enfermée dans un horizon rétréci, tournant dans un va-et-vient de somnambule, se consumant en efforts mal récompensés, la femme s'ennuie[1]. » Et Anatole France : « Il y a un petit livre allemand qui s'appelle : *Notes à ajouter au livre de la vie,* et qui est signé Gerhard d'Amyntor, livre assez vrai et par conséquent assez triste, où l'on voit décrite la condition ordinaire des femmes. « C'est dans les soucis quotidiens que la mère de famille « perd sa fraîcheur et sa force, et se consume jusqu'à la « moelle de ses os. L'éternel retour de la question : « Que « faut-il faire cuire aujourd'hui? » l'incessante nécessité « de balayer le plancher, de battre, de brosser les habits, « d'épousseter, tout cela, c'est la goutte d'eau dont la « chute constante finit par ronger lentement, mais sûrement, l'esprit aussi bien que le corps. C'est devant le « fourneau de cuisine que, par une magie vulgaire, la « petite créature blanche et rose, au rire de cristal, se « change en une momie noire et douloureuse. Sur l'autel

1. *L'Ennui chez la femme* (*Revue bleue,* 30 mai 1903).

« fumeux où mijote le pot-au-feu, sont sacrifiées jeu-« nesse, liberté, beauté, joie. » Ainsi s'exprime à peu près Gerhard d'Amyntor. Tel est le sort, en effet, de l'immense majorité des femmes[1]. »

Il importe de ne pas accepter aveuglément ces conclusions ni d'approuver ce mépris. Faudrait-il donc, qu'à l'imitation des sociétés antiques, une élite abandonnât à la masse des occupations jugées méprisables? N'y a-t-il pas pour toutes les femmes un droit égal à la beauté? Et enfin, n'est-il pas dans le ménage une part incontestable de poésie?

On peut accuser les hommes d'égoïsme lorsqu'ils parlent de la poésie du ménage. Vanter à la femme la grandeur de son rôle domestique, la persuader qu'elle ne peut être heureuse qu'en voyant les autres heureux par elle, n'est-ce pas, en effet, vouloir lui prouver qu'il n'est pas de tâche plus belle que celle de servir l'homme? N'est-ce pas reprendre le principe choquant par lequel Rousseau affirme que « l'éducation des femmes doit être relative aux hommes[2] »? Ce serait vrai, si le but des hommes était d'interdire à la femme de franchir l'horizon relativement borné du ménage. Mais, aujourd'hui, Chrysale lui-même n'oserait émettre une pareille prétention. Et, pour nous, l'éducation ménagère n'est pas toute l'éducation féminine.

D'autre part, il se trouve que ce sont les femmes mêmes qui ont parlé avec le plus de gravité et d'enthousiasme de la poésie du ménage. Mme Necker de Saussure déclare que le rôle de la femme, « particulièrement en ce monde, est de perfectionner la vie privée, de l'animer, de l'embellir, de la sanctifier. C'est là, ajoute-t-elle, une grande et noble carrière[3]. » Et Eugénie de Guérin dit dans son *Journal* : « J'écris d'une main fraîche, venant

1. *Le Jardin d'Epicure*, p. 47-49.
2. *L'Emile*, p. 419 (édit. Garnier).
3. *L'Education progressive*, ouvr. cité, t. II, p. 265.

de laver ma robe au ruisseau. C'est si joli de laver, de voir passer des poissons, des flots, des brins d'herbe, des fleurs tombées, de suivre cela et je ne sais quoi au fil de l'eau. Il vient tant de choses à la laveuse qui sait voir dans le cours de ce ruisseau. C'est la baignoire des oiseaux, le miroir du ciel, l'image de la vie, un chemin courant[1]. » Et encore : « C'est si gracieux, l'enfant et sa parure : de si jolies boucles tomberont sur ce corsage; un bras si rond, si blanc, remplira ces manches; une si jolie petite main en sortira, et l'enfant est si jolie et s'appelle Angèle[2]. »

C'est que, en effet, poésie et ménage ne sont pas deux mots ennemis. Certes, toutes les professions sont respectables. Toutes sont nécessaires au bon fonctionnement de l'organisme social. Le bien qu'elles créent les ennoblit. Pourtant, toutes ne sont pas également attrayantes. Toutes ne procurent pas un égal bonheur. L'ouvrière qui passe ses journées à l'usine, dans le bruit des courroies et des engrenages, occupée à nouer des fils et à remplacer des bobines, n'apparaît que comme le rouage principal de la machine qu'elle conduit. Combien est différent le sort de la ménagère restée sous le toit familial! Là, le bourdonnement continu des métiers, les longues heures de mutisme, la monotonie d'une tâche ennuyeuse et sans fin. Ici, la tranquillité du foyer, le babil des enfants, les douces causeries, la variété dans les occupations.

Nulle plus que la ménagère ne peut éprouver la joie intense qui naît de toute création, le bonheur que procure une œuvre accomplie et perfectionnée par d'incessants efforts. Elle peut se complaire à l'idée que les siens jouiront de la soupe odorante qui bout, du rôti succulent qu'elle prépare. Elle peut voir dans le linge blanc et parfumé de lavande, dans la coquette dentelle qui sort de

1. P. 224.
2. P. 220-221.

ses mains, dans les fleurs qui ornent sa table, dans les gâteaux qu'elle apporte au dessert, les preuves de son pouvoir créateur. Elle a pensé aux besoins des siens. Elle a mesuré les moyens de les satisfaire. Elle a exécuté la tâche qu'elle avait conçue. Comment n'éprouverait-elle pas une joie légitime à la vue du fruit de ses efforts? Et, enfin, quel bonheur pour elle de voir grandir à ses côtés des enfants qu'elle aime et que chaque jour ses efforts rendent meilleurs! Ainsi la ménagère se révèle comme l'artisan laborieux de sa destinée et, dans une large mesure, celui de la destinée des siens. Ainsi la maison familiale nous apparaît comme un centre d'activité poétique.

C'est donc à tort que certaines femmes dédaignent les travaux du ménage et considèrent comme dégradant de faire leur lit, de cuisiner, de raccommoder le linge et les vêtements. Elles se privent de jouissances profondes. En même temps, elles écartent d'elles-mêmes une « grande séduction poétique sensible aux yeux des vrais hommes de goût et par laquelle Gœthe fut subjugué à l'âge de sa fière et conquérante jeunesse : n'est-ce pas dans l'emploi de ménagère, coupant des tartines de pain bis pour un groupe d'enfants, que l'immortelle Charlotte lui est d'abord apparue, et aucune impression peut-elle se comparer à celle que ce spectacle fit sur lui?... Une maîtresse de maison doit (donc) être, dans une grande mesure, sa propre servante... pour devenir plus charmante et plus belle par un travail personnel qui est de la poésie en action[1]. » Mais elle le doit aussi « pour relever de leur humble rôle les pauvres femmes que l'inégalité des conditions a condamnées à la servir en les associant et en les intéressant à sa vie... Le bonheur n'est pas un bien qu'on puisse atteindre en le cherchant lui-même directement; c'est un reflet, c'est un retour, c'est la

1. Paul Stapfer, *De la Place que la poésie doit avoir dans la vie* (*la Revue*, 1er juin 1901).

récompense de ceux-là seulement qui le font rayonner dans leur entourage[1]. » Que celles-là donc qui ne sont point « étoiles au ciel » consentent à être « lampes à la maison ».

Pour la femme du peuple, le ménage constitue une obligation à laquelle elle ne peut se soustraire. Mais, plus encore que pour la bourgeoise, il peut être pour elle de la poésie en action. Plus le bien-être est difficile à créer, plus les efforts de la ménagère doivent être soutenus, plus ses facultés créatrices entrent en jeu, et aussi plus vives sont les satisfactions qu'elle éprouve. Et enfin il y a, dans « l'humble existence quotidienne, une beauté, une grandeur et une gravité[2] » et, pour tout dire, une poésie que n'offrent ni la vie banale de la plupart des femmes de la classe moyenne, ni l'existence de luxe de certaines privilégiées. Car la poésie n'est pas extérieure à nous. Elle est en nous, et c'est à nous de l'y trouver.

C'est le sentiment de cette poésie qui constitue le principal élément de l'esprit ménager.

*
* *

La femme capable de jouir de cette beauté est bien près de connaître le courage, la patience, la douceur et la joie.

Le courage — c'est-à-dire, ici, simplement, le zèle, la bonne volonté, l'ardeur au travail — naît du plaisir qu'on éprouve à la tâche, des satisfactions qu'elle procure, des sentiments qu'elle inspire. Et cela est vrai surtout de la femme chez qui la volonté est, plus encore que chez l'homme, dans la dépendance étroite du cœur, pour qui l'énergie se mesure surtout par la force des sentiments.

1. Paul Stafer, *De la Place que la poésie doit avoir dans la vie* (*la Revue*, 1er juin 1901).
2. Cf. Maurice Maeterlinck, *le Trésor des humbles*, IX, p. 186.

Goûter la poésie du ménage, c'est donc, pour la ménagère, se préparer le désir et la volonté d'accomplir vaillamment sa tâche quotidienne.

Le courage doit être doublé de patience. De même que le courage, la patience naît chez la femme d'un sentiment fort. Car, si la femme est impatiente de nature, parce qu'elle est « mobile à l'excès et poussée par des vents changeants », lorsqu'un sentiment sans cesse renaissant la soutient, lorsque l'amour des siens et la pensée qu'ils lui doivent le bonheur lui sont un continuel réconfort, elle peut faire preuve de la plus admirable patience.

Le courage et la patience s'allient à la douceur, que Mme Campan considérait comme « la qualité la plus essentielle de la femme. » Nécessaire pour l'accomplissement régulier des travaux ordinaires du ménage, la douceur est plus nécessaire encore pour l'éducation des enfants. Elle est aussi la condition première de l'union conjugale. Elle est le plus puissant moyen de bonheur. Une femme hargneuse, criarde ou boudeuse, accomplit-elle avec régularité les travaux du ménage, ne peut être aimable ni donner à son œuvre ce reflet de joie qui embellit la maison et qui attire et retient l'homme. Or, « quand une fois un mari a pris l'habitude de chercher le repos et la gaieté hors de sa demeure, adieu la prévoyance et l'économie, adieu la paix intérieure, adieu tout le bonheur de la vie ! Les querelles, la misère, s'emparent du ménage, les mauvaises mœurs s'introduisent au milieu de ce désordre, et tout est perdu[1]. »

Courage, patience, douceur, sont des qualités étroitement unies. La gaieté est leur plus fidèle compagne. Car les femmes qui sont douées de gaieté sont surtout celles qui éprouvent la joie de l'action, et d'une action qu'elles aiment. Ce sont celles qui savent rester seules, occuper les heures de solitude et dissimuler aux leurs les efforts

1. Mme Campan ; cité par Larcher, ouvr. cité, p. 174-175.

parfois pénibles qu'exige l'accomplissement des tâches domestiques. Elles répandent le bonheur autour d'elles. Car la gaieté ajoute à la grâce. Elle est une grâce par elle-même. Elle est une force. Elle est l'espérance. Et elle est contagieuse. Le rire de la femme est la traduction de son courage. Il donne le courage à ceux qui l'entourent. Il guérit ou console des maux inséparables de la vie. Et, par un heureux effet, cette joie qu'inspire la femme, loin de s'affaiblir, comme tout reflet, lui revient plus puissante. Alphonse Karr avait donc bien raison de gourmander plaisamment les femmes qui gardent leurs papillotes tant qu'elles sont avec leurs maris et ne se font belles que pour les étrangers. Et l'un des éloges les plus favorables que l'on puisse faire d'une femme est de dire d'elle, à l'imitation de Fontenelle : « Elle était gaie, même dans sa famille. »

***

A ces caractères divers, l'esprit ménager joint encore l'amour de la propreté, le sens de l'ordre, la prévoyance, la simplicité, et aussi un certain désir du beau.

La propreté, cette *demi-vertu* de nos aïeux, est nécessaire à tous. Elle est un gage de santé physique. Elle est aussi un gage de santé morale. La netteté du corps appelle la netteté de l'âme. La propreté est surtout nécessaire à la femme. Mme du Deffant affirme que « le principal ornement d'une femme, jeune ou vieille, c'est la propreté[1] ». Et Rousseau déclare « qu'il n'y a pas au monde un objet plus dégoûtant qu'une femme malpropre » et que « le mari qui s'en dégoûte n'a jamais tort[2] ». Mais c'est surtout en raison de son rôle domestique que la femme doit rechercher la propreté. Car, dans une maison malpropre, on s'accommode aisément de condi-

1. Larcher, ouvr. cité, p. 339.
2. L'*Emile*, p. 459, édit. Garnier.

tions hygiéniques mauvaises, d'aliments mal préparés. L'affaiblissement organique et les maladies, avec leur cortège de misères, guettent à la porte.

La propreté conduit à l'ordre, et l'ordre chasse l'ennui que pourraient engendrer les minuties inévitables de chaque jour. Il ménage l'espace. Il conserve les choses. Il donne à la maison un air plus avenant. En outre, il enseigne le prix du temps. Il impose la règle dans la vie et une suite logique dans les occupations. Il permet de produire une plus grande somme de travail, et dans de meilleures conditions. Il est l'ennemi du hasard. Il conduit à l'exactitude. Il combat l'indolence. L'ordre est aussi la condition première de l'économie. Sans l'ordre, il n'est point de grandes richesses. Avec l'ordre, il n'en est point de petites. Il contribue donc puissamment à créer la joie et la prospérité, parfois le bonheur.

L'ordre permet de juger exactement, à tout instant, des besoins de la maison. Il donne l'idée précise des ressources dont on dispose. Il fait naître la prévoyance. Il affranchit de l'immédiat et assure l'avenir.

La propreté et l'ordre sont déjà une manifestation du désir du beau. Ce désir est marqué chez la femme. C'est lui qui inspire « le démon de la toilette », son génie familier. Il la pousse à faire de la maison autre chose qu'un toit nu, un lieu froid et sans charme. Grâce à lui, le home s'égaye et rit. Les choses acquièrent une âme, et la bonté pénètre les êtres. Ce désir naît de l'amour du foyer. Car la femme qui sent la grandeur de sa mission fait sa tâche avec joie. Et il est vrai que, le plus souvent, « l'art est l'expression de la joie de l'ouvrier dans son ouvrage ».

Ce désir du beau n'est pas ennemi de la simplicité, que certains ont placée au premier rang des qualités nécessaires à la femme. Mme Necker de Saussure recommande impérativement la simplicité dans les ajustements. « Il faut être vêtue et coiffée simplement, dit-elle, quand on est jolie, pour avoir plus de grâce, et, quand on est laide, pour être moins laide. » Mais cette simplicité s'impose dans la maison tout entière. Elle facilite le travail. Elle diminue les besoins et, par suite, les dépenses. Elle se reflète dans les idées, dans les goûts, dans les aspirations, dans les paroles et dans les actes de ceux qui entourent la ménagère.

*
* *

Un dernier caractère de l'esprit ménager, c'est l'adaptation de l'intelligence aux choses du ménage, qui permet de discuter et de comprendre les mille détails de la vie ménagère et d'exécuter avec discernement le travail domestique.

La femme peut accomplir sa tâche instinctivement et sans pensée, comme le ver à soie file son cocon. Elle peut appliquer sans modifications appréciables les préceptes qu'elle a reçus. Elle peut se montrer soumise à la routine la plus asservissante. Et cela est conforme à son génie. Car la femme est d'essence conservatrice. Elle doute rarement de ce qui est établi. Et quand elle s'essaye à discuter, les arguments qu'elle produit sont plutôt d'ordre sentimental que d'ordre scientifique.

Or, les travaux ménagers sont dominés par les lois physiques. Ils ne peuvent être compris et convenablement exécutés que si on les soumet préalablement à l'analyse et à une critique réfléchie. L'esprit ménager comporte donc de bonnes habitudes intellectuelles. L'observation, l'expérience, une curiosité toujours en éveil, l'idée d'un ordre nécessaire, éclairent d'un reflet d'intelligence la tâche quotidienne. Et chaque jour se trouve marqué par un nouvel effort, par un nouveau progrès. Et la tâche est rendue plus féconde. Elle est aussi rendue plus facile. Enfin, elle gagne en noblesse et en beauté. L'occupation la plus rebutante est transfigurée par l'intelligence. Car alors l'invisible apparaît derrière le visible, l'esprit derrière la matière.

*
* *

En résumé, l'esprit ménager réunit des qualités de cœur et d'intelligence qui comptent parmi les plus précieuses de la nature humaine. Il suppose l'amour de la maison et des tâches domestiques, le courage et la patience, la douceur et la joie, la propreté et l'ordre, l'économie et la prévoyance, l'amour du beau et la simplicité, et enfin le mépris de la routine. Ces qualités et ces vertus entraînent avec elles tout un cortège de pensées nobles et de sentiments élevés. En sorte que la *ménagère* nous apparaît bien près d'être la *femme,* au sens le plus élevé du mot.

Seule la femme animée de l'esprit ménager est capable de constituer le foyer. Car le foyer ne s'improvise pas. Il se bâtit pierre à pierre. Il exige l'amour et des soins intelligents. Le foyer, c'est le lieu où l'on se sent réellement chez soi. C'est le feu qui brûle; c'est la lampe qui éclaire; c'est l'odeur de la soupe qui chante; c'est le couvert déjà mis. C'est encore l'accueil riant des choses familières; c'est l'image des absents, le souvenir des disparus. C'est surtout le bon sourire qui vous guette; ce sont les cris joyeux et les caresses de l'enfant; ce sont les tranquilles causeries pleines de confiance et d'affection. Le foyer, c'est l'âme de la famille.

II

Chacun peut citer des femmes douées de quelques-unes des qualités qui font la parfaite ménagère. Mais on est en droit de se demander s'il en est qui possèdent vraiment l'esprit ménager. Car on assure volontiers que la perfection n'est pas de ce monde. Il nous a paru intéressant de rechercher si l'histoire ne nous offre pas au moins un exemple de la ménagère accomplie. Et si, par cas, cet exemple réunit dans une même personne la *femme* et la *ménagère,* quel meilleur modèle à présenter aux jeunes filles, les femmes de demain?

Il semble bien que Mme Roland, dont le caractère, le talent et la vie forcent l'admiration, a été bien près de réaliser cet idéal. Elle se révèle, dans sa correspondance, non seulement « une excellente maîtresse de maison », mais, ce qui est mieux encore, « une vraie ménagère, voyant tout de près, dans le détail, et, au besoin, mettant la main à la besogne... »

Elle n'a pas le mépris des tâches domestiques. Elle aime les occupations du ménage. « Telle place que l'on occupe, écrit-elle avant son mariage, on a des heureux à faire, des devoirs à remplir, des services à rendre, des vertus à exercer, à acquérir, à conserver : pour qui sait penser, la vie ne saurait être un ouvrage de paresseux. » Et ailleurs : « Il fut un temps où je ne me trouvais contente qu'avec un livre ou une plume à la main : je suis présentement aussi satisfaite de l'emploi de mon temps lorsque j'ai cousu une chemise à mon père ou additionné un compte de dépense qu'après avoir fait une lettre profonde. » Ailleurs encore : « Je n'ai jamais rien imaginé de plus désirable qu'une vie partagée entre les soins domestiques et ceux de l'agriculture, coulée dans une métairie saine et abondante, avec une petite famille où l'exemple des chefs, le travail commun, maintiennent la concorde, l'attachement, les mœurs et l'aisance. » A Roland qui vient de demander sa main, elle écrit : « Les tracas du ménage n'ont pour moi rien de rebutant, et je pense que les femmes auraient beaucoup de maladresse à les dédaigner, car il vaut mieux bien faire les choses communes que de montrer son incapacité dans l'entreprise des plus relevées. » De fait, elle considère toute sa vie le ménage comme son affaire propre. Et elle goûte franchement et pleinement le charme du *chez soi,* de ce chez soi qui est son œuvre : « ... Du coin de mon feu, écrit-elle à un ami, du coin de mon feu,... à onze heures du matin, après une nuit paisible et les soins divers de la matinée, mon mari à son bureau, ma petite à tricoter, et moi causant avec l'un, veillant l'ouvrage de l'autre, savourant le bonheur d'être bien chaudement au sein de ma petite et chère famille, écrivant à un ami, tandis que la neige tombe sur tant de malheureux accablés de misères et de chagrins, je m'attendris sur leur sort, je me replie doucement sur le mien, et je compte pour rien les contrariétés de relations et de circonstances qui sembleraient quelquefois en altérer la félicité. »

C'est vaillamment qu'elle met la main à la besogne. Chaque jour, elle fait la revue de la maison, « de la cave au grenier ». Ses soins s'étendent au mobilier, à la literie, au linge, à la cuisine, au vin, au jardin. « Je saurais, dit-elle, faire aussi lestement ma soupe que Philopœmen coupait du bois. » Si Bosc, son ami, se trouvait au Clos lorsqu'on y tue le cochon, « il se lécherait les doigts des boudins qu'elle apprête. » Et ailleurs : « Marie-Anne m'apprend à faire de la tarte, chose qui ne me déplaît pas; car je suis fort ignare en pâtisserie. » Elle raccommode et préside aux travaux de ravaudage que des ouvrières font chez elle. Elle fait la veillée avec ses gens. Elle coud tandis qu'ils cassent des noix. Et « cette petite communauté n'est pas d'un mauvais effet ». Elle y trouve des satisfactions.

Elle reste toujours d'humeur égale et sait dissimuler à son mari les petits ennuis du ménage. « J'ai vu, dit-elle, ce qu'on appelle de bonnes femmes de ménage, insupportables au monde et même à leurs maris, par une précaution fatigante de leurs petites affaires. Je ne connais rien de si dégoûtant que ce ridicule, et de si p. opre à rendre un homme épris de toute autre que de sa femme. Je veux qu'une femme tienne ou fasse tenir en bon état le linge et les hardes, nourrisse ses enfants, ordonne ou même fasse sa cuisine, sans en parler, et avec une liberté d'esprit, une distribution de ses moments qui lui laissent la faculté de causer d'autre chose, et de plaire enfin par son humeur comme par les grâces de son sexe. » Aussi Roland ne peut-il, sans ennui, la voir s'éloigner de sa maison. « Je l'habituai à ne savoir se passer de moi, pour rien au monde, dit-elle, ni dans aucun instant. »

Elle a le souci de la propreté. Elle écrit à Roland : « T'ayant vu nettoyer les écuries d'Augias, j'ai entrepris d'approprier la *souillarde;* j'ai suivi les pionniers. » Elle veille en personne au nettoyage des lits, où elle a surpris la présence des odieuses punaises. Et elle s'occupe elle-même aux lessives.

Ordonnée, nulle femme ne l'est plus qu'elle. C'est elle qui surveille et contrôle l'emploi de l'argent. Elle est d'une « colère épouvantable » parce que sa « cuisinière fait danser l'anse du panier ». Elle « serre le bouton aux marchands ». Elle tient soigneusement à jour les comptes de la maison.

Elle sait orner sa demeure. Car elle aime les fleurs avec passion. « La vue d'une fleur, écrit-elle, caresse mon imagination et flatte mes sens à un point inexprimable; elle réveille avec volupté le sentiment de mon existence. » Aussi lorsque, plus tard, elle est enfermée à l'Abbaye, dans un « triste réduit », elle demande aux fleurs les moyens d'égayer sa prison. « Lavacquerie, dit-elle, qui ne l'avait jamais vu habiter par quelqu'un d'aussi bonne humeur que moi, et qui admirait la complaisance avec laquelle j'y ordonnais des livres et des fleurs, me disait qu'il l'appellerait désormais le Pavillon de Flore. »

Elle sait néanmoins rester simple. Elle écrit à Roland, la veille de son mariage : « Je puis bien me passer.. d'acheter du linge pendant deux ans, si ce n'est quelques petits objets faciles à se procurer; mais j'aurais besoin de trois robes, l'une d'été, l'autre d'automne et de printemps, la troisième, très simple, de toutes les saisons. » Et, mariée, elle se contente de toilettes très modestes. Même simplicité dans sa maison. Lorsque son mari devient ministre de l'intérieur, elle donne à dîner deux fois par semaine. « Le goût et la propreté, dit-elle, régnaient sur ma table sans profusion, et le luxe des ornements n'y parut jamais. On y était à l'aise, sans y consacrer beaucoup de temps, parce que je n'y faisais faire qu'un service et que je n'abandonnais à personne le soin d'en faire les honneurs. »

Elle s'efforce d'améliorer chaque jour le train du ménage. « J'ai vu hier à la cave, écrit-elle, qu'il importait de faire tirer mon vin ; le tonneau est tout couvert de moisissure. » Ailleurs : « Il court des rats par la maison.. ; ils peuvent faire beaucoup de dégâts dans le linge, s'ils en trouvent ; je vais bien veiller à mon grenier. » Lorsqu'il s'agit de refaire les matelas, elle suit une méthode « dont elle assure qu'elle a de grands avantages sur celle de la carde ». Elle fait elle-même la guerre aux chenilles du jardin et fait choix de l'espèce d'artichauts qu'il y faut planter. Dans le maniement des gens de service, elle acquiert peu à peu une expérience qui la rend maîtresse dans l'art de diriger les domestiques. Et l'on peut voir, par sa conduite en diverses circonstances, qu'elle fait preuve d'un sens très délié des affaires[1].

Elle se montre aussi mère accomplie. Malgré des douleurs intolérables, elle éprouve de délicieuses joies à nourrir elle-même sa fillette Eudora, qu'elle appelle son « poussin ». A toute heure du jour et de la nuit, elle veille sur elle. Dès les premiers jours, elle s'applique à former son caractère. Elle ne peut supporter qu'on berce l'enfant. Et elle écrit que la vue de la bonne balançant doucement Eudora pour l'endormir « l'a outrée ». Que la petite pleure, mais elle ira coucher sans assistance.

1. Cf. Maurice Pellisson, *Madame Roland et le Ménage* (*Revue pédagogique*, 15 oct. 1904). C'est à ce substantiel et intéressant article que sont empruntées l'idée et les citations des développements qui précèdent.

A trois mois, l'enfant crie; mais on la laisse crier. On ne doit pas lui céder. Et l'on voit la maman, dissimulée derrière un paravent, piétiner et se ronger les ongles à entendre les cris du poussin. Et la domestique attend vainement, dans un coin, la permission d'aller consoler l'enfant, tandis que les pleurs s'échappent goutte à goutte de ses yeux. « Je souffrais, conte la maman, j'attendais impatiemment une occasion d'apaiser la petite sans lui laisser sentir qu'on lui cédât; nous avons passé la plus triste soirée : chacun s'est couché dans un morne silence... » Et elle ajoute : « Je préférerais perdre ma fille, que lui laisser prendre un empire qui ferait son malheur, et j'ai assez de courage pour ne pas hésiter dans l'alternative; mais je suis mère aussi, et ces épreuves, légères en apparence, ne me sont pas peu pénibles. »

Malgré cette énergie, « le poussin est mauvais comme un démon ». Volontaire et têtue, Eudora jure dès qu'elle peut parler. Mais, vers la cinquième année, elle commence « à ne plus connaître d'autres joujoux que l'aiguille, s'amuse à faire des figures de géométrie et n'a plus d'idée fausse sur quoi que ce soit » (de ce qui est accessible à ses cinq ans, sans doute). Mme Roland souffre de ne pouvoir se consacrer davantage à sa fille. Mais elle doit collaborer aux travaux de son mari. Et « dans un cabinet, entre deux bureaux, où règne l'application sévère, le silence absolu, il est tout simple que l'enfant s'ennuie ».

A douze ans, le poussin est privé de sa mère. Mais celle-ci, détenue à Sainte-Pélagie, le suit en pensée. « Ma pauvre petite, où donc est-elle? Apprenez-le-moi, je vous prie; donnez-moi quelques détails, que mon esprit puisse du moins la saisir dans sa situation nouvelle! » Et la veille du jour où elle doit monter à l'échafaud, elle écrit « à la personne chargée du soin de sa fille » sa dernière lettre. « Le cœur d'une mère est difficile à calmer sur le sort d'un enfant auquel elle se sent arracher... Vous avez un fils, et je n'ose pas vous dire que cette idée m'a troublée; mais vous avez aussi une fille, et je me suis sentie rassurée. C'est assez dire à une âme sensible, à une mère et à une personne telle que je vous suppose; mon état produit de fortes affections, il ne comporte pas de longues expressions. »

Ainsi cette noble femme, héroïque et virile, se présente à nous douée de toutes les qualités qui font la parfaite ménagère. Elle peut, à nos yeux, vraiment « concrétiser » l'esprit ménager.

CHAPITRE XIII

CONCLUSION

Les sciences physiques et naturelles et l'éducation morale bases de l'éducation ménagère.

Nous avons déterminé la nature et l'importance des connaissances indispensables à la ménagère. Vues dans leur ensemble, ces connaissances forment un tout complexe. La doctrine ménagère qu'elles constituent, entrevue seulement en certains points, n'est encore qu'ébauchée. Toutefois, elle est manifestement dominée par les sciences physiques et naturelles.

La plupart des connaissances ménagères se rattachent, en effet, à d'autres d'ordre scientifique dont elles sont comme des corollaires. Dans les questions diverses relatives à la vie domestique, c'est surtout aux sciences physiques et naturelles que la ménagère doit faire appel. Il n'est guère que la comptabilité familiale qui échappe presque entièrement à cette règle. Que l'on considère la maison, le chauffage et l'éclairage, les vêtements et le linge, l'alimentation, le jardin ou les autres annexes, la puériculture, l'hygiène, la médecine élémentaire, la pédagogie maternelle même, ce sont les sciences physiques et naturelles qui fournissent l'explication des règles suivies ou mettent sur la voie des modifications nécessaires. On peut dire, sans grande erreur, que toute découverte des sciences physiques et naturelles trouve son application dans la maison familiale. Il n'est pas une conquête des sciences biologiques de laquelle ne résulte une modification dans les règles de travail de la plus modeste ménagère. Les travaux qui ont fait connaître le mode de propagation de la tuberculose ont condamné à jamais l'usage du plumeau et du balayage à sec. Ils ont mis en évidence l'importance de l'aération et le rôle purificateur du soleil. Les études sur la fièvre typhoïde ont montré quelle est l'importance de l'eau potable et quelles précautions indispensables il convient de prendre pour éviter la propagation du redoutable fléau. Les expériences de quelques physiologistes modernes ont fait ressortir l'influence de l'élément psychique dans les phénomènes digestifs, et, par suite, enseignent aux ménagères que la manière dont un repas est présenté a une influence considérable sur sa digestibilité. On a établi que le sucre est un excellent hydrocarboné. Ainsi les ménagères sont averties qu'il n'est pas un simple condiment, comme le poivre, mais un très précieux aliment appelé à rendre d'importants services dans des cas déterminés. Et ces constatations pourraient être étendues : entérite et lait stérilisé; alimentation carnée et goutte; mouches et choléra, typhoïde et tuberculose; moustiques et filariose, fièvre jaune et fièvres paludéennes; animaux domestiques et diphtérie et fièvres éruptives; puces et peste et suette miliaire; punaises et typhus...

On connaît la comparaison de Huxley. Il assimile les lois de la nature aux règles d'un jeu compliqué « qui se joue depuis des siècles plus nombreux que nous ne savons les compter. Nous tous sommes les joueurs contre lesquels la partie est engagée... Nous jouons contre un adversaire qui nous est caché. Nous savons qu'il ne triche pas, il ne fait pas de fautes, il est patient dans ses coups... Mais il ne nous passe pas la moindre faute et n'a nul souci de notre ignorance. Les plus gros enjeux se payent aux bons joueurs avec ce genre de générosité surabondante par laquelle les forts témoignent de leur amour pour la force. Quant à celui qui joue mal, il est fait mat sans hâte comme sans pitié...[1] » Cette compa-

1. *Les Sciences naturelles et les Problèmes qu'elles font surgir*, édition française, p. 44.

raison vaut pour la vie ménagère. La femme conduit le jeu de la famille entière. La moindre faute qu'elle commet rejaillit sur toute la maison. Si elle peut deviner le jeu de son adversaire, si elle sait par avance les coups qu'il peut lui porter, bonne joueuse, elle recueille les gros enjeux qui sont pour tous les siens la santé et la joie.

En résumé, la doctrine ménagère repose presque entièrement sur la science. Elle est la science appliquée. Et les sciences physiques et naturelles nous apparaissent comme une première base nécessaire de l'éducation ménagère.

*
* *

L'exécution des tâches domestiques ne demande pas seulement la connaissance de règles précises de travail. Elle exige en outre un ensemble de qualités morales sans lesquelles la ménagère ne peut être l'âme et l'attrait de la maison.

Au nombre de ces qualités, nous avons reconnu le courage, sauvegarde de toutes les vertus, qui chasse l'ennui, distrait les chagrins, étourdit la douleur, éloigne la misère; la patience, qui excuse les fautes et surmonte les difficultés; la douceur, qui attire et retient les cœurs; la joie, premier indice du bonheur domestique, qui déride les fronts et donne de la saveur aux fruits du travail; la propreté, condition première de la santé, qui accroît les charmes des personnes et la beauté des choses; l'ordre, qui donne à chaque objet sa place, à chaque affaire son temps, et double le prix des minutes, parce qu'il aide à les mieux employer; l'économie, qui préserve de la prodigalité et, par des gains légers, fait la bourse pesante; la prévoyance, qui affranchit de l'imprévu, donne la confiance, garantit la sécurité du lendemain; la simplicité, qui écarte les encombrantes inutilités, diminue les désirs et, par suite, les privations, chasse la vanité, assure l'indépendance; l'esprit d'initiative, qui fait l'intelligence libre, combat la routine et pousse à d'incessantes améliorations.

A la source de ces qualités, nous avons trouvé l'amour profond du foyer, le sentiment vif de son intime poésie. Ce sentiment fait apercevoir la beauté et la grandeur de toutes choses dans la maison. Il tient ouvertes « les grandes routes qui mènent de ce qu'on voit à ce qu'on ne voit pas[1] », de la réalité froide et inerte à la beauté vivante. Il inspire des pensées aimables et fortes. Il incite au désir d'embellir le nid familial. Il fait de la beauté une fête quotidienne. Il crée vraiment le foyer.

Or, cet amour de la maison et toutes les qualités qu'il fait naître sont les heureux fruits de l'éducation morale. Le courage, la douceur, la patience et la joie se développent avec la volonté. La propreté, l'ordre, l'économie et la simplicité sont faits d'habitudes qu'une éducation morale bien dirigée peut seule donner ou développer. L'intuition de cette poésie, qui fait vraiment apercevoir la vie et par cela même la transforme, et le sentiment de la beauté naissent de l'éducation esthétique, qui est encore l'éducation morale.

En résumé, la science ménagère est faite d'applications des sciences physiques et naturelles ; et les qualités ménagères se confondent avec quelques-unes des qualités morales les plus précieuses. L'éducation ménagère doit donc reposer à la fois sur un solide enseignement des sciences et sur une éducation morale rationnellement conduite.

1. M. Maeterlinck, *le Trésor des humbles*, XII, p. 271.

DEUXIÈME PARTIE

CHAPITRE PREMIER

QUI DOIT DONNER L'ÉDUCATION MÉNAGÈRE?

I. — Présentement, l'éducation ménagère doit être l'œuvre à peu près exclusive de l'école. — Insuffisance des connaissances théoriques et pratiques des mères. — La ménagère limousine. — Les mères incapables de donner à leurs filles un enseignement ménager méthodique et suivi.

II. — L'avenir : la maison familiale, milieu idéal d'éducation ménagère.

I

Le Congrès international de l'enseignement primaire de 1900 a posé en principe que la tâche de préparer la ménagère dans la jeune fille revient à la mère. Il a, en effet, voté sans débat une résolution portant que « l'éducation ménagère des filles est essentiellement l'œuvre de la mère de famille ». « Cela est évident, » dit M. Doliveux, qui met au courant des travaux du Congrès les lecteurs de la *Revue pédagogique*[1]. Et le rapporteur du Congrès, M. le sénateur Strauss, écrit lui-même : « L'éducation ménagère est à coup sûr un des attributs de la mère de famille, et l'Université ne songe pas à le lui disputer[2]. » Pourtant, tous deux reconnaissent l'insuffisance des mères au point de vue ménager. « Trop souvent, dit M. Strauss, la mère de famille n'est pas en état de diriger elle-même l'éducation domestique de son enfant[3]. »

1. Nº du 15 octobre 1900, p. 359.
2. *Rapport cité*, p. 7.
3. *Idem.*

« Combien de mères, dit M. Doliveux, auraient elles-mêmes besoin de recevoir l'enseignement ménager, combien d'autres négligent délibérément le ménage (ce mot étant pris dans son acception la plus large)[1] ! « Mais, reculant l'un et l'autre devant la conséquence logique de ces constatations, ils laissent à la mère une fonction qu'elle n'est pas en état de remplir.

Nous nous proposons précisément de montrer que, pour le présent, la mère de famille est le plus souvent incapable de diriger avec efficacité l'éducation ménagère de ses filles. Par suite, cette éducation doit être presque entièrement l'œuvre de l'école. Nous ne voyons là, d'ailleurs, qu'une solution provisoire. Car le lieu par excellence de l'éducation ménagère, c'est la famille. Et nous espérons que, dans un avenir assez rapproché, grâce à l'action bienfaisante de l'école, la mère deviendra capable de prendre la part la plus large dans la préparation de ses filles à la vie domestique.

* * *

Admettre *à priori* que les femmes sont capables de conduire rationnellement leur ménage et de contribuer avantageusement à l'éducation des enfants, c'est obéir à ce préjugé de compétence dont nous sommes si souvent victimes. Parce que la femme est destinée par la tradition, par les mœurs, à conduire la maison, et par son organisation physiologique à faire et à nourrir les enfants, la masse lui attribue gratuitement des connaissances générales concernant le ménage et la puériculture. Or, rien n'est moins fondé qu'un tel préjugé. Nous ne reprendrons pas ici les remarques que nous avons eu l'occasion de faire dans la première partie de cette étude. Nous nous bornerons à quelques brèves considérations, que nous ferons suivre d'un exemple concret.

1. *Op. cit.*, p. 359.

L'insuffisance des connaissances théoriques des ménagères est aisée à constater. Lorsqu'on parle à des paysannes, à des ouvrières, ou même à des bourgeoises, on est frappé de leur ignorance profonde des lois physiques et des lois biologiques les plus élémentaires. Leurs connaissances en anatomie et en physiologie sont presque toujours rudimentaires, le plus souvent erronées. Et, fréquemment, on les entend avec stupeur attribuer à des causes singulières les effets les plus simples. Cette ignorance est explicable chez les personnes âgées qui n'ont jamais reçu d'enseignement scientifique. Mais nous verrons dans la suite qu'elle se manifeste également, quoique de manière différente, chez les personnes plus jeunes, même chez celles qui ont reçu une instruction assez complète.

Les connaissances pratiques des ménagères sont à coup sûr plus étendues que leurs connaissances théoriques. Elles n'en sont pas moins insuffisantes. Les bourgeoises des petites villes trouvent un inépuisable sujet de conversation dans les ennuis incessants que leur causent leurs domestiques. Elles se plaignent, souvent sans motif, de la cherté des services, de l'exigence des bonnes. Mais elles se plaignent surtout, et alors avec raison, de leur insuffisance. Car les jeunes paysannes qui viennent se louer à la ville ignorent tout de la cuisine, de la couture et de la tenue de la maison. De même les ouvrières et les femme d'ouvriers se montrent insuffisantes ou incapables. Qu'elles ignorent les soins rationnels à donner aux nouveau-nés, c'est une affirmation qui ne peut être sérieusement contestée. Mais cette ignorance est presque aussi frappante dans les autres parties du travail ménager. Dans tous les domaines de leur action, les ménagères suivent les mêmes errements. Elles semblent s'interdire toute réflexion, tout examen critique, et se refuser à chercher les améliorations possibles. Elles n'ont pas l'esprit ménager.

Sans doute, il en est qui aiment leur intérieur et consacrent à l'embellir tous les loisirs qu'elles peuvent se réserver. Mais combien en est-il qui préfèrent la flânerie chez la voisine, les courses sans but et les bavardages stériles de la rue ! S'il en est quelques-unes dont l'intelligence est portée vers les choses de la maison, combien plus nombreuses sont celles qui ne suivent que la routine et qui font sans pensée, souvent sans goût, leur travail de chaque jour ! Assurément, celles qui aiment leur maison peuvent communiquer à leurs filles l'amour du foyer. Mais comment pourraient-elles provoquer en elles l'esprit d'observation qui pousse à l'amélioration constante du travail quotidien, si elles ne le possèdent pas elles-mêmes ? Ne nous le dissimulons pas. La plupart des femmes font ce qu'ont fait leurs mères, et leurs filles feront comme elles. « Rien n'est conservateur comme le foyer domestique, comme la tradition vivante des habitudes de génération en génération. On a dit avec raison qu'il est bien plus facile de changer la forme d'un gouvernement que la manière d'installer le foyer de la cuisine[1]. » Ainsi les femmes restent les gardiennes inconscientes et fidèles des préjugés souvent absurdes qu'abrite le toit familial et auxquels elles obéissent aveuglément dans leur tâche quotidienne.

Afin d'illustrer les développements qui précèdent, nous allons suivre pas à pas, dans son travail domestique, l'humble ménagère d'une de nos régions, le haut Limousin[2].

1. Cf. Carl Vogt, *Discours au Congrès international d'anthropologie de Paris*, 1867.

2. Les remarques qui vont suivre sont des remarques « vécues ». Nous les devons à l'obligeance des instituteurs et des institutrices qui ont passé leur vie au milieu de ces populations rurales. Nous leur exprimons ici nos sincères remerciements. Quelques-unes des coutumes mentionnées tombent peu à peu en désuétude. Mais la plupart conservent toute leur vogue, et sont religieusement suivies non seulement dans les villages, mais encore dans des bourgs de quelque importance et par des personnes qu'on croirait d'esprit ouvert.

*
* *

La maison du paysan limousin est généralement mal située et mal construite. Parfois adossée à un talus humide, fréquemment exposée à l'ouest ou au nord, n'ayant souvent qu'une seule fenêtre, elle semble redouter le soleil. Les murs extérieurs ne sont pas toujours crépis, alors qu'un crépissage peu coûteux empêcherait l'infiltration de l'eau des pluies si abondantes dans le pays. L'abord en est fangeux. Sur le sol gras séjourne un mélange d'eau et de purin. Souvent, pour permettre l'accès de la demeure, on répand dans son voisinage immédiat des fougères sèches et des feuilles mortes qui, bientôt, forment un fumier spongieux dans lequel on enfonce profondément. Dans un coin, adossé au pignon, ou dans la cour, près de la porte, le fumier. Le jardin ne contribue en rien à rendre la maison plus pittoresque et plus gaie. Car il est d'ordinaire mal situé, et on n'y trouve que des légumes communs, rarement des fleurs. L'absence de privés, presque générale, se manifeste par des preuves sensibles dans le voisinage immédiat de chaque maison d'habitation.

La maison ne comprend souvent qu'une pièce dans laquelle couchent parents et enfants. Cette promiscuité a des conséquences morales sur lesquelles il est superflu d'insister. Le sol est fait de terre battue ou dallé de larges pierres plates, irrégulières. Ces pierres sont toujours mal assemblées, et dans les intervalles s'amassent des détritus de toute nature. Le plancher du grenier est supporté par des poutres noirâtres auxquelles sont suspendus des provisions, des vêtements, du linge, des outils, pêle-mêle. L'évier est constitué par une niche creusée dans la façade, et communiquant largement avec l'extérieur. Les eaux ménagères coulent le long du mur et forment sur le sol une mare puante. L'intérieur des murs est presque toujours crépi. Mais l'humidité suinte, et les moisissures font tache. La porte et la fenêtre sont rarement en bon état. Elles sont toujours sales. Les vitres y manquent fréquemment. La peinture est considérée comme un luxe inutile. Aussi, battues par la pluie, les boiseries extérieures ne durent-elles que peu de temps. Les vitres ne connaissent point le torchon. Elles sont lavées extérieurement par la pluie, quand elle ruisselle. La cheminée est toujours disposée contrairement à toutes les règles qu'a pu dicter la science. Il pleut souvent dans le foyer, et le tirage est défectueux. On peut aisément en juger par la couleur noirâtre des murs et des poutres. Ainsi, on ne fait rien pour se défendre de l'humidité, qui est en Limousin un ennemi redoutable, et on semble éloigner le soleil, qui serait la santé.

Le mobilier est en rapport avec l'appartement. On trouve un nombre assez considérable de maisons de la campagne où les lits sont dépourvus de paillasse. Une couche épaisse de fougère sèche ou de paille est simplement placée dans le châlit. Le traversin est parfois constitué par des loques, des vêtements malpropres, du linge sale. Les sommiers sont peu connus. La literie n'est jamais exposée à l'air. Les ménagères jugent peu convenable de mettre leur lit à la vue de tous. De fait, la malpropreté des lits est remarquable. La table est graisseuse. On l'essuie quelquefois, on la lave rarement. Les autres meubles sont à l'avenant : commodes boiteuses, chaises dépaillées, glaces fendues...

Pas la moindre trace de goût dans l'arrangement de la chambre. Quelquefois, on voit au chevet du lit une « image de première communion », ailleurs quelques primes aux couleurs criardes offertes par un grand quotidien ; mais rarement des gravures de bon goût, de la verdure ou des fleurs. La propreté est fort négligée. Les poules et les oies, qui circulent librement, laissent toujours des traces de leur passage. Le milieu de la pièce est balayé quelquefois, mais la poussière, la terre, des débris de toute sorte, restent longtemps sous les meubles sans être enlevés. Sous les lits, mélangés aux débris de paille et de feuilles où ils sont jetés pêle-mêle, s'accumulent de vieilles chaussures, des casseroles, des chaufferettes, des pots ébréchés. Pourquoi s'en préoccuper? « Cela ne se voit pas. »

On conçoit ce que peuvent être le linge et les vêtements d'une famille dans laquelle l'ordre et la propreté sont méconnus à ce point. La femme est négligée dans sa tenue et souvent malpropre. Les vêtements sont fréquemment déchirés. Elle ignore tout de l'art du raccommodage. Et ses timides essais sont si malheureux qu'elle renonce rapidement à un travail « qui lui fait perdre du temps » et pour lequel elle se sent incapable. Les jeunes abandonnent peu à peu le costume traditionnel : vêtement sombre et *barbichet* blanc aux ailes flottantes, qui leur sied si bien, pour adopter les « costumes de ville » et le chapeau. Et quel goût préside à cette transformation ! Les teintes vert-pomme, rose vif, les plumes jaunes et es rubans éclatants ont toutes leurs préférences. Mais au bout de peu de temps, ces beaux costumes et ces chapeaux voyants, « véritables déjeuners de soleil », perdent leur fraîcheur et, bientôt, ne sont plus que des loques. Quant aux maris, ils sont ce que sont les femmes. Et ils ne paraissent nullement souffrir de la tenue de leurs compagnes.

Si la tenue des enfants qui vont à l'école est généralement honnête et suffisante, c'est grâce aux efforts des maîtres, à leur action continue et inlassable. Mais le linge manque de blancheur, les vêtements sont totalement dépourvus d'élégance, et les raccommodages trahissent une inexpérience attristante. Ce n'est pas que les parents n'aient le désir de donner à leurs fils et à leurs filles, une fois l'an, une tenue coquette. Le jour des Rameaux, il n'y a pas un enfant, même de famille très pauvre, qui n'ait une toilette neuve. Car une mère qui conduirait son enfant « aux Rampants » sans lui avoir acheté au moins un chapeau, se couvrirait de honte. Mais la « confection » qu'on achète au magasin voisin se révèle trop ample ou trop étroite, et rien n'est fait pour la mettre à la taille de celui ou de celle à qui on la destine.

La même négligence, la même ignorance, se retrouvent dans les soins apportés à l'alimentation.

Les soupes « à la minute », le pain « mêlé » et les oignons constituent, à la campagne, la base de la nourriture. Les soupes aux légumes à longue cuisson, si savoureuses et si nourrissantes, ne sont pas toujours connues des ménagères. Celles-ci ignorent l'art d'accommoder de manières variées les pommes de terre et les œufs. Et l'insuffisance ou l'absence du jardin potager les prive d'autres moyens de varier agréablement les repas. Les châtaignes constituent pour l'hiver une provision précieuse. Cet aliment est, à juste titre, très apprécié en Limousin. Les préparations qu'en font les ménagères, il faut le reconnaître, ne laissent rien à désirer. Les châtaignes « blanchies », en particulier, sont un régal pour les indigènes et pour les touristes. Mais les galettes de sarrasin, — les « galettous », — qu'il serait si aisé de rendre appétissantes, sont mal préparées, lourdes, indigestes.

Si les repas ordinaires sont maigres et peu variés, les repas de fêtes (carnaval, frairies, baptêmes, mariages) sont plantureux. Et ce contraste même fait juger défavorablement de la manière dont la ménagère utilise les ressources de la famille. Il n'est pas rare d'entendre parler de cinquante à soixante pâtés faits dans une même maison. On les empile dans des serviettes. Ceux du carnaval constituent une réserve pour la plus grande partie du carême. Les enfants en garnissent le panier qu'ils apportent à l'école pour le repas de midi. Tous ces pâtés, sauf exception, sont faits de farine de seigle et de graisse : aussi sont-ils peu agréables au goût et rancissent-ils rapidement. Au carnaval, il y a également abondance de viandes rôties : porc et veau, — ou, plus exactement, « vèle », viande des jeunes bœufs en croissance. — Le mouton est peu estimé. De larges tranches cuisent à la broche, côte à côte, avec des volailles diverses. On n'a pas le souci de laisser à chaque morceau son goût spécial et son fumet. L'usage veut que ces jours de grande liesse les enfants boivent du vin pur, sans doute en compensation des privations quotidiennes. Aussi voit-on parfois, dans ces occasions, des enfants s'enivrer. Aux repas de mariage figurent des pâtés variés : à la viande, aux confitures, même aux pralines, ce qui est un grand raffinement. En fait, les ménagères excellent dans la confection des pâtés à la viande et des *clafoutis,* sorte de galettes aux cerises. Ces repas de fête sont animés et interminables. Ils se prolongent au milieu des cris, des conversations bruyantes, des allées et des venues, des chants et des danses. Commencés à une heure de l'après-midi, ils durent encore à six heures. Mais c'est alors l'heure du « souper », et les rôtis font leur réapparition. Ce dernier repas se termine à peine à six heures du matin. Encore les invités qui partent au petit jour doivent-ils accepter de leurs hôtes de larges tranches de pâté, des ailes de volailles et des morceaux de pain blanc.

On peut se rendre compte de la manière dont sont servis les repas ordinaires quand on voit comment le sont les repas de gala. L'usage des couteaux de table est à peu près inconnu. Chacun apporte avec soi son couteau de poche. L'usage des fourchettes de métal est tout récent. Naguère encore, chaque invité d'un repas de village coupait sa fourchette dans une haie en se rendant chez l'hôte. Les premiers qui mirent sur leur table des fourchettes de métal virent disparaître ces ustensiles. Les convives, curieux et envieux, s'en étaient emparés sans façon. Actuellement, les fourchettes sont encore pour quelques-uns des objets de luxe. Enfin, l'usage des serviettes est presque toujours ignoré.

Ainsi, dans l'habitation, dans les vêtements, dans

la cuisine, l'insuffisance de la ménagère apparaît évidente.

Encore le désir de bien faire qu'elle peut avoir est-il contrarié par une foule de coutumes et de préjugés absurdes. Nous ne citerons que les plus communs.

Une ménagère ne doit jamais faire la lessive pendant le mois de novembre, la semaine sainte ou la semaine des Rogations, car elle provoquerait la fin du chef de la famille. Elle ne doit jamais rester au lavoir après l'angélus du soir. La violation de cette règle la condamnerait à laver éternellement son linge, dans le même lavoir, après sa mort. Jamais elle ne doit commencer un travail, quel qu'il soit, le vendredi. Elle ne doit pas faire lever ni cuire le pain le jour du vendredi saint, afin d'éviter un sacrilège et de voir couler du pain maudit « le sang de Notre-Seigneur Jésus-Christ ». Faire griller des châtaignes avant la germination du blé, c'est compromettre la récolte. La ménagère doit se garder de balayer la maison quand y repose un cadavre : le diable emporterait l'âme du défunt.

C'est surtout dans l'élevage des enfants qu'apparaît l'inconcevable ignorance de la femme limousine. Dans ce domaine, les préjugés sont la loi, et les prescriptions de l'hygiène ne sont suivies que si elles sont en conformité avec la croyance populaire. Ces préjugés sont si nombreux, d'origines et de tendances si diverses, que nous avons dû faire un choix entre le grand nombre de ceux qui ont été observés. Nous n'avons noté que ceux qui ont un caractère de généralité suffisant. On jugera qu'il n'est pas surprenant que le nombre des décès dans la première enfance soit si lamentablement élevé.

Le Limousin aime ses enfants à l'égal du Breton, du Flamand ou du Gascon. Mais il établit une différence entre les garçons et les filles. On préfère les fils à la campagne, et la venue d'une fille, fût-elle le premier enfant, cause toujours une vive déception.

Le premier jour qui suit la naissance, ou le deuxième au plus tard, l'enfant, même maladif, est porté à l'église pour être baptisé. Si la sage-femme redoute pour l'enfant une fin prochaine, une voisine transporte le nouveau-né à l'église, quelle que soit la température, avant même qu'on lui ait donné les premiers soins. Aussi voit-on parfois des bébés expirer durant le trajet.

Un repas de famille suit toujours la cérémonie du baptême. Pendant ce repas, l'enfant dont on fête la venue passe de mains en mains pour recevoir l'accolade des convives. Mais on se garde bien de lui faire franchir la table, afin de ne pas compromettre son avenir.

A la fin de leur première visite à l'accouchée, les voisines, les amies, les parentes, doivent toujours laisser une somme d'argent, si petite soit-elle, un sou par exemple. Agir autrement serait vouloir emporter avec soi le lait de la mère. L'argent ainsi recueilli est remis au prêtre le jour des relevailles et de la « purification ».

L'enfant aussitôt né est emmailloté de façon barbare. Les bras sont couchés le long du corps, les jambes allongées, et le bébé est ligoté vigoureusement jusqu'au cou. On veut ainsi éviter une déviation des membres. L'enfant est couché dans un berceau dont le fond est garni d'une coite. L'enveloppe de cette coite n'est jamais lavée. La plume n'en est jamais changée. On se borne à la faire sécher quand l'enfant l'a mouillée. Elle est, au bout de peu de temps, d'une odeur repoussante.

L'allaitement maternel est la règle. Cependant les exceptions ne sont pas rares. Assez souvent, les enfants sont confiés à des nourrices mercenaires, afin que les mères puissent travailler aux champs. On n'ignore pas, d'ailleurs, l'usage du biberon, mais du biberon simple, en caoutchouc, qu'on se contente de rincer à l'eau claire, de temps à autre. Le lait de vache est alors donné pur et en abondance. Aussi l'enfant est-il dans un état permanent d'indigestion. Il pleure continuellement. Il essaye de ramener ses jambes sur son ventre. Il s'amaigrit rapidement. On dit qu'il est atteint du « mal chéti ». Et les parents se bornent à faire dire des prières pour amener sa guérison.

Le lait n'est pas la nourriture exclusive des enfants au maillot. A trois mois, quelquefois plus tôt, on leur donne d'autres aliments. On voit même des nourrissons sevrés à six mois. La panade est la base de la nourriture des enfants en bas âge. Mais il n'est pas rare de voir des enfants de dix mois manger du pain, des pommes de terre et de la salade.

On ne donne aux enfants ni bains ni douches. Au cœur de l'été, dans un âge plus avancé, les parents les laissent aller barboter dans la rivière ou dans l'étang. Mais ils leur interdisent cet exercice dès le 1er août. A cette date, l'eau commence à « se gâter » et donne les fièvres.

La mère s'abstient soigneusement d'enlever la couche de crasse — la *rabanelle* — qui recouvre le cuir chevelu, car elle ne voudrait en aucune façon amener la calvitie. Aussi les parasites vivent-ils en parfaite sécurité dans des forêts de cheveux vierges. Ils sont d'ailleurs préservés de la destruction par une croyance singulièrement tenace : la présence des poux est un signe de santé. Beaucoup d'enfants portent au cou un sachet rempli d'herbes variées ou de poils de bouc, dont le but est de préserver de la coqueluche. Ce sachet n'est jamais déplacé ni remplacé. Aussi devient-il souvent l'asile inviolé d'une colonie prospère de poux de corps.

Si les poux sont considérés comme des « amis » des enfants, il n'en est pas de même des puces. Et la mère fait effort pour débarrasser ses enfants de ces parasites insupportables. Voici comment elle procède parfois. Au premier chant du coucou, elle racle avec l'ongle un peu de la terre qui recouvre l'intérieur du talon de son sabot gauche. Elle met cette terre dans un cornet de papier, ainsi qu'une puce capturée sur le corps de l'enfant. Elle dépose le paquet ainsi préparé au beau milieu d'un chemin très fréquenté. Le premier passant trop curieux qui ramassera le cornet et l'ouvrira pour reconnaître son contenu, sera assuré de nourrir la plupart des puces qui auraient dévoré l'enfant.

Jamais une mère ne coupe ni ne nettoie les ongles de son enfant avant qu'il ait atteint l'âge de sept ans. Elle ne veut pas s'exposer à élever un voleur.

Certaines affections, par exemple certains maux d'yeux ou d'oreilles, n'inquiètent pas les parents. Car ils passent pour préserver de plus graves accidents. De même une mère ne redoute pas une diarrhée, « qui purge ». Et lorsqu'elle veut tenter une guérison, elle a recours à des remèdes étranges. Une mère prétend guérir infailliblement ses enfants des maux d'yeux, en leur éventant le visage avec le battant d'une vieille commode.

Les signes ou envies reçoivent en Limousin l'explication populaire si répandue. On prétend les faire disparaître d'une singulière façon. La mère se procure, par l'intermédiaire d'une sage-femme, un fragment du placenta d'un nouveau-né, — du *lit de l'enfant*. Elle l'applique sur l'envie dont elle poursuit la disparition, et elle recouvre le tout d'un large bandeau. Lorsque la dessiccation du fragment de placenta est achevée, c'est-à-dire une quinzaine de jours après l'application, la tache doit avoir disparu. A la vérité, elle est fréquemment remplacée par une plaie suppurante ou une affection cutanée localisée.

C'est un curieux remède que celui qu'on emploie pour guérir les enfants des rougeurs et des boutons si fréquents dans le jeune âge. Lorsque le père quitte sa chemise, il la retourne vivement à l'envers et y roule l'enfant, tout nu. Les résultats seraient toujours heureux.

Les convulsions sont considérées comme un signe de possession du diable. Jamais on ne les soigne. On se borne à les faire « conjurer » par des prières ou des sortilèges. Dans le cas où les convulsions se rattachent à des lésions profondes du système nerveux et laissent après elles l'idiotie, la paralysie partielle ou totale, les malades sont peu ou mal soignés. On préfère les voir mourir que de les garder infirmes ou imbéciles.

Les rhumes sont soignés assez intelligemment. Les tisanes communes, les révulsifs à la peau, sont employés avec à-propos. Mais, pour éviter ces accidents du jeune âge, on couvre la tête des enfants, même dans la maison, d'un bonnet d'étoffe ou d'une capeline en lainage. La propreté de la tête et du cou n'y gagne point. Et l'habitude est si invétérée qu'il faut, l'hiver, dans certaines écoles, se montrer énergique et persévérant pour obtenir que les enfants quittent ces vêtements à leur entrée en classe.

Lorsque, vers l'âge de six ans, l'enfant grandit peu et reste chétif, on « lui fait dire des prières », et l'on a recours à des pratiques qui varient suivant les lieux. Dans la région de Saint-Léonard, on invoque les reliques du patron de la ville, qui, entre autres pouvoirs, possèdent celui de favoriser la croissance des enfants « noués » (rachitiques). On se rend à l'église. On fait ouvrir deux petites portes pratiquées l'une à droite, l'autre à gauche du maître-autel. Entre ces deux portes s'étend un petit couloir au-dessus duquel sont placées les reliques du saint. On le fait parcourir à l'enfant sept fois, cependant qu'un prêtre, ou le sacristain, récite sept *Pater* et sept *Ave*. — Dans le Bas-Limousin, on fait *lou gou*. L'opération consiste à faire bénir un cierge le jour de la Chandeleur et à faire tomber quelques gouttes de la cire de ce cierge soit dans le béret ou le bonnet de l'enfant, soit sur son épaule. Il est alors assuré d'une croissance régulière.

Une sorte de crainte superstitieuse entoure les familles dont les enfants sont atteints d'accès de terreurs nocturnes. Ces crises, qu'on désigne sous le nom de « las pô » (les peurs), ne cèdent qu'à un remède : le « tirage des bons saints ». Une vieille femme, vraie sorcière, se rend dans la maison du patient. On lui apporte une cuve pleine d'eau ainsi que différents morceaux d'étoffe et de papier. Elle « consacre » ces objets à l'aide de formules mystérieuses. Chacun des morceaux d'étoffe ou de papier représente alors un des saints réputés dans la région. Elle les jette tous en même temps dans la cuve. Le dernier morceau qui surnage indique le saint à invoquer, et, par suite, le pèlerinage auquel devra assister l'enfant.

Les enfants, une fois sevrés, reçoivent une nourriture qui ne diffère en rien de celle des parents, et dont les principaux éléments sont la soupe, le pain « mêlé » et les châtaignes.

Leur dentition n'est l'objet d'aucun soin. La mère se borne à recueillir les premières dents et à les placer toutes en un même endroit, où « l'enfant les retrouvera après sa mort ».

L'instruction des filles est considérée souvent comme un luxe inutile. Dans beaucoup de villages, les garçons vont à l'école, tandis que les filles restent illettrées. Les parents ne tiennent vraiment, pour elles, qu'à l'instruction religieuse.

En dehors du temps consacré à l'école ou à l'instruction religieuse, les filles s'occupent des soins du ménage, de la garde des plus jeunes enfants et de celle du bétail. Très jeunes, on leur apprend à tricoter, à filer la quenouille, à laver, à faire cuire la soupe, à préparer la nourriture des porcs. Dès qu'elles en ont la force, on leur réserve les travaux pénibles de la maison. Mais, dans tous les cas, elles ne font que suivre les errements qu'elles ont vu pratiquer. C'est rarement qu'elles apprennent à coudre, et elles restent inhabiles aux travaux de lingerie. La plupart désertent la classe le jour de la leçon de couture. La broderie et la dentelle leur sont le plus souvent inconnues. Chose plus regrettable, elles ignorent la pratique de la reprise et du rapiéçage.

On ne sera nullement surpris de retrouver dans les recettes de médecine usuelle connues et utilisées dans les campagnes, des traces profondes des préjugés qui viennent d'être indiqués. Les remèdes les plus généralement employés ne sont « administrés » que par des sortes de pontifes, sorciers et sorcières, dont le crédit est considérable. Ces charlatans de village « tirent les bons saints », « mettent de part », « font les dévotions », « conjurent par signes ou par prières ». Mais on n'a recours à eux que dans des cas déterminés, ou lorsque la maladie a résisté à d'autres remèdes empiriques d'usage courant. Voici quelques-unes des recettes les plus curieuses et les plus répandues.

Pour guérir une brûlure, on étend sur la plaie de la bouse de vache. Quelques-unes des femmes à qui on s'adresse pour « faire lever le feu », lavent la plaie avec une décoction d'écorce de bouleau, de chêne ou de châtaignier.

Une contusion se guérit par l'application d'excréments de porc. On a vu traiter une blessure à la tête, causée par un instrument contondant, au moyen de « raclures de vieux chapeaux ».

On arrête le sang d'une coupure en mettant sur la plaie une toile d'araignée. L'application directe sur le ventre de la « poêle à galettous » est un remède souverain contre la colique. Une rage de dents disparaît dès que le malade s'introduit dans l'oreille de l'urine fraîche. On traite la méningite par l'application sur les pieds, pendant une nuit entière, d'une compresse d'oignons crus, hachés très menu. Un galeux est guéri dès qu'il s'est roulé, entièrement nu, dans la rosée, la veille de la Saint-Jean. Le feu allumé le soir du 24 juin possède des propriétés préventives merveilleuses. Celui qui franchit le brasier éloigne à tout jamais la fièvre et ne ressentira aucune courbature pendant toute la durée des travaux de la moisson. La ménagère sait que recouvrir d'un drap la figure d'un malade alité, c'est provoquer inévitablement sa fin prochaine.

On trouve des préjugés de même ordre quand on

aborde l'examen des travaux de la ferme que la tradition et l'usage laissent aux soins des femmes.

Ce sont les femmes qui veillent à l'élevage des porcs. Jamais elles ne comptent les porcelets d'une portée. « Il n'est pas jouvent » de le faire (cela porte malheur). Certaines, dit-on, font jeûner toute la famille le jour de Pâques. La nuit qui suit, elles envoient un des hommes de la maison renverser le bac à porcs du voisin. Le messager revient rapidement toucher le bac de sa propre étable. Ainsi il assure la prospérité de son troupeau. De son côté, la femme arrose de bouillon gras le sol de l'écurie et projette au plafond quelques cuillerées du liquide. Elle donne ainsi au fumier une plus grande valeur, provoque l'engraissement du bétail et débarrasse les animaux de la ferme des mouches estivales.

Si elle désire que les vaches qui viennent de vêler conservent leur lait, c'est à elle à déposer entre les cornes de la bête une pincée de sel de cuisine. Dans certains cas, cette précaution peut être inutile, car il est des personnes possédant le don de tarir le pis des vaches. Mais la ménagère, pour connaître son ennemie, n'a qu'à s'adresser à la « devineuse », qui lui montre aisément, dans un miroir, les traits de l'auteur du méfait.

A Oradour-sur-Glane, les ménagères recherchent l'eau d'une source de la localité. La première qui puise l'eau de la source, le premier jour de l'année, et en donne à ses poules, est assurée de recueillir des œufs en nombre prodigieux. A Saint-Basile, les femmes raclent les murs intérieurs de l'église et mélangent la poussière ainsi recueillie à la pâtée des poules, dans le but d'accroître la ponte.

Pour s'assurer la fidélité des essaims du rucher, on fait bénir un cierge le jour de la Chandeleur. On l'apporte tout allumé de l'église au rucher, dont on fait le tour. Les essaims volages ne manquent pas de se fixer dans le cercle ainsi tracé.

On guérit les maladies des animaux comme on guérit

celles des personnes, en « faisant des dévotions ». On utilise aussi les herbes de la Saint-Jean, pour éloigner les accidents et les malaises. Ces herbes, cueillies le 23 juin avant l'aurore, comprennent : le coudrier, le sureau, le serpolet, le bouillon blanc, le mille-pertuis et la digitale.

Dans la culture de son modeste jardin potager, la ménagère applique des règles analogues. Elle ne repique jamais le persil, afin d'éviter les plus grands malheurs. Elle plante l'ail le dixième jour de la lune, afin d'avoir des têtes à dix caïeux; le deuxième jour, elle n'obtiendrait que des têtes à deux caïeux. C'est elle qui sème les choux et les salades; mais elle a soin de ne le faire qu'entre les « deux bonnes dames » (15 août et 8 septembre), afin que les produits qu'elle espère ne montent pas en graine.

Enfin, voici le singulier procédé en usage pour éloigner du jardin les chenilles et les limaces. On coupe une baguette de noisetier, qu'on plonge dans l'eau bénite ou dans une eau puisée la veille avant l'aurore. Un jour de grande foire, on fait le tour du jardin en agitant la baguette et en disant : « A la féiro! à la féiro! na vous ém à la féiro, las bellas! » (A la foire! à la foire! Allez-vous-en à la foire, les belles!) Et, dociles, les chenilles s'éloignent, abandonnant le jardin.

Ainsi, il apparaît clairement que, sauf de trop rares exceptions, la ménagère limousine ne possède ni les connaissances théoriques et pratiques nécessaires à la plus humble maîtresse de maison, ni l'esprit ménager. Elle reste asservie à la routine. Dans presque tous ses travaux, elle s'inspire de préjugés absurdes. Comment compter sur elle pour donner à ses filles l'éducation ménagère?

On pensera peut-être que ces conclusions conviennent au Limousin, mais non à la Provence, à la Picardie, à la Bretagne. Le mal, hélas! n'est pas si limité. De tous côtés sont signalées une égale ignorance de la doctrine ménagère, des superstitions et des pratiques semblables.

Et, s'il est quelques régions où le mal paraisse moins profond, partout on constate une insuffisance plus ou moins marquée des ménagères. Qui ne l'a fait[1]? Abandonner l'éducation ménagère à la mère, ce serait donc perpétuer un état de choses dont la transformation est imposée par le bon sens.

*
* *

Aux raisons qui précèdent, il convient d'en ajouter d'autres qui ne sont pas sans portée. Eût-elle les connaissances pratiques indispensables, le plus souvent la mère serait encore incapable de les donner à sa fille.

Pour être en état d'instruire les autres, il ne suffit pas de *savoir* : il faut *savoir enseigner*. Ce ne sont pas les plus grands érudits qui sont les meilleurs professeurs. L'éducation ménagère, ainsi que l'éducation générale, demande, pour être bien conduite, des principes, une méthode. Or, si le don d'enseigner est naturel chez quelques personnes, il est moins commun qu'on ne croit. Et un bien petit nombre de mères sont capables, sans préparation, de suivre méthodiquement un plan d'ensemble nettement conçu.

D'ailleurs, une mère formée à l'école de la seule tradition ne peut donner un enseignement vraiment intelligent. Elle ne peut justifier les procédés pratiques qu'elle conseille. Or, il ne suffit pas d'appliquer, sans se rendre compte, même les meilleurs procédés dont l'expérience a montré l'efficacité. Car c'est substituer à une routine une autre routine, sans doute moins étroite et plus pro-

1. Cf. les observations que nous avons groupées dans chacun des chapitres de la 1re partie. Cf. aussi : Austin de Croze, *la Bretagne païenne*; docteur Liégard, *les Saints guérisseurs*; les nombreuses enquêtes sur la vie ouvrière et sur la puériculture, que nous avons brièvement indiquées ailleurs, les nombreux articles de revues, de quotidiens, d'organes pédagogiques où la question de l'éducation ménagère est affleurée ou abordée...

fitable, néanmoins insuffisante. Il manque l'idée nette, l'explication qui conquiert l'esprit, qui assure la méthode et qui surtout permet de transmettre autour de soi, autrement que par des affirmations absolues, les résultats de l'expérience. Il manque aussi le désir et les moyens de comprendre, qui contribuent à entretenir le goût d'une vie intellectuelle plus active, d'une recherche du meilleur, et qui, éclairant la tâche d'un jour nouveau, la rendent plus attrayante.

Au reste, on a constaté que les professionnelles sont peu aptes à donner une éducation ménagère complète. M. Strauss, appréciant les maîtresses techniques des classes parisiennes, dit : « Elles ne possèdent pas pour la plupart les aptitudes pédagogiques indispensables pour accomplir une tâche aussi malaisée. » Et, appréciant les cours ménagers eux-mêmes, un rapporteur au conseil municipal de Paris, M. Dausset, écrit : « Le défaut le plus grand de ces cours est que l'enseignement y est donné par des spécialistes : par une cuisinière de profession, en ce qui concerne la préparation des aliments; par une couturière, en ce qui concerne le raccommodage et la confection des vêtements; par une blanchisseuse, en ce qui concerne le lavage et le repassage du linge. L'inconvénient est que la plupart de ces maîtresses, peu ou mal préparées à la partie théorique de l'enseignement, ne peuvent accompagner leurs leçons d'explications raisonnées[1]. »

Enfin, les nécessités de la vie obligent de nombreuses mères à déserter le foyer domestique pendant des journées entières. Elles laissent à l'école les fillettes trop jeunes et abandonnent à elles-mêmes les autres. Comment, dans de telles conditions, pourraient-elles perfectionner ou seulement conserver le savoir pratique qu'elles possèdent? Comment pourraient-elles préparer

1. Cités par M. Maurice Beaufreton, *l'Enseignement ménager en France* (*la Quinzaine* 1er mars 1905, p. 122).

une cuisine saine et savoureuse, entretenir le linge et les vêtements, nettoyer la maison, et du même coup former leurs filles au ménage? Ces remarques ont pour les ouvrières un caractère de généralité. Elles conviennent, dans une mesure moindre, il est vrai, pour les régions agricoles. A part la saison d'hiver, la femme passe plus de temps aux champs qu'à la maison. Elle est souvent aidée de ses filles, qui l'accompagnent, ou bien celles-ci restent seules à la maison, occupées sans direction aux soins du ménage.

Ainsi, dans la plupart des cas, la femme est incapable de donner à ses filles l'esprit ménager qu'elle ne possède pas elle-même. Les vérités scientifiques qui sont la base de la doctrine ménagère lui sont inconnues. Ou bien, si elle en sait la lettre, elle en ignore l'esprit. Ses connaissances pratiques sont loin d'être toujours suffisantes. D'ailleurs la pratique seule ne lui permettrait pas de donner un enseignement ménager intelligent. Et, enfin, la méthode et le temps lui font souvent défaut. Nous estimons donc être en droit de conclure qu'à l'heure actuelle l'éducation ménagère ne saurait être l'œuvre de la mère de famille. Dès lors, ne faut-il pas la confier à l'école?

II

Cette conclusion, dictée par d'impérieuses considérations, n'est certes pas une solution parfaite. Car nous voyons dans la maison familiale le lieu par excellence de l'éducation ménagère[1].

Imaginons la famille idéale. La mère est une parfaite maîtresse de maison. Elle possède les connaissances théoriques indispensables. Elle est capable d'exécuter

1. Cf. l'*Emile*, ouvr. cité, p. 450 : « Pour aimer la vie paisible et domestique, il faut la connaître; il faut en avoir senti les douceurs dans l'enfance. Ce n'est que dans la maison paternelle qu'on prend du goût pour sa propre maison, et toute femme que sa mère n'a point élevée n'aimera point élever ses enfants. »

elle-même les travaux domestiques. Elle a l'esprit ménager. Elle est pour sa fille un modèle vivant. Dès ses plus jeunes années, l'enfant s'efforce de l'imiter. Les habitudes qu'elle prend ou qu'on lui fait prendre sont des habitudes d'ordre, de propreté, de simplicité, d'élégance. Elle imite sa mère, d'abord dans ses jeux. Son petit ménage, ses poupées qu'elle habille ou déshabille, lui fournissent déjà l'occasion d'acquérir certaines connaissances. L'âge aidant, elle peut utiliser ces connaissances dans la maison familiale et pour elle-même. Elle est appelée à ranger sa chambre, à l'embellir. On lui laisse le soin de ses vêtements. On la guide dans le choix qu'elle fait des menus ornements féminins. On lui laisse faire les acquisitions nécessaires chez un ou plusieurs des fournisseurs de la maison, et même régler les notes et tenir les livres ménagers. Elle acquiert ainsi l'idée nette de la valeur de l'argent. Mettant fréquemment la main à la pâte, elle prend progressivement une connaissance précise des diverses occupations de la vie domestique. Nulle manipulation dont elle ignore la manière et le sens. Car la mère, instruite, donne toujours, avec le procédé, la justification. Ainsi, par une initiation lente et continue, la jeune fille devient la parfaite ménagère qu'est sa mère.

Il serait injuste de prétendre qu'il n'existe pas de famille essayant de se rapprocher de cet idéal. Car c'est ainsi que se transmettent, par exemple, entre autres qualités, les qualités d'épargne des familles françaises. Si les parfaites maîtresses de maison sont rares, il y a heureusement, en assez grand nombre, des ménagères « moyennes ». En l'état actuel, ces ménagères ne suffiraient pas à elles seules à donner l'éducation ménagère. Elles peuvent du moins être de précieuses auxiliaires de l'école[1].

1. Nous indiquerons dans la suite la part et le sens d'une collaboration possible de l'école et de la famille.

Est-ce à dire que l'école devra être indéfiniment chargée de toute la lourde tâche de donner l'éducation ménagère? L'affirmer serait aller au delà de notre pensée. Ce serait douter du pouvoir même de l'école. Les notions théoriques enseignées en classe, les leçons méthodiques de la maîtresse, dirigeront l'esprit des élèves vers les choses du ménage et leur inspireront le désir d'améliorations possibles. Mais l'enfant ne bénéficiera pas seule de cet enseignement. Par une heureuse harmonie, elle exercera à son tour dans sa famille une bienfaisante influence. Faible au début, cette influence ira croissant. Peu à peu les ménagères très imparfaites seront remplacées par d'autres moins ignorantes. A leur tour, celles-ci prépareront à leur image de meilleures ménagères, que l'école améliorera encore. L'action de la mère et celle de l'école seront de plus en plus concordantes. Elles gagneront l'une et l'autre en puissance. Remarquons enfin que, si l'école peut agir sur la famille par l'enfant, elle peut agir aussi directement sur la famille même. Et son action sur les jeunes femmes peut être assez efficace. C'est ainsi que, peu à peu, avec une vitesse grandissante, se formera dans chaque famille une ménagère plus intelligente et plus active. C'est ainsi que, de plus en plus, l'école pourra se décharger en grande partie sur la mère. C'est ainsi que la maison familiale deviendra enfin le lieu par excellence de l'éducation ménagère.

CHAPITRE II

L'ENSEIGNEMENT DES SCIENCES PHYSIQUES ET NATURELLES CONSIDÉRÉES COMME UNE DES BASES DE L'ÉDUCATION MÉNAGÈRE.

I. — Qualité des connaissances scientifiques des élèves de nos écoles. Les défauts de la méthode suivie. Conséquences.
II. — Le but à poursuivre : côté utilitaire et côté éducatif.
III. — La méthode. La méthode heuristique définie par un exemple. Examen des objections que peut soulever l'introduction de la méthode heuristique dans les classes primaires. Adaptation de la méthode heuristique à l'âge des élèves et à l'enseignement ménager.
IV. — Les programmes. L'étude de l'homme, point initial et centre du programme. Les programmes officiels. Adaptation à l'éducation ménagère.
V. — Les auxiliaires nécessaires de l'enseignement scientifique.
Conclusion.

I

Nous n'avons pas à reproduire ici les constatations auxquelles nous a conduit la première partie de cette étude. L'ignorance des lois naturelles nous est apparue très fréquente chez la majeure partie des femmes. Mais cette ignorance ne se manifeste pas seulement chez les personnes âgées qui n'ont jamais reçu d'enseignement scientifique. Elle s'observe aussi, bien que dans une mesure moindre et sous une forme « savante », chez les jeunes à qui on a mis entre les mains des ouvrages de sciences et qui ont suivi des cours spéciaux. Les examinateurs des commissions d'examens, du modeste certificat d'études primaires élémentaires au brevet supérieur, peuvent faire à ce sujet les remarques les plus convaincantes. Mais il ne s'agit point de rassembler quelques-unes de ces réponses absurdes qui entraînent l'échec des candidats et qu'il est si aisé de recueillir dans les divers concours[1]. Les conclusions qu'on en tirerait ne feraient d'ailleurs que renforcer celles que nous avons déjà présentées. Il s'agit seulement de montrer que si la « quantité » des connaissances est parfois suffisante, il n'en est pas de même de la « qualité ».

A l'examen du brevet, telle aspirante décrit avec précision le jeu des robinets et des soupapes de la machine pneumatique. Elle reste court sur le fonctionnement du soufflet de la cuisine. Telle autre sait comment l'acide sulfurique se forme dans les chambres de plomb. Elle ignore comment et pourquoi se vicie l'air dans les appartements. Interrogez cette élève présentée comme « brillante ». Elle vous donnera sur le soufre et le phosphore les détails précis que renferme en abondance le livre qu'elle a étudié. Mais pourquoi une allumette prend-elle feu? Pourquoi, au bout, du soufre et du phosphore, et non l'un ou l'autre seulement? Elle est incapable de l'expliquer. Elle peut vous donner la formule et les caractéristiques de l'acide azotique. Elle ignore pourquoi le lait monte quand il bout.

Et il en est ainsi jusqu'aux degrés supérieurs de l'échelle primaire. Le rapporteur de la commission d'examen du certificat d'aptitude au professorat des écoles normales écrit : « ... Le savoir en sciences expérimentales est le plus souvent étendu, mais superficiel. Le candidat se contente de notions vagues qu'il est incapable de préciser... Beaucoup de nos aspirantes sont encore des écolières peu habituées à faire intervenir leur jugement et leur réflexion dans l'examen des formules toutes faites que leur mémoire extrait des livres ou des cours qu'elles ont eus sous les yeux... Comment refroidit-on un corps?

1. Cf. le rapport adressé par M. Tavernier à M. l'inspecteur d'académie du Morbihan (juin 1906). Cf. aussi Mlle A. Fiévet, *les Sciences physiques dans l'enseignement primaire des jeunes filles* (*Revue pédagogique,* 15 mai 1907, p. 421).

demande-t-on à l'écrit. Bien vite sur les copies s'aligne l'étalage d'une érudition empruntée à des souvenirs théoriques sur les mélanges réfrigérants, sur la liquéfaction des gaz. Mais ce n'est qu'au travers d'une préparation artificielle qu'on a entrevu le sujet. Mettre le corps dans un endroit frais? l'entourer de glace? On n'y a point songé. Pour tout le monde, au surplus, il n'y a utilité à refroidir les corps que dans les laboratoires[1]. »

C'est que le verbalisme triomphe encore dans notre enseignement scientifique. Nous restons esclaves de livres dont l'ordre classique paraît immuable, et de programmes du baccalauréat à peine démarqués pour nos écoles. Aux causeries simples et à la vue des choses, nous semblons préférer un verbiage barbare fait de mots grecs et latins à demi francisés. Et les bonnes élèves apprennent des listes interminables de noms d'animaux, de plantes, de muscles, d'os, de vaisseaux, qu'elles dégorgent fièrement, croyant posséder la science, toute la science, dont elles n'ont que l'illusion.

Pour l'enfant, la science est tout entière contenue dans le « cours » ou dans le manuel qu'on lui a mis entre les mains. Elle est aussi dans le cabinet de physique, dont les instruments étranges et dispendieux font oublier la nature et la vie et la somme immense de manifestations dont elles sont le théâtre et la cause.

Dès le cours complémentaire, l'horaire des classes et les livres divisent la science en compartiments distincts, isolés par des cloisons étanches. Et l'élève dresse une séparation entre deux parties intimement liées d'une même question touchant à la fois aux sciences physiques et aux sciences naturelles. Comme si la nature avait, au gré de nos désirs, codifié ses lois et créé à côté d'un code physique un code chimique et un code physiologique.

1. Aspirantes, ordre des sciences, année 1905 (*Revue pédagogique*, 15 oct. 1905, p. 393).

Sans doute, on prône de toutes parts la méthode active. Mais n'oublie-t-on pas souvent que l'enfant doit être le principal artisan de son instruction et de son éducation? Est-il exagéré de dire que l'élève apprend incomparablement plus par les livres que par l'observation, et qu'il n'a que très rarement vu vérifier, encore moins vérifié lui-même, les lois dont il a connaissance? Si, par cas, on fait sous ses yeux une expérience, rarement celle-ci est présentée de manière conforme à la réalité. Elle est généralement trop compliquée; et, au lieu d'être la préface de la leçon, elle n'en apparaît que comme la conclusion. N'a-t-on pas vu considérer les expériences comme une récompense à accorder aux élèves sages à la fin d'une leçon?

Quelques maîtresses ne sont pas sans apprécier justement leur œuvre. Mais elles invoquent les programmes. Ne faut-il pas, si l'on veut éviter les échecs aux examens, ne laisser dans l'ombre aucun des points du texte officiel?... Hypnotisées par les résultats à obtenir, de ces programmes qui devraient n'être pour elles que des tuteurs, elles se font des tyrans. Elles ne cherchent pas l'esprit derrière la lettre. Elles n'interprètent pas rationnellement les instructions qui leur sont données. Elles suivent aveuglément un manuel, sans vérifier si l'auteur s'est inspiré des besoins de leurs élèves, et aussi des circonstances de lieu et de temps particulières à leur école.

Et c'est ainsi que l'enseignement scientifique donné dans la plupart des classes reste un enseignement verbal et, pourrait-on dire, « autoritaire, dogmatique, *ex cathedra* ». Il n'est que très rarement *lié* à la vie. Il se limite le plus souvent aux feuillets du livre. C'est ainsi que l'élève sait des mots, mais ignore les phénomènes et se trouve incapable d'interpréter les faits les plus communs. Elle connaît des principes qu'elle expose parfois avec précision. Elle en ignore les applications les plus courantes. En un mot, elle sait pour « savoir » le jour de l'examen, mais non pour « prévoir et pourvoir » dans la vie tout entière. Et les manifestations de la nature, et le laboratoire qu'est la cuisine de la plus humble ménagère, lui restent étrangers.

Qui plus est, c'est souvent la science même qui lui reste étrangère. Et, en effet, comment, avec une telle méthode, faire aimer la science? Comment, par des notions aussi indigestes, retenir les préférences de l'élève? On surcharge son esprit de connaissances, au lieu de chercher à lui donner de bonnes habitudes de pensée et, avec elles, le désir de parfaire une instruction forcément incomplète. On semble lui dire : « Remplis ta mémoire et va à l'examen. Le diplôme qui te sera délivré attestera que tu as appris. Il te donnera le droit d'oublier et de laisser ton esprit reposer dans un doux farniente. » D'ailleurs, comment l'élève conserverait-elle, avec quelque précision, les notions étudiées? Ce n'est pas énoncer un truisme que d'affirmer que ce qui est mal appris, et par suite mal su, s'oublie. Et, en sciences, on ne sait vraiment que ce qu'on a vu, ou découvert, ou vérifié.

Quoi d'étonnant, dès lors, à ce que se perpétue l'asservissement de la ménagère à certaines notions pratiques que nous ont laissées les générations passées et qui ne sont que des préjugés? Quoi d'étonnant qu'habituées à tout recevoir sans vérifier, les femmes s'en rapportent en tout à l'opinion commune ou, pour dire plus exactement, à ceux qui leur apparaissent comme les pontifes naturels de cette opinion? Et c'est ainsi, par exemple, que la jeune maman continue à suivre les conseils de la commère qui a élevé — comment? — sept ou huit enfants, plutôt que les directions de l'institutrice célibataire, « par conséquent sans expérience », eût-elle reçu les précieuses directions du docteur Pinard.

II

Quel doit être le but à poursuivre? Est-ce seulement de confier à la mémoire les connaissances pratiques nécessaires dans la vie? Ou bien est-ce plus spécialement de viser l'éducation de l'esprit? En vérité, nous devons à la fois et parallèlement viser l'éducation de l'esprit et l'acquisition des connaissances. Car, d'une part, l'homme ne peut qu'en proportion de ce qu'il sait. Et précisément la ménagère n'est capable d'accomplir sa tâche que si elle a les connaissances scientifiques qui nous ont paru indispensables. D'autre part, l'étude des sciences contribuera plus qu'aucune autre à adapter l'intelligence de la femme aux choses du ménage, à lui permettre de comprendre, de discuter, d'améliorer les règles de travail qui lui auront été données.

Car l'enseignement des sciences peut développer en elle l'esprit d'observation. Il peut l'habituer à voir avec précision, à rechercher l'exactitude, à comparer directement. Dès lors, elle ne se paye plus de mots. L'esprit de critique personnelle, le sentiment de l'individualité, naissent et se développent en elle. A une foi obscure en la causalité se substitue l'idée nette des causes et des effets et des relations qui les lient. De précieuses habitudes de pensée se forment et se fortifient. Et la femme abandonne peu à peu les préjugés qui faisaient la faiblesse de celles qui l'ont précédée. Et, loin de laisser son esprit s'engourdir dans le travail quotidien de la maison, elle l'oriente vers l'activité mesurée, l'ordre logique, la recherche du meilleur, l'effort continu et bienfaisant.

Et enfin, nous faut-il donc dédaigner tous ces autres avantages que procure par surcroît l'enseignement des sciences : l'amour du vrai, l'idée nette de la grande loi de solidarité dans le monde physique, le respect de l'opinion d'autrui, le sentiment profond de l'inflexibilité des lois naturelles ?

III

Pour atteindre un tel but, une seule méthode convient, qui provoque l'effort, précise les connaissances et donne à l'esprit les précieuses qualités qui font sa force et assurent son affranchissement. C'est la méthode de redécouverte, la vieille méthode heuristique. C'est celle qu'appliquait Socrate, que Rabelais indique à Pantagruel par la plume de Gargantua, qui domine l'inspiration baconienne et qu'on retrouve, avec quelques légères différences, dans Descartes, Coménius, Rollin, Rousseau, Diderot, Pestalozzi et, plus près de nous, dans Spencer. C'est celle qui consiste à faire retrouver à l'enfant le chemin suivi par le savant pour découvrir la vérité. C'est celle qui fait de l'institutrice un guide, de d'élève un esprit *en action*.

Une vérité doit être établie, un fait doit être étudié. C'est l'observation et l'expérience qui doivent dominer la leçon. Considérons un phénomène des plus communs, et aussi des plus importants, qui se produit sur nous, en nous, autour de nous, et examinons comment la maîtresse peut amener l'élève à découvrir les lois qui le régissent et à tirer de ces lois les applications.

. . . .

Les fillettes viennent d'écrire : qu'est devenu le liquide déposé par la plume ?... A la sortie des classes, aux vacances, elles ont laissé leurs encriers ouverts et pleins : qu'ont-elles constaté à la rentrée ?... Leur mère arrive du lavoir ; que fait-elle du linge qu'elle apporte ?... Elles ont vu, au printemps, la mare remplie d'eau, et voilà que le fond en est à sec et crevassé : or, ce fond argileux n'a pas laissé l'eau s'infiltrer ; qu'est-elle devenue ?... Voici une assiette plate ; j'y verse le contenu d'un petit dé à coudre à demi rempli d'eau, et je la dépose sur la fenêtre : quelques instants, et les enfants constatent que l'assiette est vide... Ainsi, dans toutes ces observations, le liquide a « séché ». Il a disparu « discrètement », sans rien d'apparent. On dit qu'il s'est *évaporé*. Il y a eu *évaporation*.

Voici maintenant de l'eau qui bout depuis un instant. Les enfants ont vu le vase plein. L'eau qui s'y trouvait a-t-elle diminué?... Est-ce aussi « discrètement »? ... Quelle différence? — Du bruit. — Et encore? — Un bouillonnement visible... Il y a *ébullition*.

Evaporation et ébullition ont une fin identique. Qu'est devenu le liquide dans l'un et l'autre cas? Il s'en est allé dans l'atmosphère. Il est devenu comme un gaz transparent, invisible, qui s'est mélangé à l'air. Il s'est transformé en vapeur. Il s'est *vaporisé*. Il y a eu *vaporisation*. L'évaporation et l'ébullition sont deux formes de la vaporisation, mais non deux formes identiques. En quoi diffèrent-elles?...

Je verse le contenu d'un dé à demi plein d'eau dans une assiette plate, et autant dans un verre à liqueur. Je fais observer. L'eau a disparu dans l'assiette qu'elle a à peine diminué dans le verre. Or, quelle différence entre ce qui se passe sur un centimètre carré quelconque de la surface du liquide et ce qui se passe sur un autre centimètre carré ?... La même quantité d'eau disparaîtra donc plus vite répartie sur une grande surface que sur une petite... La vitesse avec laquelle se produit l'évaporation est proportionnelle à la surface du liquide. C'est ce que l'expérience a montré, et qu'un raisonnement *à priori* explique. — Par suite, quels avantages pratiques présente la forme de l'ouverture des encriers de la classe?... Pourquoi faut-il étendre le linge pour le sécher, et non le laisser en tas?... Rappelons-nous les marais salants...

Je verse très peu de liquide dans une assiette que j'approche d'un foyer. J'en verse la même quantité dans une autre assiette que j'éloigne du feu. La première est vide que la deuxième renferme encore du liquide. Quelle différence dans les conditions des deux assiettes? — La température. — Qu'en conclure? — Que plus la température est élevée, plus l'évaporation est rapide... Voici deux boulets en fer, servant dans la cour aux jeux des garçons. Ils sont identiques. Je plonge, en même temps, l'un dans l'eau tiède et l'autre dans l'eau froide. Je les expose à l'air... Lequel sera sec le premier? — Le boulet plongé dans l'eau tiède... Vérifions en effet... Que fait donc la ménagère, soit en été, soit en hiver, pour hâter le séchage du linge?... Que doit-on faire dans les blanchisseries par les temps froids?... (Organiser des sécheries chaudes.)

Si l'air était très humide, chargé de brouillard, le jour serait-il bon pour sécher?... Pourquoi?... Cherchons... Voici trois verres : l'un renferme de l'eau très salée, l'autre de l'eau à demi salée, la troisième de l'eau pure. Je jette dans chacun des verres la même quantité de sel, et j'agite... Dans le premier verre, le sel ne se dissout pas. Dans le second, il se dissout en petite quantité. Dans le troisième, tout le sel disparaît... N'y a-t-il pas là quelque analogie avec l'air diversement humide et l'évaporation?... Laquelle?...

Autrement: cette éponge bien sèche se gonfle aisément d'eau; si elle est déjà humide, en prend-elle autant?... Et si elle est gorgée d'eau?... Comparons à l'air et concluons : la vitesse d'évaporation décroît quand augmente l'humidité de l'atmosphère.

Notre corps, nos muqueuses (yeux, bouche, bronches...) ne sont pas soustraits au phénomène de l'évaporation. Toujours il se produit à leur surface une évaporation plus ou moins active. En hiver, le poêle élève la température de l'air de la salle. L'évaporation qui se fait sur le corps s'accélère, et les yeux piquent, et les bronches sont irritées... Comment éviter cette irritation? — En diminuant l'évaporation à la surface de nos muqueuses. — Comment diminuer cette évaporation? — En augmentant l'humidité de l'air de la salle. — Comment accroître cette humidité? — En faisant évaporer ou bouillir de l'eau sur le poêle. — N'est-ce pas ce que nous faisons?...

Voici deux assiettes. Dans chacune je verse un dé d'eau. J'agite l'air au-dessus de l'une à l'aide d'un carton... Que constatons-nous? — L'eau disparaît plus rapidement dans celle-là que dans l'autre. — A quelle cause attribuer l'accélération de l'évaporation?... Des jours où l'air est calme et des jours où le vent souffle, quels sont les meilleurs pour sécher ?... Une averse vient de tomber. Le temps est calme. La route séchera-t-elle ausi vite que par un temps venteux?...

Comment expliquer ces faits?... Cherchons. Voici donc un vase plein d'eau et une éponge. Je jette l'éponge dans le vase. Elle se gorge d'eau. Si je l'y laisse, que devient la quantité de liquide du vase? — Elle ne diminue pas sensiblement. — Si j'enlève l'éponge, je retire avec elle une certaine quantité de liquide. Je presse l'éponge et je la remets dans le vase. Mêmes constatations. Et ainsi je puis vider le vase à l'aide de l'éponge. Or, que je considère l'air. S'il est calme, la couche d'air en contact avec le liquide va « se gonfler » de vapeur d'eau. Elle va devenir très humide. Et alors?... Comment faire pour que l'évaporation continue? — Remplacer cette couche d'air humide par une autre sèche... C'est ce que nous avons fait dans notre expérience. C'est ce qui se produit naturellement quand le vent souffle. Concluons donc : l'agitation de l'air favorise l'évaporation. — Les ménagères ne l'ignorent point. Non plus les blanchisseuses, les teinturiers, les tanneurs... qui savent imaginer des dispositifs pour produire dans leurs sécheries des courants d'air activant l'évaporation.

Résumons les circonstances qui commandent l'évaporation : surface du liquide, température, humidité de l'air, agitation. L'évaporation dépend aussi de la pression de l'air. Et si nous pouvions, comme on le fait à l'aide de machines spéciales, diminuer la pression atmosphérique au-dessus de l'une de nos assiettes, nous verrions l'évaporation s'y produire plus rapidement.

Puisque l'évaporation de l'eau se produit à la surface de tous les réservoirs qui en contiennent, quelle quantité de vapeur doit se former dans l'atmosphère?... Car quelle est la surface relative des eaux sur le globe?... Que devient la vapeur ainsi formée? — Le vent l'entraîne en tous sens, aujourd'hui dans une direction, demain dans une autre. Or, quels sont les vents qui d'ordinaire nous amènent la pluie?... Pourquoi?... L'évaporation est donc le terme initial de la circulation de l'eau à la surface de la terre. Elle rend possible la vie et assure, indirectement, le nivellement du sol.

Nous n'avons jusqu'ici parlé que de l'eau. Mais voici quatre assiettes. Je verse dans chacune un plein dé de liquide, et ce liquide est, pour la première, de l'eau; pour la deuxième, de l'essence de pétrole; pour la troisième, de l'alcool à brûler; pour la quatrième, de l'huile. Observons... L'assiette à l'essence est sèche la première; puis c'est l'assiette à l'alcool, puis l'assiette à l'eau. L'huile ne paraît pas avoir diminué. Tous les liquides s'évaporent-ils?... Avec la même rapidité?... Quelles précautions faut-il donc prendre pour les liquides volatils?... Flacons d'odeur fermés à l'émeri; bouteilles d'alcool soigneusement bouchées; lampes à essence dont on couvre la mèche d'un capuchon...

Pour l'eau que nous avons là, qui bout et qui se répand en vapeur dans l'air, j'utilise un foyer de chaleur. Or, je n'ai fourni aucune chaleur à l'eau qui s'est évaporée. Y aurait-il entre les deux phénomènes d'évaporation et d'ébullition une autre différence qui ne nous est pas apparue?... Voyons. Voici un thermomètre qui donne la température de l'air de la salle. Cette bouteille d'alcool est posée sur la table depuis le matin. Quelle est la température du liquide qu'elle renferme? — Celle de la salle. — Nous pourrions le vérifier... Voici également du coton à la même température. Je pose un peu de ce coton sur le réservoir, et j'y verse quelques gouttes d'alcool. Le degré marqué par le thermomètre devrait-il changer?... Et pourtant, qu'observons-nous?... Pourquoi cet abaissement de température?... Parce qu'on a enlevé de la chaleur au coton et au réservoir du thermomètre?... Comment?... Le liquide et le coton étaient à la même température que le réservoir du thermomètre... L'alcool qui s'est évaporé a pris la chaleur nécessaire à son changement d'état aux corps avec lesquels il se trouvait en contact, c'est-à-dire au coton et au réservoir du thermomètre. Et il en est résulté un abaissement de température. Ainsi l'évaporation produit du froid.

Donnez votre main. J'y verse quelques gouttes d'alcool. Que sentez-vous?... Plongez votre main dans cette eau tiède, retirez-la et agitez-la vivement. Qu'éprouvez-vous?... Pourquoi?... Vous allez au bain, l'été, dans l'après-midi. La température de l'air est supérieure à celle de l'eau. Cependant, lorsque vous sortez du bain, vous éprouvez une vive impression de fraîcheur, parfois de froid. Et cette impression est d'autant plus vive que le vent, même chaud, est plus fort. Pourquoi?... Pourquoi vos parents emportent-ils aux champs des bouteilles recouvertes d'osier ou de toile qu'ils mouillent et exposent au vent ou même au soleil?... Comment procédons-nous d'ordinaire, les jours d'été, pour donner un peu de fraîcheur dans cette salle?... Pourquoi?...

Peut-on accélérer l'évaporation?... Comment?... Rappelons-nous les lois que nous venons d'établir... En même temps qu'on accélère l'évaporation, on accélère le refroidissement. On peut ainsi refroidir l'eau jusqu'à ce qu'elle se congèle. Et ainsi on peut fabriquer de la glace par évaporation. — Lorsque vous courez longtemps, ou lorsque vous vous livrez à un travail corporel pénible, vous suez, et la sueur est bue par votre linge. Vous sentez alors une impression de froid. Pourquoi?... Quand cette impression est-elle le plus vive ? — Dans un courant d'air. — Pourquoi?... Ce refroidissement peut être dangereux et entraîner des troubles organiques graves. Dès lors, quelles précautions nous est-il nécessaire de prendre?...

Résumons maintenant nos recherches, les lois que nous avons établies et les applications que nous en avons tirées.

. . . .

Ainsi, dans la méthode de redécouverte, le maître n'impose pas les lois comme des vérités tombées du ciel, que l'humanité n'a eu qu'à recueillir, et dont elle tire des conséquences pratiques, de même que le mathématicien tire d'un théorème les corollaires qui en découlent. Il fait dégager les lois des faits et des expériences. Au lieu d'être compliquées et rares, les expériences sont simples et fréquentes. Au lieu d'être un luxe, elles sont une nécessité. Le maître ne se contente pas du mot. Et au lieu de donner le mot avant de montrer la chose, il montre la chose avant de donner le mot. Plus de leçons *ex cathedra,* dogmatiques, d'exposés ininterrompus, de textes étudiés dans le livre. Mais des interrogations rapides, courtes, graduées, adressées à tous les élèves, les maintenant tous attentifs et désireux de parler. Le maître est véritablement le simplificateur, et surtout l'*initiateur*. Au lieu de déverser dans la mémoire de l'enfant des notions que celui-ci reçoit passivement, il amène son élève à observer, à réfléchir, à trouver, à *découvrir*. Et la science n'intimide plus l'enfant. Elle déborde les feuillets du livre. Elle s'échappe du laboratoire et de la salle de classe. Elle vit en l'élève, sous ses pieds, au-dessus de sa tête, autour de lui, partout. Et, comprise, elle se réfléchit dans le miroir de son esprit.

*
* *

Mais, dira-t-on, si l'idéal est de tout faire trouver, comment y parvenir? Il n'est pas possible, vraiment, de faire de chacun de nos élèves un Pascal, un Lavoisier ou un Pasteur au petit pied. Car comment songer à faire découvrir en quelques heures, bien plus, en quelques minutes, par nos modestes écolières, ce qu'un génie obstiné a mis plusieurs années, toute une vie même, à établir? — L'objection n'est pas sans valeur. Toutefois, considérons que l'élève ne se trouve pas dans les mêmes conditions que le savant qui cherche, qui tâtonne, qui va, vient, revient dans un dédale de sentiers inconnus. La maîtresse est là qui guide l'enfant. Sachant où il faut aller, connaissant la voie déjà tracée, elle peut l'y conduire sans à-coup et, au besoin, lui préparer les étapes nécessaires.

N'est-il pas à redouter, répliquera-t-on, que l'élève, confiante en la maîtresse qui lui montre la voie, laisse son esprit paresseux et compte plus sur une suggestion extérieure que sur un effort personnel? Et dès lors ne deviendra-t-elle pas incapable de se conduire seule et sans guide, lorsqu'elle sera abandonnée à elle-même? — D'abord, c'est à la maîtresse à exiger toujours assez de l'enfant. Ensuite, il y a les devoirs écrits que l'élève devra exécuter sans secours étranger, et [illegible] l'obligeant à faire effort, l'habitueront à l'action personnelle.

Mais aussi il faut compter avec le temps, avec les programmes, avec les examens. — Sans doute, la méthode de redécouverte exige parfois un temps plus long que la méthode d'exposition. Pourtant, nombreux sont les cas où l'induction ne demande pas au maître, pour un sujet donné, plus de minutes que n'en demanderait la déduction. Les programmes sont, dit-on, des tables des matières, et il faut épuiser ces tables. En réalité, les programmes fixent des limites. S'ils sont impératifs dans leurs grandes lignes, ils ne le sont pas dans toutes leurs parties. C'est à la maîtresse à choisir les détails nécessaires, ceux qu'il est indispensable à ses élèves de connaître. Car, dans nos classes populaires plus qu'ailleurs, nous devons avoir un juste souci de l'utilité. Et seule sait interpréter rationnellement les programmes, la maîtresse qui, délibérément, sans crainte de la tradition et des usages, rejette les notions inutiles, les « connaissances de luxe », pour se borner à celles « qu'il n'est pas permis d'ignorer ». Qui pourrait le lui imputer à crime? « Enseigner c'est choisir » ne serait donc plus un axiome pédagogique? Ne vaut-il pas mieux savoir moins, mais bien savoir et avoir le vif désir d'apprendre davantage, que d'apparaître ainsi qu'un catalogue, infidèle comme la mémoire et inexact? Et enfin, qui oserait soutenir que, dans un examen, une aspirante d'esprit ouvert, possédant des notions moins nombreuses, mais plus précises et mieux assimilées, se montrera inférieure à une autre préparée selon la méthode trop répandue et dont le savoir verbal restera à fleur de mémoire?

Mais encore : comment trouver les ressources financières indispensables? Pour faire des expériences, il faut des appareils. Et pas d'appareils sans argent. Or, combien est-il de nos écoles populaires pourvues d'un budget indépendant? — Il serait puéril de nier la force de l'objection. Qu'on ne croie pas cependant qu'il soit toujours nécessaire d'acquérir ou de construire des appareils compliqués. L'exemple que nous avons donné est peut-être suffisamment démonstratif. Ce n'est que dans des cas assez rares, en somme, que le réglage et l'installation des *expériences simples* demandent du temps, de grands soins et quelques ressources. Les directions si ingénieuses et si précises données par M. l'inspecteur général René Leblanc permettent de résoudre aisément plus d'une difficulté jugée *à priori* insurmontable.

Mais enfin : est-il vraiment possible d'appliquer la méthode heuristique à tous les sujets et, pour ainsi dire, de façon continue? — Il n'est pas douteux que certains sujets se prêtent mieux que d'autres à l'application de la méthode de redécouverte, et qu'il est des cas où la méthode d'exposition, la méthode synthétique, est préférable. Et même, dans une leçon donnée, on peut avoir à faire appel à l'une et à l'autre des deux méthodes. Il ne faut pas s'en plaindre. Car il ne peut qu'en résulter plus de variété dans l'enseignement. Et, d'autre part, l'élève ne doit pas ignorer la synthèse. Elle doit connaître la méthode d'exposition par de bons modèles, afin d'apprendre elle-même à exposer clairement et simplement. Et enfin, il est de toute évidence que l'on ne peut, à l'école élémentaire, renoncer à toute autorité. Mais la méthode heuristique sera toujours et sans hésitation préférée, partout où elle sera applicable.

En définitive, la méthode de redécouverte donne pleine satisfaction au désir d'activité de l'intelligence enfantine. Elle utilise vraiment et canalise la curiosité de l'élève. Par cela même, elle indique très exactement si l'enseignement dépasse ou non la portée de l'enfant, et elle accoutume l'esprit à trouver sa joie dans l'étude même. De plus, elle met à nu le mécanisme de la recherche scientifique. L'enfant voit que la science n'est pas toute faite, que l'homme la fait, parfois péniblement, et l'améliore chaque jour. Et enfin, habitué à s'appuyer plus sur la réalité que sur la mémoire, l'esprit gagne en force, en pénétration, en activité, et fuit l'inertie et la routine.

*
* *

La méthode heuristique convient à toutes les classes de l'école. Elle peut être graduée à volonté, à l'infini, selon l'âge, les aptitudes intellectuelles, le savoir, les besoins des enfants. Mais elle ne doit pas être appliquée identiquement — somme des connaissances à part — dans tous les cours. Car l'esprit expérimental qu'elle tend à développer suppose une certaine maturité de la pensée. L'humanité a vu naître et peu à peu se développer en elle l'esprit expérimental, qui a pris de nos jours un si bel essor qu'il suffirait à caractériser notre époque. De même on voit dans le jeune esprit naître et progressivement se développer l'idée de loi, le désir de la vérification et l'imagination logique nécessaire à cette vérification même. Vouloir présenter à l'enfant trop jeune une expérience, fût-elle peu complexe, serait donc commettre une grossière erreur pédagogique.

Aussi l'enseignement des sciences, au cours préparatoire et au cours élémentaire, doit-il se limiter aux *leçons de choses*. Il ne doit pas avoir d'autre but que d'apprendre à l'enfant à *observer* les choses, à les *nommer,* à les *comparer*. Par suite, on doit y laisser la place prépondérante à l'histoire naturelle, c'est-à-dire à l'observation et à la description de la nature. Plus tard seulement, on pourra substituer à l'histoire naturelle les sciences naturelles et faire suivre l'observation et la comparaison de l'explication. Pour atteindre ce but, on abordera alors les sciences physiques et on réalisera les expériences nécessaires pour vérifier les lois tirées de la seule observation ou pour en établir d'autres, également simples, mais moins accessibles. Ce n'est donc que peu à peu que les sciences physiques et naturelles apparaîtront à l'élève comme un tout harmonieux, reflet et commentaire de la nature entière, si variée dans ses formes, dans ses aspects et dans ses forces.

Quel que soit l'âge de l'élève, le livre par excellence pour l'étude des sciences physiques et naturelles doit être la nature même. Car c'est la nature qui est l'éternel objet de la science. C'est donc une erreur d'immobiliser l'élève sur un banc, le livre ou même le tableau noir devant les yeux, lorsqu'il s'agit de lui donner les premiers rudiments scientifiques. On semble vouloir, délibérément, lui enlever cette spontanéité charmante, ce goût si vif de la nature, qui le font s'intéresser de tout son être à l'eau claire de la source, à l'eau verte de l'étang, au têtard qui se métamorphose, au nuage qui vole, à la neige qui tombe, aux ailes de la mouche, aux plumes de l'oiseau, à tous les êtres et à toutes les choses. On semble ainsi vouloir se priver du meilleur auxiliaire qu'un maître puisse trouver.

Nul enseignement scientifique n'est donc préférable à celui qui est donné à l'enfant au dehors, dans les champs, dans les prés et dans les bois. Sans doute on peut, dans la classe même, mettre entre les mains des élèves un insecte, une fleur, un minéral, ou reproduire un phénomène, et les étudier « en soi ». On peut même, au besoin, remplacer l'être ou l'objet par une représentation suffisante : gravure, dessin, photographie, projection lumineuse. Mais seules les courses dans la campagne peuvent, par des observations répétées, donner le sentiment net de l'interdépendance des phénomènes et des êtres. Et les notions ainsi acquises et maintes fois vérifiées restent, dans la mémoire, des faits précis. Elles permettent dans la suite des synthèses, un enseignement scientifique plus suivi, plus didactique, toujours expérimental. Si l'on veut se reporter à l'exemple que nous avons donné, on y trouvera un fréquent appel aux observations recueillies au dehors, spontanément ou sous la direction de la maîtresse.

C'est ainsi établie que la science pourra devenir, dans la limite des connaissances et de l'âge de l'enfant, la science appliquée. Elle fournira dans la maison même des sujets heureux de causeries et de démonstrations. Elle précisera le sens de certaines règles de travail, justifiera ou condamnera certains usages. Elle permettra d'imaginer les moyens pratiques de parvenir au meilleur, d'améliorer sans cesse les enseignements du passé. En un mot, elle donnera, avec le « savoir », le « comprendre » et aussi le « prévoir et le pourvoir ». Alors elle sera vraiment une base solide de l'éducation ménagère.

IV

Le bénéfice intellectuel résulte de la méthode suivie Car seule la méthode vaut pour la culture de l'esprit Mais le choix des matières à enseigner n'est pas sans importance. Car, bien qu'impersonnelle et objective par essence, la science *enseignée* doit dépendre, dans une large mesure, de la destinée des élèves auxquels elle s'adresse. A tous on doit apprendre la vérité et montrer le chemin à suivre pour la découvrir. Mais pour tous on doit choisir, dans le tableau d'ensemble de notre connaissance du monde physique, les notions qui intéresseront plus directement dans l'avenir celui auquel on les donne. Et les programmes doivent accuser quelques différences de texte, ou tout au moins d'orientation, selon qu'ils sont destinés au paysan, à l'ouvrier ou à la ménagère.

Or, en définitive, la ménagère a pour tâche essentielle d'assurer le développement normal et la conservation de l'être humain. L'étude de l'homme — et surtout celle de sa nature physique — constitue donc le point central du programme de sciences dans les écoles de filles. Autour de cette étude viennent se grouper les notions qui, moins directement, intéressent la vie humaine. On peut reprocher à une telle conception de faire de l'homme « le roi légitime de la création » et de tomber dans « l'erreur anthropocentrique » qu'on a tant de fois dénoncée. Ce serait vrai si l'étude des sciences physiques et naturelles devait se borner littéralement, pour la fillette, à l'étude de l'homme considéré en lui-même. Mais l'homme n'est pas seulement homme et, par cela même, solidaire seulement des autres hommes. Il est un être, et par suite il est solidaire de toute la nature et, peut-on dire, de l'univers entier. Nous avons indiqué qu'il importe de faire pressentir à l'enfant cette idée de solidarité qui est la loi du monde. Or, donner une première idée de la solidarité universelle, montrer à grands traits les rapports étroits qu'ont entre eux tous les êtres, n'est-ce pas, précisément, faire saisir d'un regard l'intime dépendance de l'homme dans la nature, faire ressortir que, loin d'être le centre du monde, il n'est qu'une infime partie d'un tout incommensurable, et que s'il a su, par la coopération, s'affranchir partiellement des fatalités extérieures, il est encore soumis à elles, comme tous les autres êtres, animés ou non ?

L'étude de l'homme, point initial et centre du programme, aura pour objet immédiat de faire connaître la constitution physique du corps humain et le fonctionnement de l'organisme. En même temps, elle permettra de prendre l'homme comme terme de comparaison dans l'étude des animaux et de donner des idées plus précises sur ses rapports avec certains autres êtres vivants. Et elle appellera, comme complément naturel, une étude des phénomènes de la vie. Sur ces points, les règlements d'organisation pédagogique du 18 janvier 1887 et du 8 août 1896 ne donnent que de sommaires indications. Mais les jalons qu'ils posent indiquent assez nettement le chemin à parcourir. Que ce soit à la section enfantine (de 5 à 7 ans), au cours élémentaire (de 7 à 9 ans), au cours moyen (9 à 11 ans), ou au cours supérieur (11 à 13 ans), c'est l'étude de l'homme qui est en tête du programme. Viennent ensuite l'étude des animaux comparés à l'homme et envisagés dans leurs rapports avec lui, et enfin celle des plantes et des minéraux en tant qu'ils servent à la fabrication des matières ouvrées d'usage courant (habitation, vêtement, alimentation...). Au cours moyen, on précise, à l'aide des lois physiques, l'explication des faits, et la nécessité se fait impérieusement sentir de joindre l'expérience à l'observation. Au cours supérieur, enfin, les notions de sciences physiques prennent un caractère plus didactique, et la démonstration et l'expérience deviennent la règle et une nécessité évidente.

De tels programmes ont l'avantage de permettre aux institutrices une exacte adaptation de l'enseignement aux besoins futurs de leurs élèves. Ils montrent clairement quel est le point culminant des programmes de sciences à l'école primaire. Enfin ils permettent de remédier en partie aux très graves inconvénients qui résultent de l'irrégularité d'une fréquentation que les usages, et aussi les progrès apparents de l'enseignement, tendent à rendre plus courte. Car ils indiquent aux institutrices que les mêmes points doivent être revus dans chaque cours avec des développements nouveaux et des précisions nouvelles. Et ainsi, quel que soit le moment où la jeune fille quitte les bancs de l'école, aucun point essentiel n'a été laissé totalement dans l'ombre.

*
* *

Mais les règlements sont brefs et ne fixent que les grandes lignes. Il importe que les maîtresses sachent les adapter au milieu et tracer elles-mêmes leur plan d'étude. Cette adaptation, selon les circonstances, peut varier dans le détail. Elle devra toujours s'inspirer d'un même principe : l'enseignement scientifique est une base normale et nécessaire de l'éducation ménagère. Montrons rapidement, par l'indication de quelques chapitres importants, comment cette adaptation pourrait être conduite pour un cours moyen.

L'étude de la constitution de l'homme a permis celle des principales fonctions. On a mis en évidence l'importance, dans la vie organique, de deux éléments vitaux qui sont l'eau et l'air. On peut considérer le moment venu de les étudier l'un et l'autre et de faire servir cette étude à la découverte de quelques lois importantes. L'eau est indispensable à l'homme. Elle forme les neuf dixièmes de son poids. Elle est le premier aliment et le véhicule nécessaire des autres. On a vu ailleurs quelles masses énormes elle constitue à la surface du sol. On va examiner maintenant les diverses formes sous lesquelles elle se présente à nous. On verra d'abord comment l'eau liquide devient gazeuse et quelles sont les conditions de cette transformation. On fera une étude attentive de l'évaporation et de l'ébullition. Cette étude sera suivie de celle de l'eau dans l'atmosphère : humidité atmosphérique et ses dangers, nuages, pluies... Enfin, on examinera rapidement l'eau solide et ses aspects : glace, neige... Une vue d'ensemble permettra de mettre en relief le mouvement de l'eau dans la nature, son rôle essentiel dans la vie terrestre, que les déserts font apparaître si nettement. L'eau sera ensuite étudiée en elle-même. On montrera qu'elle est un corps composé. La combustion de l'hydrogène, si facile à réaliser, donnera l'idée de cette composition et montrera ce qu'est une flamme. Après avoir étudié l'eau pure, on étudiera les eaux naturelles minérales (eau de mer et sel marin, eaux gazeuses...) et les eaux polluées. On montrera les ressources qu'offrent les premières et les dangers des secondes. Les causes de pollution à la campagne seront recherchées. Et l'on tirera de cette recherche les moyens de se préserver des maladies transmises par les eaux impures. La filtration et l'ébullition seront indiquées précisément.

De même pour l'air. Il permettra de montrer les propriétés générales des gaz, comme l'eau peut permettre de montrer celles des liquides. On fera voir qu'il est un mélange de plusieurs autres gaz. On étudiera ses deux éléments principaux, mais en se bornant à l'essentiel. L'étude des propriétés comburantes de l'oxygène permettra de donner une première idée de ses combinaisons avec l'hydrogène et le charbon. On fera trouver alors les précautions qu'imposent les combustions diverses qui ont lieu dans la maison. L'azote sera présenté comme ayant une action tempérante. On rappellera l'importance de la vapeur d'eau dans l'atmosphère, et on précisera la formation et les propriétés du gaz carbonique. Ce sera l'occasion d'insister sur la fonction de respiration chez tous les êtres vivants et de donner des conseils pratiques précieux, toujours raisonnés. On ne pourra manquer alors d'indiquer le rôle des parties vertes des plantes. Mais, surtout, on mettra en relief l'existence des poussières atmosphériques. On donnera l'idée de la manière dont les savants les étudient. On comparera l'épuration, la filtration de l'air à celle de l'eau. On dira de quels éléments très divers sont formées les poussières atmosphériques, et on s'arrêtera aux nombreux phénomènes de fermentation et de putréfaction dont elles sont l'origine. On rappellera les expériences de Pasteur. On parlera des microbes. Après avoir indiqué comment la médecine, la chirurgie, l'industrie, ont profité des belles découvertes de l'école pastorienne, on précisera le parti que la ménagère en peut elle-même tirer (pour la conservation des matières alimentaires en particulier). Il y a des microbes amis qu'on a domestiqués. Mais il en est qui sont pour nous des ennemis redoutables. A ceux-là nous devons faire une guerre incessante. Et comme on ne peut aisément, dans la pratique, séparer dans l'air les microbes amis des ennemis, c'est à la poussière tout entière qu'il faut faire la guerre. Il nous faut aérer longuement, entraîner la poussière dans une masse considérable d'air en mouvement, battre loin de la maison, au vent, au soleil, les tissus feutrés ou spongieux. Il faut montrer les inconvénients de l'agile plumeau, du balayage à sec, et faire ressortir la supériorité d'un balayage humide, d'un lavage antiseptique ou simplement d'un essuyage à l'aide d'une étoffe duvetée qu'on secoue au loin.

Ainsi conçu, l'enseignement des sciences n'est pas divisé en compartiments indépendants. Il ne perd rien de son unité ni de sa précision. Les faits apparaissent à l'élève dans leur complexité naturelle. Les différents chapitres des sciences se pénètrent naturellement, s'appuyant toujours les uns sur les autres. Et enfin l'application suit invariablement le principe théorique découvert ou démontré.

V

L'enseignement scientifique n'est possible, ou tout au moins ne peut porter tous ses fruits, que si la maîtresse sait faire appel à plusieurs auxiliaires, savoir : les promenades dans la campagne, le jardin de l'école, le musée scientifique, un livre de classe bien conçu, et enfin des lectures dont la bibliothèque scolaire pourra fournir les éléments divers.

Les promenades scolaires nous sont apparues indispensables. Nous avons dit leur raison d'être et leur importance. Leur organisation doit varier selon l'âge des enfants, et surtout selon le but poursuivi. Parfois elles serviront à illustrer des leçons passées. Le plus souvent elles prépareront des leçons futures. Exceptionnellement, elles feront naître des sujets imprévus de causerie. Le but en sera nettement arrêté d'avance dans l'esprit de la maîtresse. Elles n'auront pas pour cela un caractère de rigidité nuisible à l'intérêt. Elles conserveront toujours un aimable abandon. La gaieté, la libre recherche, l'effort souriant, en feront le principal attrait et en accroîtront le profit.

Le jardin scolaire ainsi que les annexes du logement de l'institutrice peuvent être heureusement mis à contribution. Dans les écoles urbaines, le jardin manque souvent. Il existe toujours dans les écoles rurales. Il peut fournir le thème d'utiles causeries, devenir le champ d'excellentes démonstrations. Les soins raisonnés aux arbres fruitiers et aux légumes, la culture des plantes d'agrément, peuvent être pour l'institutrice un délassement salutaire. Et le jardin de l'école peut être pour les élèves un modèle à imiter. Mais surtout, que d'occasions il offre de préciser certaines notions scientifiques que les courses dans la campagne ont déjà fait connaître ou seulement pressentir !

Le clapier, le poulailler, le pigeonnier, peuvent fournir les moyens de montrer aux enfants les organes principaux du corps et d'expliquer comment ils accomplissent leurs fonctions. Il ne peut s'agir de vivisections, pas même de dissections, mais seulement de démonstrations très élémentaires. Le jour où le programme impose l'étude de la digestion, l'institutrice peut porter sur son menu du civet de lapin. Et le corps de l'animal, préparé à l'avance, peut permettre aux élèves de comprendre des notions que de longues explications seraient impuissantes à préciser.

Le musée scolaire est encore plus utile que le jardin.

Il est indispensable. Il est l'instrument nécessaire des leçons de choses et d'un enseignement suivi des sciences. Il doit être créé pour les leçons. Il doit donc refléter les programmes et marquer l'orientation de l'enseignement. Par suite, il doit être en grande partie l'œuvre de l'école, c'est-à dire de la maîtresse et des élèves. Il doit surtout renfermer ce qui est relatif à l'homme. Il serait désirable que l'homme démontable du docteur Auzoux fût dans toutes les écoles. A défaut, on devrait placer dans le musée des images nettes, coloriées, ou des planches superposables représentant les différents organes humains et permettant une étude suffisante de l'homme physique. A côté, on trouverait des échantillons classés, racontant clairement, sous forme de « séries », l'histoire des matériaux et des objets relatifs à la maison, au chauffage, à l'éclairage, au vêtement, à l'alimentation..., et enfin les divers produits reconnus nécessaires à l'enseignement des sciences et que l'expérience professionnelle aurait permis de compléter chaque année. Car le vrai caractère d'un musée scolaire, c'est d'être toujours en voie d'achèvement; c'est d'être l'œuvre d'une coopération continue entre les diverses générations d'élèves et les maîtres de l'école.

La méthode heuristique exige un enseignement oral. Elle rejette le livre au second plan. Il ne s'ensuit pas qu'elle le rende inutile. Un livre est nécessaire à l'élève. Car la maîtresse peut laisser dans l'ombre des points secondaires, qui ont cependant leur importance. Le livre supplée à ces lacunes inévitables. De plus, comprendre n'est pas tout à fait savoir. Il faut en outre un certain effort de mémoire, que le livre rend possible par la sûreté de son texte. Le livre idéal serait celui qui présenterait en un résumé saisissant et net, avec des gravures claires, une synthèse de la leçon de la maîtresse. L'enfant, livrée à elle-même, y retrouverait un écho non servile, mais pourtant fidèle, de la causerie à laquelle elle aurait pris part. Le livre renfermerait l'indication d'expériences simples, différentes de celles que la maîtresse aurait faites. Les enfants, dont la curiosité serait devenue agissante, pourraient les réaliser hors de l'école. Il en serait fait des comptes rendus. Chaque leçon serait suivie de questions à résoudre qui seraient des applications pratiques des lois étudiées. Les élèves auraient à y répondre, soit oralement, soit par écrit. Des lectures attrayantes compléteraient chaque chapitre. Elles seraient commentées en classe. Ce seraient des biographies de savants, des récits d'expériences, d'alertes études des mœurs de divers animaux, un hommage ému à un bienfaiteur anonyme ou connu de l'humanité. Ce serait proprement la partie morale et philosophique de l'ouvrage. Toujours ce livre s'inspirerait des principes qui doivent dominer l'enseignement scientifique dans les écoles de filles : faire agir et découvrir; — considérer l'enseignement des sciences comme une base nécessaire de l'éducation ménagère.

Les lectures du livre de classe seraient à elles seules insuffisantes. Les curiosités qu'on a su éveiller exigent plus d'aliments. La bibliothèque scolaire doit donc offrir d'autres ressources. Elle doit renfermer, à côté d'œuvres proprement littéraires, des extraits des écrits des savants, les meilleurs ouvrages de vulgarisation, des biographies d'hommes de science, et aussi les œuvres des écrivains qui ont observé et décrit avec émotion la nature. De telles lectures ne peuvent être un frein dangereux pour l'imagination. Car les découvertes de la science moderne ouvrent chaque jour de nouveaux horizons. Elles nous offrent de hauts exemples de tranquille courage et de ferme obstination. Et enfin, but immédiat et plus direct, elles sont une satisfaction saine au désir d'apprendre et de comprendre. Elles donnent les moyens de compléter une instruction inachevée, de suivre dans sa marche ascendante le progrès scientifique et de profiter directement, pour soi-même et pour les siens, des découvertes heureuses qu'une activité intellectuelle sans exemple provoque chaque jour.

*
* *

En résumé, il n'est pas d'éducation ménagère sérieuse sans un enseignement scientifique solide. L'enseignement des sciences physiques et naturelles doit donc être considéré, dans les classes de filles, comme un enseignement capital. Mais il ne peut atteindre pleinement son but que s'il cesse d'être livresque, s'il se dégage de traditions néfastes, pour s'inspirer des doctrines que les maîtres de la pédagogie, de Socrate à Spencer, nous ont tant de fois exposées. Seul l'emploi de la méthode heuristique peut donner à l'esprit féminin cette tournure que nous avons reconnue nécessaire. Seule une adaptation raisonnée des programmes peut fournir les connaissances indispensables à un travail domestique raisonné. Et c'est ainsi conçu seulement que l'enseignement scientifique peut être vraiment une base solide et nécessaire de l'éducation ménagère.

CHAPITRE III

L'ÉDUCATION MORALE CONSIDÉRÉE COMME UNE DES BASES DE L'ÉDUCATION MÉNAGÈRE

L'éducation morale de la femme ne doit pas être identique à celle de l'homme. — Principes généraux de l'éducation morale des femmes. — L'initiation à un idéal. — Éveil de l'esprit d'initiative. L'éducation du courage, de la patience, de la douceur, de la joie. — Les habitudes de propreté, d'ordre, d'économie, de simplicité. — Écueils à éviter.

La femme doit recevoir une éducation morale égale à celle de l'homme. Car elle est un être raisonnable, une personne morale, comme l'homme. Elle a, comme lui, droit à la vérité et au devoir. Comme lui, elle doit être élevée pour la vie morale complète. Elle doit donc être initiée « à un idéal que la raison embrasse librement et que la volonté poursuit à ses risques et périls[1] ».

Mais il est nécessaire de tenir compte des différences de nature, physiologiques et mentales, et aussi des différences de fonctions entre les deux sexes. Car, en dernière analyse, le but de l'éducation est de conduire l'être humain à toute la perfection que sa nature comporte. On ne peut réaliser cette perfection, ou tout au moins en approcher, que si on connaît les défauts à corriger, les mauvais penchants à combattre. Et ces imperfections, encore qu'inhérentes à la nature humaine, diffèrent sensiblement selon que l'on envisage l'un ou l'autre sexe. D'autre part, les bonnes tendances auxquelles on peut faire appel pour atteindre le but poursuivi ne sont pas identiques chez l'homme et chez la femme. La richesse

1. H. Marion. Cf. *l'Éducation des jeunes filles*, 8e leçon, p. 118-139.

morale de la femme est dans les élans de son cœur, et c'est faire œuvre sage que d'accorder au sentiment, dans l'éducation morale de la femme, une très large part. Enfin, s'il est nécessaire que, comme l'homme, la femme sache et veuille agir selon sa conscience, se respecter soi-même, aimer ses proches, chercher le bien de ses semblables, elle doit apporter, dans l'exécution des tâches domestiques, des qualités propres qu'une éducation morale bien conduite peut faire surgir des profondeurs du cœur et de la volonté, et cultiver jusqu'au plein épanouissement.

Or, il suffit d'avoir entendu quelques leçons de morale dans les écoles spéciales aux filles pour être convaincu que l'enseignement moral et la tendance générale de l'éducation même diffèrent peu d'ordinaire de ce qu'on observe dans les écoles de garçons. Dans les deux ordres d'établissements, ce sont les mêmes formules, présentées identiquement, accompagnées des mêmes commentaires et des mêmes récits quasi traditionnels. Fait-elle une leçon sur le courage, l'institutrice ne manque pas de donner à ses élèves, comme l'instituteur aux garçons, des exemples de courage guerrier. Et ce courage muet, si fréquent chez les femmes du peuple, c'est à peine s'il est indiqué. On représente Turenne enfant, allant la nuit, seul, dormir sur l'affût d'un canon. On passe sous silence ces dévouements sublimes qui resteraient inconnus si, grâce aux libéralités d'un philanthrope, des récompenses ne leur étaient solennellement attribuées, chaque année, avec un retentissement qu'ils n'ont pas sollicité. Il importe donc que les institutrices aient l'idée précise de la fin à poursuivre et celle des moyens nécessaires pour la réaliser.

*
* *

Le but de l'éducation morale est de donner un idéal et la volonté de l'atteindre, et, en même temps, de faire naître d'heureuses habitudes pour affranchir la volonté et seconder ses efforts.

« Avoir un idéal, c'est avoir un but supérieur à l'action de chaque jour... C'est avoir une raison de vivre[1]. » Or, plus encore que les hommes, les femmes sont éprises d'idéal. Et il est facile, en s'adressant à leur cœur, d'exalter et d'orienter leur bon vouloir. Il vaut donc mieux, dès les premières années, leur inspirer le devoir que le leur dicter. Sans doute, la morale enseignée dans les écoles de filles ne doit pas cesser d'être « législative ». Mais elle doit surtout faire naître, « au milieu de l'atmosphère étouffante de l'égoïsme des hommes, un souffle d'air pur qui ranime et vivifie », faire briller « au-dessus des obscurités et des doutes de l'existence quotidienne, une lumière qui guide et qui sauve[2] ». Aider nos filles à se former un idéal élevé, mais proportionné à leurs forces et à leur destinée future, — et, par suite, réalisable, — doit être le premier objet de l'éducation morale.

Inspirer un idéal n'est pas toute l'éducation. Il faut donner la volonté de l'atteindre. Il faut que la jeune fille soit habituée à contrôler ses impulsions. Il faut que sa raison se forme et s'éclaire. Il faut qu'elle soit soutenue du dehors par les impérieuses règles du devoir « catégorique ». Il faut enfin qu'elle puisse faire preuve d'initiative, de courage, de patience, d'endurance.

Mais si les bons principes, expression condensée de la loi morale, tracent le devoir et permettent à la volonté de s'exercer en pleine connaissance de cause, ils sont insuffisants, à eux seuls, dans la vie pratique. Car l'être humain qui accomplit le plus souvent sans effort et sans hésitation un devoir, par une force devenue instinctive, est seul dégagé d'une incertitude pénible et soustrait aux

1 et 2. Léon Bourgeois, *l'Éducation de la démocratie française*, discours prononcé à la distribution des prix du Concours général de 1896.

efforts laborieux d'une réflexion perpétuelle. Faire de l'habitude une alliée précieuse de la volonte, accumuler en l'être la force acquise par les premiers actes volontaires délibérément accomplis, c'est aider à l'affranchissement de la personne morale et soulager la volonté. Or, la femme est surtout un être d'habitude, et nous avons eu l'occasion de remarquer qu'elle est la gardienne fidèle de la coutume et de la tradition. C'est donc avec prudence qu'on doit créer en elle des habitudes, et c'est avec persévérance qu'on doit réprimer les mauvaises dispositions acquises.

Nous inspirant de ces idées, nous allons examiner brièvement comment l'éducation peut favoriser l'éclosion des qualités morales et la formation des habitudes, qui nous sont apparues au moins aussi importantes pour la ménagère que l'acquisition des connaissances.

*
* *

Il faut inspirer un idéal à la jeune fille. Car, si on lui montrait seulement ce qui est et non ce qui doit être, où serait le progrès moral? Mais il faut aussi regarder la vie réelle et en sonder les tares. La sévère réalité offre des exemples et dicte des résolutions qui ne sont ni sans grandeur ni sans beauté. D'ailleurs, si l'on reste dans le domaine du rêve, on prépare pour l'avenir des désenchantements inévitables, de cruelles désillusions. Car la chute du rêve dans la réalité a meurtri à tout jamais plus d'un être. Présenter aux fillettes la vie comme une fade idylle serait commettre une lourde erreur.

Il ne faut pas cependant que la vue des enfants s'attarde trop sur les tristesses de l'existence. Il ne faut enlever à la jeune fille ni toutes ses illusions, ni surtout son enthousiasme. Le désir d'un mieux consciemment rêvé fait naître l'ardeur à le réaliser. Et cette ardeur, qui a sa source au plus profond du cœur de la femme, peut la soutenir dans les diverses épreuves que la vie lui réserve.

Un idéal ne naît pas de leçons en forme. Il est fait de touches légères, successives, qu'impriment les conversations, les lectures, les observations spontanées, dans le milieu familial ou au dehors. La parole de la maîtresse, ses leçons, ses encouragements et ses conseils doivent coordonner ces impressions éparses, grouper les meilleures en un tout harmonieux et rejeter à l'arrière-plan, dans une obscurité voulue, celles qui créeraient la discordance et tendraient à donner à l'idéal une teinte d'amoralité ou parfois même d'immoralité. C'est, sans conteste, une tâche délicate et qui nécessite une connaissance approfondie des natures et des milieux.

Quoi qu'on puisse dire, c'est à la vie familiale que la nature convie la femme. C'est donc la vie familiale idéale qu'on fera connaître à la fillette. La peinture de cette vie qu'on lui présentera sera fidèle, sans réalisme outrancier. On en montrera la poésie et les charmes. On n'en dissimulera pas les tristes réalités. Ne serait-ce pas un non-sens de faire à l'enfant un tableau peint en rose de la maison, si, chez elle, le foyer est dévasté par la misère, le vice ou la mésintelligence? On montrera surtout que le bonheur familial est possible le plus souvent par les efforts convergents des volontés. Si l'on veut vraiment l'union, l'entente, la paix, — l'union, l'entente, la paix règnent dans la maison. Que la fillette sache donc que, par ses efforts persévérants, elle pourra créer son idéal et considérablement réduire la part inéluctable de la fatalité.

Rien n'aidera mieux à préciser cet idéal que les causeries consacrées par la maîtresse à la coopération, à la solidarité dans la famille. Et il se trouve que la solidarité domestique est une idée facilement accessible aux enfants.

Dès le jeune âge, la fillette peut avoir l'intuition de la solidarité matérielle si sensible, si apparente. Le travail « va » : la table est bien servie, le feu pétille dans la cheminée, les vêtements sont coquets. Survienne le chômage : les gâteries disparaissent, l'âtre reste obscur, la robe fanée n'est pas remplacée. Comment l'enfant ne comprendrait-elle pas que du travail de ses parents dépend le bien-être de la famille ? Si on lui montre précisément l'importance du rôle de la femme, si on lui fait comprendre que c'est elle qui « fait ou défait la maison », on a pour toujours rendu nette une idée obscurément conçue.

La fillette peut comprendre aussi facilement la solidarité physiologique dans la famille. Et, en particulier, il n'y a aucune difficulté à lui montrer que la loi funeste et effroyablement injuste de l'hérédité devra dans l'avenir lui dicter un choix et lui imposer des devoirs.

La solidarité morale lui est, au moins en partie, aussi aisément accessible. Dans une famille unie, chacun souffre des peines des autres ou se réjouit avec eux. Quelle plus simple démonstration ! Mais cette idée ne peut suffire. La solidarité morale a d'autres effets. Et le bien qui en résulte pour la vie intime de chacun des membres de la famille ne doit pas être ignoré. La femme affine son mari. Le mari affranchit sa femme. Les parents créent physiquement et moralement leurs enfants. Les enfants améliorent leurs parents. Frères et sœurs ont les uns sur les autres l'action la plus profonde et la plus bienfaisante. Mais la part d'influence morale réservée à la mère apparaît de beaucoup la plus importante. Pas une jeune fille ne devrait quitter l'école sans avoir lu ou entendu lire et commenter les pages si fines et si vraies que H. Marion a consacrées à la solidarité morale dans la maison[1].

Peu à peu, à la pure lumière de ces entretiens, l'idée de famille s'éclaire d'un jour plus vif. L'esprit domestique, instinctif, mais confus chez les enfants, prend conscience de lui-même et se précise. La notion de solidarité devient plus nette et plus vivante. Chacun se sent membre

1. *La Solidarité morale*, Ire partie, chap. II, III, IV.

d'un tout. L'égoïsme natif s'atténue, et les sentiments d'union, de dévouement, de générosité, de mansuétude, s'épanouissent.

À coup sûr, les principaux sentiments qui font la cohésion de la famille ne s'enseignent pas. L'amour conjugal est avant tout œuvre d'élection, et l'amour maternel œuvre d'instinct. Mais l'intelligence peut avoir sa part dans l'un et dans l'autre.

Il faut que les jeunes filles voient dans le mariage l'union de deux êtres, l'accord raisonné de deux volontés libres qui mettent en commun leurs vies, leurs efforts, leurs réputations, leurs qualités et jusqu'à leurs défauts. Cet accord doit être fait de mutuelle sincérité, de confiance réciproque, de bienveillance inlassable. Le bonheur domestique est aux conjoints qui le veulent. Que chacun s'efforce de ne voir que les qualités de l'autre, et au besoin se les exagère, et l'affection initiale dure et fait supporter, pardonner, oublier. Et lorsque l'âge a ridé les fronts et blanchi les cheveux, cette affection s'accroît des peines et des joies communes, des pardons et des oublis réciproques. Pourquoi le cacherions-nous à nos filles?

L'amour maternel n'a pas besoin du secours de l'esprit pour atteindre toute sa puissance. Il est parfois tyrannique chez les mères d'âme fruste. Mais l'intelligence le purifie, l'éclaire et l'oriente. Car il ne suffit pas d'aimer pour savoir. Une mère ignorante, eût-elle un cœur débordant d'amour, est incapable de développer dans ses enfants l'être physique et de fortifier l'être moral. La maternité digne de ce nom n'est pas une œuvre improvisée. C'est une œuvre patiente, et parfois rude. C'est l'œuvre de toute une vie. Car tout ce que fait la mère laisse une trace dans l'héritage physique et moral qu'elle transmet à ses enfants. De ces vérités, toutes les futures mères doivent être pénétrées.

En dehors des devoirs que crée la vie normale de la famille, il en est d'autres qui concernent les « jours mauvais ». Non point ces ombres passagères qui ont sur les êtres et les cœurs un effet déprimant, et qui aussi, heureusement, provoquent de salutaires réactions. Ont-elles d'ailleurs un caractère anormal? Et ne peuvent-elles être dissipées par le commun effort des volontés?... Mais si l'on peut écarter les différends nés de l'humeur et du caprice, ou même certaines oppositions de goûts, d'opinions ou de croyances, on ne peut, hélas! fermer le foyer à la maladie et à la mort. Et il est des jours de chômage, de tristesses et de deuil, pour lesquels un viatique est nécessaire. Il serait imprudent de taire ces épreuves.

L'intensité de la vie intérieure constitue une défense contre les menaces du destin. Pour ceux qui vivent « par le dedans », le malheur n'est pas un dissolvant. Chez les volontés fortes et les cœurs riches, les profondes blessures cimentent l'union. Et les membres de la famille se rassemblent en un groupement plus cohérent, où chacun supporte les privations sans murmure, afin d'accroître le courage de tous. La richesse du sentiment féminin permet de rendre sensibles à la fillette le tragique de telles situations et la grandeur des devoirs qu'elles imposent.

C'est ainsi que l'idéal que se crée la jeune fille s'épure et s'élève dans les familières causeries de la leçon de morale. Et il n'est jamais séparé des moyens pratiques qui permettent d'en poursuivre la réalisation.

*
* *

Longtemps, la mère résume pour l'enfant tout le savoir ménager. Entraînée par son penchant à l'imitation, la fillette reproduit mécaniquement et avant tout examen critique les actes qu'elle lui voit accomplir, les jugements qu'elle lui entend exprimer. Plus le milieu où elle vit est fermé, plus uniformes sont les opinions et les pratiques qu'elle y peut observer, et plus rarement une contradiction donne l'éveil à son sens critique, vient aiguillonner son esprit, le mettre sur le chemin du doute.

Naturellement et à son insu, elle acquiert ainsi les habitudes de travail et de pensée qu'a consacrées la tradition. Et elle devient insensiblement semblable à une machine que meut la coutume, de même que les ailes d'un moulin sont poussées par le vent.

C'est cet aveugle asservissement à l'usage qu'il faut combattre. Il faut donc éveiller et fortifier chez l'enfant l'esprit d'initiative. A vrai dire, cette tâche constitue toute l'éducation de la volonté. Nous n'avons pas à la tracer ici. Il est cependant un point qui doit retenir l'attention. La femme est un être d'habitude et de tradition. Mais elle est aussi un être de sentiment. Or, la sensibilité peut être le soutien le plus puissant de la volonté, comme aussi en devenir l'ennemi le plus redoutable. Il faut donc orienter les désirs de la fillette vers ce qui est beau et ce qui est bon, alors même qu'elle est incapable d'en comprendre la grandeur et l'utilité. Et il faut toujours joindre aux arguments tirés de la raison d'autres arguments tirés du cœur qui accroîtront la force des premiers, au point de les rendre irrésistibles.

Avoir de l'initiative, vouloir s'affranchir de la servitude du passé lorsqu'elle est dangereuse, c'est réfléchir, c'est chercher sans cesse le mieux; c'est avoir cette tournure d'esprit qui porte à « ouvrir l'œil », à voir précisément, à savoir saisir l'amélioration possible; c'est être prévoyant dans le travail, soucieux de suivre l'ordre logique, de trouver la méthode nécessaire. Nous avons indiqué ailleurs comment un enseignement bien conduit des sciences contribue puissamment à donner ces qualités d'esprit. Et si la méthode heuristique est appliquée à tous les enseignements auxquels elle peut convenir, peu à peu l'esprit féminin, malgré d'inévitables retours au traditionalisme et à la soumission aveugle, acquerra plus de pénétration et d'indépendance.

Mais il ne suffit pas de savoir discerner et de choisir ce qui est le meilleur. Il faut vouloir le réaliser. Il faut avoir le courage d'agir. Or, si les femmes sont courageuses, elles ne le sont pas à la manière des hommes. Parfois admirables de patience et de résignation, elles ne savent braver l'opinion que lorsqu'un sentiment tout-puissant les anime. Pour inspirer à la femme le courage de rompre avec la tradition, toutes les fois que celle-ci lui apparaît surannée et nuisible, il ne faut pas, sans mesure, s'attaquer au respect humain. Car « la femme est un être tout d'instinct; mais c'est sa faiblesse autant que sa force » ; et « ce qu'on appelle l'honneur féminin tient plus encore que toute autre espèce ou forme de l'honneur mondain aux jugements, voire aux simples impressions de la foule[1] ». Mais il importe que, dans le domaine pratique, les opinions courantes soient librement examinées par elle, à la lueur du bon sens et à l'aide des notions positives acquises peu à peu au cours de la scolarité. Alors, accoutumée à discuter les opinions et les usages, ceux-ci ne gardent plus pour elle ce caractère d'immutabilité devant lequel elle s'incline si aisément. Ayant moins peur des mots, elle va plus loyalement au fond des choses. Et elle hésite plus rarement à rompre avec une tradition que la raison lui a montrée faillible.

La volonté de la femme n'est pas habituellement tenace. Son courage actif est fait surtout d'impulsion. Et une volonté impulsive reste capricieuse, inégale, changeante. Aussi voit-on souvent les femmes commencer successivement plusieurs travaux et les abandonner avant leur complet achèvement. Ce travers naît surtout de l'impuissance de l'attention[2]. Stimuler et diriger l'attention de la fillette, la rendre capable de fixer et de concentrer son esprit, c'est donc déjà, indirectement, lui donner ce courage durable qui est proprement la persévérance. L'accoutumer dès le jeune âge à n'entreprendre que ce qu'elle peut achever, et la mettre dans l'obligation d'achever tout ce

1. H. Marion, *l'Education des jeunes filles*, 8e leçon, p. 122-127.
2. Cf. Ribot, *les Maladies de la volonté*.

qu'elle a entrepris, à moins d'impossibilité évidente, c'est imposer à sa volonté chancelante des habitudes qu'on ne peut craindre de voir devenir dangereuses, tant elles apparaissent contraires à la nature féminine.

Si le courage actif de la femme est fait d'impulsion et curieusement mobile, sa patience et sa résignation sont admirables. Mais c'est qu'alors on retrouve à la source le sentiment qui soutient et réconforte. Mariée, la femme endure en silence les maux que lui impose, parfois sans mesure, un mari qu'elle aime malgré tout. Mère, elle supporte sans une plainte les exigences tyranniques de son enfant malade. Devant la douleur, si vives que soient ses appréhensions, elle montre un calme que ne connaissent pas tous les hommes; et, jusque dans la misère, elle conserve une grande force d'âme. Mais il lui manque le pouvoir de s'insurger contre l'évitable, de tenter un effort vigoureux pour changer le cours de la fortune. Il faut donc donner à sa volonté un peu de cette « virilité » qui lui fait défaut. Et c'est par une éducation libérale qui fournit à la volonté les moyens de s'exercer et développe l'énergie active qu'on peut atteindre un tel but.

La femme est patiente de nature. Mais elle est également irritable. Il n'y a là aucune contradiction. Chez la femme, la patience naît le plus souvent de la sympathie. Or, la sympathie peut devenir exclusive et, par suite, exigeante, susceptible. Cette irritabilité est encore une manifestation du caractère féminin. Ne pouvant modérer ses impulsions, la femme se montre souvent énervée, agacée. Enfin, elle aime la contradiction. Car la contradiction lui apparaît comme l'affranchissement momentané d'une volonté qu'elle sent faible. Aussi, bien souvent, malgré ses bonnes intentions, elle rend, par ses sautes d'humeur, la maison familiale sombre et triste. C'est là un grave défaut dont l'éducatrice doit se préoccuper. Elle doit s'attacher à développer une volonté robuste, maîtresse des impulsions irréfléchies. Elle doit aussi faire connaître à la jeune fille combien le manque de douceur cause de maux dans la maison, soit en troublant la tranquillité même du foyer, soit en rendant difficile l'éducation des enfants.

Si la joie a, d'ordinaire, sa source dans une énergie physique surabondante, elle dépend aussi, et dans une large mesure, de la volonté. La tristesse peut naître d'une dépression psychique passagère ou d'un état organique morbide. Mais elle peut également avoir pour origine le tempérament ou encore de cruels chagrins causés par le malheur, l'injustice ou la désillusion. La femme qui s'est créé de toutes pièces un idéal inaccessible, parce qu'il ne laisse aucune place aux réalités, est à chaque minute choquée par le contact avec le réel. Et, désenchantée, elle s'isole dans ses pensées. Elle ignore le contentement et la joie. Elle répand autour d'elle la morosité. Au contraire, celle qui sait faire la part de l'inévitable est moins atteinte par les à-coup de la vie. Joyeuse, elle sème la joie dans son entourage. Et elle accomplit ainsi, souvent à son insu, un devoir social. Se créer un idéal réalisable, quoique élevé, telle est la première condition pour éviter la tristesse. Et si, par surcroît, la volonté est assez puissante pour triompher des chagrins, pour chasser les pensées fixes et les idées noires, pour retenir l'attention et l'effort sur un travail aussi conforme que possible aux goûts naturels, c'est la gaieté communicative et bienfaisante qui prend possession de l'être. C'est en s'inspirant de ces idées qu'il est possible de faire naître et développer la bonne et saine joie dans l'âme de la jeune fille.

En résumé, l'initiative, le courage, la patience, la douceur et la joie comptent parmi les fruits naturels d'une bonne éducation de la volonté. La formation morale de la ménagère a donc pour condition nécessaire une culture raisonnée et persévérante de la faculté de vouloir. Or, cette culture n'est possible, chez la femme, que par une « captation » du sentiment. Ces deux considérations résument la solution du problème et tracent les grandes lignes de la conduite à tenir dans l'éducation morale, base de l'éducation ménagère.

*
* *

Il est nécessaire de veiller à l'éducation de la volonté féminine. Il n'est pas moins nécessaire de favoriser la formation de bonnes habitudes. Et cette considération, qui a un caractère général, gagne en force, si l'on remarque que les qualités de propreté, d'ordre, d'économie et de simplicité, nécessaires à la ménagère, sont faites d'un faisceau d'habitudes qui « se commandent » les unes les autres.

La propreté corporelle naît du désir de plaire. Et l'on retrouve à son origine, comme à celle de la coquetterie, l'instinct sexuel. Car la propreté fait ressortir la fraîcheur et la pureté du teint. Elle ajoute ainsi à l'attrait de la personne. Mais elle n'atteint que les parties visibles du corps. Les mains et le visage sont lavés avec plus de soin que les épaules et les bras. D'autre part, le désir sexuel n'apparaît normalement qu'à l'adolescence. Ce serait donc se leurrer que de compter sur l'instinct seul pour développer en chacun de nous la propreté intégrale. Il faut surtout compter sur la puissance souveraine de l'habitude et, plus tard, sur celle de la raison.

C'est dès les premières années qu'on doit donner à l'enfant de bonnes habitudes de propreté. Ces habitudes doivent avant tout concerner le corps. Elles doivent également s'étendre aux vêtements et aux objets dont use l'enfant.

Les habitudes de propreté corporelle ne sont vraiment enracinées dans l'enfant que lorsqu'elles se montrent impératives. L'horreur de la malpropreté, le besoin d'ablutions fréquentes, sont des indices qui ne trompent pas. Inspirer cette horreur, faire naître ce besoin, devrait être pour la plus grande part l'œuvre de la mère. Si la mère imposait à sa fille, dès le jeune âge, les bains, les soins à la chevelure, aux oreilles, aux yeux, à la bouche, aux mains, aux ongles et au corps tout entier, la propreté corporelle deviendrait une nécessité pour l'enfant. Dans l'état actuel des choses, l'école peut difficilement, à elle seule, suffire à donner des habitudes de propreté totale. Car nos installations scolaires sont, sur ce point, d'une insuffisance manifeste. Du moins la maîtresse peut-elle veiller à la propreté des mains, du visage et du cou. Un pain de savon blanc et l'eau qui coule de la fontaine peuvent suffire à ces soins. Sans doute, les filles sont plus réservées que les garçons. Elles trouvent moins d'occasions de salir leurs mains pendant le trajet de la maison familiale à l'école, et dans la cour, durant les récréations. Mais l'encre tache les doigts malhabiles. Le frottement sur une table poussiéreuse ternit la peau. Le jeu défait les cheveux. Une revue rapide des mains, des visages et des têtes doit être faite non seulement à l'entrée en classe, mais encore après chaque récréation, et parfois même au cours des leçons. Et la maîtresse doit inlassablement se montrer sans pitié pour les enfants qui ont horreur de l'eau.

Le désir de la propreté des vêtements peut être assez facilement inspiré aux enfants. Mais sa réalisation présente parfois des difficultés. C'est avec la plus grande discrétion que la maîtresse doit intervenir. Si telle élève n'a pas un tablier d'une propreté exemplaire, il faut fermer les yeux : elle n'a que celui-là. Ce qu'il est toujours possible d'obtenir, c'est que l'enfant ait horreur de tout ce qui salit, et qu'elle se garde des jeux et des mouvements inutiles pouvant souiller ses vêtements. La maîtresse ne peut manquer de trouver, dans cette partie de sa tâche, la collaboration intéressée de toutes les mères, surtout des moins fortunées.

De même en ce qui concerne la propreté des objets dont use l'enfant. A la maison, la mère doit imposer la propreté dans tout ce qui est à l'usage de sa fille. A l'école, l'institutrice doit agir identiquement pour le pupitre, les cahiers, les livres, le panier. Et la classe tout entière doit témoigner que la collectivité a le souci commun d'une grande propreté. Qu'on ne voie plus de cahiers et de livres malpropres, couverts de taches. Plus de gouttelettes d'encre projetées par une plume trop chargée; plus de crachats sous les tables, de pelures de fruits, de miettes de pain, de morceaux de papier. Si la classe n'est pas luxueuse, qu'elle soit propre. Qu'on déclare la guerre à la poussière et aux détritus de toute nature. Dans le vestibule, une caisse en bois doit recevoir les menus débris dont les enfants veulent se débarrasser. Plus de grands coups de balai qui soulèvent des nuages opaques de poussière. Un lavage bihebdomadaire du parquet, avec essuyage au linge humide de tous les meubles, doit être fait soigneusement. Si la cour de récréation était pavée de bois, et par suite aisément lavable, les enfants n'emporteraient pas dans la classe, à la semelle de leurs chaussures, d'épaisses plaques de boue. Qu'au moins un paillasson solide ou une grille métallique leur permette d'enlever la terre qui adhère aux sabots.

Les habitudes de propreté résultent ainsi d'une action de tous les instants. Peu à peu, par les leçons d'hygiène, le sens de ces habitudes se précise. L'enfant à qui on a facilement démontré que « propreté soutient santé », comprend l'importance des habitudes qu'on lui a imposées. Et si, par surcroît, on lui donne la conscience de la dignité de son être, elle ne peut manquer de prendre d'elle-même les soins que lui suggère la raison et que d'autre part les dispositions acquises lui dictent impérieusement.

Donner des habitudes de propreté, c'est en même temps donner des habitudes d'ordre. Car il est impossible de concevoir l'une des deux qualités sans l'autre. Montrer à la fillette comment elle peut préserver ses vêtements des souillures, c'est, du même coup, lui inspirer l'idée de les ranger soigneusement. Elle ne peut conserver propre son cahier que si elle le place avec attention dans son pupitre, loin des causes de malpropreté, et si elle le munit d'une couverture protectrice. Déplacer les objets de la classe pour les nettoyer, c'est, par voie de conséquence, se donner la tâche de les ranger. La formation des habitudes d'ordre est donc corrélative de la formation des habitudes de propreté.

L'ordre est régularité et exactitude. Exiger des élèves qu'elles arrivent à l'heure ; que, le signal donné, elles prennent aussitôt les places qui leur sont assignées, c'est les préparer à l'ordre. Il faut en outre les habituer à ranger soigneusement, à leur entrée en classe, leurs manteaux, leurs coiffures, leurs paniers à provisions. Il faut également imposer l'ordre dans les cartables et dans les pupitres. Des revues inopinées tiennent en haleine les désordonnées. L'ordre doit se retrouver dans les cahiers : les marges, les titres des devoirs, les dates, les traits de séparation, doivent être soigneusement tracés. Dans chaque devoir même, un ordre est nécessaire : dans les problèmes, l'énoncé doit précéder le raisonnement, et le raisonnement placé en vedette doit préparer la solution ; dans la solution, les opérations doivent être écrites à part ; et dans chaque opération même, les chiffres doivent être à leur place, rangés avec soin.

Mais il ne suffit pas de vouloir l'ordre. Il faut vouloir l'ordre le meilleur. Il faut faire imaginer la disposition la plus favorable à la destination utile. C'est tâche relativement aisée. Il suffit de procéder par comparaison, de faire toucher du doigt la supériorité d'un arrangement sur un autre. Il faut aussi suggérer la disposition qui satisfait le mieux la vue. Nous verrons plus loin comment on peut y parvenir. L'exemple de la maîtresse, la régularité et la méthode dans le travail parferont l'œuvre.

Dès que l'âge de l'enfant le permet, il faut justifier ces habitudes d'ordre qu'on exige d'elle, en s'adressant à sa raison. On ne doit pas manquer de montrer les conséquences du désordre, surtout dans la vie familiale : la mauvaise humeur et la maussaderie, le temps perdu, la méfiance éveillée, le gaspillage ruineux, les contestations ennuyeuses. On doit mettre en opposition les bienfaits de l'ordre : la régularité dans les occupations, la morosité évitée, l'épargne rendue possible, les contestations écartées, la vie commune devenue facile et sans à-coup fâcheux; et enfin, au foyer même, la répercussion morale sur le père et sur les enfants. Car, il faut que la jeune fille le comprenne, l'ordre est une puissance éducatrice.

Les habitudes d'ordre et les habitudes d'économie et de prévoyance ont d'étroits rapports. La femme désordonnée ne compte jamais son argent. Elle dépense au hasard des besoins et de l'inspiration. Sa bourse s'épuise vite. Ne sachant exactement ce qu'elle a fait des sommes qu'elle disperse sans méthode, elle peut être amenée à soupçonner son entourage. Ne tenant aucun compte régulier, elle paye deux fois la même dette à un fournisseur indélicat, ou bien elle croit avoir déjà payé une autre dette dont on lui réclame à bon droit le montant. Elle se laisse tromper, ou bien elle est poussée au soupçon. Elle vit au jour le jour. Parfois même elle perd pied, et, ne pouvant joindre les deux bouts, elle se trouve plongée dans les tracas. L'avenir la laisse indifférente. Car l'insouciance et le désordre vont de pair. Et elle ne fait rien pour assurer la sécurité du lendemain. Au contraire, la femme ordonnée connaît l'économie et la prévoyance. Car l'ordre conserve les choses. Il recule l'échéance de leur renouvellement et diminue ainsi les dépenses. Et n'est-ce pas une pensée d'avenir que celle qui conduit à faire durer un objet pour en jouir davantage? Nous avons vu ailleurs que l'économie est la synthèse d'une partie des vertus que l'éducation morale doit développer dans l'enfant.

Mais l'économie est aussi un art. Elle demande, pour être pratiquée, des connaissances précises et une sorte d'entraînement. Car l'utilisation des ressources les plus négligeables en apparence demande un savoir-faire qui ne pourrait naître à défaut d'un enseignement méthodique, que d'une longue expérience. Et aussi, il est des institutions dont l'enfant doit apprendre le fonctionnement dès le jeune âge. Telles sont : les mutualités, les assurances, les caisses d'épargne. En particulier, le fonctionnement des caisses d'épargne et des mutualités ne peut être mieux démontré que par l'organisation de sections scolaires dans les diverses classes de filles. Ainsi, dès leur jeune âge, les enfants peuvent acquérir des habitudes d'épargne et de prévoyance.

Il importe également de leur donner des notions de comptabilité domestique et l'habitude de relever quotidiennement les dépenses de la maison. Sur ce dernier point, la collaboration de la famille est précieuse. On peut y suppléer, dans une certaine mesure, par la tenue régulière, en commun, de la comptabilité des soupes et des cantines organisées dans la plupart des écoles publiques, et même, quand il est possible, par le relevé minutieux des dépenses que mentionne le budget de l'école. On peut aussi faire tenir aux élèves la comptabilité d'une famille dont ils imaginent la composition et les besoins. C'est un point sur lequel nous aurons à revenir. Enfin, des leçons de morale précises doivent grouper toutes ces idées éparses en un solide faisceau. Et les idées d'économie et de prévoyance prennent ainsi, aux yeux de l'enfant, toute la précision et toute la clarté nécessaires.

La simplicité accompagne l'économie et la prévoyance. Car une femme économe et prévoyante est nécessairement simple, les besoins et les plaisirs factices lui paraissant toujours trop coûteux. Mais pourquoi recommander la simplicité aux élèves de nos écoles? La médiocrité de leur origine ne devrait-elle pas suffire à leur imposer l'essentiel dans les besoins?... C'est qu'il est dans la nature de la femme de vouloir toujours se mesurer à l'effet qu'elle produit. Et ce sentiment, qui n'est autre que la vanité, l'entraîne souvent hors de la simplicité. La paysanne singe la citadine. L'ouvrière fait la demoiselle. La femme de l'artisan veut paraître bourgeoise. Et la bourgeoise joue à la châtelaine. L'éducation de la simplicité doit donc trouver place même à l'école primaire.

Puisque la vanité est l'ennemie propre de la simplicité, il faut combattre la vanité chez nos filles. L'enfant ne doit jamais entendre de comparaisons trop flatteuses pour elle. Et à elle-même les louanges doivent être parcimonieusement mesurées. Enfin, on doit combattre tout mépris qui naîtrait en elle pour ceux qui pourraient lui paraître d'une « condition inférieure ».

La vanité entraîne avec elle la jalousie et l'envie, deux formes du désir. L'envie et la jalousie naissent d'une comparaison avec autrui. Il faut donc éviter de choquer la fillette par des parallèles trop désavantageux pour elle. Il faut lui montrer que certaines inégalités physiques sont inévitables, mais qu'on peut les compenser par une supériorité morale. Et enfin, il faut dire que si la misère est douloureuse, décourageante et démoralisante, la pauvreté honnête n'est ni un vice ni une honte. Elle impose des privations. Mais, diminuant le nombre des jouissances, elle rend plus vives celles qui sont ressenties. Et elle est la meilleure école de la volonté. La nature féminine offre d'ailleurs des ressources précieuses. Le sentiment, qui domine en elle, peut être orienté vers les tendances altruistes. Et le développement des tendances sympathiques et affectueuses peut contribuer à écarter l'envie et la jalousie.

Pour refréner chez l'enfant le désir irraisonné, le plus sûr moyen, c'est de ne pas l'accoutumer à tout obtenir. « Car, dit Rousseau, ses désirs croissent incessamment par la facilité de les satisfaire[1]. » Il faut accoutumer de bonne heure la fillette à borner ses désirs à ses forces. Ainsi elle sent peu la privation de ce qui n'est pas en son pouvoir. Il faut lui accorder toujours au premier

1. L'*Emile*, p. 67 (édit. Garnier).

signal ce qu'on ne veut pas lui refuser, mais que tous les refus soient irrévocables[1].

Enfin, que les jouets qu'on donne à l'enfant soient simples : ceux qui lui procurent le plus de joie sont ceux qu'elle imagine et construit elle-même. Qu'elle n'entende que des paroles simples. Qu'elle ne lise que des œuvres écrites simplement. Qu'elle-même parle avec simplicité. Qu'on lui montre qu'il ne suffit pas d'être vêtue avec recherche pour paraître distinguée. La distinction ne s'achète ni chez la modiste ni chez la couturière. Elle voisine volontiers avec la simplicité. Qu'on bannisse donc trop de recherche de son costume, et qu'à l'école on lui interdise les bijoux, imitation malsaine du luxe. Qu'on lui montre que le simple peut être beau, et que même il atteint à la beauté plutôt que le compliqué.

C'est ainsi qu'on peut donner de bonne heure à la jeune fille les habitudes de propreté, d'ordre, d'économie et de simplicité, si nécessaires à la ménagère. Mais il faut éviter que ces habitudes ne conduisent à la routine. Nous avons déjà demandé qu'on suscite un antagoniste aux habitudes qui endorment la liberté. Cet antagoniste, c'est l'esprit d'initiative, c'est le désir du mieux, c'est la pensée constante d'une amélioration possible. Toute habitude doit donc être justifiée. Mais on ne doit pas manquer de faire remarquer qu'il est nécessaire de changer d'habitudes, lorsque la raison l'impose. L'obéissance aux habitudes, même volontairement acquises, ne doit pas être aveugle, mais réfléchie. Et il serait bon de montrer comment on peut, périodiquement, procéder à un examen critique des habitudes auxquelles on obéit chaque jour.

Il faut aussi veiller à ce que des habitudes excellentes ne deviennent une gêne par leur exagération. Car « les femmes courent risque d'être extrêmes en tout[2] ». Si

1. Cf. même ouvr., p. 73.
2. Fénelon, *De l'Education des filles*, ouvr. cit., p. 110.

donc il faut inspirer à l'enfant une propreté qui préserve et qui ennoblisse, il faut l'éloigner d'une recherche excessive de sa personne. Sinon, on pourrait voir se développer en elle une coquetterie exagérée, et aussi la fatuité et la paresse, sources de vice et de ruine. S'il faut lui donner le désir de conserver propres les objets dont elle use, il ne faut pas que, par une sorte de fétichisme, elle évite de s'en servir. Les vêtements sont faits pour habiller, les livres pour être lus, et les jouets pour amuser. Il ne faut pas que le besoin de propreté et d'ordre impose la privation d'objets indispensables. Il ne faut pas que, plus tard, l'enfant devenue mère persécute les siens pour le fragment de terre attaché à leur chaussure, la poussière fixée à leur vêtement ou un siège enlevé de sa place habituelle[1].

Ce n'est pas l'excès de la simplicité qu'on doit redouter chez la femme, quoique, à vrai dire, certaines qui ne sont rien moins que simples dans leur costume imposent une extrême frugalité aux membres de leur famille. La simplicité mesurée doit régenter également tous les domaines de l'activité féminine. Mais ce qu'on doit redouter surtout, c'est de voir la femme glisser de l'économie dans l'avarice. Car la tendance à l'avarice est naturelle à la femme. « Ce qu'il y a de plus rare en France après une femme bête, c'est une femme généreuse, » dit Mme de Girardin[2]. Et Fénelon, plus précis : « Craignez... que l'économie n'aille en elles jusqu'à l'avarice ; montrez-leur en détail tous les ridicules de cette passion. Dites-leur ensuite : « Prenez garde que l'avarice gagne peu et

1. Cf. même ouvr., p. 112 : « La propreté, quand elle est modérée, est une vertu ; mais, quand on y suit trop son goût, on la tourne en petitesse d'esprit. Le bon goût rejette la délicatesse excessive ; il traite les petites choses de petites et n'en est point blessé... Accoutumez les enfants à une propreté simple et facile à pratiquer... »

2. Cité par H. Marion, *Psychologie de la femme*, 6e leçon, p. 123. Cf. Boileau, *Sat.* X, où l'avarice est dépeinte comme un trait essentiel du caractère féminin.

« qu'elle se déshonore beaucoup... Il ne faut retrancher « les dépenses superflues que pour être en état de faire « plus libéralement celles que la bienséance, ou l'amitié, « ou la charité, inspirent... C'est le bon ordre, et non cer-« taines épargnes sordides, qui fait les grands profits. » Ne manquez pas de représenter l'erreur grossière de ces femmes qui se savent bon gré d'épargner une bougie, pendant qu'elles se laissent tromper par un intendant sur le gros de toutes leurs affaires[1]. » Ce sont là de précieux conseils, qu'on peut ajuster à toute condition. Il ne faut donc pas accepter sans examen le conseil de Mme Campan : « Qu'une mère ne craigne pas de rendre sa fille avare[2]. » Il faut, au contraire, imposer des barrières à l'économie. Il faut, ici surtout, donner le sens de la juste mesure.

1. Ouvr. cité, p. 110-111.
2. Cité par Larcher, ouvr. cité, p. 179.

CHAPITRE IV

L'ÉDUCATION MORALE (SUITE) : L'ÉDUCATION ESTHÉTIQUE

Objections que peut soulever l'éducation esthétique des filles du peuple. — Le goût chez la femme. — L'éducation esthétique préparatoire : propreté ; respect de la personne humaine ; ordre ; harmonie ; amour de la vie et sentiment de la nature. — L'éducation par le milieu : l'art à l'école. — L'enseignement du dessin, du travail manuel et du chant. — Le sentiment de la poésie.
Conclusion.

Il est nécessaire, avons-nous conclu, de cultiver dès l'enfance, en la future ménagère, les sentiments esthétiques.

Quelle idée téméraire, s'écrieront encore certains, d'ouvrir les écoles populaires de filles à l'enseignement du beau ! L'art, vraiment, sera toujours pour les foules quelque chose de saugrenu. Et le peuple a autre chose à faire qu'à s'occuper d'art. Etant un délassement pour l'artiste, une connaissance de luxe, il ne peut être que l'apanage d'une élite.

Affirmer que l'art doit être réservé à une aristocratie de privilégiés, qu'il est chose étrangère à la foule, c'est reprendre une thèse peu à peu abandonnée, malgré quelques regains de faveur[1]. C'est, d'abord, oublier la vraie tradition des génies grec et français. Car, en Grèce, les œuvres d'art, si simples et si belles, loin d'être dérobées

1. Cf. notamment André Beaunier, *l'Art et le Peuple* (*la Plume*, 15 juin 1901).

aux regards dans des demeures privées, s'élevaient au centre de la cité, à la vue de tous ; tous communiaient en émotion devant les temples sortis du cerveau d'Ictinus et les marbres qu'animait le ciseau de Phidias. Dans la vieille France, l'art gothique se révèle populaire par ses aspirations et surtout par la nature des sujets qu'il traite, la plupart empruntés à la vie paysanne et à la vie ouvrière. Plus près de nous, de purs artistes ont créé un art vraiment populaire, c'est-à-dire fait de ce qui est commun à tous les hommes et capable de les unir; et leurs œuvres sont comprises et admirées de la foule anonyme.

Et puis, l'art n'apparaît pas seulement dans les tableaux de maîtres et les belles sculptures qu'acquièrent à prix d'or, parfois sans en jouir véritablement, les heureux de la fortune. Il n'est pas seulement dans les décors majestueux des Alpes ou le charme lumineux et apaisant des collines attiques que, seule, peut contempler une minorité privilégiée. L'art est aussi dans le pli d'une étoffe drapée, dans les lignes sobres d'un vêtement, dans l'intérieur calme de la maison familiale. L'art est encore dans le bourg tranquille qui couronne le coteau, dans l'éclat profond des bois, dans le fleuve qui reluit, bouillonne et s'écaille d'écume, dans l'eau verte et miroitante de l'étang. Il est dans la chanson rustique de la bergère. Il est dans le modeste volume qui renferme les stances admirables du poète. Il est à la portée de tous.

Et enfin, est-ce que les émotions esthétiques doivent être réservées à une catégorie d'individus ? Est-ce que, seule, une élite a droit au bonheur complet ? En vérité, pourquoi « interdisez-vous à la foule de vos frères ce qui fait le meilleur de votre vie, et leur fermez-vous l'accès d'un ordre de pensées et de sentiments qui, avec quelques autres de même sorte, fait votre vrai titre à la dignité d'homme ? L'aspiration vers les choses supérieures, les élans de l'enthousiasme, les joies pures de l'imagination, de quel droit les traitez-vous de luxe inutile ? C'est, au contraire, quand une destinée est obscure, rude et laborieuse qu'elle a surtout besoin de s'illuminer d'un pur rayon de poésie[1]. »

Mais l'école populaire ne réussit pas dans sa mission essentielle, qui est d'armer pour le rude combat de la vie moderne. Comment lui demander encore de nouvelles disciplines ? — A coup sûr, le désir de donner une culture intégrale aux enfants du peuple a fait surcharger les programmes d'enseignement de notions dont l'utilité n'est pas évidente. Et l'on doit désirer qu'il soit fait un choix vraiment rationnel des connaissances nécessaires aux élèves des écoles primaires. Mais il ne s'agit pas d'enseigner la beauté à nos filles comme on leur enseigne l'histoire; de leur faire, *ex cathedra* et à heures fixes, des leçons d'esthétique; de définir le beau et d'en rechercher les éléments. Il ne s'agit pas davantage de préparer des artistes. Evidemment, nous courrions à un échec certain « Il y a, dit Bain, très peu d'hommes qui soient artistes; les autres jouissent des œuvres produites par les premiers. » Ce que nous voulons, c'est amener nos filles à jouir des œuvres produites par les artistes et par le plus grand de tous, la nature; c'est développer en elles le sentiment du beau, le rendre plus vif, plus sûr, plus délicat; c'est, pour si humble que soit leur destinée, les mettre à même de s'inspirer de la beauté qu'on leur aura révélée, pour réaliser dans leur milieu le genre de beauté qu'il comporte, orner avec goût leur personne et leur demeure. Ce n'est là, en réalité, qu'une direction nouvelle de l'activité des éducateurs, une orientation plus nette de tendances éparses en divers enseignements.

Alors, quels dangers sont à redouter ! Développer dans la jeune fille le sentiment du beau, c'est donner à un être naturellement imaginatif le désir de s'évader du réel; et, du haut de l'idéal qu'elle se sera créé, la vie lui paraîtra mesquine, et elle la prendra en dégoût. — L'éducation

1. Elie Pécaut et Ch. Baude, *l'Art; simples entretiens à l'usage des écoles primaires*, Avertissement, p. 6.

esthétique contribue à épurer l'idéal que se forme la jeune fille. Faut-il s'en plaindre ?... Nous avons dit assez que la formation d'un idéal élevé, mais réalisable, doit être la préoccupation première dans l'éducation morale de nos filles. Et nous avons insisté sur les précautions nécessaires pour que cet idéal ne soit pas fait seulement de rêve et qu'il ne perde pas contact avec la réalité. D'ailleurs, assurer que l'école primaire, en donnant à la masse le désir d'un mieux rêvé, la pousse à s'insurger, c'est reprendre un système par trop familier aux ennemis de l'école laïque. Le découragement et la révolte naissent du manque de volonté, de l'injustice, de revers de toute nature. Et les sentiments esthétiques, loin d'avoir les effets qu'on dénonce, sont, au contraire, un remède aux chagrins. Désintéressées et communicatives, les émotions que procure la beauté sont apaisantes ; elles rapprochent les individus dans une pensée commune. Et Guyau avait pleinement raison quand il attribuait à l'art un rôle de progrès social[1].

Développer le sens esthétique de la femme, pourra-t-on dire encore, c'est la rendre, elle dont l'émotivité est si vive et si profonde, plus accessible à la douleur ; et si l'on envisage le milieu où doit vivre la femme du peuple et les maux que sa situation lui réserve, on conviendra que c'est accroître la rudesse de sa tâche. — Il est hors de doute que l'éducation esthétique ne peut que rendre la femme plus sensible au plaisir, par suite à la douleur. On peut le regretter. Mais le bien ne dépasse-t-il pas de beaucoup le mal ? La femme plus fine, la maison plus attirante, les liens familiaux resserrés, la moralité générale relevée, sans compter les bénéfices pratiques que nous n'avons pas à évaluer ici, sont-ils donc négligeables ? Et enfin, toute médaille a son revers. En affinant la conscience, on accroît le poids du remords. En développant les sentiments altruistes, on augmente la somme des douleurs

1. Cf. *l'Art au point de vue sociologique*, p. 14-21.

possibles, chacun prenant une part plus grande aux peines des autres. S'ensuit-il qu'il faille laisser la conscience fruste et l'égoïsme triomphant ?

On pourra ajouter : Veut-on développer chez la femme, qui naît vaniteuse et « avec un désir violent de plaire[1] », l'amour effréné du luxe et, par suite, l'entraîner à des dépenses excessives, peut-être au vice ? — Certes, le sentiment du beau, faussé, peut conduire au luxe coûteux. Il est des femmes pour qui cher est beau, et bon marché laid. Mais l'art n'est pas seulement chez le joaillier, chez le couturier à la mode, chez le marchand de tableaux. Il est dans la fleur du pré voisin, dans la tige grimpante du lierre. Il est dans une simple percale, dans le vieux bahut familial, dans le plâtre ivoiré du modeste étalagiste. Et les progrès économiques permettent à l'ouvrière de satisfaire son goût pour le beau sans de grandes dépenses. Les ruines qu'on peut invoquer ont d'autres causes, qu'ont signalées les moralistes.

Mais enfin, l'éducation esthétique inspirera à la jeune paysanne le goût de la vie urbaine dont, par une illusion trompeuse, elle s'exagère les jouissances plus encore que les avantages. Par suite, ne provoquera-t-on pas la désertion des campagnes qu'on déplore si justement ? — L'attrait de la ville pour la jeune paysanne est fait d'ignorance : ignorance de la vie urbaine qui lui apparaît dorée à travers les récits mensongers de ses compagnes devenues citadines ; ignorance de la vie rurale, car elle a des yeux et ne sait point voir les charmes du coin de terre où elle vit et la poésie profonde des divers aspects de la nature. Et ce n'est pas soutenir un paradoxe que d'affirmer que l'éducation esthétique peut, au contraire, accroître l'amour de la paysanne pour le sol natal, en lui révélant des beautés que trop souvent elle ignore ou dont elle ne sait pas jouir.

En résumé, toutes ces objections ne sont que spécieu-

1. Fénelon, ouvr. cité, X, p. 98.

ses. Au reste, le sens de la beauté est un des caractères de la nature humaine. Au sortir de l'animalité, l'homme s'est révélé sensible à la beauté, ainsi qu'en témoigne un art simple et sincère dont les traces sont parvenues jusqu'à nous. De même, le jeune enfant manifeste de bonne heure une sensibilité esthétique vague. Cette sensibilité, orientée d'abord vers les couleurs vives et la musique éclatante, se précise peu à peu et, parfois, se fixe sur les formes harmonieuses et les effets discrets. Elle est particulièrement développée chez la femme, qu'on voit rechercher l'agréable de préférence à l'utile. Il faut donc la satisfaire. Mais elle n'a, naturellement, ni la pureté ni l'élévation désirables. La femme laissée étrangère à l'art véritable demande des satisfactions à ce qui n'en est que la caricature grotesque. Elle charge ses chapeaux de plumes et de fleurs aux couleurs criardes. Elle couvre ses vêtements de falbalas coûteux et laids. Elle marque sa préférence pour les romances pleurardes et prétentieuses. Elle introduit dans sa demeure une horrible imagerie de faits divers. Au contraire, si on lui donne le goût du beau, elle abandonne les couleurs trop vives et les formes raides et à grand effet. Son goût va à la musique noblement émue. Sa maison s'orne de verdure et de reproductions de purs chefs-d'œuvre.

En même temps, ses manières, ses paroles et ses actes se modifient peu à peu. La négligence dans les vêtements, la vulgarité dans les expressions, la grossièreté dans les gestes, s'atténuent à mesure que le goût s'affine et que le sentiment du beau s'affermit. Or, les femmes donnent aux hommes enfants leurs premières habitudes. Aux adultes qui veulent plaire, elles imposent plus de réserve et plus de douceur. Et ainsi leur distinction se reflète autour d'elles. Est-ce donc un avantage méprisable? Et faut-il laisser dans la rudesse et la trivialité ceux que quelques efforts peuvent enlever au gros égoïsme sans gêne?

Non, l'art n'est pas l'apanage de quelques-uns. L'art

est chose humaine. Il ne doit pas être subordonné à la condition sociale. Et les écoles populaires de filles doivent s'ouvrir largement devant lui.

*
* *

Le goût est un attribut essentiel de la femme. Mais il est, chez elle, soumis aux caprices de la mode, aux règles de l'usage, à la voix de l'opinion. « Cela va au point, dit H. Marion rappelant Chamfort, que pour savoir si elle doit aimer un homme, la femme tiendra plus de compte de la manière dont les autres le voient que de la manière dont elle le voit elle-même. » Aussi suit-elle le plus souvent les chemins battus, sans chercher à ouvrir des voies nouvelles. Et elle se montre plus sensible au joli, à l'élégance aimable, de bon ton, qu'au beau véritable et à la profondeur [1].

Il faut développer, épurer, fortifier, affranchir le goût de la femme. Mais la femme ne peut ressentir pleinement le besoin d'art que si elle éprouve d'autres besoins qui lui sont dictés par l'hygiène, le respect profond de la personne humaine, l'ordre, l'harmonie, l'amour de la vie.

Car le désir du beau ne peut éclore et surtout ne peut se satisfaire dans la misère physiologique. Et la misère physiologique est corrélative de l'inobservation des règles de l'hygiène, et notamment de la malpropreté. Donner des habitudes de propreté, c'est donc diminuer la somme de misère et de laideur, c'est préparer le désir d'art et le goût du beau.

Inspirer le respect profond de la personne humaine, c'est proprement donner l'éducation morale. On ne peut s'étonner que cette éducation soit une condition nécessaire de l'éducation esthétique. Car le sens du beau est connexe du sens moral et de l'amour du vrai. Les Grecs le comprenaient ainsi. Ils associaient fréquemment les

1. Cf. H. Marion, *Psychologie de la femme*, 8e leçon, p. 179-183.

expressions « beau », « bien » et « vrai ». Même les stoïciens proclamaient l'identité de la vertu et de la beauté. Il est bien vrai « qu'un lien subtil et fort conduit de l'idée de justice à l'idée de beauté[1] ». Et le commerce de la beauté peut rendre intolérables les fautes et les laideurs morales. Montrer à l'enfant que les pensées et les actions sont belles ou laides; que les vices, les défauts et les actes qu'ils provoquent sont des formes de la laideur; les qualités, les vertus et les traits qu'elles inspirent, des manifestations de la beauté, c'est aider au développement du sens esthétique. Car l'idée de beauté dominant la vie morale entière peut se répandre sur toute l'activité humaine.

Surtout, il n'est point d'art sans ordre. Non point que la beauté ait pour condition première la régularité géométrique. L'art véritable est ordre intelligent, équilibre dans les parties, simplicité du plan, malgré, parfois, la multiplicité des détails. L'art grec n'est pas esclave d'une symétrie absolue. Il laisse place à l'imprévu qui repose. Et l'art japonais, dissymétrique par essence, laisse voir un ordre intelligent qui charme. L'ordre qu'il faut enseigner à la fillette n'est donc pas la régularité symétrique. C'est l'apparence qui satisfait l'œil et aide à l'effort de l'intelligence. Cet ordre, nous avons vu qu'il faut l'imposer dans les vêtements de l'enfant, dans son pupitre, dans ses cahiers, enfin dans l'école tout entière.

Il n'est pas non plus d'art sans harmonie. L'harmonie doit exister dans les formes, dans les couleurs, dans les sons, dans les mouvements. Donner le sens de l'harmonie, c'est donner le goût des jolies formes et des couleurs discrètes qui s'assemblent sans se heurter. Le sens des formes et des couleurs se développe par une éducation appropriée de la vue, par l'étude des belles œuvres et par les exercices de dessin et de travail manuel. Le sens de l'harmonie des sons est le produit d'une bonne

1. Anat. France, *Vers les temps meilleurs*, t. III, p. 7.

éducation de l'ouïe, et l'enseignement du chant est l'instrument principal de cette éducation.

L'harmonie des mouvements peut être le fruit d'une heureuse disposition naturelle ou du milieu. Mais, dans nos classes primaires, nous devons surtout compter sur l'exemple et sur les exercices physiques. Une institutrice de manières distinguées, sans afféterie ni prétention, fait des jeunes filles modelées à son image. Mais les exercices physiques donnent de la force à la grâce. Les mouvements que provoquent les jeux libres sont brusques, précipités, désordonnés, sans ménagement des forces, sans souci de l'harmonie. Seules, les rondes, quand elles sont bien conduites, échappent à cette règle. On a tort, dans les écoles de filles, de faire bon marché de la gymnastique, et même, le plus souvent, de la sacrifier tout à fait. Rien n'est plus propre, en même temps qu'à fortifier le corps, à donner de la grâce et de l'élégance à l'attitude, que les mouvements d'équilibre, la marche et la course légère, avec les bras levés soutenant un léger fardeau sur la tête. A ces mouvements peuvent être joints des exercices de danse. Lorsque le temps est beau, la récréation peut être coupée par une farandole légère qui se déroule de la cour au jardin. Ainsi initiées au jeu des attitudes, les fillettes, et en particulier celles de la campagne, cessent de paraître gauches et lourdes. Goûtant mieux la grâce et l'harmonie des mouvements, elles peuvent les remarquer dans les œuvres d'art et dans la nature même et s'y montrer sensibles.

L'art est ordre et harmonie. Il est aussi expression de la vie. Il puise sa force dans le spectacle de la nature, dans la beauté des êtres vivants. Il est donc nécessaire de mettre l'enfant en présence de la vie, de la lui faire comprendre, de la lui faire admirer et aimer. Et les promenades dans la campagne, que nous avons reconnues indispensables à un enseignement rationnel des sciences, nous apparaissent également importantes dans l'éducation esthétique. L'initiation à la nature doit être progressive. Car l'enfant n'a d'abord qu'un champ d'observation limité. Capable de voir et de comparer des êtres à sa taille, il ne peut, sans préparation, embrasser un ensemble. La petite fille cueille avec joie, pour mieux l'admirer, une fleur dont la forme, la couleur, le port, la séduisent, et elle tente de faire partager son admiration à ceux qui l'entourent. Elle reste insensible devant un beau paysage. Elle goûte cette pure merveille qu'est l'enfant pleureur de la cathédrale d'Amiens. Elle reste froide devant le monument lui-même. On la laissera donc observer ce qui sollicite spontanément sa curiosité. Ou plutôt, on lui fera choisir ce qu'elle désire regarder : une plante, un insecte, un lézard, une rainette. De la plante, elle pourra remarquer la grâce, l'élégance, la fine coloration; de l'insecte, la richesse des teintes, les reflets mordorés, la robustesse des formes; du lézard, la sveltesse, le coloris, les mouvements rapides; de la rainette, la forme trapue, la couleur verte du corps, la couleur jaune des yeux, l'air naïf et gauche. En même temps, on dirigera son attention sur les bruits « vivants » : les chants joyeux des oiseaux, le frémissement des insectes, le murmure du ruisseau, le bruissement des feuilles agitées par le vent. La musique des êtres contribue à la beauté de la nature comme les couleurs et comme les formes.

Plus tard, l'attention pourra être dirigée sur un petit groupement : une gerbe de fleurs des champs, une famille de chats jouants, une troupe de martinets criants qui sillonnent le ciel; ou bien sur un être plus grand, arbre majestueux ou bœuf au repos. Elle comparera entre elles les attitudes, les formes et les couleurs. Peu à peu, elle sentira le charme et la variété de la vie. Et, par des transitions insensibles, elle arrivera à goûter la poésie, la grandeur et la beauté d'un vaste ensemble. Elle comprendra et aimera les divers aspects de la nature : le printemps joyeux et frais, l'été éclatant et ruisselant de lumière, l'automne mélancolique et somptueux, l'hiver triste et sévère. Elle saura admirer les beautés de l'heure : les couleurs pures et tendres de l'aurore, le coloris éclatant du soleil couchant, la tranquillité sereine de la nuit[1]. En même temps, l'univers lui sera révélé, et, progressivement, la science lui fera entrevoir les plus sublimes spectacles. L'immensité du monde, la prodigieuse diversité des formes vivantes, la genèse de soleils issus de nébuleuses qui naissent, éblouissent et meurent en provoquant des évolutions nouvelles, s'offriront à son admiration et feront éclore en elle le sentiment du grandiose.

Ainsi, peu à peu, elle trouvera dans la nature le beau sous tous ses aspects. Elle en extraira les éléments de beauté qui l'auront frappée. Elle pourra combiner ces éléments pour les adapter à la décoration des personnes et des choses.

*
* *

La meilleure éducation esthétique est celle que l'enfant reçoit instinctivement du milieu où il vit. Et Platon avait raison de demander qu'on entoure l'enfant de belles œuvres d'art et qu'on le fasse vivre au milieu d'un peuple de statues. En Suède, les plus grands artistes travaillent pour les enfants, et des peintres fameux décorent les écoles et les lycées. En Belgique, une ingénieuse combinaison permet, dans certaines communes, la décoration à fresque des murs. Et dans les écoles de filles, les diverses pièces de la maison sont embellies à l'aide de fleurs, de vitraux, de draperies, de rideaux, de tapis[2]. En Amérique, la salle d'étude a l'aspect d'un *home*. Certaines classes font penser à un salon bien tenu et donnent une impression de

1. Cf. Mme Necker de Saussure, *l'Éducation progressive* : « Partagez les goûts de l'enfant, et bientôt il s'associera aux vôtres. Quand vous aurez saisi ce qui lui plaît, observez avec lui tous les détails qui l'intéressent; peu à peu vous porterez ses regards plus au loin et vous lui ferez admirer la beauté dans un grand ensemble. » (T. II, p. 31-32.)
2. Cf. Léon Riotor, *l'Imagerie scolaire en Belgique* (*Revue pédagogique*, 15 nov. 1906.)

confort artistique. « Au fond..., la chaire du maître. Sur cette chaire, très large, se trouve à gauche une plante verte. Derrière, un immense tableau noir tenant toute la largeur du mur. Au-dessous du tableau et au milieu, un buste. De chaque côté, de grandes peintures qui semblent être des copies d'œuvres d'art célèbres. Lorsque le maître est assis à sa chaire, il voit à sa gauche un superbe piano. Sur un dessus brodé, par les élèves sans doute, une fort belle statuette de marbre blanc, flanquée de deux plantes vertes ; en face de lui, les travées des tables, chaque table faite pour deux élèves seulement. A sa droite, un chevalet supportant un large tableau superbement encadré comme les autres[1]. »

En France, on a demandé à maintes reprises que les classes deviennent une sorte de petit musée artistique où l'imagination de l'enfant puisse se complaire et son œil se familiariser avec la beauté[2]. Mais les efforts tentés pour réaliser ce programme ont été vains. Beaucoup de classes urbaines et la plupart des classes rurales sont loin de ressembler aux classes américaines. Des murs souvent délabrés, dont on renouvelle de loin en loin le badigeon uniforme et terne; aux fenêtres, des rideaux défraîchis qui pendent comme des loques; les tableaux réglementaires au papier jauni; de vieilles cartes moisies et pâlies; d'autres plus neuves, aux couleurs éclatantes; des abécédaires écornés, des tableaux synoptiques vénérables et sans utilité; une représentation grossière du chef de l'Etat; quelques tableaux d'histoire naturelle, des maximes diverses : voilà ce qu'offre aux yeux la décoration ordinaire de nos classes. Heureux quand on n'y trouve pas exposées en permanence des scènes affreuses d'alcoolisme, des images niaises ou de choquantes enluminures. Rarement on y remarque des gravures ou des

1. *Revue pédagogique*, 15 nov. 1904, p. 496.

2. Cf. le rapport Ch. Bigot du 11 avril 1881, la circulaire ministérielle du 24 sept. 1899 et les travaux du Congrès de l'Art à l'école (22 et 23 mai 1904).

affiches géographiques, dons du ministère ou d'un bienfaiteur local.

Il est juste de reconnaître que les institutrices s'efforcent d'embellir leurs écoles. On peut fréquemment constater des tentatives méritoires. Mais les ressources font défaut. Et les maîtresses ne peuvent qu'utiliser plus ou moins heureusement les gravures diverses qu'elles recueillent : feuillets de journaux illustrés, primes de chocolat, couvertures de cahiers, catalogues de librairie... Quelles fautes grossières de goût ainsi commises!

Et aussi quelles erreurs de méthode! Les murs sont littéralement couverts de cartes et de tableaux d'enseignement, d'images variées, qui restent continuellement à la vue des élèves. Comment, dans ces conditions, la curiosité de l'enfant ne se développerait-elle pas? pense-t-on. Comment son intelligence ne prendrait-elle pas de bonne heure plus d'étendue et plus de vigueur? Car la vue est de tous nos sens celui qui contribue le plus à l'éducation des facultés supérieures. Et sous l'influence de tant de suggestions qui leur viennent par la vue, ces facultés doivent prendre chez l'enfant un essor rapide et soutenu. — En réalité, il n'y a pas de rapport direct entre le développement de l'enseignement visuel ainsi compris et celui de l'intelligence. La faculté de penser, d'avoir des idées, de les lier en jugements, tient peu à cette imagerie. Car une image est particulière, et l'idée est générale. De plus, en raison même de leur abondance, ces tableaux et ces gravures ne frappent pas l'enfant. L'élève passe d'une représentation à l'autre, mais d'ordinaire son attention ne se fixe sur aucune. Il éprouve cet embarras des personnes qui visitent une première fois un riche musée ou une exposition. Il garde une impression superficielle de certaines choses, ne peut rien préciser; ou bien, l'expérience le prouve, il ne précise que l'accessoire. En outre, maîtres et élèves s'habituent à voir d'un œil distrait les éléments divers qui constituent la décoration de la salle. Et, au moment même de la leçon, quand l'objet devrait frapper vivement, il n'excite qu'une attention superficielle et vague. Le maître, confiant dans la vertu du « visuélisme », néglige d'utiliser la gravure, ou la préfère à la chose même dont elle n'est qu'une traduction inexacte. Faut-il ajouter que, par l'exposition permanente à la lumière et à l'air, les cartes et les tableaux se décolorent et se couvrent de poussière, et que la multiplicité des gravures rend difficile, parfois même impossible, le nettoyage des murs?

Représentons-nous une modeste classe primaire ornée avec goût. Il y règne une propreté méticuleuse. Les parois sont recouvertes d'une peinture à l'huile claire et lavable. La décoration est sobre, simple et variée. Le règlement des écoles, l'emploi du temps... sont fixés au mur, entourés d'une bande de papier sombre ou doré formant encadrement. Quelques cadres passe-partout sont disposés l'un au-dessus de la chaire, les autres entre les fenêtres. Ils reçoivent périodiquement de nouvelles œuvres originales, sincèrement et simplement exécutées, ou encore des reproductions exactes des chefs-d'œuvre de l'art. Sur une console, dans un angle, sous un éclairage propice, un bon moulage en plâtre ivoiré d'une œuvre gracieuse ou forte. Sur le bureau de l'institutrice, un tapis sobrement orné, œuvre des élèves, et un vase simple, de forme élégante, contenant une gerbe de fleurs des champs, quelques rameaux de lierre ou une touffe de gui. Aux fenêtres, des rideaux de cretonne, de nuance discrète, sont simplement drapés, et un cordonnet forme embrasse.

Les tableaux d'histoire naturelle et de système métrique, les cartes de géographie, ce qui, en un mot, constitue l'illustration purement documentaire, sont mis à l'abri de la poussière et des accidents. On ne les utilise qu'au moment même des leçons. Un appareil de suspension adapté au tableau noir permet de le mettre aisément, quand il le faut, à la vue des enfants.

De temps à autre, les cadres sont retirés et les murs restent nus. Une nouvelle disposition est imaginée par les élèves. C'est à qui, parmi elles, montre le plus de goût, de sens artistique. Dans l'intervalle, l'œil et l'attention peuvent se reposer. L'enfant est plus sensible aux œuvres nouvelles qui lui sont présentées. Sa curiosité ne se disperse ni ne se fatigue. La classe prend un air plus familial. Et les fillettes ont sous les yeux un modèle dont elles pourront s'inspirer dans l'avenir[1].

Le choix des gravures et des moulages est important. Car, si le goût artistique de l'enfant trouve une satisfaction dans l'aspect général de la classe, les objets mêmes qui constituent l'ornementation lui révèlent l'harmonie des formes et la grâce des attitudes. Le choix des œuvres ne doit pas être inspiré par des considérations d'école artistique. Nous n'avons pas à prendre parti entre des tendances diverses, parfois opposées. Ce choix doit être dicté par un juste souci de l'éducation morale et d'une éducation artistique rationnelle. Les mêmes considérations qui imposent une progression dans le choix des êtres vivants à présenter à l'examen de l'enfant, doivent inspirer le choix des œuvres d'art à introduire dans l'école. Mais d'autres éléments sont à considérer. Une œuvre souillée ou mutilée, une ébauche incomplète, perdent tout charme aux yeux de l'enfant. Elle y voit de la négligence, un défaut d'application qui jure avec ce qu'on exige d'elle. Elle ne peut encore suppléer par l'imagination aux lacunes accidentelles ou voulues, et son attention se porte surtout sur ce qu'elle considère comme un défaut. Les moulages reproduiront donc des œuvres intactes, et les gravures seront autre chose que des ébauches.

On trouve aisément dans le commerce des séries de photographies et de gravures destinées aux écoles[2]. Elles

1. Cf. *l'Art à l'école*, dans *Causeries pédagogiques*, p. 201-203.

2. Les photogravures Braun, les gravures sorties de l'atelier de chalcographie du Louvre, celles que répand la Société populaire des Beaux-Arts (16, rue Grange-Batelière, Paris); les eaux-fortes originales, lithographies, gravures sur bois du *Grafischer Künstlerverbund*, Munich; les lithographies des *Original Steinzeichnungen Zeitgenossischer Künstler*, Ed. Raschen's Erben, Mayer et Zeller's

constituent des reproductions scrupuleuses de purs chefs-d'œuvre de peinture et de sculpture. Elles donnent l'idée nette des formes et des attitudes. Mais elles sont monochromes. Or, les enfants ont un goût marqué pour les couleurs. Il faut, pour cette raison, préférer des reproductions coloriées. Il le faut aussi parce qu'on ne doit pas négliger l'éducation de la vue par l'observation de tons fondus, par le rapprochement des nuances harmonieuses. Grâce aux procédés pratiques perfectionnés, on trouve des reproductions en couleurs des chefs-d'œuvre de la peinture dont l'exactitude et la finesse d'exécution conviennent à merveille pour nos classes[1].

Mais l'idéal est que des artistes, tout en restant sincères, s'efforcent de redevenir enfants et créent pour les écoles des œuvres naturellement naïves et simplement belles. Ces œuvres permettraient de conduire l'élève, par une gradation insensible, aux beautés supérieures de l'art. Quelques efforts en ce sens ont été tentés. La collection Fitzroy, due à l'initiative de la Société pour l'éducation artistique populaire fondée par Ruskin, comprend des sujets empruntés aux saisons, au travail industriel, à l'histoire, à la légende. Elle est remarquable par la pureté du dessin et la netteté du coloris. Le peintre français Rivière a voulu une simplification, une synthèse, pour se rapprocher de l'enfant. Ses grandes lithogra-

Nachfolger; les *Zeitgenossischen Künstblätter*, de Breitkopf et Härtel, Leipzig; *Ludwig Richters Vollbilder*, Alphonse Dürer, Leipzig; quatre gravures de l'œuvre rustique de J.-F. Millet.

1. Les tableaux muraux de Hugo d'Alési; *les Chefs-d'œuvre des grands maîtres*, Hachette et Cie; *l'Art et la Couleur, les Maîtres contemporains et les Galeries d'Europe*, de H. Laurens; *les Lithographies artistiques coloriées* du Karlsrüher Künsterbund, R. Vogtländer, Leipzig; *Die Meisterbilder deutsche Haus*, éditée par le Küstwart, G.-O.-Z. Callweg, Munich; *les Maîtres de la peinture*, A. Colin, Paris; les affiches en couleurs de Et. Moreau-Nélaton; celles de Mlle Hélène Dufau.

Et enfin les innombrables collections accueillies en Belgique avec faveur et que nous fait connaître M. Léon Riotor. Cf. *l'Imagerie scolaire en Belgique*, art. cité.

phies coloriées représentent des « paysages parisiens », des « aspects de la Nature », la « Féerie des Heures ». On y trouve du pittoresque, du sentiment, de la poésie. Elles sont facilement accessibles aux grandes élèves. On pourrait joindre à ces œuvres des reproductions des tableaux de Puvis de Chavannes. La noblesse de l'inspiration de ce grand peintre, la sérénité de son idéal, la simplicité de sa technique, en font un classique populaire, presque toujours accessible à la foule[1].

Il va de soi que les sujets immoraux doivent être impitoyablement exclus de nos classes. Pour les écoles de filles conviennent surtout les descriptions des peines et des joies, des mœurs et des coutumes populaires, les incidents et les grands événements de la vie domestique, des paysages simples. On peut citer entre mille : *la Sainte Famille,* de Rubens ; *l'Accordée de village,* de Greuze ; *la Famille de Rubens,* par Rubens; *Mme Vigée-Lebrun et sa fille,* de Mme Vigée-Lebrun; *la Femme à la fontaine, la Cuisinière,* de Chardin; *la Paix au foyer,* de Brouillet; *Doux Pays, le Pauvre Pêcheur, l'Hiver,* de Puvis de Chavannes; *l'Abreuvoir, les Glaneuses, l'Angélus,* de Millet; *Matinée,* de Corot; *les Foins,* de Bastien-Lepage; *Pâturage,* de Potter; *Soir d'été, Bois l'hiver, la Montagne, le Ruisseau,* de Rivière... Et, parmi les moulages : *la Diane de Gabies, la Madone de Rimini,* quelques *Tanagras...*

Les œuvres ainsi offertes à l'admiration des enfants ne doivent fournir en aucun cas le sujet d'une dissertation esthétique. Car, par la pédanterie, on amènerait le dégoût de l'art chez l'élève. Et aussi nous devons respecter les personnalités naissantes. Que la maîtresse se borne donc, comme dans l'observation de la nature, à

1. La Société nationale de l'Art à l'école a couronné quatre panneaux, constituant une reproduction exacte des cartons de l'auteur, reproduisant au trait, en trois tons, *l'Enfance de sainte Geneviève.* On pourrait reproduire de même *l'Hiver, le Pauvre Pêcheur, Doux Pays, Ludus pro Patria, la Paix.*

diriger l'attention de l'élève, à provoquer des comparaisons. Et si les œuvres présentées sont sincères, si elles sont l'expression d'un sentiment accessible à l'enfant, l'émotion naît; discrète d'abord, elle s'impose peu à peu, et l'élève arrive à goûter tout le charme prenant de la gravure et du moulage[1].

Un moyen pratique recommandable est celui qui consiste à faire apprécier la beauté par le contraste. Comment l'enfant dont le goût a déjà été sagement orienté, ne sentirait-elle pas la distance qui sépare la grossière enluminure représentant un fait divers, de la lithographie originale qui traduit un aspect de la nature? Et comment la supériorité d'une simple gerbe de fleurettes des prés sur un assemblage de fleurs de papier ne lui apparaîtrait-elle pas[2]?

L'effort décoratif ne doit pas être limité à la salle de classe. Il doit se porter sur l'école tout entière et sur tous les instruments d'instruction destinés à l'enfant. Les dispositions architecturales de l'école, la décoration extérieure, tout ce qui entoure le bâtiment, doit présenter un aspect agréable. L'école devrait apparaître au milieu de la verdure. Des massifs de fleurs confiés aux soins des enfants ajouteraient au charme de la maison scolaire. Les diverses annexes : préaux, couloirs, cours, où tout est sacrifié à l'utilité, devraient perdre leur aspect monotone et triste. Des décors simples, des corbeilles fleuries, pourraient être partout disposées pour la satisfaction de l'œil.

Si les tableaux documentaires, et en général toutes les figurations destinées à l'enseignement, doivent être d'une

1. Cf. sur la manière dont peut être commentée une œuvre d'art, la conférence de M. Ch. Bayet, publiée dans l'*Annuaire de l'enseignement primaire,* année 1902, p. 392 et suiv. : *l'Art dans ses rapports avec la démocratie et avec l'école* (notamment p. 400-403).

2. A l'action du milieu se rattachent, pour les écoles urbaines, des visites méthodiques aux musées et aux monuments locaux. Il ne faut user de ces moyens qu'avec une extrême prudence. D'ailleurs, bien peu de nos filles peuvent profiter de ressources de cet ordre.

grande exactitude, ils doivent aussi être présentés avec goût. Les gravures des livres scolaires doivent s'harmoniser avec le caractère de l'ouvrage, et la disposition typographique même doit présenter aux enfants une leçon de goût. Et même les ouvrages destinés aux tout jeunes élèves devraient n'être que des recueils de gravures dont le sujet serait en rapport avec l'âge de l'élève et dont l'exécution conserverait toujours un caractère artistique.

Malheureusement, la réalisation de l'école vraiment artistique présentera longtemps encore de grandes difficultés. Et la principale est précisément l'absence de goût chez la plupart des municipalités et le mépris pour tout ce qui n'apparaît pas d'une utilité évidente et immédiate.

*
* *

L'éducation esthétique est surtout l'œuvre du milieu. Mais divers enseignements peuvent aider plus ou moins puissammeut à la formation du goût. Ce sont : le dessin, le travail manuel et le chant.

On a beaucoup discuté sur la méthode à suivre dans l'enseignement du dessin[1]. Si l'on en juge par ce que nous avons déjà dit, c'est à une méthode basée sur l'observation de la nature qu'il convient de s'arrêter. Et il faut abandonner la méthode géométrique qui, depuis Pestalozzi, règne à peu près en maîtresse dans nos écoles. Car son principal effet est de conduire l'élève à ramener aux lignes droites ou courbes, toujours exactes, les formes capricieuses de la nature. Il faut, en outre, que l'enfant auquel la nature se présente à la fois sous des lignes et sous des couleurs, soit appelé à figurer autre chose que des êtres ou des objets dépourvus de leurs tons. Dans les écoles de filles surtout, l'étude des ornements floraux et des feuilles, la composition décorative appliquée à l'ornementation et aux ouvrages d'agré-

1. Cf. notamment *Dict. de pédagogie*, art. *Dessin*.

ment, accroîtraient l'attrait des leçons et contribueraient heureusement à l'éducation esthétique. Et l'emploi discret du pastel donnerait l'occasion de remarques nécessaires sur le choix des nuances et sur leur assemblage. Enfin, l'exécution « de mémoire » d'objets ou d'êtres étudiés au dehors, individuellement ou en commun, développerait l'imagination par le souvenir et laisserait déjà une part sensible à l'activité artistique créatrice. Cette activité trouverait ensuite pleine satisfaction dans l'exécution de décors ou de scènes créés de toutes pièces par l'enfant.

Il ne s'agit pas d'atteindre ainsi au grand art. Ce serait téméraire et vain. Il s'agit seulement de faire servir le dessin à l'éducation du goût. Un enseignement du dessin basé surtout sur l'interprétation de la nature permettrait d'obtenir un tel résultat. Tandis que la copie de modèles géométriques à laquelle se résument d'ordinaire les efforts des maîtres dans l'enseignement primaire ne peut rendre, à ce point de vue, des services appréciables.

Nous aurons l'occasion de parler assez longuement des travaux manuels. Il nous suffira d'indiquer ici comment ils peuvent contribuer à l'éducation esthétique. Dès l'école maternelle, on fait exécuter à l'enfant des travaux de tissage, de piquage, de pliage, et confectionner de petits objets et des fleurs en papier. Si l'on a soin de lui faire reproduire d'agréables modèles, de lui présenter des papiers multicolores et de ne lui donner à assembler que des nuances qui s'harmonisent, on commence, par cela même, son éducation esthétique. Plus tard, les ouvrages d'agrément, tapisserie, dentelle, broderie, offriront d'autres ressources. Dans le choix des modèles proposés et dans leur exécution, que d'occasions d'exercer le goût des enfants ! Mais c'est au cours moyen et surtout au cours supérieur qu'il est possible de donner des directions plus précises. La seule vue des objets fait ressortir le mauvais effet que produisent la juxtaposition de couleurs disparates et le rapprochement de lignes heurtées. Que l'on ne voie plus que pour les apprécier défavorablement de ces tapisseries horribles où un animal noir repose sur un fond vert étoilé de blanc. L'examen successif, à court intervalle, de deux gravures de modes met en relief le naturel et la simplicité de l'un des modèles, la grossièreté ou la prétention de l'autre. Et ainsi s'imposent au goût des élèves les formes harmonieuses, simples, souples, qui se rapprochent le plus de la beauté statuaire, et sont écartées les formes chargées d'ornements à effet, trop éloignées de la nature. Un tel examen est plus concluant encore lorsqu'il oppose à une forme la forme analogue d'une époque antérieure. Il est tel rapprochement qui provoque le sourire et suffit à révéler la puérilité de la mode. Les exercices pratiques, venant préciser ces impressions, montrent comment on peut réaliser une forme conçue et donnent à la jeune fille les moyens d'éviter dans sa mise les plus lourdes fautes.

Nous ne dirons qu'un mot du chant. Aussi bien cet enseignement est-il en progrès constant. C'est avec rapidité que se sont répandus, jusque dans les écoles les plus retirées, les chants gracieux composés par le poète M. Bouchor. Et l'éloge le plus grand qu'on puisse adresser aux institutrices, c'est de constater qu'elles ont réussi à donner à leurs élèves le goût de ces mélodies simples, au point qu'il est fréquent de les entendre exécuter avec goût, en pleine campagne.

Pourtant, dans plus d'une classe, au lieu de demander au chant l'expression de sentiments naturels, populaires, on en fait encore un art d'agrément stérile, une superfétation. « Il y a aussi des écoles où le simple, le populaire, est dédaigné pour le difficile, le brillant... Vous chanterez et vous ferez chanter, conseillait F. Pécaut aux élèves de Fontenay, s'il y a de la musique dans vos âmes, si vous avez à quelque degré ces sentiments qu'hier exprimaient vos chants : amour, joie de vivre, repentir, amitié, sentiment de la nature, de la jeunesse, etc. Le chant choral (comme l'art en général), en exprimant ces sentiments, les épure, les porte à leur plus haut degré, vous révèle ainsi à vous-mêmes. En unissant les voix, il unit les cœurs, leur révèle la destinée *commune*, forte, bonne, pleine et belle, que l'on pourrait et devrait vivre ensemble[1]... » Le chant, pour contribuer à l'éducation esthétique de la fillette, doit soumettre à la beauté les instincts grossiers de sa nature, idéaliser en elle les sentiments féminins que doit fortifier et éclairer l'éducation morale proprement dite.

*
* *

L'observation directe de la nature, une initiation progressive au charme de ses divers aspects, fait naître en la fillette des sensations vives, des impressions fraîches, des associations gracieuses. Or, la poésie est association par ressemblance. L'enfant se constitue donc peu à peu un trésor précieux d'images poétiques. Comment ne se plairait-elle pas à « les sentir renaître et se ranimer à la voix du talent » ? Comment ne se mettrait-elle pas en communion avec les génies qui ont mis dans leurs œuvres un peu de leur âme, si elle y trouve elle-même quelque chose de la sienne ? L'observation attentive de la nature est donc la première initiation à la poésie.

Par suite, on doit d'abord présenter à l'enfant des œuvres poétiques où elle retrouve un écho des impressions que la nature a fait naître en elle. Dans le choix de ces œuvres on doit suivre une progression analogue à celle qu'imposent les aptitudes de l'enfant dans l'étude même de la nature et dans l'examen des œuvres d'art. Surtout, on doit écarter avec le plus grand soin tous les textes rimés qui n'ont de « poésie » que la prétention, et on ne doit accepter pour les enfants que des morceaux simples et charmants où les impressions sont traduites en images élégantes ou belles et n'éveillent que des sen-

1. *Quinze Ans d'éducation*. Lendemain d'une conférence du musicien Bourgault-Ducoudray, p. 32-33.

timents purs et délicats pouvant se répandre sur toute la vie morale. Ainsi le poète devient pour l'éducatrice l'auxiliaire précieux de la nature. Il ravive les sensations qu'a émoussées l'habitude. Il rafraîchit les impressions que la familiarité a pâlies ou usées.

En même temps, il développe peu à peu, dans la fillette, la faculté de percevoir avec intérêt et plaisir les images d'objets que leur vulgarité semble rejeter hors du domaine de la poésie. Car la poésie n'est pas extérieure à nous. C'est à nous de l'imposer aux choses extérieures. « Le poète ajoute à la vie ordinaire un je ne sais quoi qui est le secret des poètes, et tout à coup elle apparaît dans sa prodigieuse grandeur, dans sa soumission aux puissances inconnues, dans ses relations qui ne finissent pas et dans sa misère solennelle. Un chimiste laisse tomber quelques gouttes mystérieuses dans un vase qui ne semble contenir que de l'eau claire, et aussitôt un monde de cristaux s'élève jusqu'aux bords et nous révèle ce qu'il y avait en suspens dans ce vase, où nos yeux incomplets n'avaient rien aperçu. » L'eau claire, c'est la vie ordinaire où le poète « a laissé tomber les gouttes révélatrices de son génie[1] ». Le commerce des poètes peut donc développer dans la jeune fille « l'œil intérieur » qui anime le monde ambiant, rend l'inerte vivant. Il peut lui donner cette tournure d'esprit qui lui fera trouver plus tard « la beauté et la gravité coutumières » de l'humble et inévitable réalité. Et le toit familial acquerra pour elle un charme qu'ignoreront toujours celles en qui on n'aura pas cultivé les dispositions poétiques et qu'on aura abandonnées à la froide et lourde vulgarité.

L'éducation poétique des filles exige donc une recherche attentive des meilleures pages. Car il ne faut pas seulement tenir compte de l'âge des élèves. Il faut aussi envisager leur destinée future. De même que pour les

1. M. Maeterlinck, *le Trésor des humbles : le Tragique quotidien*, p. 192.

œuvres d'art et les chants, on doit, pour les œuvres poétiques, diriger l'effort esthétique vers le domaine d'action où se mouvra l'enfant devenue adulte. Une telle recherche présente de grandes difficultés. Mais on peut puiser dans les œuvres de tous les temps et de tous les pays. Aux poètes de l'antiquité, hommes naïfs et simples, écrivant pour des peuples enfants, on peut emprunter d'admirables fragments où les élèves retrouvent la fraîcheur de leurs impressions. Et dans les œuvres plus récentes, on peut découvrir des pages où les aspects divers de la nature, la poésie intime du foyer, sont traduits simplement en images naïves qui charment. Par la lecture de ces fragments on préparera des poètes, sinon capables d'exprimer, au moins capables de sentir le beau et d'avoir la mystérieuse intuition de la poésie.

*
* *

Ainsi préparée, c'est en elle-même que la femme cherche ses inspirations. Moins asservie à l'usage, elle ne craint plus de s'écarter du goût courant. La beauté ne se refuse pas à elle. Elle sait la trouver partout où elle se trouve. Initiée à l'intime poésie des choses, elle éprouve des joies profondes, saines, fortes, infiniment variées. Elle fait pénétrer dans toute la maison l'art simple qui naît de ses mains ou qu'elle sait découvrir. Par ses efforts, le toit familial s'anime. Il sourit et attire. Des beautés inconnues se révèlent. Des satisfactions nouvelles naissent. Et cette joie que la femme procure aux siens fait jaillir en elle-même une joie nouvelle plus vive et plus durable. Elle traduit ces nouvelles satisfactions par un nouvel effort. Et ainsi le foyer resplendit chaque jour davantage d'amour, de bonté et de grâce.

CHAPITRE V

EXAMEN DES OBJECTIONS QUE PEUVENT SOULEVER L'ENSEIGNEMENT SCOLAIRE DE LA MÉDECINE ÉLÉMENTAIRE ET L'ENSEIGNEMENT DE LA PUÉRICULTURE

I. — L'enseignement de la médecine élémentaire.
II. — L'enseignement de la puériculture physique du premier âge.
III. — L'enseignement de la « puériculture avant la naissance ». Les deux systèmes d'éducation sexuelle. — Conséquences de l'application du système basé sur l'ignorance ou le silence. — Conséquences de l'application du système basé sur la vérité et la franchise. Réponse à deux objections. — Les précurseurs.
Conclusion.

L'enseignement des sciences physiques et naturelles et l'éducation morale sont les solides assises sur lesquelles repose toute l'éducation ménagère. Nous avons maintenant à considérer comment doivent être données les connaissances constituant en propre l'enseignement ménager. Ensuite nous passerons en revue les exercices qui sont les applications pratiques de ces connaissances et une initiation plus directe au ménage.

Auparavant, il convient d'examiner et d'écarter les objections que peuvent soulever deux parties importantes de l'enseignement ménager : l'enseignement scolaire de la médecine élémentaire et l'enseignement de la puériculture. Car, bien que la vulgarisation des notions élémentaires de médecine ait eu d'éloquents apôtres, elle soulève encore d'assez graves difficultés. D'autre part, l'enseignement à peine créé de la puériculture physique du premier âge rencontre de nombreux détracteurs ; et ces détracteurs deviennent légion dès qu'on parle d'étendre l'enseignement de la puériculture aux périodes qui précèdent la naissance.

I

La médecine est à la fois une science et un art. Elle est difficile et complexe. Car elle repose sur la plupart des sciences positives et elle exige, avec de rares qualités d'observation, un très long apprentissage. Un bon médecin doit avoir une connaissance approfondie de l'anatomie, qui étudie la constitution des organes sains ; de la physiologie, qui traite de leur fonctionnement normal ; de la pathologie, dont le but est l'examen détaillé des altérations des organes, des troubles fonctionnels et des causes de ces troubles. Il doit connaître la thérapeutique, c'est-à-dire l'art de guérir, et, par conséquent, la chimie, qui en est la plus solide base et donne l'idée précise des propriétés de substances qui, à dose infinitésimale, ont sur l'organisme une action énorme ; la physique, avec laquelle toutes les sciences ont d'étroits rapports et qui prête souvent à la médecine un concours direct; la zoologie, qui fournit des notions indispensables sur divers parasites internes du corps humain, et surtout sur les infiniment petits organisés, comme les microbes; la botanique, qui renseigne sur les plantes à propriétés curatives. Il ne doit pas ignorer la psychologie pour l'examen des maladies mentales, pour l'utilisation de certains procédés de guérison, et même pour la pratique quotidienne de son art. Un bon médecin doit posséder toutes ces connaissances. Il doit aussi avoir fait un long apprentissage. Il doit avoir examiné de nombreux malades. Il doit avoir beaucoup observé. Il doit avoir classé avec méthode ses observations, afin d'en tirer parti pour établir avec plus de sûreté le diagnostic des maladies pour lesquelles il est appelé. Cet apprentissage dure toute la vie, même pour les meilleurs praticiens. Et les « spécialistes » qui limitent leurs soins à une série d'organes, ou quelquefois à un seul, ne cessent de se perfectionner et d'acquérir chaque jour des connaissances plus précises et une habileté plus grande. Dans ces conditions, comment donner avec fruit l'enseignement de la médecine à des enfants ayant des connaissances scientifiques manifestement insuffisantes et dont l'apprentissage sera toujours et forcément très limité ?

On sait, d'autre part, qu'il existe en France des lois prohibitives concernant l'exercice de la médecine. Ces lois ont pour but de protéger les citoyens contre les charlatans, les sorciers, les exploiteurs de la crédulité publique. Mais, dans l'application, elles sont loin d'atteindre tous ceux qu'elles visent. On connaît les suites souvent néfastes qu'entraînent certains remèdes empiriques ordonnés par des « guérisseurs » de village. Que de malheureux doivent les pénibles infirmités qui les affligent à des « rebouteux » entreprenants ! Donner au vulgaire les moyens de parler avec plus ou moins de compétence des maladies, même les plus communes, n'est-ce pas pousser chacun à la violation de ces lois ? N'est-ce pas vouloir substituer aux rebouteux ignares de pseudo-savants, dont le crédit sera plus grand encore, car il s'appuiera sur un naïf étalage scientifique ? N'est-ce pas développer cette tendance naturelle qui porte chacun de nous à raisonner sur les maux d'autrui et à conseiller des remèdes dont l'efficacité, vérifiée sur nous-mêmes ou sur notre entourage, peut s'amoindrir jusqu'à disparaître, en présence des différences profondes des tempéraments ou de la gravité des affections ?

Dans tous les cas, il est à craindre qu'on ait seulement recours au praticien lorsque les efforts des médecins volontaires auront été indubitablement reconnus insuffisants. L'intervention des médecins d'occasion n'aboutira alors qu'à reculer l'arrivée du praticien jusqu'au moment où la maladie, entrée dans sa troisième phase, a déjà vaincu l'organisme. Et s'il s'agit d'une maladie infectieuse aiguë, le retard ainsi provoqué rend fort difficile la lutte contre les sources mêmes de la contagion.

Enfin, enseigner la médecine, même élémentaire, ne serait-ce pas fatiguer inutilement les élèves par l'étude trop rapide d'une technologie aride et rebutante, où les termes perdraient leur signification et leur force par la seule insuffisance d'une instruction préparatoire?

*
* *

Ces objections ne sont pas sans valeur. Mais il nous paraît qu'on en exagère l'importance.

Il est évident qu'une connaissance approfondie de la médecine, pas plus d'ailleurs que de toute autre science, ne peut être donnée à l'école primaire. Mais nous avons vu qu'il s'agit simplement d'enseigner les soins immédiats à donner en cas d'accident, les précautions nécessaires à prendre en présence des maladies épidémiques, l'emploi des remèdes simples et familiers, et enfin les grandes lignes de l'évolution des maladies.

Pour toutes ces connaissances que nous avons précisées par des exemples, il n'est nullement nécessaire d'apprendre la technologie des maladies ni celle des remèdes. Laissons les noms savants dont usent les hommes de science pour éviter de longs discours et s'exprimer avec plus d'exactitude. Contentons-nous des termes populaires, dût-il en résulter pour nous quelque imprécision. Laissons de même l'arsenal de la thérapeutique moderne, les médicaments chimiques en *ol* et en *ine*. Au reste, il y aurait le plus grand péril à laisser manier à des personnes incompétentes des remèdes excellents en soi, mais qu'un dosage imprudent peut transformer en poisons redoutables. La connaissance des remèdes simples suffit. Elle peut, dans des cas nombreux, apporter un soulagement appréciable et prévenir de graves complications.

On ne saurait sérieusement soutenir qu'un enseignement ainsi compris fera de nos élèves de pseudo-savants qui, s'estimant assez instruits, prétendront remplacer les médecins. Au contraire, une connaissance précise des lois naturelles et du corps humain ruinera le crédit des rebouteux. Et la vulgarisation des connaissances relatives à l'évolution des maladies hâtera la transformation de la médecine et contribuera à substituer à la thérapeutique la science préventive.

En résumé, si les objections diverses qu'on peut opposer à l'enseignement de la médecine élémentaire à l'école primaire ont quelque fondement, il convient de les ramener à de justes proportions. Et le bref examen qui précède suffit à montrer que les avantages qui peuvent résulter d'un tel enseignement l'emportent de beaucoup sur les inconvénients.

II

Lorsque fut exprimée pour la première fois l'idée d'introduire à l'école primaire l'enseignement des soins à donner aux enfants du premier âge, les critiques surgirent nombreuses. Tout d'abord, on nia la possibilité de donner un tel enseignement.

Il serait indécent, disait-on, de parler aux enfants de poupons et de soins à leur donner. Les élèves ne pourront manquer d'entendre, au cours des leçons, des expressions risquées qui éveilleront en elles des pensées trop hardies.

Et puis, comment des fillettes de dix à quatorze ans pourraient-elles voir dans les bébés des crèches autre chose que des poupées vivantes dont elles aimeront à jouer, peut-être, mais sans s'attarder à l'enseignement sérieux qui leur sera donné?

D'ailleurs, les institutrices n'ont pas reçu de leçons spéciales. Elles sont le plus souvent célibataires. Elles devront s'initier à un nouvel enseignement. Parviendront-elles à s'assimiler suffisamment des notions nouvelles et, par suite, à donner à un enseignement nouveau cette clarté lumineuse qui doit être un de ses premiers mérites?

Et aussi, qui pourrait prétendre qu'elles auront toujours à leur disposition le vestiaire recommandé, les objets nécessaires à la propreté du nouveau-né, et surtout le nouveau-né lui-même ? Elles ne feront le plus souvent que des leçons théoriques, et la puériculture, débitée en tranches, ne pourra être dans l'esprit des enfants qu'une abstraction de plus.

Enfin, à quoi bon introduire à l'école un enseignement supplémentaire ? Les programmes sont déjà trop chargés. Chacun le reconnaît. Et vraiment nous ne pouvons prétendre qu'une enfant de treize ans doive tout savoir.

Il n'entre dans le premier argument qu'un élément de pudibonderie excessive. Le bon sens seul suffit à le rejeter.

Le second manque de portée. L'expérience montre que les « petites mères » que sont les sœurs aînées sont capables, dès l'âge de dix ans, de surveiller et de soigner leurs jeunes frères. C'est une observation qu'il est aisé de faire dans les milieux ouvriers ou ruraux. Les fillettes de dix à quatorze ans y agissent autrement que des enfants jouant à la poupée.

Dire que le personnel sera dans la nécessité de se préparer lui-même à sa nouvelle tâche, c'est exprimer une demi-vérité. Mais nos institutrices ne sont pas à ce point dépourvues de connaissances pratiques qu'on doive leur refuser toute compétence dans l'élevage des enfants. Il est parmi elles des mères de famille pleines d'expérience. Les célibataires mêmes acquièrent forcément dans les écoles maternelles, ou par leur contact quotidien avec les populations, une certaine connaissance de l'hygiène infantile. Aucune n'est incapable de tirer parti de la lecture d'un bon ouvrage de puériculture. Quant aux jeunes qui, chaque année, sortent des écoles normales, elles reçoivent déjà un enseignement qui les prépare, directement ou indirectement, à leur nouveau rôle.

Sans doute, il pourra manquer à plus d'une d'entre

elles le matériel nécessaire à l'illustration des leçons. Mais ce serait méconnaître leur ingéniosité que de les supposer incapables de créer certains des objets indispensables. Le trousseau du bébé peut constituer le travail de quelques leçons de couture et de coupe. Les objets nécessaires à la toilette du nouveau-né diffèrent peu de ceux qu'utilise l'adulte. Et le nouveau-né lui-même peut être remplacé par une grande poupée articulée, la « fille des élèves ». Cette idée a déjà été réalisée.

Enfin, on peut se demander si c'est vraiment introduire à l'école un enseignement nouveau que d'étendre l'étude de l'hygiène à la première enfance. La crainte de surcharger des programmes déjà lourds se comprend. Mais le vrai remède n'est pas dans l'élimination d'enseignements indispensables; il est dans l'interprétation rationnelle des programmes. On peut toujours réserver aux parties vraiment éducatives et pratiques la place d'honneur qui leur revient.

*
* *

On ne s'est pas borné à nier la possibilité d'enseigner à l'école primaire l'hygiène de la première enfance. On a aussi contesté l'utilité de cet enseignement. On a prétendu que les leçons de puériculture resteraient forcément obscures; que les enfants ne seraient pas intéressées; qu'elles oublieraient vite les notions acquises; que, par suite, elles seraient incapables de les appliquer, le moment venu. Cet enseignement, concluait-on, est donc inutile, parce qu'il est prématuré.

Contre de telles affirmations, il suffit d'invoquer l'expérience. Si les leçons sont débarrassées des termes techniques, si elles conservent le caractère de simplicité qui convient à l'école primaire, elles provoquent un réel intérêt. Et le succès obtenu par le docteur Pinard en est une preuve manifeste[1].

1. M. Gasquet, directeur de l'Enseignement primaire, s'est plu,

Et, d'autre part, s'il faut renoncer à un enseignement parce que les enfants auront le temps d'oublier ce qu'on leur aura appris avant que le moment soit venu pour elles de l'utiliser, quel enseignement faudra-t-il conserver à l'école? Bien mieux, l'enseignement de l'hygiène de la première enfance est un de ceux que les fillettes trouveront le plus d'occasions d'utiliser dès l'école même. A la ville, dès qu'elle est rentrée de classe et même pendant le temps de la classe, la fillette a fréquemment la charge de frères et de sœurs plus jeunes qu'elle. De même à la campagne, quand les parents sont aux champs. Sa surveillance et ses soins gagnent en portée si, par des leçons claires, on a su lui faire comprendre les règles de l'hygiène infantile et leur importance. Ainsi l'application suit de près la démonstration. Et les règles étudiées, bien loin de quitter la mémoire, s'y gravent à tout jamais.

En outre, chacun sait avec quel intérêt certains parents suivent le travail scolaire de leurs enfants. Le soir, plus d'une mère fait répéter à sa fille la substance de la leçon du jour. Le gain ainsi réalisé, si minime qu'il soit, est toujours appréciable.

Enfin, lorsque, plus tard, les fillettes de nos classes deviendront mères à leur tour, les règles de l'hygiène infantile leur apparaîtront avec une suffisante netteté. Dans tous les cas, les leçons entendues à l'école leur rendront très accessibles les ouvrages élémentaires traitant de puériculture. Elles seront « plus attentives, plus souples, plus dociles aux conseils du médecin... plus raisonnables, plus capables de rejeter les préjugés absurdes et les mauvaises habitudes d'hygiène qui, tous les ans, font tant de victimes parmi les petits Français[1] ».

dans la dernière leçon de M. le docteur Pinard aux élèves de l'école de filles du boulevard Pereire, à Paris, à signaler « la remarquable attention » que les fillettes ont prêtée à leur professeur.

1. Docteur Oui, *la Puériculture*, dans *Causeries pédagogiques*, (ouvrage cité), p. 16.

Mentionnons, enfin, une dernière objection, d'ordre purement sentimental. Il faut, dit-on en substance, laisser à la fillette le temps et la liberté d'être enfant pour son propre compte, de s'amuser sans souci et de s'instruire de ce qui lui est personnellement utile et nécessaire.

Cette objection peut s'appliquer à la plupart des enseignements de l'école primaire. Car, quels sont ceux qui n'empêchent pas l'enfant de jouer sans souci? Quels sont ceux dont elle tire vraiment un profit personnel immédiat? Ne vise-t-on pas toujours l'avenir plutôt que le présent? Et n'est-ce pas à la fin de l'adolescence, et surtout lorsque nous avons atteint l'âge d'homme, que nous profitons de notre savoir ou souffrons de notre ignorance?

En résumé, l'enseignement de la puériculture physique du premier âge ne peut rencontrer de difficultés bien grandes à l'école primaire. Son utilité ne peut être sérieusement contestée. Les progrès accomplis en peu d'années montrent assez qu'il répond à un réel besoin.

III

> « En matière d'hygiène physique et morale, rien, ce me semble, ne peut être odieux, sinon la fausse pudibonderie. »
>
> Dr M. DE FLEURY.

L'enseignement de la puériculture avant la naissance soulève des objections d'une autre nature, et plus graves. Ou, pour dire plus exactement, l'état des esprits est tel que de nombreux parents redouteraient de voir introduire dans l'enseignement l'étude des notions relatives à la reproduction de l'espèce. Abordons franchement la question.

Le monde païen regardait comme naturelle l'union

entre les sexes. La fonction de reproduction n'y était pas environnée de mystère ni assaisonnée de péché. Elle restait pour la masse une fonction comme les autres, pour l'élite une fonction plus haute, puisqu'elle avait pour but la continuité de l'espèce, la continuité de la vie. Aussi les pédagogues grecs ont-ils traité avec franchise et ampleur, dans leurs ouvrages d'éducation, les questions relatives à la procréation et à la gestation[1].

Le christianisme voit un antagonisme entre le corps et l'âme. Pour lui, les appétits de la chair auxquels est exposé le corps sont des pièges tendus à l'âme humaine pour la faire choir au péché. « Femme, écrit Tertullien, tu devrais toujours t'en aller dans le deuil et en guenilles, offrant aux regards tes yeux pleins de larmes de repentir, pour faire oublier que tu as perdu le genre humain. Femme, tu es la porte de l'enfer... Il faut faire choix du célibat, dût le genre humain en périr. » Et l'Eglise flétrit dans la mère de Jésus la saine nature, lorsqu'elle la propose à l'adoration des fidèles comme Vierge Mère. Ainsi, pour le parfait chrétien, la pureté de l'esprit est ternie par la seule pensée des choses ayant trait à la perpétuité de l'espèce[2]. Et pour l'Eglise, l'ignorance absolue des faits sexuels est la condition sinon nécessaire, au moins la plus propre, pour ne pas tomber dans le péché. C'est pourquoi elle offre aux croyants des refuges — établissements d'instruction, séminaires et couvents — où, lui semble-t-il, filles et fils sont parfaitement à l'abri de curiosités ou d'indiscrétions jugées malsaines et où l'on entretient soigneusement l'horreur de la concupiscence[2]. Et, d'autre part, l'action du confessionnal a pour but de projeter sur ce qui touche aux questions sexuelles la lueur du péché. Mais, loin de refréner le mal, elle lui donne plus d'acuité. « Les questions, les exhortations de bouche à

1. Cf. Xénophon, *la République de Sparte*, ch. 1er; Platon, *Lois*, 6e livre.

2. Cf. *Somme théologique de saint Thomas d'Aquin*, 3e partie, XXVIIIe question, 1er art.

oreille à travers le grillage concentrent trop l'attention sur le péché de la chair et sur tout ce qui s'y rapporte : la curiosité du regard, l'impudeur inconsciente des frôlements, la délectation morose de l'idée[1]. »

Ce système d'éducation basé sur le silence et la crainte du péché a été pendant longtemps strictement appliqué par les classes riches. On ne saurait, disait-on, avoir trop d'égards pour l'âge de l'innocence, ni prendre trop de précautions pour sauver la fillette de l'apparence même du mal. Et, dans la crainte d'alarmer sa pudeur, on s'efforçait de lui cacher les pièges que tend le monde et de lui taire les termes que la décence proscrit au nom de la pureté. En sa présence, on parlait à voix basse. On faisait des réticences : « Cela n'est pas convenable pour une jeune fille. » Elle devait baisser les yeux à certaines paroles, se garder d'en comprendre d'autres, ne pas rougir à un mot inconvenant qu'elle devait ignorer, rougir à un autre dont elle devait soupçonner le sens. Pour elle, on expurgeait les auteurs. On ne la conduisait au théâtre qu'à certains jours. On lui laissait entendre qu'il existe dans la vie un mystère qu'elle devait ignorer. En un mot, on s'efforçait d'en faire l'ingénue modeste, silencieuse, ignorante et candide qu'a si souvent présentée Scribe.

Depuis quelques années, le système d'éducation adopté par la bourgeoisie libérale française a perdu cette rigueur qui était un de ses caractères. L'éducation familiale et l'éducation publique ne sont plus renfermées dans les mêmes barrières étroites. La jeune fille, à son insu, suit le mouvement d'émancipation de la femme. Ses aspirations se sont agrandies. Sa personnalité s'épanouit plus librement. Elle a perdu ses airs craintifs, sa timidité excessive. Elle diffère sensiblement de l'ingénue « bêlante et sautillante » qu'a été sa sœur aînée. Mais notre éducation latine et catholique n'a pu entièrement s'affranchir

1. Paul Margueritte, *Les jours s'allongent*, 1re partie, III.

des dogmes d'une religion dont cependant notre société s'écarte avec une indifférence de plus en plus marquée. Et la coutume, la bienséance, la morale courante, exigent encore qu'en éducation on garde le silence sur les questions relatives au sexe.

Car, si des parents se refusent à admettre l'antagonisme entre l'âme et le corps, s'ils ne donnent plus aux manifestations sexuelles le caractère du péché, ils continuent néanmoins à réclamer pour leurs enfants le même mode d'éducation basé sur le silence. Ils se bornent à jeter dans le débat les mots de décence, de pureté, d'innocence. Ils adoptent le système du « laissez faire aux événements ». Et c'est plus ou moins prématurément, selon les circonstances, que garçons et filles acquièrent sur les questions sexuelles des notions plus ou moins précises. Bien peu nombreux sont les parents qui consentent, surtout pour leurs filles, à appliquer un autre système basé sur la franchise et la sincérité, et dans lequel, loin d'être tenus dans l'ignorance des particularités sexuelles, les enfants sont mis progressivement en face de la réalité.

Examinons brièvement quelles sont les conséquences de chacun des deux systèmes que nous venons d'indiquer. La conclusion suivra d'elle-même.

*
* *

Remarquons tout d'abord que le premier système manque de logique. Lorsque le christianisme réclame une éducation basée sur le silence et la crainte du péché, il tire les conséquences extrêmes et pratiques des dogmes qu'il impose à ses fidèles. Et en même temps, il poursuit un but louable, qui est de condamner la sensualité et de relever le côté psychique de l'amour. Mais les incroyants qui adoptent ses conclusions tout en repoussant ses prémisses, manquent à la logique la plus élémentaire. Ils « ressemblent aux autruches qui, à la vue du danger, se cachent la tête sous l'aile, en croyant par ce geste échapper à l'ennemi qui les guette, simplement parce qu'elles ne le voient pas s'approcher[1] ».

Car ce système ne permet pas d'atteindre le but poursuivi. Comment la fillette ne chercherait-elle pas à découvrir ce qu'on lui cache avec tant d'ostentation? Comment ne chercherait-elle pas à comprendre? Ne soyons pas étonnés du travail de son imagination. Un hasard, une domestique complaisante ou vicieuse, un livre égaré ou prêté, et, au bout d'une heure, la voilà documentée. Il ne lui reste plus que le dernier détail à apprendre[2].

C'est pour préserver l'innocence de la fillette qu'on veut la tenir dans l'ignorance. Or il est bien difficile de la garder dans une ignorance complète. Et, d'autre part, l'innocence née de l'ignorance a une valeur morale bien faible. Être ignorant, ce n'est pas toujours être vertueux.

> ... Comment voulez-vous, après tout, qu'une bête
> Comprenne seulement ce que c'est qu'être honnête [3]?

« L'innocence, dit justement P. Janet, ne devient vraiment une vertu qu'à mesure que décroît l'ignorance[4]. » Un hasard, une curiosité naturelle, suffisent pour imprimer à la pureté née de l'ignorance une tache indélébile. Ce qui vaut vraiment, ce n'est pas cette pureté, c'est la force morale. Ce qu'il faut donner à la femme, c'est une conscience, une raison armée. Et il vaut mieux cent fois garantir l'honnêteté que trop respecter l'ignorance.

D'après M. G. Obici, les silences et les mensonges

1. Giulio Obici, *les Erreurs de l'Education sexuelle*, brochure, p. 19.

2. « Il faudrait supposer l'enfant sourd, aveugle et légèrement idiot tout ensemble pour espérer le garder dans une ignorance complète. » (Nicolay, *les Enfants mal élevés*, p. 113.)

3. Molière, *l'Ecole des Femmes*, I, 1.

4. *La Famille*, ouvr. cit., 7e leçon, p. 226.

dont on entoure ou masque les faits sexuels n'empêchent pas l'enfant d'observer chez elle-même des transformations, des faits organiques et psychiques. Elle « coordonne toute cette série de faits... en des synthèses provisoires et incomplètes qui l'entraînent à des tentatives inutiles d'atteindre le but de l'amour, — la génération, — mais propres à lui procurer un plaisir malsain, transitoire, source peut-être dans l'avenir de perversion et de dépravation[1] ». On sait assez l'influence des internats à cet égard. « La connaissance acquise et les découvertes d'un seul se transforment rapidement en patrimoine de tous et incitent à de nouvelles investigations. Chacun étouffe les sentiments de la pudeur et les remords dans cette acquisition commune, et trouve de nouveaux stimulants pernicieux dans l'exemple[2]. »

Car le silence dont on entoure les faits sexuels laisse croire à l'enfant qu'il y a là un ordre de faits à cacher totalement. Le mystère de la génération est devenu un mystère honteux. Il s'est créé comme un domaine où ne peut régner la confiance. Lorsque la fillette se voit dans l'obligation de faire connaître à sa mère les premières apparences de la puberté, elle ne le fait qu'avec hésitation et avec une sorte de honte. Et les penchants malsains qui peuvent se développer en elle échappent à l'œil maternel le plus vigilant. Car aucune confidence n'a pu les faire prévoir. Alors, ce n'est que par les effets pernicieux sur l'aspect physique et le caractère moral de l'enfant que les parents se trouvent tardivement prévenus.

Le sytème actuel d'éducation offre encore un danger d'un autre ordre. C'est en cachette, incomplètement, et souvent très vite, que l'enfant acquiert la connaissance

1. Broch. cit., p. 12.

2. *Id.*, p. 18.

Cf. Paul Margueritte, *les Jours s'allongent*, 1re partie, III : « Les allusions aux réalités de l'amour se précisent dans les conversations à mesure que l'année avance et que ceux *qui savent* renseignent leurs camarades. »

des mystères génésiques. Au lieu d'apprécier la grandeur et la beauté d'une fonction qui assure la continuité de la vie humaine, elle n'en voit que le côté mystérieux et sensuel. De plus, l'évolution psychique de l'amour, qui se continue longtemps encore après la préparation physique, se trouve retardée. La part qu'une saine éducation aurait réservée aux éléments psychiques peut se trouver ainsi usurpée, et pour longtemps, par les fonctions organiques et même par une basse sensualité. En sorte que l'amour, et surtout l'amour familial, peut se trouver privé de l'élévation morale qui, seule, en assure la durée.

Ainsi notre système actuel d'éducation, dans ses rapports avec les connaissances sexuelles, nous apparaît manquer de logique et de franchise, poursuivre un but illusoire et conduire à des conséquences regrettables.

*
* *

Mettons en regard les effets d'un système basé sur la sincérité et la franchise, qui enlève aux faits sexuels le mystère dont on les entoure et la notion de péché qu'on rattache à leur connaissance.

Le premier effet d'un tel système, c'est de donner une satisfaction honnête à une curiosité légitime. Le mystère de la génération est un de ceux qui occupent avec le plus de continuité le cerveau de l'enfant[1]. Avec sa logique amusante, il construit les théories les plus étranges pour l'expliquer. Tout d'abord, il accepte volontiers les dires des parents et ne doute pas que les nouveau-nés se trouvent dans les jardins, parmi les fleurs et les choux, ou sont apportés par de bienfaisantes cigognes. Mais ces explications ne satisfont pas longtemps son esprit.

1. Cf. Paola Lombroso, *le Monde aux yeux des enfants* (*la Revue*, 1er déc. 1903).

Mme Campan raconte qu'à six ans une petite fille très spirituelle dit à sa mère : « Mon *Ave Maria* m'a appris où sont placés les enfants avant de naître[1].» Plus tard, vers l'époque de la puberté, la curiosité s'exaspère. Alors les conversations peu morales des élèves « ont pour but de révéler les mystères les plus importants de la nature humaine, d'en dire le pourquoi ; elles ont trait aux besoins naturels, nécessaires à l'individu, que la toute jeune fille sent et saisit instinctivement, mais qu'elle ne peut préciser. Ces conversations sont à l'ordre du jour à l'école, à la pension, et se rapportent à la recherche du plus passionnant des mystères : celui de la procréation[2]... » Ce désir de connaître n'est point satisfait par des réponses évasives. Il est, au contraire, excité. Des réponses précises arrêtent l'effort de l'enfant. Son imagination n'a point à travailler sur des apparences ou sur des notions puisées de côté et d'autre.

En même temps que se trouve enrayé le travail sourd et malsain de l'imagination enfantine, une confiance absolue s'établit entre la fillette et ses éducateurs. L'enfant trouve dans sa mère ou dans l'une de ses maîtresses une confidente naturelle qui la peut soutenir à l'époque délicate de la puberté et guider le travail intime, obscur, complexe, par lequel se développe en elle l'être nouveau. Car, « pour suivre les phases évolutives de la sexualité d'un enfant et avoir en quelque sorte une règle sûre de faire son éducation, il n'y a certainement pas de moyen meilleur et plus facile, même pour ceux qui n'ont pas

1. Larcher, ouvr. cité, p. 163.

2. G. Obici, broch. citée, p. 16.

Cf. Marcelle Tinayre, *Avant l'Amour* : « Le mystère de l'amour hantait ces filles de quatorze à dix-sept ans qui mettaient en commun leurs troubles rêveries, leur demi-science, leurs divinations et leurs répugnances. Des lectures hâtives, des phrases entendues, la négligence impudique de certains parents, avaient instruit plus d'une; mais les notions qu'elles avaient reçues, incomplètes ou trop comprises, se déformaient dans leur esprit en certitudes aussi étrangères à la réalité que l'ignorance de leurs cadettes. » (P. 20-21.)

étudié la psychologie, que d'apprendre de la bouche même de l'individu pubère quels phénomènes sexuels se développent en lui[1]. » De plus, la jeune fille, trouvant en ses parents des conseillers dévoués et attentifs, se laissera moins aller à de funestes entraînements[2].

Peu à peu la jeune fille comprend la haute portée des phénomènes sexuels. Leur connaissance ne la scandalise ni ne l'étonne si, dès l'enfance, elle a été conduite à tenir pour naturels la fécondation chez les plantes et le développement de l'ovule en graine. Le moment venu, elle comprend que son corps est une source de vie, comme la plante, et qu'elle doit le respecter, comme elle doit respecter toute vie.

Prévenue des funestes effets des actes immoraux sur le développement normal des êtres, elle fuit les conseils impudiques, les déteste ou les craint. Ou bien, si elle s'y abandonne, c'est dans une mesure moindre et avec une volupté troublée, parce qu'ils ne lui apparaissent pas comme la plus belle expression de l'amour et parce qu'ils sont dépouillés du charme du mystère. Et l'exemple des compagnes n'a plus la même influence, à cause du frein moral plus puissant et de la suggestion qu'exerce toujours sur la jeunesse la chose mise en action[3].

Ainsi ces connaissances ne nuisent pas au développement moral de la fillette. Bien mieux, elles ne peuvent qu'aider à l'épanouissement complet de l'amour filial. « Nous savons, dit Mme Hudry-Menos, une fillette de sept ans qui, lorsque sa mère lui eut dévoilé franchement comment elle était née, l'étreignit avec passion en s'écriant : « Oh! petite mère, comme ça a dû te faire mal! » Et son amour pour sa mère s'est changé en une sorte de

1. G. Obici, broch. citée, p. 25.
2. Cf. Ch. Brunot, *la Traite des Blanches* (*Revue philosophique*, 10 mai 1902).
M. Brunot déplore justement l'ignorance dans laquelle nous maintenons la jeune fille des dangers qui la menacent.
3. Cf. Obici, broch. citée, p. 24.

culte[1]. » C'était l'opinion de Mme Campan. « L'idée, disait-elle, que leur naissance a mis les jours de leur mère en danger les attendrit et la leur rend plus chère[2]. » C'était également l'opinion de Basedow, qui l'avait assez brutalement mise en pratique.

D'autre part, à l'âge de l'adolescence, se développe, outre le sentiment de la pudeur, une infinité d'autres sentiments et de pensées : désirs d'aimer et d'être aimé, élans généreux, tendances nobles à l'altruisme, etc. Ces sentiments que cache jalousement la fillette si on n'a point gagné sa confiance, peuvent être utilisés par l'éducateur averti « pour développer les meilleures qualités psychiques... et cimenter avec elles les sentiments moraux et sociaux en les faisant briller dans l'âme de front avec les manifestations de l'instinct, et en démontrant combien il est beau d'asservir celles-ci à ceux-là, et de ne point laisser les instincts profaner les nobles penchants par leurs impulsions brutales et leurs désirs honteux[3] ». Ainsi les tendances psychiques naturelles de la puberté peuvent seconder l'œuvre de l'éducateur dans la transformation de l'être égoïste en être social. Et, par un développement parallèle, l'amour honnête, sanctifié dans la famille, acquiert son complet développement.

La confiance de fille à mère et d'élève à maîtresse, la haute portée d'une éducation morale faisant appel à toutes les forces de l'organisme, rendent moins nécessaire une étroite surveillance des pensées et des actes de la fillette. Une tutelle morale discrète devient suffisante. Les lectures n'ont plus besoin d'être choisies avec un aussi excessif scrupule. La jeune fille peut puiser ailleurs que dans les œuvres de Berquin ou de Mme de Genlis. Et sans tirer

1. *La Femme*, p. 116.
2. Larcher, p. 163.
3. G. Obici, broch. citée, p. 26. L'auteur semble se placer surtout au point de vue de l'éducation du jeune homme. Mais, visiblement, ses préoccupations vont aux deux sexes. En tout cas, ses conclusions sont applicables aux jeunes filles comme aux jeunes gens.

de l'adage : *Tout est sain aux sains,* des conséquences excessives, on peut affirmer que les ouvrages qui, d'ordinaire, enflamment l'imagination n'ont plus sur elle la même influence néfaste[1]. Si une lecture lui causait un malaise moral, elle ne craindrait pas de demander conseil aux siens[2]. Et lorsqu'elle serait sollicitée de prendre part à des bavardages impurs, elle ne craindrait point de répondre : « Ma mère m'a dit toutes ces choses, mais je n'en parle qu'avec elle[3]. »

Et enfin que de questions évitées auxquelles les parents et les maîtres ne peuvent répondre qu'avec embarras et inexactitude, s'ils veulent tenir les enfants dans une complète ignorance ! Et aussi quelle franchise dans les leçons de l'école ! Car, à moins d'expurger les divers enseignements et le langage ordinaire même, ainsi que les Pères jésuites expurgeaient Molière, comment exposer aux enfants certaines questions d'histoire? Comment leur donner le sens précis de termes qui reviennent à chaque page : prince du sang, bâtard, favorite, fils légitime, fils illégitime?... Comment parler, en morale, de la fidélité conjugale, si nécessaire au développement harmonieux de la famille? Comment, en agriculture, traiter convenablement les questions relatives à la gestation, à l'agnelage, au vêlage, et même à la castration? Comment donner l'idée des lois qui dominent la biologie, en taisant pour les

1. On sait que Mme Roland avait, à dix-huit ans, lu de nombreux auteurs non expurgés, et qu'Eugénie de Guérin lisait les romans peu chastes de Barbey d'Aurevilly sans rien perdre de son inaltérable pureté. On ne peut prétendre atteindre d'emblée un tel résultat. On peut espérer en approcher.

2. Nous ne pensons pas cependant, avec P. Bourget, que les ouvrages où le vice est dépeint dans la crudité de tous ses détails et de toutes ses conséquences, et où se montre le mal dans sa laideur essentielle, contribuent forcément à inspirer l'horreur du mal. (Cf. P. Bourget, *Physiologie de l'amour moderne,* préface.) La peinture du vice émeut les sens. Et la passion, trop souvent, domine alors l'intelligence et la volonté.

3. Cf. Mme E. Pieczinska, *l'Ecole de la pureté,* p. 192.

mammifères ce qu'on fait connaître à demi pour les batraciens et qu'on dévoile entièrement pour les plantes?

*
* *

Ainsi donc, un système abordant progressivement les questions sexuelles nous paraît présenter sur le système actuel une supériorité incontestable. Il nous paraît de nature à contribuer puissamment à l'éclosion physique et morale de la mère dans la fillette. Et cela seul permet de conclure à la nécessité de l'appliquer.

Fallait-il en vérité tant d'ambages pour en arriver là?... Si la paternité n'est qu'un épisode dans la vie des hommes, la maternité est l'essence même de la vie des femmes. « Depuis la période de la nubilité, la femme est, au physique comme au moral, sous la dépendance absolue de la fonction reproductrice. Pendant les premières périodes, combien ne sont pas grands et multiples les accidents qui surgissent! Un être nouveau se développe chez la jeune fille; son corps tout entier frémit aux premières apparitions de la fonction. Plus tard, alors que tout est régulier, la femme se trouve plusieurs jours dans un état de faiblesse, d'énervement d'une intensité parfois singulière. Les débuts d'une grossesse, son évolution, la lactation, l'accouchement et ses suites, plus tard aussi la période souvent si longue et si cruelle du retour d'âge, sont autant de tempêtes que la femme traverse[1]... » Dès lors, n'apparaît-il pas que la femme doit être initiée à la vie intime de son sexe? Et n'est-il pas étrange, à première vue, qu'on impose à la jeune fille les devoirs de la maternité sans la préparer à l'accomplissement de ces devoirs; qu'on purifie, qu'on sanctifie le rôle de mère et qu'on tienne pour honteux ce qui est l'origine première de ce rôle?

1. G. Morache, *la Revue*, 15 sept. 1901.
Cf. l'*Emile*, V, ouvr. cité, p. 414 : « Le mâle n'est mâle qu'en certains instants; la femelle est femelle toute sa vie, ou du moins toute sa jeunesse; tout la rappelle sans cesse à son sexe... »

Si on objecte que toutes les femmes ne sont pas destinées à être mères, ne peut-on répondre qu'il est bien difficile de prévoir la destinée d'un être? Mais d'autres objections peuvent être soulevées, auxquelles M. Obici répond victorieusement.

« ... Vous croyez qu'il est vraiment bien qu'un enfant apprenne tout d'un coup toutes les particularités sexuelles? Ne pensez-vous pas que *quand il saura tout,* il voudra *tout expérimenter?*

« Je répondrai par une explication préjudicielle... Si c'est un mal que l'enfant sache trop tôt les choses de l'amour, quelle valeur a l'objection, du moment que, de toute façon, presque fatalement, le petit garçon — de même la petite fille — perdra précocement son innocence, bien que ceux chargés de son éducation ne lui aient pas enseigné ce que c'est que l'amour?

« Admettons même que l'enfant pubère, sachant tout, veuille tout expérimenter : il reste qu'avec la méthode du silence et du mensonge il apprend avant toute chose les côtés vicieux de l'amour et s'y abandonne sans aucune de ces retenues morales que le père ou le maître (de même la mère ou la maîtresse) ne lui a pas enseignées pour ne pas profaner la candeur supposée de la jeunesse[1]... »

On peut dire aussi : « Tant de franchise en paroles et en leçons ôtera à l'enfant toute retenue dans la conversation, affaiblira en lui — de même en elle — le sentiment de la pudeur et le poussera au vice.

« Nous ne croyons pas que ce soit là une objection bien sérieuse, et à ces raisonnements théoriques nous aimons mieux opposer sur ce point la pratique. Ce ne sont pas les faits strictement sexuels dont la bienséance interdit de parler dans la conversation; elle défend aussi l'emploi de toutes les expressions relatives aux nécessités les plus intimes. Il est donc facile de faire l'éducation d'un enfant en lui imposant une sévère retenue dans ses paroles et

1. Obici, broch. cit., p. 21.

dans ses actes, bien que, par la force des choses, il connaisse tout. Il y a plus ! Quand dans la jeune fille s'annonce la femme, les mères sont forcées de révéler à l'enfant tremblante et épouvantée une partie du grand mystère, et sa pudeur n'en est ni offensée ni diminuée, sa retenue naturelle n'en est pas moins grande.

« On sait d'ailleurs qu'à cette époque, soit par hérédité, soit par suite de la nouvelle connaissance acquise de leur mission dans la vie, se développe et se perfectionne chez les jeunes filles cette pudeur virginale qui est si belle quand elle n'est pas le fruit d'une hypocrisie raffinée ou d'une stupide ignorance[1]. »

Car la pudeur n'est pas cette fausse honte dont on aime à parer les jeunes filles, cet art de paraître vertueuses. La vraie pudeur, la pudeur intime et profonde, et non à fleur de peau, ne rougit pas de la science, mais des sentiments bas, des tentations entachant l'honneur. Et un régime basé sur la franchise et sur la loyauté ne saurait la détruire.

*
* *

Aussi bien cette fausse pudibonderie, qui longtemps a été l'obstacle le plus sérieux à l'introduction des questions sexuelles dans l'enseignement, tend à disparaître.

Au XVIIe siècle déjà, Mme de Maintenon était sans pitié

1. Obici, broch. cit., p. 25-26.

« Il suffit, dit de son côté le docteur Toulouse, de connaitre des jeunes filles livrées à des études naturelles approfondies, comme les étudiantes en médecine, pour s'assurer que la connaissance théorique de la physiologie la plus précise ne leur enlève ni la retenue ni le charme qu'elles avaient avant de s'instruire. Cela est au fond affaire d'éducation et reste extérieur à cette instruction spéciale. »

Et il ajoute, justement selon nous : « Pour moi, je suis convaincu que c'est précisément la femme qui doit être la plus instruite, parce qu'elle est la plus faible moralement et qu'elle est le plus souvent victime des indélicatesses étrangères. Plus froide que l'homme, elle restera encore plus calme en face de cette instruction spéciale. » (*Manuel général de l'instruction primaire*, 1er juin 1907 ; *Principes de morale sexuelle.*)

pour les fausses pudeurs de sentiment et de langage. Elle s'égayait aux dépens d'une classe, la classe bleue, devant laquelle on n'osait prononcer le nom de mariage. « On m'a dit, écrivait-elle, qu'une des petites fut scandalisée au parloir de ce que son père avait parlé de sa culotte : c'est un mot en usage; quelles finesses y entendent-elles? Est-ce l'arrangement des lettres qui fait un mot immodeste? Auront-elles de la peine à entendre les mots de curé, de cupidité, de curieux, etc.? Cela est pitoyable. D'autres ne disent qu'à l'oreille qu'une femme est grosse : veulent-elles être plus modestes que Notre-Seigneur qui parle de grossesse, d'enfantement, etc.[1]?... »

Basedow ne craignait pas de présenter à ses élèves, en leçons de choses, les préliminaires de l'accouchement. Et il les appelait à dire les dangers que court une femme en mal d'enfant et à en déduire leurs obligations envers leurs mères qui ont tant souffert pour les mettre au monde[2].

Mme Campan et Mme de Rémusat étaient d'avis qu'une mère doit prévenir certaines questions et fait toujours bien d'apprendre d'avance à ses enfants ce qu'ils ne peuvent pas manquer de savoir par d'autres.

Depuis, quelques esprits sont entrés plus avant dans cette voie. Zola, dans la *Joie de vivre,* expose son idéal pédagogique. Pauline, orpheline, élevée chez sa tante, esprit clair et positif, volontaire, ferme et pratique, fait elle-même son instruction en fouillant avec une ardeur purement cérébrale des ouvrages et des albums de médecine. Aussi, sans trouble, avec un beau calme de saine individualité, elle acquiert la science détaillée des lois physiologiques, à l'âge où Angélique apprend à broder. Elle sait toute la vie, et, de cela même, elle a l'esprit plus généreux et plus pur, insoucieuse des hypocrisies et des curiosités dont s'entretient la perversité des fillettes élevées dans l'ignorance.

1. Lettre 58 de l'édit. Gréard, p. 161.

2. Cf. G. Compayré, *Histoire critique des doctrines de l'éducation en France depuis le seizième siècle,* t. II, p. 103.

On retrouve dans des ouvrages d'éducation ou de science, dans des romans, de semblables préoccupations[1].

M. le docteur Pinard, et avec lui de nombreux médecins, estime « qu'il est temps que le corps ne soit plus considéré comme une guenille; que ce par quoi nous avons reçu la vie et par quoi nous la transmettons ne soit plus caractérisé d'appareil honteux, car il n'est pas d'appareil dont les fonctions soient aussi nobles[2]. »

De même, le docteur M. de Fleury : « Pourquoi ne pas donner aux enfants, sommairement, mais bonnement,

1. Cf. particulièrement :

Mme Hudry-Menos, *la Femme;*

Mme Pieczinska, *l'Ecole de la Pureté;*

Docteur Henri Fischer, *De l'Education sexuelle;*

Pères et mères, que faites-vous de vos fils ? édit. Fishbacher;

Docteur Leved Ribbing, *l'Hygiène sexuelle et ses Conséquences morales;*

Herzen, *Science et Moralité;* Lausanne;

Frédéric Passy, *Entre Mère et Fille;*

Jeanne Leroy-Allais, *Comment j'ai instruit mes filles des choses de la maternité;*

Docteur M. de Fleury, *le Corps et l'Ame de l'enfant;*

Docteur Mary Wood-Allen, *Ce que toute fillette devrait savoir;*

Même auteur, *Ce que toute jeune fille devrait savoir;*

Docteur Emma Drake, *Ce que toute jeune femme devrait savoir;*

La Pédagogie sexuelle; et toute la collection *Sexe-séries;*

Docteur Lehmann, *Pureté et Vérité : Sozialistiche Monats Hefte,* sept. 1907.

Cf. *Avant l'amour,* déjà cité : « Et quand je me rappelle aujourd'hui ce souci inévitable et constant des choses de l'amour qui naît avec l'adolescence dans l'âme de la vierge contemporaine, quand j'évoque la terreur, le dégoût, la tristesse que je reçus de certaines confidences, je me demande si la délicate et prudente révélation de la vérité ne vaudrait pas mieux que l'hypocrisie obligatoire. » (P. 21.)

Cf. *les Jours s'allongent,* déjà cité : « Découvrir ce qui est caché, défendu, sera pour l'enfant, avide de s'affirmer, la hantise. Il a respiré la sève de l'arbre du péché. Dorénavant, l'*inconnu,* même avant l'éveil de sa puberté, fascinera son imagination, sans aucun contrepoids d'éducation intelligente, ouverte, franche. » (1re partie, III.)

2. *Troyen hebdomadaire,* 18 déc. 1899.

sans tant de mystère, la simple et belle vérité, à savoir, que du mariage des hommes, ainsi que de l'union des plantes et des animaux, dans la nature entière, naissent des rejetons que la maman porte en elle et nourrit du meilleur de son sang, le fruit de ses entrailles [1]? »

Le docteur Pinard, précisant sa pensée, déclare que l'enfant ne doit pas ignorer d'où il vient, ce qu'il est et ce qu'il doit aux générations futures; qu'il faut lui apprendre à respecter ses descendants; qu'il faut lui faire comprendre qu'il n'est qu'un porte-graines[2]. »

Et le rapport de MM. Pinard et Ch. Richet sur les causes physiologiques de la diminution de la natalité en France, conclut plus explicitement encore : « Il faut... réformer notre éducation et apprendre aux enfants ce qu'ils sont réellement.... Il est indispensable de leur apprendre qu'ils possèdent un dépôt sacré, leur descendance. *Ceci doit être appris à l'école; aussi il me semble que la commission de dépopulation a pour devoir de demander aux autorités compétentes que cet enseignement soit donné dans toutes les écoles de France*[3].

En même temps, on réclame de divers côtés l'enseignement de la prophylaxie des maladies vénériennes. Une littérature spéciale s'est créée où ces questions sont traitées avec toute l'ampleur désirable[4]. »

Certaines de ces idées ont déjà reçu un commencement d'exécution.

A l'étranger, des conférences sont faites sur la question

1. *Le Corps et l'Ame de l'enfant*, p. 309.

2. *Revue scientifique*, 12, 19, 26 oct. 1901 : *Rapports de l'hygiène avec l'instruction et l'éducation*.

3. *Annales de gynécologie et d'obstétrique*, janvier et février 1903.

4. Cf. principalement, en dehors des nombreux articles de journaux et de revues parus sur la question :
Docteur Good, *Hygiène et Morale;*
Docteur Ch. Burlureaux, *Pour nos filles, quand leurs mères jugeront ces conseils nécessaires;*
Docteur Fournier, *Pour nos fils, quand ils auront dix-huit ans;*
Docteur Louis Jullien, *le Mauvais Mal, Propos d'un médecin.*

sexuelle. Les élèves des classes supérieures de gymnase de Leipzig ont été conviés à les entendre[1].

M. Lowerison signale les résultats qu'il a obtenus dans *The Ruskin School Home,* où, à mesure que l'enfant approche de l'âge adulte, on lui enseigne le « mystère sacré du sexe ». « Je constate à l'honneur de mes enfants, dit-il, que je peux parler de ces questions dans une classe où sont mêlés garçons et filles sans que l'ombre d'un sourire ou d'un regard significatif passe entre eux[2]. »

Récemment, on a introduit dans les programmes des écoles normales d'instituteurs de France l'étude des maladies vénériennes. On demande aux maîtres de montrer les dangers qu'elles font courir à l'individu, à la famille et à la société, et d'insister sur ce fait que les trois grandes plaies qui menacent l'existence même de la société sont l'alcoolisme, la tuberculose et les maladies vénériennes[3].

Ainsi peu à peu le système actuel d'éducation se trouve pénétré d'idées nouvelles. Mais toutes les résistances sont loin d'être vaincues. Des préjugés séculaires, un sentiment respectable sans doute, mais où il entre un élément de pudeur excessive et mal comprise, pourront encore faire rejeter longtemps l'enseignement scolaire et même familial de la puériculture avant la naissance[4]. Il est souhaitable que ces préventions disparaissent et qu'on introduise enfin dans les programmes d'enseignement

1. *Le Premier Congrès d'hygiène à Nuremberg* (*Revue pédagogique,* 15 juillet 1904, p. 17).

2. Elsie Masson, *Une Tentative d'éducation : The « Ruskin School Home »* (*Pages libres,* 4 mars 1905).

3. *Bull. adm.*, n° 1688, p. 584.

4. C'est ainsi que le livre du docteur Burlureaux a été jugé inopportun par la presque unanimité des membres du comité de la Ligue sanitaire et morale.

C'est ainsi que beaucoup d'esprits se rallient à l'opinion de Mme J. Girard, inspectrice des écoles maternelles de la Seine : « L'enseignement scolaire de la puériculture est purement et simplement l'enseignement des soins à donner aux enfants du premier âge. »

les notions les plus importantes relatives à la procréation et à la gestation.

Préparées dès l'enfance à leur rôle futur, les jeunes filles respecteront en elles la maternité physique. Elles sauront de quels soins et de quelles attentions les graines doivent être entourées. Elles penseront à celles qu'elles portent en elles, et elles en auront la religion. Loyalement instruites, elles ne seront plus poussées par une curiosité malsaine et n'auront plus à soulever le voile avec lequel on leur cachait la vérité. Elles ne craindront plus ni d'entrevoir, ni de souhaiter remplir la suprême fonction que la nature a assignée à leur sexe. Et, renseignées sur les vrais devoirs de la maternité, elles échapperont aux terreurs, aux dégoûts et aux déceptions.

CHAPITRE VI

L'ENSEIGNEMENT MÉNAGER
MÉTHODE ET PROGRAMMES

L'enseignement ménager comprend : l'hygiène, la médecine élémentaire, la puériculture physique, la pédagogie maternelle, l'agriculture « ménagère », les ouvrages manuels et la comptabilité domestique. Nous allons examiner successivement ces divers points. Nous indiquerons dans quel esprit on doit les aborder, et nous tracerons ensuite le programme à suivre.

I

Nous avons insisté sur l'importance des connaissances hygiéniques. Nous avons établi que, nécessaires à tous, ces connaissances le sont surtout aux femmes, et nous avons conclu que l'enseignement de l'hygiène doit inspirer tout l'enseignement ménager, le dominer, le commander. Or, si l'on parcourt les programmes officiels de 1887 pour les écoles élémentaires, on constate l'insuffisance des directions relatives à cet enseignement. Elles se bornent, en effet, aux seules indications qui suivent :

« 1° *Education physique.* — Inspection des enfants à

leur arrivée et à leur rentrée en classe. Exiger une absolue propreté. Surveiller leurs jeux au point de vue hygiénique. Conseils pratiques et donnés soit en commun, soit en particulier, sur l'alimentation, le vêtement, la tenue du corps et des habits...

« 2° *Education intellectuelle.* — Section enfantine : ... hygiène (petits conseils)... Cours supérieur : conseils pratiques d'hygiène. Abus de l'alcool, du tabac, etc.

« 3° *Education morale.* — Cours moyen : devoirs envers soi-même. Le corps, propreté, sobriété et tempérance, dangers de l'ivresse, gymnastique... »

Elles ont été, depuis, complétées par l'arrêté du 9 mars 1897 relatif à l'enseignement antialcoolique, et par la circulaire ministérielle du 12 novembre 1900 relative au même objet[1].

Ainsi présenté, l'enseignement de l'hygiène apparaît fragmenté, « en l'air » et incomplet. Fragmenté, car il est fait de notions éparses, sans lien visible et solide qui les assemble. « En l'air », car il ne comprend que des *conseils pratiques,* et ne s'impose pas à l'attention des éducateurs comme l'application nécessaire de l'enseignement scientifique. Incomplet, car il ne fait qu'effleurer l'hygiène individuelle et néglige à peu près totalement l'hygiène des collectivités, domestique ou sociale.

En vérité, il semble qu'on ait voulu refuser à l'enseignement hygiénique le droit de cité. On ne lui a accordé que ce qu'on ne pouvait lui refuser. Ce dédain apparent l'a privé d'une place officielle et distincte dans l'emploi du temps. Aussi, considéré le plus souvent comme secondaire, il est relégué par les maîtres à l'arrière-plan, au delà même des « enseignements accessoires ». Nous avons signalé les conséquences de cet ostracisme. Il est donc urgent, si l'on veut donner un enseignement ménager

1. *Circulaire ministérielle du 12 novembre 1900* : « L'enseignement antialcoolique ne doit pas être considéré comme un accessoire. Je désire qu'il prenne dans nos programmes une place officielle, au même titre que la grammaire ou l'arithmétique. »

satisfaisant, d'accorder à l'enseignement de l'hygiène la place officielle à laquelle il a droit par son importance. En d'autres termes, il est nécessaire de l'inscrire explicitement au nombre des matières obligatoires de l'enseignement primaire élémentaire. Il faut qu'il prenne, dans l'emploi du temps, à côté de la morale, le rang qu'on lui a jusqu'ici refusé.

Il ne s'ensuit pas qu'il doive constituer un enseignement totalement indépendant. Car l'hygiène est une science faite de beaucoup d'autres, et, en dernière analyse, elle est l'application directe, immédiate, « à la viabilité de l'homme et de l'espèce humaine », des lois qui régissent le monde physique. L'enseignement de l'hygiène doit donc être lié intimement à l'enseignement des sciences physiques et naturelles. Mais, dès le cours élémentaire, l'enseignement hygiénique, tout en puisant ses principes et sa force dans l'enseignement scientifique, doit former un tout, un corps de doctrine qui sera présenté dans son ensemble à l'élève. Il doit être comme une synthèse des applications éparses de l'enseignement des sciences. Il doit offrir en raccourci, mais coordonnés et sous une forme plus saisissante, les conseils pratiques dictés par les lois physiques étudiées.

L'étude de l'hygiène doit être évidemment précédée de l'étude de l'homme, que nous avons placée à la base du programme des sciences. Elle pourra comprendre les points suivants, dans l'ordre[1] :

I. *L'air.* — L'air atmosphérique. Rôle de l'air dans la vie de l'homme. Des impuretés de l'air. Altération de l'air par les gaz. Altération de l'air par les poussières. Microbes infectieux. Précautions nécessaires. Comment doit-on respirer? Cure d'air.

L'eau. — Eau potable. Eau de source, eau de rivière,

1. Les programmes donnés au cours de ce chapitre sont des programmes maxima. Ils demandent une prudente adaptation à l'âge des enfants. Nous ferons cette adaptation, à grands traits, dans la suite.

eau de pluie, eau de puits. Eau contaminée. Ses dangers. Filtration. Ebullition.

II. *L'habitation.* — Dangers des habitations humides. Terrain. Orientation. Matériaux. Dispositions générales. Destination des pièces. Propreté. Aération. Ventilation. Soleil.

La chaleur. — Combustibles. Appareils de chauffage : cheminée, poêle, chaufferette, calorifère. Manière d'allumer le feu, de l'entretenir, de le modérer, de l'activer. Feu de cheminée.

La lumière. — Son importance pour la vue. Eclairage naturel. Eclairage artificiel. Divers modes d'éclairage : lampe à pétrole, lampe à essence, lampe à huile, bougie, chandelle, gaz d'éclairage, acétylène, alcool, électricité. Avantages et inconvénients. Précautions à prendre.

III. *Le vêtement.* — Les tissus. Leurs propriétés calorifiques et hygroscopiques. Formes et adaptation du vêtement. Dangers des vêtements trop étroits. Le corset.

La propreté dans les vêtements. Sa nécessité. Comment on enlève les taches. Le linge. Le linge sale. La lessive. Propreté des vêtements des extrémités. Soins aux chaussures et aux gants.

Le vêtement nocturne. Le lit. La literie : draps, oreillers, couvertures, matelas, sommier. La chambre à coucher. Les excrétions. Sécrétions de la peau. Rôle du linge. Nécessité d'ablutions et de bains fréquents.

Soins spéciaux aux mains, aux ongles, à la face, aux oreilles, aux cheveux, aux dents, aux pieds. — Les peignes et les brosses.

IV. *L'alimentation.* — La machine animale. Les divers aliments.

Aliments d'origine animale : viandes, graisses, poissons, œufs, lait, fromages, coquillages, crustacés.

Aliments d'origine végétale : pain, légumineuses (légumes secs et légumes verts), pommes de terre, riz, fruits, aliments herbacés, chocolat, huiles.

Aliments d'origine mixte : pâtisserie, pâtes alimentaires.

Condiments et divers : sel, sucre, miel, vinaigre, épices.

La digestibilité des aliments.

La préparation des aliments. Cuisine et hygiène. Importance du procédé de cuisson quant à la valeur nutritive des aliments : bouillons, soupes, grillades, rôtis, ragoûts, sauces. Cuisson des légumes. Pâtisserie. L'art d'accommoder les restes. — La cuisine : les ustensiles, leur entretien ; lavage de la vaisselle.

La ration alimentaire.

Le régime alimentaire variable selon l'âge, les occupations, l'état de santé, le climat.

La valeur véritable des aliments : valeur nutritive et valeur marchande.

Confection d'un menu.

La présentation des aliments. La salle à manger. La table et le couvert.

Comment on doit manger. Les dents. Hygiène de l'estomac. Hygiène de l'intestin.

Les boissons. — La soif. L'eau.

Les boissons fermentées : vin, bière, cidre.

L'alcool. Ses effets sur l'organisme. Son action sur l'intelligence et sur la volonté. La lutte contre l'alcool au foyer domestique.

Les boissons aromatiques : café, thé.

Falsifications principales des aliments usuels, solides et liquides. Leurs dangers.

Viandes dangereuses. Parasitisme : ladrerie, trichinose, charbon. Germes infectieux : tuberculose.

Viandes putréfiées : la charcuterie.

Evacuation des matières fécales. Epandage. Préservation des puits, des citernes et des cours d'eau.

Il ne suffit pas d'enseigner les règles essentielles de l'hygiène. Il faut surtout donner aux enfants l'habitude de les observer. On a vu plus haut comment on peut favoriser le développement des habitudes de propreté. Mais l'école peut davantage. Les maîtres doivent associer leurs élèves aux mesures hygiéniques à prendre dans les classes : ventilation active pendant les récréations, ventilation mesurée pendant les leçons, chauffage modéré donnant une température régulière et douce, évaporation d'eau pour éviter la sécheresse de l'air, guerre à la poussière... Ils doivent également imposer aux enfants certaines règles de tenue et de conduite : correction dans l'attitude; précautions individuelles contre le froid, contre la soif, contre les courants d'air; précautions diverses qu'impose la cohabitation régulière dans un local de dimensions relativement réduites (usage individuel des objets; ne jamais cracher par terre...).

Ainsi, par l'enseignement de l'hygiène, on donnera une connaissance aussi précise que possible des lois de la vie et des lois de la santé. On fera connaître les responsabilités qu'encourt toute personne qui viole sciemment ces lois. On préparera les transformations nécessaires dans les habitudes individuelles et dans les mœurs. On combattra les pratiques défectueuses, et on armera la ménagère pour l'exécution rationnelle des travaux du ménage.

II

L'enseignement de la médecine élémentaire peut être rattaché à celui de l'hygiène. Plus que tout autre il doit rester simple. Il ne doit avoir d'autre but que de donner une idée de l'évolution générale des maladies, de préciser les règles de la prophylaxie, de codifier les conseils pratiques concernant les soins aux malades, l'emploi des remèdes d'usage courant, et surtout les secours immédiats en cas d'accidents.

De même que l'enseignement de l'hygiène, l'enseignement de la médecine élémentaire doit surtout s'appuyer sur l'anatomie et la physiologie humaines. Les maîtres écarteront avec soin les termes scientifiques, qu'ils laisseront à l'usage des savants. Ils leur préféreront les termes populaires, dont ils préciseront, s'il est nécessaire, la signification. Ils ne manqueront jamais de faire l'application pratique des notions enseignées, lorsque les circonstances le dicteront. La pharmacie de l'école fournira les médicaments indispensables. On appliquera une compresse d'eau « picriquée » sur une brûlure. On pansera une coupure ou une plaie contuse. On donnera les soins qu'il faut en cas d'indigestion, de syncope, d'hémorragie nasale... Au besoin même, on fera simuler quelques pansements par les élèves et préparer, sans nécessité immédiate, quelques remèdes simples. L'enseignement de la médecine élémentaire, en dehors de quelques notions théoriques indispensables, doit conserver un caractère essentiellement pratique.

Il peut comprendre les points suivants :

I. Les phases diverses de l'évolution d'une maladie.

II. Maladies contagieuses. La transmission des maladies. La contagion : ses voies. Ces maladies sont évitables. L'antisepsie.

La diphtérie. Angine couenneuse et croup. Nécessité d'une action immédiate. Injection de sérum.

Fièvres éruptives. Caractères généraux. La variole : vaccination préventive. La rougeole : les précautions nécessaires. La scarlatine : complications à redouter.

Oreillons. Coqueluche.

Fluxion de poitrine. Grippe.

Fièvre typhoïde. Dysenterie. Charbon.

Gale. Teigne. Pelade.

La tuberculose. Ses diverses formes. Elle est curable. Hygiène du tuberculeux. Comment se préserver de la contagion.

Désinfection du linge, des vêtements, des appartements. Désinfectants utilisés. Précautions nécessaires.

III. Maladies toxiques. Alcoolisme.

Empoisonnements divers (vomitifs et contrepoisons).

IV. Accidents divers. Premiers soins.

Fractures, entorses, luxations, crampes.

Névralgies, convulsions, congestions.

Brûlures, plaies, morsures d'animaux venimeux. Corps étrangers dans l'œil et dans l'oreille.

Indigestions.

Rhumes, bronchites, maux de gorge.

Asphyxies diverses.

Syncope, hémorragie, apoplexie, insolation, congélation.

V. Pharmacie domestique. Son utilité. Sa composition : fébrifuges, vomitifs, révulsifs, émollients, calmants, plantes médicinales, accessoires divers. Précautions nécessaires. Prix de revient.

VI. Des soins à donner aux malades. Devoirs de la garde-malade. Conseils généraux : la propreté de la chambre, le lit, l'aération nécessaire, la température du corps, usage du thermomètre. Aide à donner au médecin. Conseils sur la convalescence[1].

III

Nous avons vu que l'enseignement de la puériculture physique du premier âge peut être donné dès l'école primaire. L'heureuse tentative du docteur Pinard, qui a professé la puériculture à des élèves d'école élémentaire, nous en est une preuve convaincante. Et les causeries du maître, réunies en volume, nous fournissent, en grande partie, la matière de cet enseignement.

« Tout ce que nous avons à faire peut se classer en trois grandes divisions :

« 1° Soustraire nos bébés aux influences extérieures nuisibles, c'est-à-dire faire en sorte qu'ils soient propres, qu'ils n'aient pas froid, qu'ils n'aient pas trop chaud, et aussi qu'ils ne soient exposés ni aux chutes ni aux coups, etc. C'est ce que nous étudierons dans une première partie : *soins à donner aux nouveau-nés*.

1. On consultera utilement, pour l'enseignement de la médecine élémentaire, l'excellent ouvrage de Mme Gross-Droz : *Soins aux malades et blessés*.

« 2° Les alimenter, c'est-à-dire les nourrir. Ce sera l'objet de la deuxième partie : l'*alimentation des nouveau-nés.*

« 3° Dans une dernière partie, nous aborderons l'*étude de la surveillance* et des soins divers du premier âge[1]. »

Voici, succinctement indiquées, les divisions principales de chacune de ces parties :

I. *Soins à donner aux nouveau-nés.*

Nettoyage : toilette quotidienne. Nettoyages fréquents. Le bain.

Habillement : le maillot, la couche et les langes.

Abris, berceaux. La température favorable à l'enfant. Abris pour bébés. Le berceau : ses diverses parties.

II. *Alimentation des nouveau-nés.*

L'allaitement maternel préférable à tout autre. Ses règles.

L'allaitement artificiel. Nécessité d'un lait pur. Stérilisation du lait.

La pratique de l'allaitement. L'allaitement mixte. L'allaitement mercenaire. Régime et hygiène de la nourrice.

III. *Surveillance et soins divers du premier âge.*

La tetée. Le poids du bébé.

Vaccination.

Sorties et promenades.

Eruption et sortie des dents.

Exercices et premiers pas.

Sommeil. Sevrage.

Hygiène et alimentation des enfants sevrés.

IV. A ces notions, il importe d'en ajouter d'autres également précises sur les *maladies de la première enfance* et les soins qu'elles nécessitent. On doit insister particulièrement sur la gastro-entérite, l'athrepsie, les affections contagieuses (impétigo...), la bronchite, l'ophtalmie.

V. L'étude de la puériculture physique du premier âge doit être complétée par l'indication des règles hygiéniques

1. Docteur Pinard, *la Puériculture du premier âge*, p. XI.

à observer dans la *seconde enfance*, c'est-à-dire après le sevrage, à partir de la deuxième année.

Les points à aborder sont : l'alimentation rationnelle de la *seconde enfance*. Les aliments à proscrire. Les boissons nuisibles. La nécessité de la liberté dans les mouvements.

Il ne serait pas inutile non plus d'attirer, comme l'a fait M. le docteur Ausset[1], l'attention des mères futures sur les préjugés courants relatifs à la médecine et à l'hygiène infantiles, dont certains enrayent l'action thérapeutique du médecin et sont un danger.

Cet enseignement ne peut être donné avec fruit qu'à partir du cours moyen. Car des enfants trop jeunes seraient incapables d'en saisir la portée, et les connaissances d'hygiène générale doivent être suffisantes pour que l'enseignement de la puériculture acquière toute sa force.

Il serait désirable qu'on pût conduire les élèves dans une crèche et leur montrer comme on soigne les bébés, et, au besoin, leur permettre de les soigner elles-mêmes. On accroîtrait ainsi, sans nul doute, l'intérêt des leçons. Et la visite à la crèche serait à la leçon de puériculture ce que l'expérience est à la leçon de physique. Mais les crèches sont rares. On peut, à défaut, grouper dans l'école tous les objets nécessaires à la toilette, à l'habillement, au sommeil, à l'allaitement du nouveau-né. Et une grande poupée peut, pour quelques leçons, jouer le rôle du nouveau-né lui-même. C'est là, d'ailleurs, le procédé utilisé par le docteur Pinard. Dans ses leçons, sous les yeux des élèves, il plongeait ses poupées dans un baquet de tôle, les essuyait, les habillait, les emmaillotait, comme si elles avaient été vivantes.

De même que l'hygiène et la médecine élémentaire, la puériculture doit être clairement et simplement exposée. Elle doit être condensée en préceptes pratiques. Ces préceptes seront groupés en un livret. Le livret

1. *Eléments d'hygiène infantile*, avec préface de M. le prof. Budin.

fixera, pour les futures mères, les notions étudiées. En même temps, il fera pénétrer dans les familles les règles exposées à l'école, et ainsi il contribuera à l'éducation des mères actuelles.

IV

L'enseignement de la puériculture avant la naissance présente de grandes difficultés. Et ce serait de l'outrecuidance que de prétendre tracer en quelques lignes les règles qui doivent le dominer, et plus encore de déterminer dans le détail la matière qu'il comprend. La gravité du problème et son importance ont provoqué un nombre considérable d'ouvrages, de brochures, de conférences, d'articles de journaux, de pièces de théâtre. L'on ne peut dire que tous les auteurs qui l'ont abordé aient réussi à nous donner des précisions satisfaisantes sur la manière d'initier nos filles aux mystères de la vie sexuelle. Pourtant, il en est qui ont traité la question avec un bonheur d'expressions et une sûreté de méthode que seuls peuvent expliquer leur grâce de femme et leur savoir de mère. D'autres ont tiré de leur science incontestable et de leur expérience professionnelle de précieux enseignements. C'est en nous inspirant de leurs conclusions que nous allons essayer de tracer à grands traits le rôle de l'école et celui de la famille dans l'enseignement de la puériculture avant la naissance.

L'initiation des enfants aux mystères génétiques doit être progressive, lente et proportionnée aux âges et aux besoins. Elle doit, à l'école primaire, être sagement limitée. Et si, à l'école primaire supérieure et surtout à l'école normale, elle peut être poussée assez loin, elle ne doit jamais cesser d'être prudente et graduée. Sur le seuil de la vie libre, elle devient personnelle, appropriée au tempérament, à l'intelligence et au milieu. C'est à la mère que revient alors le rôle prépondérant.

Dès l'école élémentaire peut être dévoilé le « mystère sacré du sexe » et peuvent être enseignées la loi de l'hérédité, la solidarité physiologique et psychique entre les générations. Il n'est nullement impossible d'aborder ces questions avec le sérieux et la haute sérénité qui conviennent. « Mes leçons sur les plantes et les animaux, dit M. Harry Lowerison, traiteront franchement du mystère sexuel... Je maintiens qu'aucune leçon sur les sexes ne peut être donnée avec autant de pureté que celles impliquées dans l'étude des plantes ; et à mesure que l'instinct sexuel se fait sentir chez l'enfant, rien ne lui apprendra plus facilement le respect et la pureté innée des fonctions sexuelles que des leçons sur les fleurs en plein air... Ce n'est pas en cachant ce qui ne peut être caché, mais en s'approchant, en le regardant en face et en montrant la pureté essentielle de la fonction sexuelle, que l'on peut résoudre le problème sexuel d'une façon adéquate[1]. »

C'est la méthode suivie par Mme Pieczinska dans son beau livre *l'Ecole de la pureté*[2], et aussi par la doctoresse Mary Wood-Allen dans les deux ouvrages qu'elle consacre à cette question[3]. L'une et l'autre montrent comment on peut initier doucement et progressivement les fillettes au phénomène de la division des sexes et à la nécessité de leur union pour la propagation de la vie. Cette initiation est la conséquence normale d'un enseignement objectif des sciences naturelles. Et nous avons vu qu'un tel enseignement ne peut être donné avec profit qu'au sein même de la nature[4].

1. *Pages libres*, 4 mars 1905, déjà cité.
Il convient d'ajouter que, pour M. Lowerison, la coéducation est un instrument nécessaire dans « la lutte contre le problème sexuel ». Mais la question de la coéducation, en tant qu'elle touche aux problèmes sexuels, demanderait des développements qui ne peuvent trouver place ici.

2. Chapitres I, II et III.

3. *Ce que toute fillette devrait savoir, Ce que toute jeune fille devrait savoir.*
Cf. aussi Fréd. Passy, *Entre Mère et Fille*, conçu dans le même esprit.

4. Nous pensons que l'école devrait assurer la tâche délicate de donner ces notions. Mais il est évident que, dans l'état actuel des

Enseigner la solidarité physiologique et psychique entre les générations apparaît comme plus aisément réalisable. La loi de l'hérédité peut d'ailleurs être présentée comme une conséquence des remarques qu'aura provoquées l'étude du monde végétal et celle du monde animal. « Montrons à l'enfant, dit le docteur Pinard, ce qu'il est véritablement. Donnons à son cerveau cette notion capitale, à savoir : qu'il n'est qu'un anneau d'une chaîne ininterrompue qu'il ne doit ni affaiblir ni rompre. Disons-lui que ses parents ne lui ont pas donné seulement la vie, mais l'ont aussi et surtout rendu dépositaire des générations à venir, et faisons-lui comprendre aussitôt qu'il le pourra qu'il n'est qu'un support, qu'un *porte-graines*... En demandant qu'on apprenne à mes enfants la loi de Lamarck, l'hérédité et ses lois, la loi naturelle en vertu de laquelle tous les êtres vivants, végétaux et animaux, tendent à se répéter dans leurs descendants, qui héritent de leurs propriétés, qualités naturelles ou acquises ; en demandant qu'on leur fasse comprendre que c'est de cette façon qu'est gouverné le monde vivant, je crois aussi bien protéger leur innocence que leur avenir. Je les respecte et je leur apprends à vénérer leurs aïeux et à respecter leurs descendants. Aux éducateurs, je dis : « Tous les éléments nécessaires au programme que je demande, vous pouvez les prendre dans ces merveilleux travaux de Pasteur et de Duclaux, sur les maladies des vers à soie[1]. »

Au reste, procéder ainsi, n'est-ce pas généraliser une idée si justement recommandée dans l'enseignement antialcoolique? Lorsque le maître affirme à ses élèves, montre par des chiffres, par des exemples, que l'alcoolique nuit à sa descendance; que les enfants d'alcooliques meurent fréquemment en bas âge; qu'ils sont atteints, dès

idées et des mœurs, c'est aux parents que cette tâche s'impose. Et, en tout cas, ce n'est qu'avec l'approbation des parents que les maîtres pourraient *présentement* se charger d'une telle mission.

1. *Revue scientifique*, 12 nov. 1901 : *Rapports de l'hygiène avec l'instruction et l'éducation*.

le jeune âge, de dégénérescence; qu'ils sont prédisposés aux convulsions, à la méningite, à la déséquilibration, à la dipsomanie : que fait-il, si ce n'est appliquer à un point particulier les enseignements que nous venons d'indiquer? Et pourquoi, dès lors, ne pas tirer d'une excellente idée toutes ses conséquences, et étendre à l'étude des divers points de l'hygiène les règles sur lesquelles on insiste si longuement à propos de l'alcoolisme? Et, puisque la fillette sera probablement mère et que, par suite, sa santé et sa moralité feront pour une large part la santé et la moralité des enfants qui naîtront d'elle, pourquoi ne pas le lui dire franchement et ainsi lui inspirer le désir d'une vie haute et pure, gage de pureté et de moralité pour « ceux dont elle est dépositaire »? Il ne serait donc pas déplacé d'envisager dès le cours supérieur les soins que nécessite le développement normal de la grossesse, d'exposer quelques-uns des principes sur lesquels doivent reposer l'hygiène et le régime de la femme enceinte.

A l'école primaire supérieure, ces diverses notions peuvent être étendues et précisées. Les professeurs peuvent quitter les généralités scientifiques et descendre dans le détail. Et les leçons d'hygiène individuelle peuvent s'adresser plus ou moins directement à la future mère. Deux points doivent retenir l'attention. Le premier est relatif aux vices secrets et aux dangers des familiarités trop grandes entre jeunes filles et jeunes gens. Car c'est à l'approche et à l'épanouissement de la puberté que le « vice solitaire » apparaît et tend à se développer chez la jeune fille. Et de discrets avertissements, des conseils avisés, toujours individuels et dictés par les circonstances, sont nécessaires pour éviter à la jeune fille de cruelles surprises et des dangers insoupçonnés. Mrs. Wood-Allen aborde avec prudence, mais avec fermeté, ce problème. Et l'on ne peut trouver de meilleures directions que les siennes[1].

1. *Ce que toute jeune fille devrait savoir*, ch. XIX à XXII.

Le second point est relatif aux maladies vénériennes, qui sont si souvent le fléau des familles et qui peuvent devenir celui de la société. Les dangers qu'elles font courir à l'individu, au foyer et à la race ne devraient pas être ignorées des jeunes filles. D'ailleurs, la plupart des maladies de cet ordre peuvent se propager sans actes sexuels. Le baiser que le syphilitique donne à ses frères ou à ses sœurs, sa cuiller, son verre, une poignée de main, sont de suffisants agents de contamination. La syphilis ainsi considérée ne devrait-elle pas rentrer dans l'hygiène générale au même titre que la tuberculose et l'alcoolisme? « Taire la vérité, disait Thiers, c'est cacher le mal, et non le supprimer. » Et Stuart Mill : « On ne peut prévenir ni guérir les maux de la société, tout comme les maladies du corps, à moins d'en parler ouvertement. »

A l'école normale, on a affaire à de futures institutrices auxquelles incombera, pour la plus grande part, la tâche de préparer la femme dans l'enfant. On devrait donc faire aborder de front aux élèves-maîtresses le problème de la division des sexes et de la reproduction de l'espèce. Il est donc permis de regretter que les nouveaux programmes de ces écoles fassent le silence sur toutes ces questions, et particulièrement sur les effets de l'immoralité pour la race. Et d'ailleurs, n'est-il pas imprudent de laisser ignorer à des jeunes filles qui demain peut-être seront épouses, le caractère véritable de l'amour, les responsabilités du mariage, « l'évangile de l'hérédité », les conditions du bonheur domestique et les réalités inévitables de la vie conjugale[1] ?

Il est des notions de « nature individuelle », une initiation plus précise, qui reviennent plus particulièrement à la mère, et que, par la force des choses seule, elle doit laisser à une étrangère. Pour ces notions, un enseigne-

1. Cf. *Ce que toute jeune fille devrait savoir*, déjà cité, 3e partie. Que d'erreurs se répercutant sur toute une vie pourraient être, de la sorte, évitées par un grand nombre de nos institutrices !

ment à heure fixe ne saurait convenir ni être imposé. Car il faut juger, pour le donner, des nécessités, des besoins, des occasions.

Lorsque, l'âge de la puberté arrivant, la crise se prépare dans la fillette, c'est à la mère qu'il appartient de faire connaître à son enfant quelle nouvelle fonction se prépare en elle. C'est à la mère à faire que l'enfant n'éprouve ni surprise ni effroi en face d'un phénomène inattendu. De même, c'est à elle que devrait revenir la lutte directe contre les habitudes pernicieuses auxquelles une fillette peut être initiée par une compagne perverse, et auxquelles elle pourrait être portée à se livrer, souvent moins par sensualité précoce que par curiosité ou par l'entraînement de l'exemple. C'est à la mère enfin qu'il conviendrait normalement d'achever l'œuvre de l'école, de faire connaître à la jeune fille la nature de l'amour vrai, ses bases qui sont l'affinité intellectuelle et la sympathie morale autant que l'attrait physique, et les qualités à rechercher dans un époux.

Ainsi l'enseignement de la puériculture avant la naissance apparaît d'une difficulté très grande. Il exige du savoir et surtout du tact. Il demande une prudente gradation. Ce n'est que peu à peu que doit être révélée la loi de transmission de la vie et, avec elle, ses conséquences pratiques. Cette révélation, si elle est nécessaire à toutes les jeunes filles, l'est plus encore dans les milieux ouvriers et ruraux où la liberté de l'enfant est plus grande, et les dangers qui l'entourent plus nombreux. Or, tel est le cas de la grande majorité des élèves de nos écoles primaires.

V

L'enseignement de la pédagogie maternelle doit être « le couronnement de toutes les études de la jeune fille ». A l'école primaire, il ne peut être donné avec quelque succès qu'à partir du cours supérieur. Car la pédagogie maternelle repose évidemment sur la psychologie. Et la psychologie est la plus délicate des sciences.

Même au cours supérieur, on ne peut avoir la prétention de donner aux élèves des connaissances philosophiques étendues. On doit nécessairement se limiter à l'indispensable et n'aborder que « ce qu'il n'est pas permis d'ignorer ». Aussi, on doit écarter avec soin tout ce qui n'est que psychologie pure, définitions abstraites, subdivisions scientifiques à l'usage des savants. Des notions relatives au mécanisme des facultés, à leur ordre de croissance, à la nature des émotions..., on ne doit conserver dans les programmes que ce qui est nécessaire pour la justification des règles d'éducation à enseigner.

C'est la méthode heuristique qui, seule, peut convenir à un enseignement élémentaire de la pédagogie. Jamais on n'exposera aux élèves ce qu'elles sont capables de trouver elles-mêmes. Les entretiens auront toujours un but nettement défini. Les élèves seront invitées à exprimer leur opinion. Toujours on leur demandera de la motiver. De même, on justifiera les conclusions adoptées en commun. Les questions abordées devront revêtir une forme pratique, prendre l'aspect de petits problèmes à résoudre. L'intérêt qu'y trouveront les élèves s'en accroîtra. Et les exemples donneront, dans la mesure du possible, une forme concrète aux lois examinées. S'agit-il de déterminer la conduite que la mère doit suivre lorsque son enfant a peur de l'obscurité ? On fait appel aux souvenirs personnels des élèves. Elles ont vu des enfants peureux. On leur fait préciser les observations qu'elles ont faites. On discute les façons d'agir qu'elles ont remarquées. On résume la discussion en quelques phrases rapides. On donne à la règle étudiée une forme claire et pratique. De temps à autre, la lecture brièvement commentée d'un texte facile illustre la causerie et ajoute à son attrait.

On trouvera ci-après l'indication des points principaux qui peuvent être ainsi abordés :

L'importance de l'éducation dans les langes.

Premier développement des sens chez l'enfant. Les premiers jouets. Les premières images. Quelques occupations Frœbel. Quelques jeux.

La curiosité enfantine. L'observation.

Les cris de l'enfant. Le langage de l'enfant. Nécessité d'une surveillance attentive : zézayement, bégayement.

Les premières manifestations de la volonté. Les habitudes nécessaires : propreté, ordre. Comment se faire obéir.

Les premières émotions : la peur, la colère, l'égoïsme, la tendresse.

Les défauts des enfants. Comment traiter le mensonge, la colère, la paresse. L'art de punir et l'art de récompenser.

Les qualités à développer : la franchise, le courage, l'ordre, l'économie.

L'imitation enfantine. Nécessité du bon exemple.

La mémoire enfantine. Pas de surmenage. Les lectures enfantines.

L'éducation esthétique. L'ambiance. L'art dans la maison.

Les filles. Leur initiation progressive au ménage.

Ce qu'il ne faut pas faire. L'inconséquence en éducation. L'entente entre les parents nécessaire. La persévérance indispensable. La brusquerie et les violences. L'accord entre la famille et l'école.

Le but de l'éducation.

Du choix d'un état pour l'enfant.

VI

L'enseignement agricole dans les écoles de filles doit sensiblement différer, quant au programme, de ce qu'il est dans les écoles de garçons. Mais l'esprit et la méthode doivent être identiques dans l'un et l'autre cas. Il a surtout pour objet d'initier les élèves « aux connaissances indispensables pour lire avec fruit un livre d'agriculture moderne ou un journal agricole », et de donner le goût des choses de l'agriculture. La circulaire ministérielle du 4 janvier 1897 contient sur l'enseignement agricole les instructions les plus précises. Et, dans les limites du programme, ces instructions sont applicables aux écoles de filles. L'enseignement de l'agriculture ne doit pas être limité à un manuel, si parfait qu'il soit. Il doit reposer sur les sciences physiques et naturelles qui lui donnent les lois dominant les relations entre la nature inerte et les êtres vivants. Il doit, comme l'enseignement des sciences dont il découle, être accompagné d'expériences et d'observations. Que l'on considère l'horticulture ou les soins à donner aux animaux domestiques, on doit toujours chercher dans l'expérience la justification des règles enseignées. Le jardin de l'école, sans cesser d'être pour l'institutrice une ressource personnelle précieuse, permet « les expériences les plus concluantes... et la propagation des meilleures espèces de légumes et de fruits ». Et le poulailler, le clapier, le rucher de l'école, peuvent être pour les enfants des modèles à imiter. Nous aurons à préciser par la suite les exercices pratiques dont les annexes de l'école peuvent fournir le thème.

Les divers points que peut comporter l'enseignement de l'agriculture « ménagère » sont indiqués ci-après.

I. *Horticulture.* — Conditions nécessaires à la vie des végétaux. Les engrais. Cultures démonstratives.

II. *Jardin fruitier.* — Semis. Transplantations. Marcottes, boutures, greffes. Plantation des arbres fruitiers. Taille, pincement, palissage. Lutte contre les maladies et les insectes. Choix des espèces. Récolte et conservation des fruits.

III. *Jardin potager.* — Préparation du terreau. Emploi des engrais. Labourage. Semis. Repiquage, sarclage, binage, buttage. Emploi des abris. Arrosage. Entretien des allées, des bordures et des clôtures. Soins aux divers légumes. De la récolte et du choix des graines.

IV. *Jardin d'agrément.* — Multiplication des plantes vivaces (marcottes et boutures). L'écussonnage des rosiers. Les fleurs. Leur arrangement. Les soins qu'elles exigent. La conservation des plantes craignant la gelée.

V. *Le poulailler.* — Son installation. Soins à donner aux volailles. Ponte et incubation. Engraissement des volailles. Les races principales.

VI. *Le pigeonnier.* — Disposition du pigeonnier. Les races. Les soins nécessaires. Le pigeonnier économique.

VII. *Le clapier.* — Installation. Les maladies transmises par les lapins. Précautions nécessaires.

VIII. *Le rucher.* — Installation des ruches. Supériorité des ruches à cadre. L'essaimage. Soins d'hiver. La récolte et la conservation du miel. La cire.

IX. *La porcherie.* — Les races principales. Nourriture et engraissement du porc. Les maladies évitables.

X. *L'étable.* — Soins aux vaches laitières. La ration alimentaire.

XI. *La laiterie.* — La propreté, première condition. Lait, crème et beurre. Les beurreries coopératives.

XII. *L'hygiène,* nécessaire aux animaux comme aux hommes. Notions sur la sélection et sur le choix des races.

VII

Les programmes d'enseignement relatifs à la couture n'offrirent longtemps que des directions insuffisantes. C'est l'arrêté du 17 septembre 1897 qui a enfin donné des directions rationnelles et un plan d'étude détaillé, précis, logiquement gradué. Mais, malgré les instructions précises qu'il renferme, il semble que l'enseignement de la couture soit resté l'objet du mépris non dissimulé de nombreuses maîtresses et de nombreux parents. Aux examens du certificat d'études primaires élémentaires, les institutrices s'indignent lorsqu'une de leurs élèves est éliminée pour insuffisance à l'épreuve de couture. Au brevet élémentaire, les jeunes filles acceptent d'un cœur plus léger un échec à la deuxième série des épreuves, où la couture tient une large place. De leur côté, les mères retiennent volontiers leurs filles à la maison « les jours des travaux manuels ». « Elles ne veulent point faire de leurs enfants des couturières; et, le voudraient-elles, que celles-ci apprendraient plus en une semaine d'apprentissage qu'en deux années de classe. » Il y a là un état d'esprit des plus regrettables et qui rend difficile la vulgarisation des notions de couture, de coupe et de travaux d'agrément. Peut-être conviendrait-il aussi d'entourer de plus de garanties le choix des maîtresses de couture dans les écoles mixtes où enseignent des hommes.

Les directions pédagogiques qui accompagnent le programme officiel définissent avec brièveté, mais avec bonheur, le but et la méthode de l'enseignement du travail manuel dans les écoles de filles. « L'enseignement du travail manuel n'a pas pour but, à l'école élémentaire, de faire exécuter le plus grand nombre possible d'exercices, ni de faire confectionner des chefs-d'œuvre. Il est essentiellement éducatif : il associe, dans la plus large mesure, l'intelligence à l'action des doigts; il développe le goût, l'habileté, la dextérité des enfants; il leur fait comprendre l'importance du travail manuel, leur en donne l'habitude et le leur fait aimer. L'enseignement est gradué et simultané. Chaque leçon donne lieu à des démonstrations collectives au tableau. L'étude des formes, le souci des proportions, n'ont pas une valeur moindre que la perfection des points ou des mailles. »

Indiquons brièvement quels doivent être les points principaux du programme à suivre et leur subordination. Nous en trouvons l'idée dans une lettre de Mme de Maintenon. Elle écrivait à une dame de Saint-Cyr : « Je suis ravie de ce que vous me mandez sur les travaux manuels de ces demoiselles... Ayez soin de les diversifier, afin qu'elles se lassent moins. Il faut passer du neuf au vieux, du beau au grossier, des habits au linge, aux bonnets, aux coiffes, afin qu'elles sachent un peu de tout[1]. » Dans la célèbre maison, on apprenait, en effet, à confectionner le linge nécessaire à l'infirmerie, à la chapelle, et les vêtements des « dames » et des « demoiselles ». On y faisait de la broderie, du tricot, de la tapisserie. Mais ces « travaux exquis » ne venaient qu'après les ouvrages utiles, comme pour servir de délassement[2].

L'exemple est excellent. Il mérite de retenir notre attention. Car la condition de nos élèves nous impose, plus encore qu'aux dames de Saint-Cyr, une sorte de hiérarchie dans les travaux manuels. Il est hors de doute que les « travaux d'agrément », tapisserie, broderie, crochet, ont un réel mérite. Ils sont favorables à l'éclosion et au développement du goût. Et les loisirs d'une femme sont mieux employés à une distraction de cette nature qu'aux caquetages chez la voisine ou à la lecture du « rez-de-chaussée » des journaux à un sou. Mais il est moins douteux encore que nous devons donner aux travaux seulement utiles la place prépondérante. En première ligne on doit donc placer, dans les programmes, les travaux de couture et de raccommodage du linge et des vêtements. Ensuite doivent venir les travaux de coupe et d'assemblage sagement limités, et en dernier lieu seulement les ouvrages de luxe et d'agrément.

Il est aisé de constater que beaucoup de femmes n'aiment pas à coudre et à raccommoder. Leur nombre croît dans une proportion inquiétante. Les enfants arrivent souvent en classe avec des bas troués, des tabliers sans boutons, des accrocs ouverts ou mal fermés. Une ménagère doit savoir faire les reprises que nécessitent les différentes déchirures sur les différents tissus. Elle doit pouvoir poser des pièces solides et aussi peu visibles que possible. En commençant cette étude dès l'école même, on rend la main des fillettes habile à ces sortes d'ouvra-

1. Edit. Gréard, p. 28.
2. Cf. même ouvr., p. 132.

ges et l'on ajoute au plaisir qu'elles peuvent trouver à les faire.

Ensuite — et concurremment dans les dernières années de la scolarité — on peut aborder avec elles l'étude de la coupe et de l'assemblage des vêtements. Mais cette étude ne doit consister que dans l'emploi intelligent des bons modèles, des patrons taillés d'après la « méthode linéaire » et destinés à la confection d'objets de layettes (brassières, bavettes, béguins...), d'objets de trousseau (chemises et pantalons de femmes, camisoles...) et de vêtements simples (tabliers et robes d'enfants, jupes unies, pantalons, corsages simples...). Il ne doit point s'agir d'enseigner les méthodes des couturières de profession qui s'appliquent aux vêtements ajustés. Ce sont là des notions qu'il convient de réserver pour un enseignement spécial, professionnel. Il n'est pas possible de donner aux simples ménagères, en peu de temps, l'adresse et le savoir indispensables à leur application.

On suivra le judicieux conseil de Mme de Maintenon, en donnant, de temps à autre, pour varier les leçons, des notions relatives aux travaux d'agrément : dentelles, broderies, tapisserie simple. Toujours l'effort principal devra porter sur la création de modèles, sur le choix et sur l'assemblage des couleurs.

C'est d'ailleurs dans cet esprit que le programme officiel est conçu[1]. « Les travaux de tricot, crochet, filet, ne doivent être exécutés qu'après les divers exercices de couture usuelle et de raccommodage. Et les exercices sur pièces d'essai, prévus au programme du cours moyen, seront limités au strict nécessaire. On devra aussitôt que possible passer à la confection d'objets usuels. »

Enfin, le blanchissage et le repassage, le nettoyage des vêtements, seront d'une application quotidienne. Tous les exercices qui précèdent, les menus incidents de la vie

1. Nous renvoyons pour ce programme au *Bulletin administratif*, n° 1333.

scolaire, fourniront autant d'occasions qui s'imposeront aux maîtresses[1].

VIII

Le programme d'arithmétique destiné au cours supérieur des écoles primaires comprend « les premières notions de comptabilité ». En l'absence de toute instruction précise, les maîtresses ont compris qu'on leur demandait de donner à leurs élèves les éléments de la comptabilité commerciale en partie double. Or, un tel enseignement est difficile, complexe et hors de la portée de fillettes d'école élémentaire. D'autre part, les institutrices elles-mêmes ne pouvaient s'engager à donner des notions qu'elles ne possédaient pas. En sorte que les dispositions réglementaires sont restées lettre morte. Mais il semble que, pour les écoles de filles, les programmes doivent être interprétés différemment, et qu'il faille entendre par « premières notions de comptabilité », l'enseignement de la comptabilité domestique en partie simple.

Ainsi compris, cet enseignement ne présente d'ailleurs aucune difficulté théorique ou pratique et peut être donné dès le cours moyen. Simplifié comme il convient, il n'est qu'une application des notions d'arithmétique déjà enseignées. Car la comptabilité familiale en partie simple n'exige la tenue que d'un seul livre. Ce « livre des recettes et des dépenses » doit être simplement conçu. Ce peut être un cahier ordinaire préparé par les enfants mêmes, au cours d'une leçon d'écriture et d'après un modèle tracé par la maîtresse. La page de gauche comprend plusieurs colonnes où sont inscrits, dans l'ordre : les dates, les désignations diverses, les recettes (appointements, salaires, revenus divers), les créances (travaux exécutés au compte de tiers,

1. Nous écartons volontairement la question de l'enseignement de la dentelle à la main dans les écoles rurales de quelques départements. Il s'agit, en l'espèce, d'un enseignement purement professionnel.

avances consenties), les dépenses, les achats à crédit chez divers fournisseurs. La page de droite est destinée à recevoir le relevé, par nature, des diverses dépenses du ménage : 1° loyer, impôts, assurances contre l'incendie; 2° chauffage, éclairage; 3° achat et entretien des vêtements et du linge, blanchissage et repassage; 4° nourriture (pain, vin, viande, œufs, lait, beurre, fromage, graisse, huile, sucre, café, chocolat, légumes, fruits, divers); 5° mobilier (achat, entretien, réparations); 6° menues dépenses et imprévus (médecin, pharmacien); 7° plaisirs, voyages; 8° économies, placements.

Ce livre peut être tenu sans peine par des enfants. Mais il faut qu'elles en comprennent clairement le but et l'utilité. Le relevé fait sur la page de gauche a pour objet de permettre, à un moment quelconque de l'année, la balance des recettes et des dépenses de la maison et de déterminer rapidement l'avoir net de la famille. Le classement statistique de la page de droite permet d'apprécier l'importance relative des dépenses effectuées et, au besoin, de rechercher dans quelle direction il convient de porter son effort pour trouver une réduction possible de dépenses. De même chaque colonne du « livre » a son utilité. Il convient de la faire ressortir.

A l'école même, les élèves seront appelées à tenir la comptabilité d'une famille dont elles imagineront l'existence, la composition, les besoins. Ce sera, selon le milieu, la famille d'un propriétaire rural, d'un journalier ou d'un ouvrier d'usine. On pourra d'ailleurs, successivement, examiner plusieurs exemples.

Les dépenses à relever seront proposées par les enfants et discutées en commun. Ainsi se présenteront de nombreuses occasions de donner aux élèves de précieux conseils concernant l'utilité de certaines acquisitions, l'absurdité de certaines méthodes d'achat... On inscrira les dépenses sur le « livre », lorsqu'un chiffre vraisemblable, tenant compte des circonstances locales, aura été arrêté d'un commun accord. Le libellé de chaque opération sera apprécié au point de vue de la clarté et de la précision. La partie matérielle, si importante dans cette matière, sera l'objet d'une surveillance attentive. On profitera des erreurs diverses commises par les élèves pour montrer comment on peut les éviter, qu'elles soient dues à une erreur de chiffre, à une erreur de colonne ou à un manque de soin. On fera ensuite dépouiller les dépenses diverses ainsi relevées. Les grouper par nature et les inscrire dans les colonnes convenables constituera d'amusants petits problèmes à résoudre. Après quelques relevés de dépenses quotidiennes, on montrera comment la ménagère peut faire sa caisse par une simple comparaison entre le total des entrées et le total des sorties. Le rapprochement des totaux des diverses colonnes permettra une vérification facile des opérations déjà effectuées. Suivra le relevé mensuel de toutes ces opérations. Et le tableau d'ensemble des relevés mensuels donnera la totalité des dépenses et des recettes par nature et par mois. Il permettra de déterminer les économies réalisées ou l'étendue des dettes contractées. Il fournira la matière d'un projet de budget familial. L'examen du relevé annuel donnera l'idée des dépenses à réduire et des recettes à accroître.

Une telle comptabilité est simple. Elle n'apparaît que comme l'application de tout l'enseignement arithmétique. On y retrouve les divers problèmes déjà étudiés au cours de la scolarité. La rapidité avec laquelle elle peut être comprise dépend donc de la méthode suivie dans le choix des problèmes. Si ces problèmes ont trait pour la plupart à la vie ménagère et traduisent les divers cas qui s'offriront à la femme dans son ménage, l'élève n'a aucune difficulté à imaginer, à calculer les sommes à inscrire au livre de comptabilité, à libeller les diverses opérations, à classer par catégories les dépenses familiales. En outre, si les données de chaque problème sont exactes et vraies, si les prix et les quantités sont conformes à la réalité, on précise peu à peu dans l'esprit des enfants les notions pratiques qui leur seront nécessaires, plus tard, dans la vie domestique.

Une colonne du « livre » doit retenir l'attention : c'est la colonne relative à l'épargne et aux placements. Elle fournira l'occasion de quelques causeries sur les caisses d'épargne, les rentes sur l'Etat, les placements divers. Jamais on n'entrera dans le menu des opérations financières. L'école primaire n'a pas à initier les fillettes aux mystères de la Bourse. L'achat des rentes par les caisses publiques donne assez de facilités et de garanties aux épargnants pour qu'on ne soit pas dans la nécessité d'insister. S'il est un point auquel on doive consacrer plus d'instants, c'est le fonctionnement des coopératives de consommation et les avantages divers que ces sociétés offrent aux particuliers.

En définitive, l'enseignement de la comptabilité domestique n'est ni vraiment une nouveauté, ni une charge pour l'école primaire. Il est l'aboutissement normal d'un enseignement arithmétique conçu dans un but pratique. Il donne aux futures ménagères les moyens faciles d'établir d'une façon simple et claire les gains, les dépenses, les créances et les dettes de la maison. Il permet à chaque femme de fixer l'expérience pratique qu'elle a acquise. Il souligne le désordre, l'insouciance et l'imprévoyance. Il est la traduction matérielle des habitudes d'ordre et d'économie indispensables à la ménagère.

*
* *

En résumé, toutes les parties que comprend l'enseignement ménager conserveront leur unité propre. Mais on ne manquera jamais de montrer le lien qui les unit. Le but est de faire comprendre autant que de faire apprendre. On doit donner des notions précises, mais on doit sagement en limiter le nombre. De sobres manuels illustrés, clairs, faciles à parcourir, grouperont les notions étudiées. C'est à ces manuels que renverront les institutrices dans l'intervalle des leçons. Et ils resteront pour l'élève devenue femme des guides compris.

Il ne faut pas oublier qu'en dehors de l'enseignement donné au moment qu'indique l'emploi du temps, il y a un enseignement indirect donné quand l'occasion se présente. Les exercices de composition française, les dictées, le dessin, l'écriture même, peuvent être intelligemment mis à profit par une maîtresse expérimentée. Mais c'est là un point qu'il suffit d'indiquer.

CHAPITRE VII

L'ENSEIGNEMENT MÉNAGER EXERCICES PRATIQUES

Nécessité et objet des exercices pratiques. — L'installation d'une « salle ménagère » et les exercices qu'elle permet. — Comment on peut organiser les exercices pratiques sans « salle ménagère ». — Exercices pratiques toujours possibles. — Les exercices pratiques dans l'emploi du temps. — L'école et la famille.
Conclusion.

L'enseignement ménager ne peut donner de bons résultats que si la pratique accompagne la théorie. Car, sans exercices pratiques, il s'écarte peu des mots et des abstractions. Et il est aussi illogique d'indiquer minutieusement le procédé à employer pour enlever une tache sur un vêtement, sans le faire expérimenter par les élèves, que d'énoncer les lois de l'évaporation sans les vérifier[1].

Mais l'âge des enfants, le temps dont nous disposons, certaines difficultés matérielles indéniables, nous imposent un choix judicieux dans les exercices pratiques que comporte l'enseignement ménager à l'école primaire. Nous devons circonscrire avec soin les travaux à faire exécuter par les enfants, et nous limiter délibérément à

1. « A tous les degrés de l'enseignement primaire, l'enseignement ménager, appuyé sur les connaissances générales acquises, comportera essentiellement des travaux pratiques. » (Résolutions et vœux du Congrès international de l'enseignement primaire de 1900 : *Revue pédagogique*, 15 oct. 1900, p. 360, III).

l'indispensable. Nous n'avons pas à former des ménagères expérimentées. Ce résultat ne peut être acquis que par une pratique longue et suivie. Ce serait une prétention vaine que de vouloir faire de nos élèves des cordons bleus, des jardinières expertes, des couturières habiles. Nous devons nous borner à la démonstration pratique de ce qui a été enseigné. Nous devons porter notre principal effort sur la répression des mauvaises habitudes locales. Nous devons combattre le mépris de certains travaux et développer l'adresse manuelle et le goût.

Pourtant, les exercices pratiques doivent concerner tous les domaines d'action de la ménagère. Nous allons rechercher comment ils peuvent être organisés à l'école primaire.

*
* *

Dans chaque école de filles devrait exister une pièce spécialement destinée à l'enseignement ménager. Ce serait la *salle ménagère*. Elle serait installée comme une cuisine-salle à manger modèle. On y trouverait un évier (avec robinet à eau, quand cela serait possible), un fourneau-potager ou, de préférence, un fourneau-cuisinière, un fourneau à gaz ou un fourneau à pétrole, un buffet avec tiroirs, une armoire ou un placard, une table de bois blanc, quelques chaises, une batterie de cuisine simple, des fers et une couverture à repasser, une lampe à essence, une lampe à pétrole et une lampe à huile, une balance avec poids, et enfin les principaux objets employés pour le nettoyage (balai, balayette, brosses à meubles, à cirer, à laver, à récurer, pelles et torchons). Il y aurait des rideaux aux fenêtres, et les murs seraient ornés de gravures. En un mot, on y ferait entrer tout ce qui est nécessaire aux besoins essentiels et proportionné aux ressources de la moyenne des ménages.

Cette salle serait entretenue par les élèves elles-mêmes. Elles la nettoieraient à tour de rôle ou par équipes. Le parquet serait lavé chaque quinzaine, ou bien on le cirerait. Les vitres seraient régulièrement nettoyées, la poussière enlevée avec soin, l'évier débarrassé des mauvaises odeurs et, s'il le fallait, désinfecté. La table serait fréquemment lavée, l'armoire et les chaises entretenues à l'encaustique ou à l'huile de lin. Les fourneaux, la batterie de cuisine, les couverts, seraient tenus dans la plus grande propreté. On ferait reluire les cuivres. On enlèverait les taches maculant le bois et les métaux. Pour toutes ces opérations, l'institutrice ne manquerait pas de donner les conseils pratiques indispensables, conformément aux règles de l'hygiène et aux données de l'expérience. Toujours les procédés utilisés seraient ceux dont elle aurait fourni la justification au cours des leçons.

En même temps que ces « exercices de propreté », on ferait des « exercices d'embellissement ». On ferait chercher de nouvelles dispositions des meubles de la pièce. On modifierait de temps à autre la décoration. Les fleurs et les gravures seraient renouvelées. C'est à qui, parmi les élèves, imaginerait l'ordonnance la plus heureuse.

Les fourneaux permettraient de montrer comment on doit préparer le feu et utiliser les divers combustibles que les circonstances et les ressources locales mettent à la disposition des ménagères. On ferait prendre les précautions hygiéniques nécessaires pour que le chauffage ne soit pas un péril. On apprendrait à régler le feu pour qu'il donne la quantité de chaleur utile avec un minimum de dépense. De même, les lampes seraient nettoyées et préparées par les élèves. Et on inspirerait la prudence nécessaire dans leur maniement.

La « salle ménagère » offrirait également les ressources indispensables à l'entretien et au nettoyage des vêtements. On obtiendrait facilement des élèves qu'elles apportent à l'école des vêtements défraîchis ou tachés : jupe noire qu'on passerait au bois de Panama, paletot qu'on dégraisserait à l'essence ou à la benzine. S'il n'était pas possible de faire une lessive complète, à l'aide d'une lessiveuse, on ferait au moins des savonnages. Le linge lessivé ou savonné serait celui des élèves. Les objets ainsi blanchis seraient étendus pour le séchage, raccommodés, pliés et enfin repassés. La table de la salle et les fers permettraient la dernière opération.

Mais le principal avantage d'une organisation ainsi comprise serait la possibilité d'exercer les élèves aux travaux de la cuisine. Les exercices culinaires ne sont possibles que si l'on possède une certaine quantité de produits d'usage courant : graisse, sel, poivre... Ces provisions seraient rangées avec soin dans le placard ou dans le buffet. Elles seraient constituées au moyen d'achats effectués par les élèves. On se procurerait le jour même les autres produits qui doivent être consommés aussitôt après leur acquisition. Et une comptabilité tenue régulièrement par les enfants mentionnerait toutes les dépenses communes.

L'enseignement de la cuisine donné aux élèves refléterait les leçons d'hygiène sur l'alimentation. Il resterait simple et en rapport avec les besoins futurs des enfants. L'institutrice s'efforcerait de montrer comment on peut, avec des ressources ordinaires, préparer une nourriture saine, substantielle et variée. Le nombre des plats préparés resterait forcément limité. Elle donnerait la préférence à ceux qui sont inconnus de ses élèves et de leurs familles. Mais elle s'attacherait aussi à montrer comment on peut rendre plus appétissants des plats déjà connus. Toujours elle s'inspirerait des conditions et des ressources du milieu local.

L'effort se porterait sur quelques potages, une dizaine de plats de viande ou de poisson, et surtout, à la campagne, sur les légumes et sur les œufs. L'institutrice y joindrait quelques leçons sur la préparation des entremets, du chocolat au lait, du café et du thé. Les potages préparés seraient le pot-au-feu, la soupe aux choux et au salé, les différentes soupes aux légumes, la panade. On utiliserait les pâtes alimentaires. Pour les plats de viande, on choisirait de préférence le porc, le lapin, les volailles. On apprendrait aussi la préparation de quelques viandes grillées ou rôties, de quelques ragoûts et des sauces principales. On s'étendrait plus longuement sur la préparation des légumes. On ne manquerait pas de donner une place de faveur aux légumes ignorés ou méprisés. On ferait connaître les divers moyens d'apprêter les purées de légumes secs, dont nous avons signalé la richesse en aliments assimilables. On montrerait les précautions qu'exige l'emploi, dans l'alimentation, des légumes crus, surtout en temps d'épidémie. La préparation des entremets simples et peu coûteux ne serait pas négligée. On n'omettrait pas de donner à « l'art d'accommoder les restes » la place qu'il doit avoir dans toute cuisine modeste. On ne manquerait pas enfin de montrer comment certains fruits d'été, parfois dangereux pour les enfants, deviennent, si on les fait cuire avec du sucre, un excellent aliment, en même temps que la matière d'un dessert apprécié. On confectionnerait des confitures. Les préparations des ménagères sont souvent imparfaites, et elles négligent certains produits du jardin (melons, tomates, carottes...) qu'elles estiment trop grossiers pour un tel usage. On peut montrer aux enfants, par l'expérience, que c'est une faute.

L'institutrice n'oublierait pas que les boissons constituent une partie importante de l'alimentation. Outre le chocolat, le thé et le café, elle ferait confectionner des boissons agréables ou rafraîchissantes et des sirops. Elle n'aborderait qu'avec la plus grande prudence les liqueurs de ménage, dont beaucoup doivent leur succès aux essences nuisibles qu'elles renferment. Son principal effort porterait sur les procédés à employer pour remédier à la contamination des eaux et s'assurer de l'eau potable, soit par filtration, soit par ébullition. Si la « salle ménagère » renfermait un filtre Chamberland, système Pasteur, simple, pouvant débiter une dizaine de litres par jour, les élèves auraient la charge de l'entretenir. Et la manipulation quotidienne de ce filtre ferait sûrement pénétrer dans l'esprit des élèves l'idée de l'importance que présente la purification des eaux.

A ces exercices, on devrait ajouter la préparation de quelques conserves autres que les confitures, et l'emploi des moyens pratiques qui peuvent atténuer les dangers qu'offre l'usage de certains produits alimentaires. On ne pourrait faire à l'école un grand nombre de conserves. Le matériel dont on disposerait serait insuffisant. Pourtant les champignons cueillis par les élèves, les pois et les haricots du jardin, et aussi quelques pièces d'oie et de porc, pourraient être préparés dans la « salle ménagère ». En tout cas, il serait toujours possible de montrer comment on peut détruire dans le lait les germes dangereux qu'il renferme, quelles précautions il faut prendre pour la cuisson du porc et du lapin. Et, si l'occasion s'en présentait, on ferait distinguer les produits alimentaires frais et sains des produits dangereux pour la consommation.

Toujours on « parerait » les aliments, on les disposerait avec goût dans des plats propres. On dresserait le couvert et on décorerait la table. Le repas serait pris en commun par les élèves qui l'auraient préparé, et souvent aussi en compagnie des enfants dont le panier à provisions est d'ordinaire peu garni. Aussitôt après, la vaisselle serait lavée, et tous les objets reprendraient leur place.

Enfin, on procéderait, de loin en loin, à une désinfection de la salle. Et ce serait l'occasion de montrer comment doit être conduite cette opération délicate, parfois dangereuse, et quelles précautions il est nécessaire de prendre pour éviter de graves accidents.

*
* *

Les exercices pratiques que nous venons d'énumérer ne peuvent être commodément exécutés que s'il existe dans l'école une salle spéciale, et si un crédit annuel, fixe, permet à l'institutrice de se procurer les objets et les produits indispensables. Il est à peine besoin de faire remarquer qu'actuellement l'installation d'une telle salle et le vote régulier d'un tel crédit sont irréalisables dans la grande majorité des cas. En sorte qu'il faut rechercher d'autres moyens d'organiser les exercices pratiques.

Quelques institutrices dévouées font servir leur propre cuisine à l'organisation des exercices ménagers. C'est une combinaison réalisable avec les maîtresses célibataires. Mais pour celles qui vivent en famille, elle peut présenter des inconvénients. Peut-être serait-il possible d'aménager dans nos classes actuelles l'installation indispensable à quelques exercices pratiques. L'acquisition du matériel et du mobilier serait peu coûteuse, et un assez grand nombre de municipalités consentiraient certainement à une dépense dont il serait aisé de leur montrer les précieux avantages. Il serait facile de disposer le fourneau dans un coin du préau et, dans le fond de la classe, le buffet et la table. La salle de classe jouerait, pour l'entretien de la maison et des meubles, le rôle de la « salle ménagère ». Et même on pourrait y pratiquer les exercices de repassage.

L'enseignement culinaire seul exigerait des ressources spéciales. Ces ressources pourraient être obtenues au moyen de diverses combinaisons. Par exemple, l'institutrice préparerait avec ses élèves son propre repas, ou bien elle demanderait à une mère les éléments nécessaires à la confection d'un plat (potage, entremets ou ragoût), et l'enfant emporterait le soir, chez elle, le plat préparé. Il est hors de doute que, si l'institutrice était une bonne cuisinière, ce procédé ne pourrait qu'avoir un grand succès.

On peut demander l'aide pécuniaire des associations d'anciennes élèves et des patronages scolaires. Le produit des cotisations de leurs membres, les fêtes qu'elles organisent, peuvent fournir les moyens d'assurer le fonctionnement régulier de l'enseignement ménager. Certaines institutrices ont recours à des souscriptions et à des tombolas. Ce sont des moyens qu'il ne convient pas de recommander. Car les appels de fonds aux amis de l'école sont si fréquents depuis quelques années que l'on constate chez les meilleurs une certaine lassitude. Il vaut mieux, quand il est impossible d'agir autrement, demander aux élèves mêmes une cotisation fixe, représentant le prix du repas, ou bien déterminer après coup la quote-part de chacune d'elles dans toutes les dépenses communes soigneusement relevées.

A la campagne, on peut facilement obtenir des ménagères des cotisations en nature. A tour de rôle, chacune d'elles fournirait le lait, les légumes, le salé, le poulet nécessaires. Enfin, peut-être pourrait-on trouver dans l'organisation des soupes et des cantines scolaires des ressources précieuses, malgré leur insuffisance. Les plats destinés à la table scolaire seraient préparés par les grandes élèves, réparties en équipes, et servis par elles à leurs compagnes.

*
* *

Même sans installation spéciale, un grand nombre d'exercices pratiques peuvent être organisés facilement dans toutes les écoles de filles.

La salle de classe devrait toujours être laissée aux soins des élèves. Elles auraient à cœur, si on leur en inspirait le désir, de la garder propre et agréable. On objectera que certains parents déclarent qu'ils n'envoient pas leurs filles à l'école pour balayer la classe. Les maîtres eux-mêmes demandent que le nettoyage des classes soit mis à la charge des communes et fait en dehors d'eux. Pour justifier leur opinion ou leurs exigences, les uns et les autres peuvent invoquer de bonnes raisons tirées de la prudence et de l'hygiène. Mais il est possible de faire effectuer le gros et pénible travail du balayage par des salariés municipaux. Et l'emploi de la sciure de bois humectée d'un antiseptique écarte tout danger provenant de la poussière. Le travail facile du nettoyage des objets, la disposition des choses, l'embellissement de la pièce, devraient toujours être confiés aux élèves.

De même, chaque enfant pourrait être chargée, à son tour, de la préparation du feu, de la surveillance de l'appareil de chauffage et, dans quelques cas, des lampes destinées à l'éclairage. Enfin, l'aération de la salle serait également confiée aux élèves. Tous ces exercices se feraient sous la direction discrète de l'institutrice.

L'entretien des vêtements et du linge peut être joint aux ouvrages manuels dont nous avons déjà parlé. Il n'est pas trop de deux ou trois heures par semaine, en deux séances, pour en permettre l'exécution[1]. Il suffirait de compléter les travaux de raccommodage et de couture sur les vêtements mêmes de l'enfant, et les travaux de coupe par quelques exercices faciles de nettoyage et d'enlèvement des taches (graisse, encre, peinture, fruits). Les élèves pourraient emporter, au sortir de l'école, une série de patrons simples, en papier, découpés à la main à l'aide des ciseaux. Ces patrons leur permettraient, dans la suite, la confection de tabliers, de blouses, de pantalons et d'objets de layette.

Les écoles privées de jardin sont rares, malgré le caractère facultatif de cette annexe. Et beaucoup d'institutrices rurales ont en outre une volière et un clapier, parfois un pigeonnier et un rucher. Sans doute, on ne peut demander aux élèves de faire dans le jardin de l'école le gros travail de labour. Mais les soins aux légumes, aux arbres fruitiers, la culture des fleurs, sont la matière d'exercices pratiques toujours goûtés, s'ils sont conduits avec intelligence. L'institutrice devrait avoir à cœur de posséder le jardin le mieux tenu. On devrait y trouver d'excellents légumes, tels que les salsifis, les carottes, les

1. « Chaque enfant devrait être pourvue, selon son âge, d'un sac, d'une pochette ou d'une ménagère, confectionnés autant que possible par elle et propres à contenir : dé, aiguilles, fil, ciseaux, centimètre et pièce d'exercice. »

choux de Bruxelles... trop peu connus dans nos campagnes et qui offrent des ressources précieuses pour varier les menus. Tous les produits cultivés seraient des meilleures espèces. De même les fleurs seraient agréables et variées. L'institutrice s'efforcerait d'en inspirer le goût. Là où il serait possible, l'installation d'un poulailler, d'un clapier, d'un pigeonnier, d'un rucher, servirait de modèle aux élèves. On leur montrerait comment on peut les tenir en bon état et en tirer profit pour le ménage.

Nous avons dit ailleurs que les notions d'hygiène et de médecine élémentaire seraient mises à profit toutes les fois que les occasions le permettraient. L'institutrice devrait toujours avoir à sa disposition une petite pharmacie de ménage. Cette pharmacie fournirait les éléments nécessaires pour donner aux élèves des soins immédiats en cas d'accidents toujours possibles. Chaque enfant en connaîtrait les ressources et deviendrait capable de les utiliser. Elle y trouverait un modèle pour l'avenir.

Les exercices pratiques de puériculture prendraient la forme que nous avons indiquée précédemment. Et même on pourrait donner à chacune des grandes élèves la direction, la surveillance, en dehors des leçons, d'une des plus jeunes enfants de l'école. Un emploi bien organisé des monitrices fournirait l'occasion de conseils pratiques sur la conduite à tenir en présence de certaines manifestations des caractères.

Enfin, nous avons dit comment pouvait être enseignée la comptabilité domestique. Les travaux que nous avons conseillés peuvent rentrer dans la catégorie des exercices pratiques. Ils pourraient être complétés par la tenue en commun de la comptabilité des cantines, des vestiaires et des autres œuvres complémentaires de l'école.

*
* *

Dans l'exécution des exercices pratiques, il importe de tenir compte de divers facteurs : l'ordre des saisons (chauffage, éclairage, alimentation, jardinage) et la marche même de l'enseignement théorique dont nous avons tracé le programme. Car il serait absurde de réserver pour l'été ce qui concerne le chauffage des appartements et de vouloir faire en hiver des confitures de groseille : la nature n'attend pas, dans le jardin de l'école, les ordres officiels. De plus, les exercices pratiques n'ont une portée véritable que s'ils ont été précédés d'une explication raisonnée, d'un enseignement théorique approprié.

Un jour spécial devrait être réservé dans l'emploi du temps aux exercices pratiques. Ce jour correspondrait à celui « que les maîtresses de maison mettent hebdomadairement en réserve pour un nettoyage plus complet et plus approfondi qu'à l'ordinaire. Ce serait aussi le « jour de cuisine[1] ». Certaines institutrices consacrent à l'enseignement ménager la matinée du jeudi, sans compensation. On ne peut que les louer d'une semblable organisation et d'un tel dévouement. Mais on ne peut demander à toutes le sacrifice d'un demi-jour de congé que si on leur accorde une après-dînée de liberté. Il convient, simplement, d'affecter l'une des demi-journées de classe aux exercices pratiques. La matinée du samedi conviendrait particulièrement pour la cuisine et les soins de la maison. La soirée serait consacrée à la couture et au jardinage. Dans les localités où les approvisionnements se font avec difficulté, on fixerait comme « jour ménager » le lendemain du marché hebdomadaire.

Outre les exercices pratiques exécutés à jour fixe, à l'école même, on peut prescrire aux élèves des travaux domestiques déterminés, qu'elles doivent exécuter au foyer familial. Ces travaux font l'objet d'une relation écrite ou orale. L'élève indique la manière dont elle a procédé, les résultats qu'elle a obtenus, les fautes qu'elle a commises. Les plus intéressants de ces comptes rendus

1. Cf. Rapport de Mlle Brès, *Congrès international de l'enseignement primaire de 1900*, déjà cité, p. 16.

font l'objet d'une discussion entre les élèves, sous la direction de l'institutrice. Il est superflu d'insister sur les avantages de toute nature que peuvent procurer de tels exercices.

Dans l'enseignement ménager, nous n'avons pas à redouter l'abus des exercices pratiques. Car il existe dans nos classes une tendance trop marquée à donner le pas à la théorie et à rejeter la pratique au second plan. Ce qu'on doit redouter, c'est, au contraire, de voir la théorie empiéter sur la pratique. Si les institutrices veulent obtenir des résultats, il importe qu'elles assurent aux exercices ménagers une large place, égale à celle de la théorie. Il importe aussi que leurs leçons théoriques préparent méthodiquement les applications. A cette condition seulement les exercices pratiques acquerront de l'intérêt pour l'enfant, se dégageront de la routine et deviendront « intelligents » et profitables.

CHAPITRE VIII

A L'ÉCOLE MATERNELLE ET A L'ÉCOLE ÉLÉMENTAIRE

L'éducation ménagère doit être donnée à tous les degrés de l'enseignement primaire.

I. — A l'école maternelle. Première initiation à la vie domestique. Propreté, ordre, économie. Pas d'enseignement ménager.

II. — A l'école élémentaire. Initiation progressive. Les programmes et les exercices pratiques dans les trois cours. Les sanctions. L'adaptation au milieu.

L'éducation ménagère, étant une éducation, doit être commencée de très bonne heure, dès l'école maternelle, et continuée jusqu'à l'âge adulte. Pour les enfants du peuple, elle est surtout l'œuvre de l'école élémentaire. A l'école primaire supérieure, elle doit être poussée assez loin. Au cours d'adultes, elle a droit à la place d'honneur. Elle doit recevoir, à l'école normale, un développement étendu[1].

Mais si l'éducation ménagère doit trouver place dans tous les cours de l'école primaire, il importe de ne jamais dépasser la mesure ni devancer l'heure. Donné prématurément, l'enseignement ménager n'est pas compris. Il est par suite sans utilité. L'expérience de nos voisins les

1. Résolutions et vœux du Congrès international de l'enseignement primaire de 1900.

Deuxième vœu : « ... L'enseignement de l'économie domestique et des devoirs du ménage doit être obligatoire à tous les degrés de l'enseignement primaire, de l'école maternelle aux écoles primaires supérieures et professionnelles, de l'école primaire élémentaire à l'école normale d'institutrices. » (*Revue pédagogique*, déjà citée, p. 366, II.)

Belges, qui nous ont précédés sur le terrain ménager, suffirait à le prouver. « Les rapports d'inspection constatent que les meilleurs résultats ont été obtenus dans les classes fréquentées par des élèves de plus de quatorze ans. Les adultes comprennent mieux que les enfants plus jeunes le but et l'utilité de l'enseignement ménager. » Et dans la plupart des centres belges, les classes ménagères ont été transformées en classes d'adultes[1]. Il est donc nécessaire de préciser dans quelle mesure l'éducation ménagère doit être donnée à l'école maternelle et à l'école élémentaire.

I

A l'école maternelle, il ne saurait être question d'enseigner l'hygiène ni les autres parties de la science ménagère. « L'école maternelle, dit justement l'instruction ministérielle du 28 juillet 1882, n'est pas une école au sens ordinaire du mot : elle forme le passage de la famille à l'école; elle garde la douceur affectueuse et indulgente de la famille, en même temps qu'elle *initie* au travail et à la régularité de l'école. » C'est donc seulement une première initiation de l'enfant à la vie domestique qu'on doit demander à l'école maternelle.

L'acquisition et le développement des qualités d'esprit et de cœur, nécessaires à la ménagère, la culture des sentiments esthétiques, doivent commencer dès le berceau. L'école maternelle doit donc s'en préoccuper. Les exercices de langage, les lectures d'images, les leçons de choses, les jeux, les travaux manuels, le dessin, dirigés avec intelligence, ne peuvent manquer d'ouvrir l'esprit de l'enfant au monde extérieur, et de l'habituer progressivement à l'observation méthodique.

Mais ce que l'école maternelle doit surtout viser, c'est la formation et le développement des habitudes de pro-

1. Cf. *Rapport général sur la situation de l'enseignement technique en Belgique pour la période quinquennale 1897-1901.*

preté, d'ordre et d'économie, conditions de la dignité et de la sécurité du foyer. Ces habitudes ne naissent pas des entretiens moraux, des histoires édifiantes, parfois ingénieuses, auxquelles les institutrices consacrent sans grand profit une notable partie de leur temps. Elles sont le fruit de certains exercices pratiques dirigés avec patience, des mêmes actes répétés avec persévérance, d'une action continue dans la répression des tendances mauvaises. Quelques-uns de ces exercices peuvent prendre la forme de jeux. Les autres constituent une imitation des occupations de l'adulte demandant plus d'adresse que de force. Ils peuvent être pratiqués dans des mouvements d'ensemble ou individuellement, selon les cas. Il en est qui peuvent convenir à tous les enfants de l'école. D'autres, exigeant plus d'attention ou d'habileté, seront réservés pour les élèves de la première section (enfants de cinq à six ans).

La formation et le développement des habitudes de propreté doivent être le premier souci des institutrices d'école maternelle[1]. Il faut exiger de tous les enfants un mouchoir et leur apprendre à se moucher. Il faut leur enseigner à se coiffer, à déboutonner, à retrousser et à boutonner les manches de leur tablier, à se laver soigneusement les mains et les poignets ; à mouiller le coin d'une serviette et se savonner le visage et le cou ; à s'essuyer parfaitement, à se nettoyer les ongles. La fréquence de ces exercices doit aboutir au besoin impérieux de les répéter et au dégoût marqué de la malpropreté corporelle.

On doit aussi donner à l'enfant le souci de la propreté de ses vêtements. On doit lui apprendre, toute petite, à placer le pied en un point indiqué, à franchir un obstacle, partie boueuse ou flaque d'eau de la cour. On ne doit jamais la laisser pénétrer dans la classe sans qu'elle ait essuyé ses pieds au paillasson. On doit lui faire brosser

1. Nous ne ferons que grouper ici quelques remarques concernant spécialement les écoles maternelles, renvoyant pour l'ensemble de la question au chapitre III.

les vêtements d'une compagne, brosser son propre vêtement sur elle-même, enlever la boue de ses chaussures et même les cirer. Il faut qu'on parvienne à faire éprouver à l'enfant un plaisir réel lorsqu'elle a les mains et le visage nets, les cheveux peignés, les vêtements propres, les chaussures cirées, et à lui faire ressentir de la confusion si, par son manque de soin ou son étourderie, elle a maculé ses vêtements ou noirci ses mains.

La propreté doit s'étendre aux objets qui sont à l'usage de l'enfant et à toute l'école. L'ardoise dont elle se sert doit être lavée par elle, avec un chiffon qu'elle a elle-même humecté ou avec une éponge humide. On combattra infatigablement l'habitude si répandue de nettoyer l'ardoise avec les doigts mouillés de salive ou avec la langue. On ne laissera jeter dans la classe, dans le préau ou dans la cour aucun papier, aucun débris.

Les habitudes d'ordre naissent des habitudes de propreté. Elles exigent cependant des exercices particuliers. Les enfants doivent apprendre à dégrafer leur vêtement, à l'enlever, à le suspendre. Les bérets, les chapeaux, les fichus, les capulets, seront, par elles, disposés avec ordre, toujours aux mêmes places. Les paniers seront rangés sur les mêmes rayons et soigneusement alignés. Les ardoises seront serrées dans les pupitres, les rayons placés dans les rainures. Chaque élève aura une pochette ou un carton où elle disposera elle-même avec soin son cahier, ses plumes, son livre et les objets nécessaires au travail manuel. Elle aura l'entretien de son bureau. Le pupitre pourra être ciré à l'aide d'un bout de bougie. Il suffit ensuite de le frotter à l'aide d'un chiffon de laine pour le rendre brillant. L'essuie-main individuel (ou la serviette) sera étendu par l'enfant même pour le séchage. On enseignera à l'élève à lacer ses chaussures et à les nouer, à aider un camarade inhabile à agrafer son vêtement. Si elle mange à la cantine, on lui fera remettre en place sa cuiller, et même essuyer la table, son banc ou sa chaise.

Il est impossible de faire comprendre à des élèves d'école maternelle ce qu'est l'économie. Dans ce domaine, l'effort sera très limité. On doit se borner à s'assurer que les enfants ne gaspillent jamais leur pain, et, dans ce but, visiter les paniers, les pupitres et les poches. De très bonne heure, on doit leur inspirer le désir de faire durer les objets qui sont à leur usage. On doit les réprimander quand ils ont sali ou déchiré leurs vêtements, quand ils se roulent dans la boue, ou tirent trop vivement un camarade par son tablier.

Tous les exercices doivent être répétés un grand nombre de fois. A cette seule condition, ils font naître l'habitude et le besoin. Mais, pour leur exécution, il importe d'adopter un ordre logique, conforme à celui que suit la femme dans sa maison. A quoi servirait de faire nettoyer à l'enfant sa table et la classe même, si l'on n'a pris la précaution de lui faire frotter ses chaussures boueuses, avec lesquelles elle souille le plancher?

On doit aussi favoriser la naissance et le développement de qualités précieuses. Nous ne parlons pas des sentiments esthétiques sur lesquels nous avons insisté ailleurs. Mais on peut débarrasser la fillette de la brusquerie naturelle au jeune âge, l'habituer à exécuter avec célérité et avec grâce les actes commandés, à ouvrir et refermer sans bruit les portes, à porter sans accident un objet et le placer exactement comme il lui a été indiqué, sans heurt, au milieu d'obstacles. Concurremment avec les jeux, ces exercices font naître l'adresse, la patience, l'exactitude, la décision et la douceur. Et si, en outre, l'école maternelle est ce qu'elle doit être, — une famille, — la joie naît de l'action et du milieu.

C'est à la formation de ces habitudes et de ces qualités que l'éducation ménagère doit être limitée à l'école maternelle. Il serait ridicule de vouloir faire du jeu de la poupée un exercice de puériculture et de transformer certains mouvements en travaux ménagers. Le jeune âge des élèves, leur inhabileté, certains dangers sérieux, sont des obstacles insurmontables. De même, les connaissances proprement ménagères ne sont pas du domaine de l'école maternelle. On a pensé à des leçons en forme sur l'éclairage, le chauffage, les vêtements... et on a souhaité voir réaliser dans la classe des « expériences simples et concluantes ». Nous n'avons pas à développer à nouveau les raisons qui nous font repousser une telle manière de voir. Si, dans les leçons de choses, la maîtresse a l'occasion de toucher à quelques points du programme ménager, elle ne doit jamais oublier qu'elle n'a pas à donner l'enseignement ménager, et qu'elle doit se borner à préparer l'enfant à le recevoir.

II

Les développements qui forment la matière des chapitres précédents nous rendent facile la tâche de déterminer la place qu'on doit, à l'école élémentaire, accorder à l'éducation ménagère. Nous avons dit, en effet, comment l'éducation morale et l'éducation esthétique, commencées dès l'école maternelle, doivent se continuer et se développer progressivement pendant toute la scolarité. Nous avons indiqué comment doit être compris l'enseignement des sciences physiques et naturelles, base de l'éducation ménagère. D'autre part, l'arrêté du 17 septembre 1897 fixe avec précision et bonheur l'ordre à suivre dans l'enseignement de la couture. Nous nous bornerons donc à déterminer brièvement les autres points du programme pour chacun des trois cours.

Au cours élémentaire se continue l'initiation commencée à l'école maternelle. Et, en même temps, sont abordées pour la première fois par l'enfant les études méthodiques. Si l'enseignement reste simple et revêt le caractère de causeries familières, il présente déjà un ordre logique apparent. C'est ainsi que l'enseignement hygiénique doit former un tout. Autant que possible, il doit reposer sur des notions scientifiques. Mais les points principaux seuls sont abordés. On fait ressortir la nécessité de l'air et de l'eau dans la vie des êtres et on montre les dangers d'un air confiné et d'une eau impure. On aborde les notions relatives à l'éclairage et au chauffage, en se bornant aux appareils les plus communément utilisés dans le pays. On insiste sur la propreté du linge et on montre simplement la raison des soins de toilette. Sur l'alimentation, on ne donne que des conseils d'hygiène individuelle. Les autres points sont réservés pour les cours moyen et supérieur. L'enseignement agricole reste un enseignement « visuel ». Il ne doit être fait que d'entretiens familiers sur les observations recueillies dans le jardin, spontanément ou sous la direction de l'institutrice, et surtout au moment des travaux pratiques des élèves des autres cours. Toutes les autres annexes de la maison peuvent aussi fournir le thème de causeries intéressantes. La comptabilité domestique ne peut être enseignée dans son ensemble. Mais les problèmes faciles proposés aux élèves constituent une préparation méthodique à cet enseignement. L'idée générale des questions est empruntée à la vie ménagère, et les données sont exactes et tirées du milieu. Les exercices pratiques continuent ceux de l'école maternelle. Hors les travaux manuels, ils restent très limités.

Au cours moyen, se « constitue le fonds des connaissances. » L'enseignement est plus net, plus approfondi et aussi plus étendu. Et surtout il fait à la faculté de raisonnement une plus large place.

L'enseignement des sciences physiques et naturelles a perdu son caractère exclusivement descriptif. Il est basé sur l'observation et l'expérience. Les principales lois sont précisées et mises en relief. Par cela même, l'enseignement de l'hygiène peut être plus étendu et plus raisonné. Toute notion d'hygiène est rattachée à la loi naturelle correspondante, et tous les points du programme que nous avons tracé sont abordés et reçoivent un développement en rapport avec le savoir général des élèves. Déjà peut être donnée une première idée de la loi d'hérédité. A la fin de l'année scolaire, une douzaine de leçons sont consacrées à la puériculture physique, et une dizaine à la médecine élémentaire. L'enseignement de l'agriculture suit, comme l'hygiène, le développement des sciences physiques et naturelles et devient expérimental. Il embrasse tous les points du programme. L'enseignement de la comptabilité comporte la tenue du livre ménager. Enfin les exercices pratiques prennent une place égale à l'enseignement théorique. Ils ont lieu dans la salle ménagère, dans la salle de classe et au jardin.

Au cours supérieur, les connaissances générales sont consolidées. Elles sont complétées par des notions que l'âge des élèves et la culture reçue rendent enfin accessibles. L'éducation ménagère y prend la première place.

L'enseignement des sciences revêt un caractère plus didactique. Sans cesser de reposer sur l'expérience, il s'étend à des domaines encore inexplorés. Comme lui, l'enseignement de l'hygiène devient plus étendu et plus précis. Aucune application pratique de quelque importance n'est laissée dans l'ombre, si elle est utile au ménage. La médecine élémentaire reçoit de plus amples développements. La loi de la solidarité physiologique entre les générations est enseignée. Le « mystère sacré du sexe » est abordé avec toute la discrétion que ce sujet exige. La fillette apprend quelle est sa destinée physiologique. On lui fait connaître l'importance de la vie intra-utérine et les conséquences hygiéniques qui en découlent. La pédagogie maternelle reçoit, pour la première fois, quelques développements. Les notions d'agriculture sont complétées. Les connaissances en comptabilité sont affermies. Surtout, les exercices pratiques sont plus nombreux et plus variés, et la partie culinaire reçoit toute l'extension que permettent l'installation et les ressources dont on dispose[1].

Est-il nécessaire d'examiner ici la question des sanctions? Dans une organisation pédagogique rationnelle, le certificat d'études est le fruit d'une scolarité complète. Il justifie d'une assiduité régulière et d'un travail soutenu. Il doit donc, par voie de conséquence, prouver une connaissance suffisante de la doctrine ménagère, à laquelle l'enseignement élémentaire doit largement ouvrir ses programmes.

Il est à peine besoin de faire remarquer que l'enseignement ménager doit recevoir une orientation différente selon les milieux. L'avenir de l'écolière urbaine n'est pas identique à celui de l'écolière rurale. A la première, les connaissances agricoles sont d'ordinaire inutiles. A la seconde conviennent des notions précises sur le jardin et aussi sur une ou plusieurs des annexes de la maison. A la paysanne limousine sont surtout enseignées les règles de l'élevage des porcs; à la normande, les soins de la laiterie. Partout, les institutrices doivent s'inspirer des circonstances de lieu, des besoins les plus marqués des populations au milieu desquelles elles vivent.

1. « Dans ses grandes lignes, le cours complémentaire a pour objet la revision et le complément du cours supérieur de l'école primaire. » Par suite, ce que nous avons dit du cours supérieur convient au cours complémentaire. Il suffit d'ajouter aux programmes, mais avec une sage mesure, ce que permettent l'âge des élèves et une plus grande sûreté de connaissances.

CHAPITRE IX

A L'ÉCOLE PRIMAIRE SUPÉRIEURE

Faut-il organiser des « sections ménagères » ? — Examen critique des programmes actuels. — Les exercices pratiques. — Deux brèves remarques.

Les élèves qui entrent à l'école primaire supérieure sont munies du bagage de connaissances que leur a donné le cours supérieur de l'école primaire élémentaire. Elles sont aptes à suivre des cours réguliers. Pendant la première année, leurs connaissances s'affermissent. Les maîtresses étudient leurs tempéraments et leurs caractères, leurs aptitudes et leurs goûts. Dans les années qui suivent, les cours sont spécialisés. Les élèves, s'il y a lieu, sont réparties en plusieurs sections. Elles peuvent recevoir un enseignement général et un enseignement professionnel. Les écoles primaires supérieures qui donnent l'enseignement professionnel peuvent comprendre, à côté de la section d'enseignement général, des sections spéciales (industrielle, commerciale et agricole)[1].

Les rapporteurs du Congrès international de l'enseignement primaire de 1900 avaient proposé de créer dans chaque école supérieure une section professionnelle et ménagère, établie à partir de la deuxième année d'études. On objecta que, pour les filles, l'enseignement ménager est un enseignement général. Nous avons, par avance, justifié l'observation. On adopta donc le vœu suivant : « Dans les écoles de filles, un enseignement ménager

1. Dans les écoles primaires supérieures de filles, le caractère professionnel est peu accentué. On compte très peu de sections spéciales, la plupart d'enseignement commercial.

pratique et commun à toutes les sections sera organisé[1]. »
On ne peut que souscrire pleinement à cette conclusion.

*
* *

Examinons la place que les programmes actuels font à l'éducation ménagère telle que nous l'avons définie. D'une manière générale, ces programmes sont heureusement conçus. L'éducation morale y est nettement envisagée comme base de l'éducation ménagère, et la préparation de la jeune fille aux devoirs dans la famille est indiquée avec bonheur. Les directions officielles sont précieuses. Elles insistent justement sur les « recommandations familières s'étendant à la modestie dans le vêtement, l'attitude et le langage » ; sur le devoir de la jeune fille « de prendre part à tous les soins domestiques, non seulement sans répugnance, mais avec empressement » ; l'importance des qualités de bonté, de patience et d'égalité d'humeur.

En raison même des précisions du programme de morale concernant « la famille et l'homme privé[2] », on peut regretter le silence qu'il fait sur les questions « que toute jeune fille devrait connaître ». Les élèves de troisième année de nos écoles primaires supérieures ont de quinze à dix-huit ans. Elles sont à l'âge des entraînements. Si l'internat peut les préserver de certains dan-

1. Cf. *Congrès international de l'enseignement primaire du 2 au 5 août à la Sorbonne*, p. 81, 85.

2. « ... *La Famille et l'Homme privé :* la famille, société limitée dans la société. — Sa fonction dans l'organisme social. — Son fondement moral. — Sa constitution : ses membres ; solidarité qu'elle implique. — Le respect de la femme, base de la famille dans le monde moderne.

« Les époux ; les parents ; les enfants. — Leurs devoirs réciproques.

« L'esprit et les vertus de famille.

« Les vertus privées : véracité, loyauté, travail, tempérance, courage, économie, épargne, etc.

« Effets sociaux des vertus privées... »

gers, il en crée d'une autre nature. Quelle que soit la vigilance des femmes qui ont la responsabilité de leur éducation morale, il ne peut manquer de se produire entre les jeunes filles des échanges d'impressions, des rapprochements... Et puis, les élèves passent au dehors, dans leurs familles, des vacances assez longues... Il est donc nécessaire d'aborder avec elles, toujours discrètement, mais avec une précision plus grande, dans la dernière année d'études, les questions relatives au sexe.

A l'école primaire supérieure, l'enseignement des sciences doit être « essentiellement expérimental ». En fait, la négligence des municipalités qui ne renouvellent ni n'entretiennent le matériel scientifique de leurs écoles permet rarement de donner ce caractère aux leçons. Et aussi le désir immodéré de succès dans les examens pousse trop souvent les professeurs à donner aux manuels la place prépondérante. D'autre part, les directions officielles ont invité les maîtres : « 1° à coordonner les divers enseignements scientifiques de manière qu'ils se complètent et s'entr'aident mutuellement et qu'ils convergent vers les applications à l'hygiène, à l'agriculture et à l'industrie locale ; 2° à restreindre la partie théorique aux notions indispensables à l'intelligence des sujets pratiques et usuels[1]. » L'esprit de ces excellentes instructions pénètre peu à peu dans les écoles. Mais on ne peut dire qu'il anime partout l'enseignement. Les rapports d'inspection mentionnent que certains professeurs établissent un cloisonnement entre les divers cours et délaissent la nature pour la vie.

Les programmes de sciences s'écartent sensiblement de ceux des écoles élémentaires. La physique, la chimie et l'histoire naturelle sont enseignées séparément, dans toutes les classes. Et l'enseignement de l'hygiène, formant un corps de doctrine, est rejeté à la troisième année. On

1. *Rapport sur l'organisation et la situation de l'enseignement primaire public en France*, Imprimerie nationale, 1900, p. 394.

peut donner d'excellentes raisons en faveur de ce système. L'hygiène, étant l'application des autres sciences, ne doit être enseignée qu'après des études préparatoires suffisantes. Toutefois, nous sommes en droit de regretter que le programme de zoologie de la deuxième année n'accorde pas déjà une place apparente à certaines notions d'hygiène individuelle qui s'imposent comme des corollaires des lois établies. Il est également regrettable que les instructions officielles taisent toutes les questions relatives à l'hygiène de la future mère et aux maladies vénériennes. Nous avons dit ailleurs que nous estimions nécessaire d'introduire l'enseignement de ces notions à l'école primaire supérieure.

De plus, le temps accordé à l'enseignement de l'hygiène est insuffisant. Il n'est que d'une heure par semaine. Si l'on tient compte des vacances, des revisions, des examens, c'est tout au plus trente leçons consacrées à l'hygiène pendant les trois années d'études. Encore fait-on rentrer dans le programme officiel d'hygiène « l'hygiène de l'enfance » et ce qui est relatif aux maladies contagieuses.

Il est vrai que, dans les études de la troisième année, il est fait une place à l'économie domestique (une heure par semaine). Et le programme de cette matière renferme plusieurs paragraphes relatifs à l'alimentation, à l'éclairage, au chauffage et au blanchissage. Ces divers points peuvent être rattachés à l'hygiène et étendent d'autant cette partie de l'enseignement ménager[1]. On n'en est

1. « ... 9° De l'alimentation : entretien et propreté des ustensiles de cuisine. Choix des aliments et des boissons; eaux potables. Qualités nutritives. Des falsifications.

« 10° Préparation des aliments. Principes élémentaires de cuisine. Recettes usuelles et économiques. Provisions de ménage. Conservation des aliments et des boissons.

« 11° Eclairage et chauffage. Indications économiques et hygiéniques sur les différents modes d'éclairage et de chauffage. Différentes sortes de combustibles. Approvisionnements.

« 12° Blanchissage. Lessive. Savonnage. Enlèvement des taches. Repassage. Dangers de l'oxyde de carbone. »

pas moins en droit de conclure que, dans leur ensemble, les programmes n'accordent pas à l'hygiène la place qui convient.

La médecine élémentaire, bornée aux « maladies contagieuses », et la puériculture, limitée à « l'hygiène de l'enfance », — ou plus exactement à une seule de ses parties[1], — sont noyées dans le programme d'hygiène. Est-il besoin, après ce que nous avons dit, de faire remarquer que, sur ces deux points, les programmes sont d'une insuffisance manifeste ?

Les programmes présentent une autre lacune qui nous paraît aussi regrettable. La pédagogie maternelle n'y est mentionnée nulle part. On ne peut cependant éprouver aucune difficulté à épuiser le programme que nous avons tracé pour le cours supérieur de l'école élémentaire, et même à l'étendre sur quelques points.

L'agriculture « ménagère » n'est pas explicitement mentionnée dans les instructions officielles. On trouve seulement, dans un paragraphe du programme d'économie domestique, une brève indication sur le jardinage et la participation de la femme aux travaux de la ferme[2]. Or, un grand nombre d'écoles primaires supérieures reçoivent comme internes des filles de petits cultivateurs et de propriétaires ruraux dont la vie se passe à la campagne. Dans la plupart on néglige à peu près totalement les enseignements qui pourraient attacher ces jeunes filles au milieu où elles vivent et leur permettre d'accroître plus tard les ressources de leur ménage. Dans les écoles primaires supérieures rurales, où rarement existe une section agricole, toutes les jeunes filles devraient recevoir un enseignement sérieux d'agriculture ménagère. Cet enseignement serait rendu facile par les connaissances scientifiques des élèves, par leurs goûts

1. « Allaitement; alimentation insuffisante ou de mauvaise qualité. »

2. « ... 13° Du jardinage : son utilité et son agrément. Participation de la femme aux travaux de la ferme : basse-cour, laiterie, etc. »

et la nature même du milieu où se recrute l'école. Comme celui qu'on donne aux garçons, il devrait être expérimental et s'écarter du manuel. Enfin il devrait s'étendre à tous les domaines d'action des ménagères rurales. Ajoutons que, seul, pourrait le donner avec fruit le professeur d'agriculture[1].

Par contre, les travaux manuels ne sont pas négligés. Quatre heures par semaine leur sont accordées en première et en deuxième année, et trois heures en troisième année. Comme à l'école primaire élémentaire, ils doivent avoir un caractère éducatif. L'enseignement du travail manuel, disent les instructions officielles, « donne aux élèves, par des exercices variés, des applications plus étendues, l'ensemble des connaissances nécessaires à la pratique de la vie. Il n'est pas professionnel et se limite aux travaux qu'une femme peut facilement exécuter dans son ménage pour les besoins journaliers de la famille. Par une judicieuse application du dessin aux travaux d'aiguille, par un coup d'œil rétrospectif sur le vêtement et les travaux d'art féminin, par une étude sommaire des principes qui règlent les combinaisons de formes, de couleurs, de matériaux, il cultive le goût, développe l'esprit d'invention et rend le travail plus agréable et plus rémunérateur. » Ces directions doivent être louées sans réserve, et le programme qu'elles commentent peut être présenté comme un modèle.

De même que les travaux manuels, la comptabilité domestique est loin d'être délaissée. Le programme d'arithmétique comporte des « applications aux comptes de ménage. » Et les programmes d'économie domestique et d'économie politique, renfermant, en dehors des questions générales, des indications précieuses pour tout ce qui se rattache aux finances domestiques, reçoivent donc

1. Un projet prévoyait pour les écoles primaires supérieures de filles l'enseignement de l'horticulture et des travaux horticoles. Mais, à tort, on ne l'a pas compris dans les règlements de 1893.

un développement étendu. Le seul reproche qu'on pourrait adresser à cette partie du programme, c'est de trop disséminer des notions qui gagneraient à être méthodiquement groupées. C'est là un défaut que peut facilement atténuer un professeur avisé.

Le plan d'études des établissements d'enseignement primaire supérieur de filles comprend en outre l'économie domestique. Nous avons déjà extrait du programme concernant cette matière les directions se rattachant aux divers points que nous avons examinés. Les autres ne sont pas sans intérêt. Elles ont trait au rôle de la femme dans la famille et à la part qu'elle prend dans l'administration de la maison, à la nécessité de l'ordre, de la prévoyance et de l'économie, à l'emploi du temps, à l'habitation, au mobilier, à la literie.

En résumé, si l'on en excepte la pédagogie maternelle, aucun des points du programme nécessaire n'est totalement délaissé à l'école primaire supérieure. Toutefois, la puériculture, la médecine élémentaire et l'agriculture ne sont qu'effleurées, et l'enseignement moral néglige quelques points dont nous avons signalé l'importance. De plus, si l'on récapitule le temps réservé dans chacune des années d'études à l'ensemble des enseignements qui se rattachent à l'éducation ménagère, on atteint seulement le total de cinq à six heures par semaine. Il existe donc, dans les programmes, quelques lacunes à combler. Et l'emploi du temps ne réserve à l'éducation ménagère qu'une place insuffisante.

Il est vrai que l'inspecteur d'académie peut, sur la proposition de la directrice, les maîtresses entendues, tracer le programme de cours spéciaux et fixer l'horaire qui en est la conséquence (article 3 de l'arrêté du 18 janvier 1893). En se conformant à l'esprit des textes, il est donc possible de donner à l'enseignement ménager une place plus grande que ne le comporte le programme minimum de 1893. Et pour la détermination de ce programme supplémentaire, ainsi que pour la fixation des heures d'enseignement qu'il nécessite, on peut tenir compte des besoins et des nécessités locales.

*
* *

Le même texte permet l'organisation des exercices pratiques non prévus par les programmes et les horaires. Il y a peu de difficultés à organiser les travaux ménagers dans les internats et dans les écoles pourvues au moins d'une cantine scolaire. Les élèves peuvent être réparties en groupes ou équipes d'une douzaine environ. Elles consacrent régulièrement, à tour de rôle, une semaine complète aux travaux pratiques. Le matin, elles achètent les provisions, préparent le repas de midi, exécutent les travaux divers qui en sont la conséquence, mettent le couvert, desservent, lavent la vaisselle. Le soir, elles partagent leur temps entre la buanderie, la lingerie et le jardin. Une organisation bien comprise permet à chaque élève de consacrer ainsi à ces travaux cinq à six semaines en moyenne par année.

Mais une telle organisation n'est possible que si les municipalités, au lieu de se désintéresser de leurs écoles primaires supérieures une fois qu'elles les ont créées, leur accordent un crédit régulier et suffisant pour les opérations culinaires et quelques autres exercices.

*
* *

L'enseignement ménager, reposant sur les sciences physiques et naturelles, devrait être — avec la direction des exercices pratiques — confié à l'un des professeurs de sciences. Même sans l'éducation morale dont la directrice conserverait la charge, il suffirait aux efforts d'une maîtresse.

Enfin, de même que le certificat d'études primaires élémentaires est la justification d'études élémentaires satisfaisantes, le certificat d'études primaires supérieures atteste que l'élève a suivi avec fruit les cours de l'école primaire supérieure. Les épreuves de cet examen doivent donc accorder aux questions ménagères une large place.

CHAPITRE X

DE L'ÉCOLE AU MÉNAGE

Nécessité de l'éducation ménagère post-scolaire. — Insuffisance des anciens cours d'adultes et des conférences. — Organisation du cours ménager post-scolaire. — L'éducation ménagère post-scolaire par les patronages. — La bibliothèque post-scolaire.

A l'ordinaire, c'est vers la douzième année que les élèves abandonnent les bancs de l'école primaire. Elles ont acquis quelques notions précises. On a pu les initier à la vie domestique. Mais on ne saurait assurer qu'elles possèdent toutes les connaissances pratiques nécessaires. Et leurs connaissances théoriques sont incomplètes. Car trop rares sont les jeunes filles qui, ayant parcouru le cycle entier des études élémentaires, ont pu consolider leur savoir au cours supérieur et consacrer aux exercices pratiques un temps suffisant. Surtout, il faut considérer la désolante irrégularité de la fréquentation. Plus encore que les garçons, les filles sont retenues à la maison pour les motifs les plus futiles. Et il est commun de voir, dans les campagnes, des jeunes filles qui n'ont pu suivre entièrement même les modestes programmes du cours moyen. Aussi, pour toutes celles à qui il n'est pas donné de profiter des bienfaits de l'école primaire supérieure, la préparation à la vie domestique est-elle à peine ébauchée quand elles quittent l'école.

Si elle est abandonnée à ses propres forces et à l'influence de sa famille, la jeune fille se laisse aller au train-train quotidien. Elle est une proie tout indiquée pour la routine. Peu à peu ses connaissances théoriques s'estompent ou même s'évanouissent. Et bientôt les efforts faits se trouvent en grande partie rendus inutiles. Car il ne faut pas se dissimuler que certaines des connaissances données par l'école primaire conviennent plus à l'adulte qu'à l'enfant. Parce que c'est une nécessité, l'école les donne, comme elle peut. Et ce qu'elle peut, c'est confier aux esprits des faits qui forment la base des réflexions futures. C'est surtout allumer les curiosités. Mais les curiosités non entretenues s'éteignent. Et avec elles disparaissent le désir d'étendre les connaissances et même le souci de conserver les notions acquises.

D'un autre côté, l'élève ne pourrait, seule, sans secours du dehors, s'inspirer des pratiques hygiéniques nouvelles que les travaux des savants nous font connaître chaque jour. Et enfin, elle quitte la classe à l'âge où surgit le désir d'attirer l'attention et où la coquetterie se développe. Aux dangers qui naissent de sa propre nature s'ajoutent pour elle les périls du dehors, si nombreux et si graves dans les milieux populaires.

Dès lors, comment ne pas songer à « prolonger » l'école au delà du temps légal? Comment ne pas lui demander d'achever son œuvre, c'est-à-dire, après avoir instruit les fillettes, d'enseigner les adolescentes, de les préparer à la fonction qu'elles sont à la veille de remplir? Comment ne pas lui demander d'éclairer ces futures épouses et ces futures mères sur leur tâche de ménagères et leur rôle d'éducatrices?

Nous n'avons pas à examiner dans le détail la question de l'organisation générale des cours d'adolescentes et d'adultes. Disons seulement qu'à nos yeux la fréquentation de ces cours devrait être obligatoire jusqu'à seize ou dix-huit ans, c'est-à-dire jusqu'au seuil du ménage. Deux séances par semaine suffiraient pour atteindre le but poursuivi. Alors les programmes élémentaires pourraient être allégés. L'éducation ménagère préparée sur les bancs de l'école primaire se ferait véritablement au cours de la deuxième scolarité. Elle serait, toutes proportions gardées, — car il faudrait tenir compte du temps et des ressources dont on disposerait, — ce que nous avons demandé qu'elle soit à l'école primaire supérieure. Mais en attendant qu'une telle organisation puisse être instituée, il faut nous mettre en face des nécessités du moment et tâcher d'y parer avec les moyens que nous possédons. Et ce que nous avons à rechercher, c'est la meilleure manière d'organiser les cours actuels de jeunes filles, afin d'en tirer, au point de vue ménager, tous les résultats qu'il est permis d'espérer.

*
* *

Les cours d'adolescentes doivent assurer à la fois l'éducation générale et l'éducation pratique. Ils sont un prolongement ou une image plus ou moins fidèle de l'école primaire : un prolongement, si la fréquentation à l'école du jour a été régulière ; une image, si le cours doit combler les lacunes laissées par une fréquentation insuffisante.

Les anciens cours ont fait leur temps. Imposer à des jeunes filles des devoirs à faire et des leçons à apprendre, employer les heures précieuses de la deuxième scolarité à écrire des dictées et à raisonner des problèmes, c'est le plus sûr moyen de manquer le but poursuivi et d'éloigner les auditrices. D'autre part, les conférences sont loin de rendre les services qu'on a tant vantés. Leur succès n'est qu'illusoire. Les conférenciers visent souvent à intéresser, à amuser, beaucoup plus qu'à instruire. Ils recherchent la nouveauté, sacrifient l'utile à l'agréable. Les divers sujets qu'ils traitent sont disparates. Ils passent sans transition de l'histoire à l'hygiène, de la morale à la géographie. Les questions ne peuvent être qu'effleurées. L'impression sur l'auditoire est faible. Et alors même qu'on a soin de coordonner méthodiquement les sujets, on ne réussit pas à faire pénétrer, par les conférences, la vérité dans les masses.

Seul peut donner des résultats certains le cours d'adultes modeste, simple, qui, sans rien sacrifier de la culture générale, s'inspire des besoins et des milieux et est nettement orienté dans un sens pratique. Mais la régularité et la simplicité ne doivent pas exclure l'agrément. Les cours de jeunes filles doivent être des réunions, et non des classes. A la partie proprement instructive doit s'ajouter une partie récréative.

La durée des réunions peut varier. Elle ne peut être inférieure à trois heures. Car il est impossible d'exécuter en moins de temps les exercices pratiques coordonnés qu'exige la préparation ménagère. En outre, il est visiblement incommode de faire, à la lumière de la lampe, certains travaux domestiques. Enfin, il convient d'éviter les tardives sorties du soir. Les cours de jeunes filles doivent donc se tenir de préférence pendant le jour, par suite le jeudi et le dimanche, dans la matinée ou dans la soirée.

Le programme d'un cours bien compris doit faire à la préparation ménagère une très large place. Les entretiens moraux, l'enseignement des sciences expérimentales, tout en visant à la formation de l'esprit et du cœur de la jeune fille, doivent être orientés vers les choses du ménage. Chacun sait que si l'on entretient des ouvriers et des paysans des choses qui intéressent leur métier, on est certain de conquérir son auditoire, pourvu que l'on se mette à sa portée. Et une institutrice qui sait distinguer, entre les mille sujets qu'offre le cercle étendu des connaissances humaines, ceux qui concernent plus particulièrement les ménagères et les mères, est assurée de grouper autour d'elle des oreilles attentives et avides de connaître.

Le programme à suivre, plus encore que celui de l'école élémentaire, doit s'inspirer du milieu et des nécessités locales. Il doit comprendre avant tout un enseignement de l'hygiène raisonné et basé sur les lois scientifiques étudiées à l'école du jour, et rappelées ou revues. En tête, on doit placer les notions relatives à la propreté. Leur importance morale et pratique leur assigne le premier rang. On doit donner à l'alimentation une place aussi large. Enfin, les notions pratiques de coupe, d'assemblage et d'ouvrages d'agrément se partageront, avec l'art culinaire, les préférences des jeunes filles.

La formation du goût, à l'âge où la jeune fille recherche volontiers l'embellissement de sa personne, doit être l'objet des préoccupations de l'institutrice. L'arrangement de la maison, la présentation des mets, le choix des ornements féminins, lui fourniront d'heureux thèmes de causerie et la matière d'exercices appréciés des élèves. Elle ne manquera pas d'offrir à leur admiration les reproductions d'œuvres d'art qu'elle possède, et de leur donner les indications nécessaires pour l'acquisition des gravures et des moulages qu'elles désireraient se procurer, pour les substituer aux images grossières qui ornent leurs demeures.

A la campagne, l'institutrice ne doit pas négliger les notions relatives au jardin et aux autres annexes de la maison. Elle doit s'efforcer de faire connaître les légumes inconnus et mieux apprécier les légumes méconnus. Elle doit chercher l'amélioration de la basse-cour. Elle doit répandre le goût de l'apiculture.

L'âge des auditrices leur rend tout à fait accessibles les notions de médecine élémentaire et de puériculture physique, intellectuelle et morale. Ces notions feront l'objet de nombreux entretiens. La puériculture avant la naissance ne sera pas négligée. On montrera aux jeunes filles qu'elles ne sont pas seulement un corps, mais encore une puissance créatrice. Par ignorance de leur sexe, elles peuvent courir à de graves dangers. Et leur nature féminine leur impose des soins spéciaux qu'elles ne doivent pas ignorer. Il faut aussi les mettre en garde contre les entraînements irréfléchis. Enfin, il faut qu'elles n'ignorent pas la loi de l'hérédité, et qu'elles soient instruites de ses graves conséquences.

Il n'est pas besoin d'ajouter que l'enseignement aux adolescentes ne revêtira jamais la forme de leçons dogmatiques et froides. La causerie familière seule convient, appuyée de démonstrations pratiques et suivie d'exercices d'application. La salle ménagère est plus utile encore aux adultes qu'aux jeunes élèves. On peut obtenir de chaque assistante une modique cotisation ou l'apport en nature des matériaux nécessaires à la cuisine et aux ouvrages manuels.

* * *

Mais l'éducation ménagère des adultes peut être organisée par des œuvres d'initiative privée. Ces œuvres, auxquelles l'institutrice accorde parfois son concours, vivent d'ordinaire d'une vie propre. Ce sont les associations, les cercles, les unions, en un mot, les patronages. Pour que ces œuvres atteignent vraiment le but pour lequel elles sont créées, il ne faut pas que l'action de la personne dirigeante soit trop apparente et s'exerce seule. Car, la créatrice disparue, le patronage végète et son action s'affaiblit. Souvent même, l'œuvre meurt avec sa fondatrice. Pour qu'un patronage vive et prospère, il faut qu'il repose vraiment sur la solidarité de ses membres. Il faut qu'il crée l'éducation mutuelle.

Les patronages organisés jusqu'ici se sont spécialisés. Un grand nombre n'ont en vue que l'éclosion d'un goût spécial, le développement d'une inclination particulière ou une occupation manuelle bien déterminée. D'autres se sont donné pour unique objet de distraire leurs membres. Presque tous ont trop limité leur effort. Et, d'un autre côté, la plupart se hâtent de recruter des sociétaires avant d'avoir groupé les individualités nécessaires à cette éducation réciproque qui est la raison d'être du patronage.

L'organisation d'un patronage doit varier avec le milieu. L'idée directrice doit être dictée par la destination même des adhérents. Mais un patronage de jeunes filles ne doit jamais négliger les occupations ménagères. Il place toujours en première ligne la vulgarisation des notions d'hygiène individuelle, domestique et sociale, et la continuation de l'éducation esthétique commencée à l'école.

Certains patronages possèdent une installation indépendante de l'école et disposent de ressources assez élevées. Il est facile à ceux-là d'organiser pratiquement l'éducation ménagère. Cette organisation ne peut être tracée dans le détail. Elle dépend des ressources de l'œuvre. Elle peut rappeler celle du cours d'adultes régulier. Le programme peut s'inspirer de celui de l'école primaire supérieure. Mais pour assurer le plein succès de l'œuvre, il y a lieu de faire, dans les réunions, la part aux distractions compatibles avec le but poursuivi.

*
* *

Que les jeunes filles retournent à l'école pour les cours d'adultes ou qu'elles suivent assidûment les réunions du patronage, on doit fournir des aliments à leur curiosité éveillée. On doit tenir à leur portée le répétiteur toujours prêt qu'est le livre. La bibliothèque doit comprendre, en dehors d'un choix judicieux d'œuvres morales et littéraires, des ouvrages de vulgarisation scientifique, des traités sur la maison, le vêtement, l'alimentation, l'hygiène, la puériculture, la pédagogie maternelle. Les jeunes filles qu'on a su intéresser à leur tâche future y trouvent des directions précieuses. Et plus tard elles reviendront plus d'une fois demander aux volumes préférés d'utiles conseils.

En résumé, l'éducation ménagère post-scolaire, sans s'écarter sensiblement de ce qu'elle est à l'école élémentaire, doit tenir compte du caractère facultatif des séances et de l'âge des auditrices qui les fréquentent. Elle doit revêtir une forme plus souple, plus libre, moins

« scolaire ». C'est dans des réunions agréables, au moyen de causeries familières, qu'elle doit être donnée. Et la maîtresse doit toujours se montrer la conseillère, l'amie, la sœur aînée des jeunes filles ou des jeunes mères qui viennent se grouper autour d'elle.

CHAPITRE XI

A L'ÉCOLE NORMALE

Inconvénients qu'offre le système d'éducation ménagère adopté dans divers cours ménagers. — L'institutrice « éducatrice ménagère ». — Insuffisance, au point de vue ménager, de l'ancienne organisation des écoles normales. — La nouvelle organisation. Examen critique des programmes. Les travaux pratiques. L'économe, professeur d'enseignement ménager. Organisation de cours de vacances. — A l'école normale de Fontenay-aux-Roses. Le certificat d'aptitude à l'enseignement du travail manuel.

Le point de départ de l'éducation ménagère des filles est évidemment la formation de maîtresses soigneusement préparées à leur mission, c'est-à-dire possédant une connaissance approfondie de la science du ménage, douées vraiment de l'esprit ménager, et capables d'appliquer dans leur enseignement les règles d'une pédagogie rationnelle.

Or, dans les établissements qui ont pour but unique la préparation au ménage, la théorie est, d'ordinaire, confiée à une institutrice, et la pratique à une professionnelle (couturière pour les travaux manuels, blanchisseuse pour les soins au linge, cuisinière pour la préparation des aliments). Cette dualité offre de graves inconvénients. La professionnelle a été formée par la tradition. Elle apporte avec elle les mauvais comme les bons procédés qu'on lui a enseignés. De son côté, l'institutrice ne connaît le plus souvent que les règles théoriques qui lui sont dictées par ses connaissances scientifiques, mais qu'elle n'a pas vivifiées par sa propre expérience. Elle ne voit pas avec précision les points importants que révèle seule une pratique suivie, et elle omet ainsi de donner aux élèves certaines explications cependant nécessaires. Surtout, l'accord ne se fait pas toujours entre les deux maîtresses. En fait, elles se contredisent fréquemment. Or, dans toute éducation, rien n'est plus à redouter que ces conflits.

En outre, la professionnelle a une tendance marquée à apporter dans ses leçons la méthode qu'on a suivie pour sa propre préparation. Elle voit en chacune de ses élèves ce qu'on a vu en elle, une apprentie. Elle poursuit une préparation au métier, alors que le but à atteindre est de donner les connaissances seulement indispensables, et surtout d'éveiller l'esprit d'initiative.

Enfin, le spectacle d'une personne instruite qui se borne à exposer la théorie et abandonne à une femme de métier le soin d'enseigner la pratique, ne peut manquer de suggérer aux jeunes filles des réflexions et des rapprochements fâcheux. Le dédain, parfois réel, toujours apparent, de l'institutrice pour les travaux ménagers est loin d'éveiller en elles le goût des choses du ménage. Par suite, qui donc leur révélera cette poésie intime du foyer, source des vertus domestiques, sans lesquelles la ménagère n'accomplit sa tâche qu'à la manière d'une salariée d'ordre inférieur?

Il n'est donc pas étonnant que ceux qui ont jugé impartialement le fonctionnement des cours ménagers se soient nettement prononcés contre une organisation ainsi comprise[1]. Et il paraît nécessaire de confier à une seule maîtresse, chargée à la fois de la théorie et de la pratique, la tâche de donner l'éducation ménagère.

C'est à la méthode belge, c'est-à-dire à la création des cours normaux d'enseignement ménager, que se sont arrêtés certains esprits. Et l'on a fait en France plusieurs tentatives intéressantes d'éducation ménagère normale[2].

1. Nous avons donné plus haut l'opinion de MM. Strauss et Dausset sur les cours ménagers parisiens.

2. Mme la comtesse de Diesbach a créé en juin 1902, à Paris, un cours normal calqué sur le système belge. Les maîtresses préparées dans ce cours donnaient, dès 1903, l'enseignement dans plusieurs

Les élèves des cours reçoivent, après examen, un diplôme justifiant de leurs connaissances. Elles professent ensuite dans les classes ménagères. Cette organisation, qui n'est encore, chez nous, qu'à l'état embryonnaire, semble donner satisfaction au vœu des congressistes de 1900 : « L'enseignement ménager sera donné de préférence par des institutrices préparées à cet effet. Il est désirable que des cours normaux d'enseignement ménager soient créés dans les centres importants[1]. »

Le vœu du Congrès et l'expérience tentée appellent quelques observations. Les institutrices d'enseignement ménager seront-elles simplement des ménagères diplômées? Ou bien seront-elles des institutrices brevetées qui auront accompli un stage dans un cours ménager, après leur sortie de l'école normale? Dans le premier cas, on peut regretter de voir détruire l'unité de l'enseignement à l'école. On peut aussi douter de la compétence pédagogique des nouvelles maîtresses. Et puis, faudra-t-il doubler chacune de nos institutrices d'une maîtresse ménagère? Où trouver les sommes nécessaires à la préparation et au traitement des éducatrices ménagères? Car il ne faut pas oublier que la préparation des ménagères rurales importe non moins que celle des ménagères urbaines. Et chaque école de filles, même la plus modeste école de village, doit avoir un cours ménager régulièrement organisé.

En résumé, que des maîtresses spéciales puissent, à la rigueur, convenir aux cours ménagers urbains, on le conçoit. Mais il n'y a qu'une minorité de nos filles pouvant suivre régulièrement ces cours. Et pour les autres,

cours ménagers. Lyon a aussi un cours normal, institué en 1903 par Mlle Rochebillard.

1. *Revue pédagogique*, déjà citée.

Dans la séance plénière du Congrès, M. Driessens demandait même la création d'une école normale d'économie domestique et de cuisine. Il s'offrait, en attendant, d'instituer à l'école normale supérieure d'enseignement primaire de Fontenay-aux-Roses un cours méthodique.

qui sont le nombre, l'institutrice seule convient. D'ailleurs, il y a un intérêt qui n'est pas négligeable à confier aux institutrices l'éduçation ménagère des filles. La vue d'une personne qu'elles jugent supérieure par l'éducation et par la culture intellectuelle, exécutant sans répugnance, avec allégresse même, les mille travaux du ménage, ne peut manquer de relever à leurs yeux la noblesse des occupations domestiques. Et, par le caractère même de celle qui le donne, l'exemple acquiert une valeur morale plus grande.

Mais, pour préparer l'institutrice à donner l'éducation ménagère, est-il nécessaire de l'astreindre à suivre de nouveaux cours ? Et l'école normale ne peut-elle suffire à la tâche? — Nous estimons, avec beaucoup, que l'école normale peut préparer les institutrices à leur rôle de maîtresses ménagères.

*
* *

C'est une conclusion que n'eût pas permise l'ancienne organisation des écoles normales. Sans doute, les instructions officielles de 1881 avaient indiqué le côté pratique de l'enseignement normal. On doit se proposer, disaient-elles, « de faire des élèves-maîtresses des jeunes filles instruites, autant qu'il est besoin, dans les sciences et dans les lettres, mais instruites en même temps des choses de la vie, de la tenue d'un ménage, d'un jardin, de la basse-cour, de la comptabilité domestique, de la préparation des aliments, de tout ce qui contribue à l'ordre et à l'embellissement, à l'économie et à la prospérité d'une maison ». Et les directions relatives à l'emploi du temps imposaient à la directrice et à l'économe « d'initier les élèves-maîtresses, — par des conseils et des directions pratiques, — en dehors des heures de classe et d'étude, à tout ce qui concerne les travaux et les soins du ménage. » — « Les élèves-maîtresses, disaient encore les programmes, devront être, autant que possible, associées aux soins du ménage et à la préparation des repas. »

Malgré ces sages recommandations, — et à cause du caractère encyclopédique des programmes qu'on se croyait tenu d'épuiser, — la préparation au ménage était fort délaissée. Le programme de morale, identique à celui des écoles de garçons, recommandait d'insister « sur les devoirs particuliers de la mère de famille, de la maîtresse de maison... » Mais il présentait de nombreuses lacunes. Les programmes de sciences étaient réduits. L'hygiène était enseignée en troisième année, en vingt leçons. Encore y faisait-on rentrer des notions sans intérêt pratique pour des femmes. L'économie domestique faisait l'objet d'une trentaine de leçons. Les travaux de couture ne comprenaient que la coupe et l'assemblage. Aucune notion théorique d'agriculture. La puériculture était négligée, la médecine élémentaire à peine effleurée. En dehors des travaux manuels, on faisait peu d'exercices pratiques. Dans les écoles où l'on avait organisé l'enseignement de la cuisine, cet enseignement avait duré une saison, comme une mode. Les travaux du jardin étaient rares et se bornaient à quelques opérations faciles de culture maraîchère.

Aussi « nos institutrices, comme toutes les femmes de la bourgeoisie, sont imprégnées de sentiments défavorables au travail manuel. » Elles affectent du « dédain pour les choses de la vie matérielle... Beaucoup... meurent lentement de misère physiologique, faute d'une nourriture saine et facilement assimilable. Elles vivent de gâteaux, de charcuterie, de fromage et de salade contenant tout le vinaigre que réclame, pour se délabrer davantage, leur estomac ruiné. Elles ne savent pas adapter leur pratique aux nécessités professionnelles. » Aussi l'institutrice est-elle « en défaveur sur le marché matrimonial, à cause de sa réputation, parfois justifiée, non seulement d'être incapable de diriger un ménage, mais d'en dédaigner comme inf rieures les occupations, si honorables cependant[1] ». Aussi, sauf d'heureuses exceptions, l'enseignement ménager que les institutrices ont donné jusqu'ici dans leurs écoles est-il de médiocre qualité.

* * *

Mais la nouvelle organisation des écoles normales ne soulève pas les mêmes critiques. On a élagué des programmes, par un sacrifice nécessaire, les matières de surcharge qui les encombraient, et l'on a fait place à des enseignements et à des notions répondant à la mission actuelle de nos institutrices. La première et la deuxième année sont consacrées plus spécialement à l'instruction générale. Les programmes de troisième année, outre une revision rapide des grands faits de l'histoire humaine, comportent, avec la formation pédagogique, un enseignement ménager pratiquement organisé, des notions d'hygiène, de puériculture et de médecine usuelle. « Tout en restant, dans ses grandes lignes, le même que celui des écoles normales d'instituteurs, le programme doit s'adapter particulièrement à l'éducation féminine et au rôle social de l'institutrice... L'institutrice qui a besoin de pratiquer cet art multiple (l'art ménager) pour elle-même doit pouvoir l'enseigner à l'école dans la mesure où l'âge des enfants le permet, et contribuer par son exemple, autant que par ses leçons, à en inspirer le goût autour d'elle. »

Aussi l'emploi du temps réserve-t-il, en troisième année, à l'éducation ménagère proprement dite, 11 heures par semaine, sur un total de 31, c'est-à-dire plus qu'à l'éducation générale et à l'éducation professionnelle considérées isolément. Elle comprend :

« Notions d'économie domestique (1 heure par semaine);

« Notions d'hygiène, et notamment d'hygiène de l'enfance (1 heure par semaine);

1. Payot, *Aux Instituteurs et aux Institutrices*, p. 159-161.

« Travaux de couture et de raccommodage (3 heures par semaine);

« Travaux de cuisine (2 heures en moyenne);

« Travaux de savonnage et de repassage (2 heures par semaine);

« Nettoyage des objets, vêtements (hiver), jardinage (été) (2 heures)[1]. »

Une étude plus précise des programmes permettrait de juger du pas immense qui a été franchi, et aussi des lacunes que, malgré tout, révèle encore le plan d'études. Nous nous bornerons à indiquer ici les points qui, selon nous, appellent des réserves ou des développements plus étendus.

Le programme de morale est à peine différent de celui des écoles de garçons. Et les réserves qu'appelle le programme des écoles primaires supérieures, moins complet, mais d'une orientation mieux définie, conviennent ici et même doivent être accentuées. Et cela est d'autant plus regrettable que l'école normale forme des éducatrices qui auront à faire l'éducation des femmes de demain. Malgré les regards fréquents jetés sur la vie, l'école normale sera toujours, quoi qu'on fasse, un milieu quelque peu artificiel. Et c'est agir sagement que d'ouvrir l'esprit des élèves-maîtresses aux questions qui s'imposeront brutalement à elles au sortir de l'internat[2].

Certes, on se préoccupe de donner l'éducation esthétique aux futures institutrices. Mais peut-être ne fait-on pas à la nature la place que doit lui réserver une telle éducation. L'étude des divers aspects du pays, des variations de la beauté du sol selon l'heure et les saisons, est le meilleur instrument de culture des sentiments esthétiques.

On ne peut que louer les instructions nouvelles con-

1. Cf. arr. min. du 4 août 1905, et circ. min. du 7 oct. 1905.

2. Cf. les intéressantes pages que consacre à cette question Mme Eidenschenk : *Petits et Grands Secrets de bonheur*, p. 52-79.

cernant les sciences physiques et naturelles. Les élèves-maîtresses, chez qui, jusqu'ici, on a fait surtout appel à la mémoire, s'exercent à l'observation, à l'expérimentation, au raisonnement. Et les nouveaux programmes sont mieux conçus que les anciens. Ils font une large place aux applications, aux notions pratiques d'intérêt général ou d'intérêt professionnel. Et l'orientation de l'enseignement scientifique normal apparaît nettement : développement de l'esprit expérimental; application directe à la vie ambiante, et particulièrement au ménage; étude des procédés nécessaires pour un enseignement scientifique élémentaire rationnel. Les élèves-maîtresses pourront donner à leur enseignement le caractère et l'orientation qui lui manquent actuellement. L'enseignement ménager qu'elles reçoivent repose sur une base solide. Il est raisonné. Celui qu'elles donneront elles-mêmes en aura plus de précision et de portée.

Le programme de troisième année comporte l'étude de l'hygiène et des soins médicaux. Mais l'hygiène même n'a pas été laissée de côté au cours des premières années d'études. Il aborde tous les points essentiels. Et s'il est interprété selon l'esprit qui anime les instructions, il suffit à munir les institutrices des notions qui leur seront nécessaires dans la suite. Une réserve s'impose cependant. On ne retrouve pas ici le paragraphe introduit dans les programmes des écoles normales d'instituteurs sur les maladies vénériennes. Et on doit le regretter[1].

On a joint à la connaissance des lois de l'hygiène

1. « J'ai reçu il n'y a pas longtemps, dit Mme Eidenschenk, une lettre d'une institutrice qui me demandait de signaler aux jeunes filles les dangers redoutables auxquels une pruderie que je n'hésite pas à qualifier de criminelle les expose, elles, innocentes et saines. « Elle me racontait qu'elle avait failli épouser un jeune homme qui avait toutes les apparences de la loyauté, et qui cependant lui dissimulait une maladie grave, éminemment contagieuse et héréditaire, dont le courageux dramaturge Brieux a fait le sujet d'une pièce de théâtre... » (Ouvr. cité, p. 64-65.)

« une certaine pratique des soins que réclament les malades et la première enfance ». On peut regretter de ne pas y voir figurer — ce que semblent cependant indiquer les instructions officielles — les notions relatives à l'évolution générale des maladies, aux soins à donner en cas d'accidents, aux devoirs de la garde-malade. Rien n'est plus propre à accroître le prestige de l'institutrice dans son village qu'une connaissance suffisante de ces notions. Et aussi, comment pourra-t-elle les enseigner, si elle les ignore elle-même?

La puériculture physique est rattachée à l'hygiène. Elle comprend les diverses parties dont nous avons demandé l'accès à l'école primaire. Mais le programme fait le silence sur les questions ayant trait à la puériculture avant la naissance.

L'agriculture ménagère reçoit un développement plus étendu que dans l'ancienne organisation. Et on fait sagement remarquer que « le programme ne doit pas être suivi partout de la même manière. Il est préférable que chaque école l'approprie aux besoins de chaque région, et que, tout en gardant les parties essentielles, chaque maîtresse en fasse une œuvre personnelle. »

Aux travaux manuels sont consacrées une heure par semaine en première année, deux heures en deuxième, et trois heures en troisième année. Le raccommodage prend une heure chaque semaine. Et il est accordé un temps suffisant à la couture, à la coupe et aux ouvrages d'agrément. En outre, les élèves travaillent aux récréations du soir, en écoutant une lecture ou en suivant une conversation; elles emportent de l'école des patrons tracés, essayés et rectifiés.

La comptabilité domestique est étudiée en détail. Et il suffit d'indiquer aux maîtresses comment doit être orienté l'enseignement de l'arithmétique pour que la comptabilité domestique n'ait plus de secret pour elles. Enfin, l'économie domestique comprend en outre les principes généraux de la science du ménage, et surtout l'examen de procédés précis, classés, méthodiques et pouvant servir aux applications ménagères.

Car l'enseignement ménager est complété par des exercices pratiques que les instructions précisent avec soin. « Point d'enseignement économique et ménager, dit une circulaire ministérielle, qui ne soit que l'écho stérile d'un livre, sans exercices pratiques variés à souhait, vérifiés ou contrôlés par un professeur ou une directrice qui soit elle-même une maîtresse de maison modèle. »

Toujours on doit placer l'élève-maîtresse dans les conditions d'une modeste ménagère rurale ayant des ressources limitées. Les exercices qui seraient faits à la cuisine, dans la buanderie et dans la lingerie de l'école auraient quelque chose de trop artificiel. C'est dans une cuisine spécialement aménagée, rappelant la pièce affectée à la préparation des aliments dans un ménage modeste, qu'opèrent les élèves. Les plats ne sont destinés qu'à six personnes au plus. Ils ne sont pas les mêmes que mentionne le menu de l'école. Ils ont trait à la nourriture que peut se procurer une institutrice, soit à la campagne, soit à la ville. Chaque élève prépare au *minimum* vingt repas. Chaque repas comprend au moins trois plats variés. Tantôt l'élève est simplement aide, tantôt elle est cuisinière et prépare elle-même les plats. Deux élèves à la fois sont ainsi de service pendant une semaine, et leur tour revient au moins trois fois dans l'année. Elles inscrivent sur leur carnet de cuisine le menu, les recettes et la dépense. L'initiative la plus grande leur est laissée. Mais l'économe leur donne les indications principales et dîne le plus souvent avec elles, pour les conseiller utilement et stimuler leur amour-propre.

Le savonnage que font les élèves est « le savonnage du menu linge tel qu'une ménagère en fait sur son fourneau, tel que l'institutrice l'organisera plus tard, si elle est adroite ». L'essentiel est que les élèves-maîtresses sachent laver, c'est-à-dire détacher le linge et le rendre blanc, ne pas l'user en le frottant maladroitement ou en employant des produits qui le brûlent, et améliorer l'eau quand celle-ci est mauvaise. On leur montre également à laver les flanelles, les tricots de laine, les bas, etc.

De même que le savonnage, le repassage est fait au point de vue de l'éducation pratique des élèves. C'est une tâche facile et trop souvent négligée, dont on s'efforce de donner le goût et les moyens.

L'hiver, lorsque le temps ne permet pas de travailler au jardin, sont faits des exercices de nettoyage et d'entretien des meubles, vêtements, etc.; l'été, des travaux de jardinage. La liberté des programmes est laissée aux maîtresses. Mais elles doivent faire exécuter les travaux d'entretien d'un logement, des objets mobiliers, des vêtements... dans le courant de l'hiver.

Les élèves sont exercées aux travaux du jardin. Outre leur bénéfice pratique, ces travaux « rapprochent de ces familles rurales avec lesquelles l'institutrice est appelée à vivre ». Et surtout, ils mettent l'institutrice en état de répandre autour d'elle les notions qu'elle a acquises. L'enseignement agricole ne peut être donné à l'école normale que par un spécialiste. Les professeurs actuels de sciences naturelles — dont bien peu ont étudié l'agriculture — ne peuvent, sauf d'honorables exceptions, se charger d'enseigner avec autorité la culture du jardin potager, la taille, la greffe et la conduite des arbres fruitiers. Sur ce point, les instructions officielles prêtent à la critique.

Les programmes n'indiquent nulle part, expressément, l'importance dans la maison d'un certain arrangement des choses, qui fait pénétrer l'art au foyer. Sans doute, une femme de goût trouve partout, en elle-même, les moyens de donner à la maison une personnalité, une vie propre. Toutefois, on ne devient vraiment capable d'imaginer la meilleure disposition intérieure qu'après un certain entraînement. Car il existe des procédés qui rendent plus faciles les efforts du goût. Et enfin, ne faut-il pas connaître avec précision pour soi-même, mais surtout pour les enseigner, les sources où l'on peut puiser pour l'embellissement de la demeure? Il serait donc utile que les conférences prévues sur l'histoire de l'art fissent une place suffisante à l'examen des reproductions des chefs-d'œuvre de l'art antique et de l'art moderne. Il est nécessaire de faire connaître avec précision les moyens de se procurer les moulages et les gravures, afin que les institutrices, à leur tour, puissent renseigner utilement leurs élèves sur ce point.

Enfin, notons que l'enseignement de la puériculture devrait être complété par des visites aux crèches municipales. Ces visites constitueraient des démonstrations pratiques du cours professé[1].

En résumé, l'école normale nouvelle ouvre largement ses portes à l'enseignement ménager. Sans doute, ses programmes accusent encore des lacunes, dont certaines paraissent graves. Sans doute, quelques exercices pratiques devraient être complétés ou modifiés. Mais comment ne pas reconnaître le progrès déjà fait? Avec un juste souci des réalités, sans négliger en rien la culture générale si nécessaire à de futures éducatrices, l'organisation nouvelle accorde à l'enseignement ménager une importance qu'il n'a dans aucun des établissements où l'on ne poursuit pas un but purement professionnel. L'institutrice nouvelle pourra donc contribuer par son exemple autant que par ses leçons à inspirer autour d'elle le goût de l'art multiple du ménage, en même temps qu'elle propagera les données certaines de la science domestique.

A qui doit être confiée la tâche de donner l'enseignement ménager? Les instructions prévoient que plusieurs professeurs peuvent être chargés des travaux pratiques.

1. A Limoges, depuis 1904, les élèves-maîtresses ont accès dans les crèches municipales. Et dans leurs fréquentes visites elles ont vu la mise en pratique des préceptes qu'elles ont reçus.

Chacun prend alors la série des leçons qui correspond à ces exercices. Dans tous les cas, l'économe dirige les exercices de cuisine, de nettoyage et de raccommodage.

Il serait désirable, selon nous, qu'une telle division des efforts fût évitée. L'enseignement de l'économie domestique et la direction des exercices d'application devraient toujours être confiés à l'économe. Et l'économe devrait avoir professé les sciences physiques et naturelles. Ainsi, l'unité de l'enseignement ménager serait sauvegardée. Et il serait donné par une maîtresse réellement capable d'accompagner chaque procédé de la justification scientifique.

Les jeunes institutrices qui sortiront désormais de l'école normale seront capables de faire l'éducation ménagère de leurs élèves. Mais les heureux résultats du nouveau régime ne se feront sentir que graduellement. De longues années s'écouleront avant qu'un personnel suffisant pour répondre à tous les besoins ait été formé. Il faut penser au présent.

On pourrait, sans qu'il en coûte beaucoup d'efforts ni beaucoup d'argent, instituer des cours de vacances. Soit pendant la semaine de Pâques, soit pendant la semaine de la Pentecôte, soit au début ou à la fin des grandes vacances, on ouvrirait les portes de l'école normale à un certain nombre d'institutrices. Ces maîtresses seraient choisies parmi celles à qui on aurait reconnu le goût des choses domestiques. Comme elles auraient déjà l'expérience de l'enseignement et aussi une certaine pratique du ménage, il serait facile d'orienter leur activité professionnelle dans le sens désiré. Des leçons d'hygiène, de médecine élémentaire et de puériculture, quelques démonstrations d'agriculture, l'indication de bons ouvrages, les mettraient rapidement à même d'accomplir un travail personnel profitable. Elles deviendraient au moins capables de répandre autour d'elles des notions utiles et précises. Mais, certainement, un bref séjour à l'école normale ne suffirait pas à donner à celles qui en ont le dédain, le goût des choses du ménage.

*
* *

Est-il besoin d'ajouter que l'éducation ménagère des élèves-maîtresses n'est possible que si les écoles normales sont pourvues de véritables professeurs d'enseignement ménager, capables et convaincus? Et ne faut-il pas conclure qu'à l'École normale supérieure de Fontenay-aux-Roses on devrait donner une grande importance et consacrer assez de temps et de soins aux occupations ménagères? Sans doute, les nouvelles élèves qui, avant leur entrée à Fontenay, auront parcouru le cycle complet des études normales primaires, auront peut-être acquis une connaissance suffisante de la science ménagère et une certaine pratique des choses domestiques. Mais il ne faut pas que la douce quiétude de l'internat de Fontenay, la vie facile que les élèves y mènent, contribue à détruire l'œuvre édifiée. Et puis, toutes les élèves de Fontenay n'ont pas reçu l'enseignement normal. Il en est un assez grand nombre qui ont fait leurs études dans les lycées. Or quelques conférences théoriques de puériculture ne sauraient donner une connaissance suffisante des notions d'enseignement ménager. Sur ce point donc, des modifications s'imposent, que souligne l'organisation même des écoles normales actuelles.

Les épreuves qui composent l'examen du certificat d'aptitude à l'enseignement du travail manuel sont les suivantes :

1° Une composition sur une question d'économie domestique;

2° Une composition de dessin d'ornement spécialement appliqué aux travaux d'aiguille;

3° Une épreuve pratique portant sur un ou plusieurs des exercices que comporte le programme du travail manuel pour les filles dans les écoles normales et les écoles primaires supérieures;

4° Un exposé d'un quart d'heure sous forme de leçon, après une demi-heure de préparation, sur une question tirée au sort parmi celles que comportent les programmes des écoles primaires supérieures, pour les travaux de ménage et les travaux de couture.

Il est à peine besoin de faire remarquer la part insignifiante faite dans ces épreuves à la science du ménage. Et comment dès lors s'étonner de voir le diplôme délivré à des jeunes filles qui ont le plus grand mépris des occupations domestiques et n'ont jamais touché une casserole ni lavé un mouchoir? Il suffit de signaler les lacunes de l'examen pour qu'on voie les remèdes.

CHAPITRE XII

CONCLUSION

Arrivé au terme de notre étude, jetons un regard d'ensemble sur le chemin parcouru. Former de bonnes ménagères nous apparaît une tâche singulièrement ardue. Car elle suppose à peu près toute l'éducation féminine, générale et pratique. Elle nécessite une solide éducation morale, la formation et le développement de qualités de cœur et d'esprit d'un si haut prix qu'elles suffiraient à elles seules à assurer la grandeur de la femme. Elle exige en outre l'acquisition de connaissances précises, s'étendant à toute la vie physique, intellectuelle et morale de l'être. Et elle n'est complète qu'après un apprentissage méthodique des travaux pratiques qui sont l'application de ces connaissances.

Elle demande de la mesure et de l'ingéniosité. De la mesure : car, sous peine de courir à un échec certain, nous devons sagement limiter notre effort et borner notre ambition; car nous devons, en divers points, faire pénétrer la vérité où l'on ne rencontre que préjugés et convention, introduire la franchise et la lumière dans un système d'éducation qui repose en partie sur le silence et l'obscurité; car, jusqu'à l'achèvement de l'œuvre, nous devons suivre une progression lente, prudente et réfléchie. De l'ingéniosité : car les traditions et la routine sont de rudes ennemis qu'on ne peut toujours vaincre par une attaque de front; car les moyens pratiques nous sont comptés, et les difficultés auxquelles nous nous heurtons sont nombreuses et grandes.

Mais cette tâche vaut qu'on l'entreprenne. L'éducation ménagère seule peut donner au foyer toute sa puissance éducatrice et morale. Et elle peut faire entrer l'union où règne la mésintelligence, la joie où prédominent les soucis. Car la bonne ménagère dépense sans compter dans l'intérieur familial le meilleur d'elle-même. Par elle le toit s'anime et vit. Et la maison parle à ses hôtes. Elle leur vante la propreté, la diligence, l'habileté, le goût, les prévenances de la femme. Chacun d'eux pense : « Qu'il fait bon chez nous! » Après la pénible journée de travail, tous se retrouvent avec joie groupés autour de celle qu'ils sentent l'artisan laborieux du bonheur familial. Ils fuient les distractions malsaines et coûteuses, qui leur apparaissent bien inférieures aux saines jouissances de la vie domestique. La bonne ménagère devient ainsi l'âme de la maison. Sa présence réchauffe les cœurs, ranime les courages, guide les inexpériences. Son absence fait la maison triste et froide, comme si, la gardienne du foyer familial partie, l'âtre s'éteignait. Et lorsqu'elle disparaît pour toujours, c'est avec un sentiment profond d'intime douleur que chacun voit « qu'elle n'est plus là ».

Toutefois, si l'éducation ménagère est une puissance créatrice, créatrice de joie, de prospérité, de bonheur, elle n'est pas, hélas! la panacée souveraine. Car que de femmes sont dans la douloureuse obligation de quitter leur place naturelle, à la maison, pour ne pas mourir de faim sur la pierre froide du foyer! Combien d'autres ont à résoudre l'insoluble problème d'assurer la vie normale des leurs avec l'insuffisante paye du père fatigué! Faut-il espérer que l'avenir nous ramènera l'ère du travail familial accompli dans la paix du foyer reconquis, ou que l'élévation des salaires et le développement des œuvres d'entr'aide sociale permettront aux ménagères de goûter dans une paisible sérénité la noblesse des tâches domestiques?... Quoi qu'il arrive, donner l'éducation ménagère, c'est travailler à faire entrer au foyer le plus déshérité, avec plus de confort, un rayon de poésie et la plus grande somme de bonheur compatible avec l'organisation présente de la société.

BIBLIOGRAPHIE[1]

TURGEON. — *Le Féminisme français*, 1902.
HAUSSONVILLE (D'). — *Salaires et Misères de femmes*, 1901.
K. SCHIRMACHER. — *Le Travail des femmes en France*, 1902.
J. SIMON. — *L'Ouvrière*, 1902.
R. GONNARD. — *La Femme dans l'industrie*, 1906.

E. FAGUET. — *Le Féminisme* (*Revue latine*, 25 janv. 1902).
MICHELAINE. — *La Crise du féminisme* (*Pages libres*, 5 janv. 1907).

Réforme sociale :

VINCENT. — *La Domesticité féminine*, 1er oct. 1901.
FAVIÈRE. — *La Femme et la Famille*, 16 juill., 1er août 1903.
CLÉMENT. — *Pour la femme*, 1er nov. 1903.
BRESCIANI. — *L'Industrie domestique en Allemagne*, 1er déc. 1904.

Dr K. SCHIRMACHER. — *Le Travail domestique des femmes, son évaluation économique et sociale* (*Revue d'économie politique*, mai 1904).
MAURICE BEAUFRETON. — *Comment se résoudra la question des domestiques* (*la Quinzaine*, 16 oct. 1906).

XÉNOPHON. — *L'Économique*.
PLUTARQUE. — *Les Préceptes du mariage*.

1. On trouvera ici l'indication de quelques ouvrages et d'articles de revues relatifs à l'éducation ménagère, — et à la situation de la femme, en tant qu'elle touche au ménage. Nous n'avons pas, d'ailleurs, la prétention de donner une bibliographie complète de la question, mais seulement le titre de quelques écrits qui peuvent être utilement consultés.

MONTAIGNE. — *Essais*, livre III, IX.
ABBÉ FLEURY. — *Traité du choix et de la méthode des études*, chap. XXXVIII.
FÉNELON. — *De l'Education des filles*, chap. Ier, X, XII, XIII.
Mme DE MAINTENON. — *Extraits de ses lettres, avis, entretiens, conversations et proverbes sur l'éducation*, édit. Gréard. Introduction : III, XI, XIV et nos 8, 30, 39, 40, 46, 58, 82.
ROLLIN. — *Traité des études*, livre Ier, chap. II, § 6. *Etude de ce qui regarde les soins domestiques et le gouvernement intérieur de la maison.*
ABBÉ DE SAINT-PIERRE. — *Projet pour perfectionner l'éducation des filles.*
J.-J. ROUSSEAU. — *Émile*, V, particulièrement p. 418-421, 428-429, 457-459 (édit. Garnier).
Mme NECKER DE SAUSSURE. — *L'Education progressive, Etude de la vie des femmes*, livre Ier, chap. Ier, III, V; livre II, chap. Ier, VI; livre III, chap. II, III, V, VI, VII; livre VI, chap. II.
Mme DE RÉMUSAT. — *L'Éducation des femmes*, chap. I, VI, VII, IX, XII.
Mme GUIZOT. — *L'Éducation domestique*, lettres 22, 30, 31, 33, 34.
GRÉARD. — *L'Éducation des femmes par les femmes.*
— *De l'Éducation des filles* (*Revue pédagogique*, 1882, II, 497).
J. SIMON. — *La Femme du vingtième siècle*, p. 67-81, 114-137, 188-242, 308-362, 368-380, 405-408.
P. JANET. — *La Famille*, 1re, 3e, 4e, 7e leçons.
H. MARION. — *Psychologie de la femme*, 6e, 8e, 10e, 11e, 12e leçons.
— *L'Éducation des jeunes filles*, 1re, 2e, 8e, 11e, 12e, 14e, 18e leçons.
LOUIS FRANK. — *L'Éducation domestique des jeunes filles.*
M. PRÉVOST. — *Lettres à Françoise*, IV, V, XIV, XVI, XXII, XXIII, XXXI.
DROUARD. — *Les Écoles de filles*, 7e partie, 14, 15.
CH. WAGNER. — *La Vie simple*, I, II, VI, VII, X, XI, XIII.
— *Auprès du foyer.*
MÆTERLINCK. — *Le Trésor des humbles*, IX, XII, XIII.
PAYOT. — *Aux Instituteurs et aux Institutrices*, livre II, chap. V à VII.

PAYOT. — *Cours de morale*, §§ 137 à 139 et 143.
LARCHER. — *De l'Education des filles.*
Dictionnaire de pédagogie, articles COUTURE, CUISINE, ÉCONOMIE DOMESTIQUE, ECOLES MÉNAGÈRES.
J. LAHOR ET Dr LUCIEN GRAUX. — *L'Alimentation à bon marché saine et rationnelle*, 1908, chap. VII, IX, X, XIV.
Congrès international de l'enseignement primaire du 2 au 5 août 1900, à la Sorbonne. Rapports présentés.
Mme EIDENSCHENK. — *Petits et Grands Secrets de bonheur.*
G. LEFÈVRE. — *Causeries pédagogiques*, I, II, III, IV, XI.
Pr DEBOVE ET Dr A.-F. PLICQUE. — *Hygiène, jeunes filles.*
Dr E. AUSSET. — *Eléments d'hygiène infantile.*
Mme GROSS-DROZ. — *Soins aux malades et blessés.*
MMmes SCHÉFER ET AMIS. — *Enseignement des travaux du ménage à l'usage des jeunes filles.*
— *Travaux manuels et économie domestique à l'usage des jeunes filles.*
LEUNE ET DEMAILLY. — *Enseignement ménager.*
HANNEDOUCHE ET DEMAILLY. — *Livret d'enseignement ménager, Livret d'hygiène, Livrets contre la tuberculose, l'alcoolisme.*

Voir page 294 l'indication des ouvrages relatifs à la puériculture avant la naissance.

Musée social :

BRUNHES (Mme). — *L'Enseignement ménager en Suisse*, nov. 1901.

La Quinzaine :

MAURICE BEAUFRETON. — *L'Enseignement ménager en France*, 1er mars 1905.
— *L'Education pratique des jeunes filles*, 1er septembre 1905.

Revue municipale :

PAUL STRAUSS. — *Les Universités ménagères*, 20 sept. 1900.
— *L'Education ménagère*, 27 avril 1901.
— *L'Enseignement ménager en Suisse*, janv. 1902.

Annuaire de l'enseignement primaire :

Mlle FERRAND. — *L'Économie domestique*, année 1885.

M. Copenhague. — *L'Economie domestique*, année 1887.

E. Cazes. — *L'Economie domestique à l'école normale primaire*, 1899.

R. Aubert. — *Une Ecole d'économie domestique en Angleterre*, année 1899.

Mme Sourdillon. — *L'Enseignement ménager à l'école primaire*, année 1902.

J. Simon. — *L'Enseignement scolaire de la puériculture*, 1905.

Revue pédagogique :

Ch. Defodon. — *Le Rôle économique de la femme*, 1884, II, 73.

A. Pizard. — *La Cuisine à l'école primaire*, 1892, II, 422.

Bizos. — *L'Enseignement de la cuisine dans une école normale d'institutrices*, 1893, I, 129.

Mme Rauber. — *Les Ecoles et les Classes ménagères en Belgique*, 1894, I, 333.

Mme Q. — *Enseignement de la couture et des travaux du ménage*, 1894, II, 250.

M. R. S. — *Une Ecole ménagère à Bedous* (Basses-Pyrénées), 1895, II, 412.

Alfred Moulet. — *Les Ecoles ménagères en Allemagne*, 1897, I, 219.

X... — *L'Enseignement de l'économie domestique et de l'économie rurale à l'école normale de Caen*, 1898, I, 514.

X... — *L'Enseignement ménager à l'école primaire*, 1900, I, 466.

Maurice Souriau. — *Un Cours d'économie ménagère à Caen*, 1900, II, 199.

H. Doliveux. — *Le Congrès international de l'enseignement primaire*, 1900, II, 337.

C. Driessens. — *L'Enseignement ménager dans l'Académie de Lille*, 1901, II, 258.

M. Pellisson. — *Mme Roland et le Ménage*, 1904, II, 350.

Dr Oui. — *La Puériculture*, 1904, II, 371.

J. Baudrillard. — *Le Congrès d'hygiène alimentaire*, 1907, I, 223.

Dr R. Mercier. — *Le Budget alimentaire hygiénique*, 1907, I, 237.

TABLE DES MATIÈRES

CHAPITRE V

L'alimentation.

CHAPITRE VI

Les annexes de la maison.

CHAPITRE VII

Les finances domestiques.

CHAPITRE VIII

La puériculture. — La puériculture physique du premier âge.

CHAPITRE IX

L'hygiène.

CHAPITRE X

La médecine élémentaire.

CHAPITRE XI

La pédagogie maternelle.

CHAPITRE XII

L'esprit ménager.

CHAPITRE XIII

Conclusion.

DEUXIÈME PARTIE

CHAPITRE PREMIER

CHAPITRE II

CHAPITRE III

CHAPITRE IV

L'éducation morale (suite) : l'éducation esthétique.

CHAPITRE V

Examen des objections que peuvent soulever l'enseignement scolaire de la médecine élémentaire et l'enseignement de la puériculture.

CHAPITRE VI

L'enseignement ménager. — Méthode et programmes.

CHAPITRE VII

L'enseignement ménager. — Exercices pratiques.

CHAPITRE VIII

A l'école maternelle et à l'école élémentaire.

CHAPITRE IX

A l'école primaire supérieure.

CHAPITRE X

De l'école au ménage.

CHAPITRE XI

A l'école normale.

SOCIÉTÉ ANONYME D'IMPRIMERIE DE VILLEFRANCHE-DE-ROUERGUE
Jules Bardoux, Directeur.

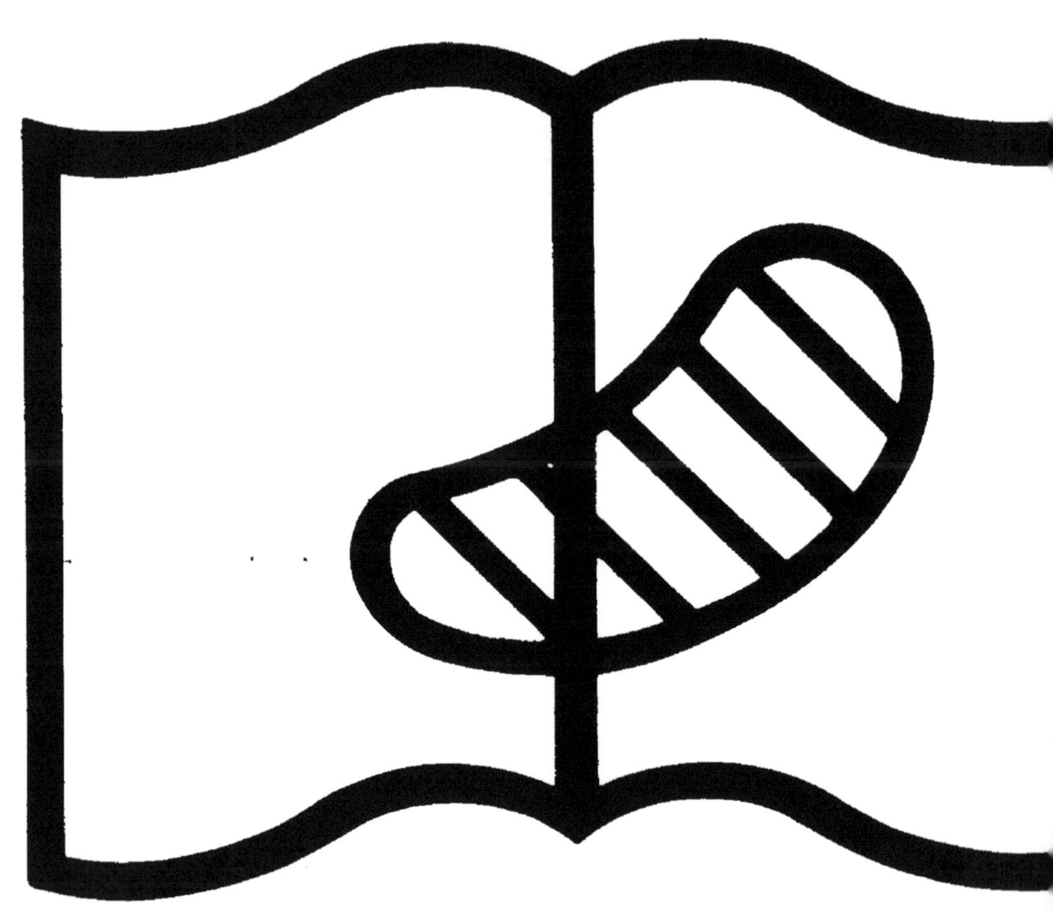

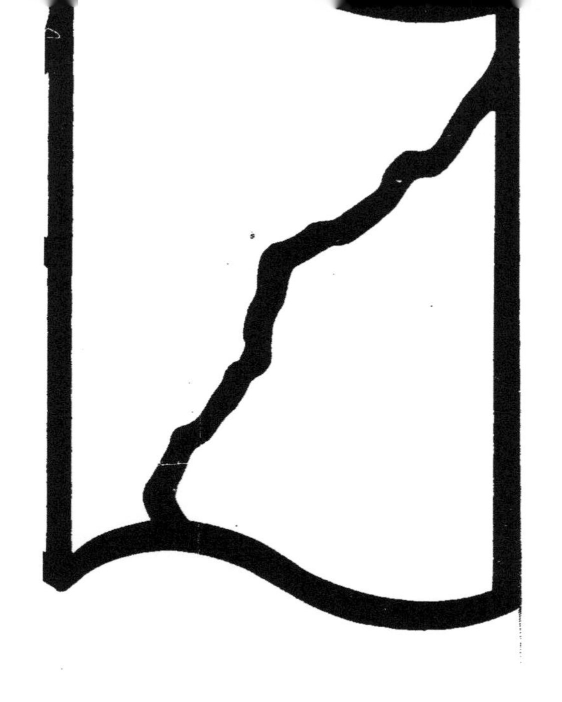

www.ingramcontent.com/pod-product-compliance
Ingram Content Group UK Ltd.
Pitfield, Milton Keynes, MK11 3LW, UK
UKHW022326190726
13856UKWH00001B/231

9 782013 457187